中国政法大学国际法文库
THE SERIES OF INTERNATIONAL LAW
CHINA UNIVERSITY OF POLITICAL SCIENCE AND LAW

国际投资仲裁中的
裁判法理研究

国际投资仲裁中的
裁判法理研究

A Study On The Arbitral Jurisprudence
In International Investment Arbitration

丁　夏◇著

中国政法大学出版社

2016·北京

图书在版编目（ＣＩＰ）数据

国际投资仲裁中的裁判法理研究/丁夏著. —北京：中国政法大学出版社，2016.9
ISBN 978-7-5620-6966-9

Ⅰ.①国… Ⅱ.①丁… Ⅲ.①国际投资法学－研究Ⅳ.①D996.4

中国版本图书馆CIP数据核字(2016)第213769号

出 版 者　　中国政法大学出版社

地　　址　　北京市海淀区西土城路 25 号

邮寄地址　　北京 100088 信箱 8034 分箱　邮编 100088

网　　址　　http://www.cuplpress.com（网络实名：中国政法大学出版社）

电　　话　　010-58908524(编辑部)　58908334(邮购部)

承　　印　　固安华明印业有限公司

开　　本　　720mm×960mm　　1/16

印　　张　　19.75

字　　数　　365 千字

版　　次　　2016 年 9 月第 1 版

印　　次　　2016 年 9 月第 1 次印刷

定　　价　　59.00 元

总　序

　　进入 21 世纪以来，和平发展已经成为国际社会的主流和共识。各国政府认识到，基于和平共处的合作与发展是国家间关系的理想状态。尽管国际关系中依然存在各种矛盾和冲突，但是，在和而不同、求同存异的基础上解决国际争端，和衷共济地建设和谐世界符合各国人民的根本利益。而国际法在建设和谐世界，实现全球法治和治理方面无疑具有无可替代的作用。

　　中国的建设和发展同样需要这种和平共处的国际环境。不过，随着中国国力的增长和国际局势的演变，中国须直面的重大国际性法律问题与日俱增、且愈益复杂：从领土争端到海洋权益纠纷，从国际贸易摩擦到民商事法律冲突，从应对全球气候变化到资源争夺，从打击恐怖主义和国际犯罪到海外中国公民及企业权益的保护……这些超越国界的法律问题，无一不关乎中国的重大利益，也无一不需要中国国际法学者予以关注、思考和回应。

　　正是基于这一背景，在我的倡议下，经过中国政法大学国际法学院和中国政法大学出版社的共同努力，"中国政法大学国际法文库"得以破茧而出。值此"文库"面世之际，我在欣喜之余，感到有必要谈谈对国际法学界同仁和"国际法文库"的殷切希望。鞭策之言，不足以为弁首也。

　　中国政法大学拥有世界上最大的法学家集团，其法学研究与教育在我国乃至国际上均享有盛誉。作为这个法学家集团的一部分，中国政法大学国际法学人的规模和研究能力也一直为各方所关注和重视。不过，我们应该有更广阔的国际视野和历史责任感，不能固步自封，或者对过往取得的成绩沾沾自喜。坦率地讲，无论是与西方发达国家的国际法研究水准相比，还是与我国国际法同行的最高研究水平相比，我们仍然存在不小的差距。这主要表现在两个方面：第一，在面对重大、突发的国际法理论与实践问题时，鲜有我校国际法学者发出的声音、阐释的观点或者发表的著述；第二，与国内其他一流法学院校相比，我们在国际法研究方面的优势并不明显。现有的地位，在很大程度上是依靠规模而不是质量上的优势获得的。

　　因此，我希望中国政法大学从事国际法研究的各位同仁能对此有清醒的认识，并产生忧患意识和危机意识，自觉抵御浮华的社会风气和浮躁的学术氛围，沉下心来做学问，以科学的精神和理性的态度关注当代中国面对的重大国际法理论与实践问题，产出高质量、高水平并经得起历史检验的学术成果。"板凳须坐十年冷，文章不写半句空"。以此与各位共勉！

基于上述认识，我希望"中国政法大学国际法文库"能够成为激励中国政法大学内外国际法学界同仁潜心研究的助推器；成为集中展示具有高水平和原创力的中国国际法学术作品的窗口；成为稳定而持续地推出国内高层次国际法理论成果的平台。欲达此目的，确保"文库"作品的质量是重中之重。

"中国政法大学国际法文库"应该以"开放性"为宗旨、以"精品化"为内涵。第一，"开放性"是中国政法大学的办学理念之一，也是"文库"的首要宗旨。这里所谓的"开放性"，其一是指"文库"收录的著述以"宏观国际法"为范畴，凡属对国际公法、国际私法、国际经济法，以及涉外性、跨国性法律问题进行研究的优秀成果，均可收录其中；其二是"文库"收录的作品，应当囊括校内外和国内外国际法学者的精品力作，凡达到国内一流或国际领先的高水平的国际法著述，均在收录之列。在我看来，坚持"开放性"宗旨，是对"文库"范围的合理及必要的拓展，这不仅表明它海纳百川、百家争鸣的胸怀，更是它走"精品化"路线的前提与基础。

第二，"文库"以"精品化"为内涵与品质要求。所谓精品化，是指"文库"收录的作品应该是精品，只能是精品，必须是精品。为达此目的，"文库"要建立严格的申请和遴选制度，对申请文稿进行匿名评审，并以学术水平为评审的唯一标准。"文库"编委会应当适时召开会议，总结实际工作中的经验和教训，不断完善作品的遴选程序和办法，使"文库"出版的作品确实能够代表我国国际法学术研究的最新和最高水准。

我认为，只有秉持"开放性"与"精品化"的出版理念，坚持严格的遴选程序与标准，"中国政法大学国际法文库"才能获得持久的生命力。同时，我相信，经过一段时间的积淀，"中国政法大学国际法文库"必将成为法大乃至中国国际法研究的一个公认的学术品牌，并为构建具有"中国特色、中国风格、中国气派"的高水平国际法理论体系做出自己的贡献。

是谓序。

黄　进

2012 年 12 月 12 日于北京

内容摘要

本书论及的国际投资仲裁中裁判法理，是为应对当前国际投资法律体系全球化背景下国际投资法律体系多边化进程受阻以及国际投资仲裁裁决结果不一致而建构的论证线索。为促使国际投资法律体系朝着确定性、可预见性的方向健康发展，国际投资仲裁中裁判法理研究应运而生。

国际投资仲裁中的裁判法理，是指正在形成并实际存在于国际投资仲裁中一以贯之的法律理性，它是正在形成并实际存在于国际投资仲裁既定裁决中的那些具有参考价值的法律依据和法律标准的集合。本书以国际投资仲裁中裁判法理之生成为论题，在厘清论题背景与界定裁判法理的基础上，就裁判法理生成的前提（仲裁员独立性和公正性）、载体（优良裁决）、裁判法理的样态（程序性和实体性的裁判法理）以及实现（裁判法理的体系化）进行深入探讨，明确裁判法理的生成可表述为**"确保仲裁员的独立性和公正性→遵照合理裁决原则初步筛选→归纳法律标准→筛取并解释最优标准→提炼优良裁决"**这一动态过程。

本书包含导论、本论（主文）和尾论三大部分。

导论对论文的研究背景与研究框架作出说明，包括论文的选题、对现有研究的突破、具体的论证逻辑等。

本论共五章。第一章引出论题背景与裁判法理的界定。该章指出，面对当前日益严重的国际投资法律体系的"合法性危机"，国际投资仲裁中裁判法理生成之研究呼之欲出。研究国际投资仲裁中裁判法理的生成，应重点关注正在形成并实际存在于既定裁决中具有参考价值的法律标准。第二章至第四章具体论证并析出观点。该部分结合国际投资仲裁中裁判法理生成的前提、载体以及裁判法理的样态，从应然和实然两个层面，分析裁判法理的生成过程：应然层面，在确保仲裁员公正性和独立性前提下，通过类比"确定性判例"的方法，以"合理裁决原则"为逻辑起点，国际投资仲裁中裁判法理的生成步骤有三个：一是以专门委员会作出的撤销裁决反向推导，抽象出"合理裁决原则"，适用该原则初步筛选既定裁决，排除瑕疵裁决；二是通过类比"确定性判例"的方法，在同类型法律关系范围内，从一系列裁决中抽象归纳法律标准并从中筛取最优标准；三是提炼优良裁决，即在同一类型程序性或实体性议题范围内，筛取的法律标准项下，涵盖的相关裁决可被认为是优良裁决。实然层面，通过一系列实证分析得出结论：在质疑仲裁员资格这一议题范围内总结程序性裁判法理，"合理怀疑"可被视为最优法律标准；在根本安全例外条款这一议题范围内归纳实体性裁判法理，"单向印证"乃最优法律标准。第五章是观点的延伸应用与展望。基于第一章提出的论题背景和第二章至第四章所展示的裁判法理之生成过程，主要检视裁判法理实现（裁判法理体系化）之可能性，以及实现裁判法理体系化须进行的制度设计，以期对未来中国进一步参与国际投资仲裁实践提供参考。

尾论用三组论证线索，即由"归纳法律标准"及"提炼优良裁决"、由"确保仲裁员的独立性和公正性"及"提炼优良裁决"、由"构建多边法律解释机构以归纳并解释法律标准"及"设立上诉机制使优良裁决具有法律效力"，对全文作出总结，指出裁判法理的生成与发展中值得进一步探索的其他问题。

缩略语表（Abbreviations）

序号	简称	英文全称	中文译名
1	BITs	Bilateral Investment Treaties	双边投资协定
2	CERD	United Nations Commission on the Elimination of Racial Discrimination	联合国消除种族歧视委员会
3	GATT	General Agreement on Tariffs and Trade	《关税和贸易总协定》
4	IBA Guideline	International Bar Association Guidelines on Conflict of Interest	《国际律师协会国际仲裁中利益冲突指南》
5	ICC	International Chamber of Commerce	国际商会
6	ICJ Statute	Statute of the International Court of Justice	《国际法院规约》
7	ICSID	International Center for the Settlement of Investment Disputes	国际投资争端解决中心
8	ICSID Convention	Convention on the Settlement of Investment Disputes between States and Nationals of Other States	《解决国家与他国国民间投资争端公约》
9	ICSID Arbitration Rules	ICSID Rules of Procedure for Arbitration Proceedings Arbitration Rules	《解决投资争端国际中心仲裁规则》
10	IIAs	International Investment Agreements	国际投资协定
11	MAI	Multilateral Agreement on Investment	《多边投资协定》
12	NAFTA	North American Free Trade Agreement	《北美自由贸易协定》
13	NGOs	Non – Governmental Organizations	非政府组织

序号	简称	英文全称	中文译名
14	OECD	Organization for Economic Co – operation and Development	经济合作与发展组织（经合组织）
15	SCC	Stockholm Chamber of Commerce	斯德哥尔摩商会
16	UNCITRAL	United Nations Commission on International Trade Law	联合国国际贸易法委员会
17	UNCITRAL Arbitration Rules	Arbitration Rules of the United Nations Commission on International Trade Law	《联合国国际贸易法委员会仲裁规则》
18	UNCTAD	United Nations Conference on Trade and Development	联合国贸易和发展会议
19	WTO	World Trade Organization	世界贸易组织

案例表 (Table of Cases)

一、常设国际法院与国际法院的案件

[1] Application for Review of Judgment No. 158 of the United Nations Administrative Tribunal, I. C. J. Reports 1973.

[2] Application of the Convention on the Prevention and Punishment of the Crime of Genocide (Croatia v. Serbia), Preliminary Objections, I. C. J. Reports 2008.

[3] Arbitral Award Made by the King of Spain on 23 December 1906 (Honduras v. Nicaragua), I. C. J. Reports 1960.

[4] Arbitral Award of 31 July 1989 (Guinea – Bissau v. Senegal), I. C. J. Reports 1991.

[5] Case Concerning the Gabčíkovo – Nagymaros Project (Hungary v. Slovakia), I. C. J. Reports 2004.

[6] Elettronica Sicula S. p. A. (ELSI) (United States of America v. Italy), I. C. J. Reports 1989.

[7] Land and Maritime Boundary between Cameroon and Nigeria (Cameroon v. Nigeria: Equatorial Guineu Intervening), I. C. J. Reports 2002.

[8] Legal Consequences of the Construction of a Wall in the Occupied Palestinian Territory, Advisory Proceedings, Order of 30 January 2004, I. C. J. Reports 2004.

[9] Military and Paramilitary Activities in and against Nicaragua (Nicaragua v. United States of America), I. C. J. Reports 1986.

[10] Oil Platforms (Islamic Republic of Iran v. United States of America), I. C. J. Reports 2003.

[11] Russian Claim for Interest on Indemnities (Russia v. Turkey), PCA 1912.

二、国际仲裁案件

(一) ICSID

[1] Abaclat and Others v. Argentine Republic, ICSID Case No. ARB/07/5.

〔2〕 ADC Affiliate Ltd. and ADC & ADMC Management Ltd. v. Republic of Hungary, ICSID Case No. ARB/03/16.

〔3〕 Alpha Projectholding GmbH v. Ukraine, ICSID Case No. ARB/07/16.

〔4〕 Amco Asia Corporation, Pan American Development Ltd. and PT Amco Indonesia v. Republic of Indonesia, ICSID Case No. ARB/81/1.

〔5〕 Ansung Housing Co. Ltd. v. People's Republic of China, ICSID Case No. ARB/14/25.

〔6〕 Azurix Corp. v. Argentine Republic, ICSID Case No. ARB/01/12.

〔7〕 Bayindir Insaat Turizm Ticaret Ve Sanayi A. S. v. Islamic Republic of Pakistan, ICSID Case No. ARB/03/29.

〔8〕 Brandes Investment Partners, LP v. Bolivarian Republic of Venezuela, ICSID Case No. ARB/08/3.

〔9〕 Carnegie Minerals (Gambia) Ltd. v. Republic of Gambia, ICSID Case No. ARB/09/19.

〔10〕 CDC Group plc v. Republic of Seychelles, ICSID Case No. ARB/02/14.

〔11〕 CEMEX Caracas Investments B. V. and CEMEX Caracas II Investments B. V. v. Bolivarian Republic of Venezuela, ICSID Case No. ARB/08/15.

〔12〕 Churchill Mining PLC and Planet Mining Pty Ltd. v. Republic of Indonesia, ICSID Case No. ARB/12/14 and 12/40.

〔13〕 CMS Gas Transmission Co. v. Argentine Republic, ICSID Case No. ARB/01/8.

〔14〕 Compañiá de Aguas del Aconquija S. A. and Vivendi Universal S. A. v. Argentine Republic, ICSID Case No. ARB/97/3.

〔15〕 Continental Casualty Co. v. Argentine Republic, ICSID Case No. ARB/03/9.

〔15〕 Duke Energy Electroquil Partners and Electroquil S. A. v. Republic of Ecuador, ICSID Case No. ARB/04/19.

〔16〕 EDF International S. A. , SAUR International S. A. and León Participaciones Argen – tinas S. A. v. Argentine Republic, ICSID Case No. ARB/03/23.

〔17〕 Ekran Berhad v. People's Republic of China, ICSID Case No. ARB/11/15.

〔18〕 Fraport AG Frankfurt Airport Services Worldwide v. Republic of the Philippines, ICSID Case No. ARB/03/25.

〔19〕 Global Trading Resource Co. and Globex International Inc. v. Ukraine, IC-

SID Case No. ARB/09/11.

[20] Hrvatska Elektroprivreda d. d. v. Republic of Slovenia, ICSID Case No. ARB/05/24.

[21] ICS Inspection and Control Services Ltd. (UK) v. Republic of Argentina, PCA Case No. AA359.

[22] Impregilo S. p. A. v. Republic of Argentina, ICSID Case No. ARB/07/17.

[23] Joseph C. Lemire v. Ukraine, ICSID Case No. ARB/06/18.

[24] Kılıç İnçaat İthalat İhracat Sanayi ve Ticaret Anonim Şirketi v. Turkmenistan, ICSID Case No. ARB/10/1.

[25] Klöckner Industrie – Anlagen GmbH and others v. United Republic of Cameron and Société Camerounaise des Engrais, ICSID Case No. ARB/81/2.

[26] KT Asia Investment Group v. Republic of Kazakhstan, ICSID Case No. ARB/09/8.

[27] LG&E Energy Corp. , LG&E Capital Co. v. Argentine Republic, ICSID Case No. ARB/02/1.

[28] Libananco Holding Co. Ltd. v. Republic of Turkey, ICSID Case No. ARB/06/8.

[29] Loewen Group Inc. and Raymond L. Loewen v. United States, ICSID Case No. ARB AF / 98 / 3.

[30] Maritime International Nominees Establishment v. Republic of Guinea, ICSID Case No. ARB/84/4.

[31] Marvin Roy Feldman Karpa v. United Mexican States, ICSID Case No. ARB (AF) /99/1.

[32] Metalpar S. A. and Buen Aire S. A. v. Argentine Republic, ICSID Case No. ARB/03/5.

[33] Metal – Tech Ltd. v. Republic of Uzbekistan, ICSID Case No. ARB/10/3.

[34] Mondev International Ltd. v. United State of America, ICSID Case No. ARB (AF) /99/2.

[35] Mr. Franck Charles Arif v. Republic of Moldavia, ICSID Case No. ARB/11/23.

[36] Mr. Patrick Mitchell v. Democratic Republic of Congo, ICSID Case No. ARB/99/7.

[37] National Grid PLC v. Republic of Argentina, Case No. UN 7949.

〔38〕Nations Energy Corporation, Electric Machinery Enterprises Inc. , Jaime Jurado v. Republic of Panama, ICSID Case No. ARB/06/19.

〔39〕Noble Energy Inc. and Machala Power Cia. Ltd. v. Republic of Ecuador and Consejo Nacional de Electricidad, ICSID Case No. ARB/05/12.

〔40〕Nova Scotia Power Incorporated v. Bolivarian Republic of Venezuela, ICSID Case No. ARB（AF）/11/1.

〔41〕Occidental Exploration and Production Company v. Republic of Ecuador, LCIA Case No. UN3467.

〔42〕OPIC Karimum Corporation v. Bolivar Republic of Venezuela, ICSID Case No. ARB/10/14.

〔43〕Participaciones Inversiones Portuarias SARL v. Gabonese Republic, ICSID Case No. ARB/08/17.

〔44〕Ping An Life Insurance Company of China Ltd. and Ping An Insurance Company of China Ltd. v. Kingdom of Belgium. ICSID Case No. ARB/12/29.

〔45〕Rachel S. Greenberg et al. v. Grenada, ICSID Case No. ARB/10/6.

〔46〕Rompetrol Group N. V. v. Romania, ICSID Case No. ARB/06/3.

〔47〕S&T Oil Equipment and Machinery Ltd. v. Romania, ICSID Case No. ARB/07/13.

〔48〕Saba Fakes v. Republic of Turkey, ICSID Case No. ARB/07/20.

〔49〕Saipem S. P. A. v. People's Republic of Bangladesh, ICSID Case No. ARB/05/7.

〔50〕SAUR International S. A. v. Republic of Argentina, ICSID Case No. ARB/04/4.

〔51〕Sempra Energy International v. Argentine Republic, ICSID Case No. ARB/02/16.

〔52〕Señor Tza Yap Shum v. Republic of Peru, ICSID Case No. ARB/07/6.

〔53〕SGS Société Generale de Surveillance S. A. v. Islamic Republic of Pakistan, ICSID Case No. ARB/01/13.

〔54〕Siemens A. G. v. Republic of Argentina, ICSID Case No. ARB/02/18.

〔55〕Suez, Sociedad General de Aguas de Barcelona S. A. and Interagua Servicios Integrales de Agua S. A. v. Republic of Argentina, ICSID Case No. ARB/03/17.

〔56〕Suez, Sociedad General de Aguas de Barcelona S. A. and Vivendi Universal S. A. v. Republic of Argentina, ICSID Case No. ARB/03/19.

〔57〕 Tanzania Electric Supply Company Ltd. v. Independent Power Tanzania Ltd. , ICSID Case No. ARB/98/8.

〔58〕 Técnicas Medioambientales Tecmed S. A. v. United Mexican States, ICSID Case No. ARB (AF) /00/2.

〔59〕 Tidewater Inc. and Others v. Bolivarian Republic of Venezuela, ICSID Case No. ARB/10/5.

〔60〕 Togo Electricité and GDF – Suez Energie Services v. Republic of Togo, ICSID Case No. ARB/06/07.

〔61〕 Trans – Global Petroleum Inc. v. Hashemite Kingdom of Jordan, ICSID Case No. ARB/07/25.

〔62〕 Universal Compression v. Bolivar Republic of Venezuela, ICSID Case No. ARB/10/9.

〔63〕 Urbaser S. A. and Consorcio de Aguas Bilbao Biskaia, Bilbao Biskaia Ur Partzuergoa v. Argentine Republic, ICSID Case No. ARB/07/26.

〔64〕 Vanessa Ventures Ltd. v. Bolivar Republic of Venezuela, ICSID Case No. ARB (AF) /04/6.

〔65〕 Vito G. Gallo v. The Government of Canada, UNCITRAL, PCA Case No. 55798.

〔66〕 Waste Management Inc. v. United Mexican States, ICSID Case No. ARB (AF) /98/2.

〔67〕 Wena Hotels Ltd. v. Arab Republic of Egypt, ICSID Case No. ARB/98/4.

〔68〕 Zhinvali Development Ltd. v. Republic of Georgia, ICSID Case No. ARB/00/1.

(二) UNCITRAL

〔1〕 AWG Group Ltd. v. Argentine Republic, UNCITRAL.

〔2〕 Canfor Corporation v. United States of America; Terminal Forest Products Ltd. v. United States of America, UNCITRAL.

〔3〕 Glamis Gold Ltd. v. United States of America, UNCITRAL.

〔4〕 Grand River Enterprises Six Nations Ltd. , et al. v. United States of America, UNCITRAL.

〔5〕 Methanex Corp. v. United States of America, UNCITRAL.

〔6〕 Pope & Talbot Inc. v. The Government of Canada, UNCITRAL.

〔7〕 S. D. Myers Inc. v. The Government of Canada, UNCITRAL.

［8］ Vito G. Gallo v. The Government of Canada, UNCITRAL, PCA Case No. 55798.

（三）其他

［1］ Challenge Decision of 11 January 1995, Vol. XXII *YBCA* (1997), 227.

［2］ Challenge Decision of 15 April 1993, Vol. XXII *YBCA* (1997), 222.

三、其他国际法案件

［1］ Islamic Republic of Iran and United States of America Claims Tribunal (Iran - United States Claims Tribunal, IUSCT).

［2］ Applications Nos. 5888/79 and 8589/79, Lars Bramelid and Anne Marie Malmström v. Sweden, Report on the European Commission of Human Rights of 12 December 1983.

［3］ Case Le Compte, Van Leuven and De Meyere, Report on the European Commission of Human Rights of 23 June 1981.

四、国内案件

［1］ ［AUS］ BHP Billiton Ltd. v. Oil Basins Ltd. , 2006 VS Ct 402.

［2］ ［FRA］ Consorts Ury c. S. A. Galeries Lafayette ［30］.

［3］ ［FRA］ Soc. Forges et Ateliers de Commentry Oissel v. Soc. Hydrocarbon Engineering, Cour. De Cass. (2e ch. Civ.), Feb. 20, 1974.

［4］ ［UK］ 22 VINER's ABRIDGEMENT 458 (1745).

［5］ ［UK］ ATT & T v. Saudi Cable, (2000) 1 Lloyd's Rep. 22.

［6］ ［UK］ Locabail (U. K.) Ltd. v. Bayfield Properties Ltd. , High Court, ［2000］ Q. B. .

［7］ ［UK］ Porter v. Magill ［2001］ UKHL 67, ［2002］ 2 AC 357, Disqualification of Counsel Decision of 14 January 2010.

［8］ ［UK］ R. v. Sussex Justices, ex parte McCarthy ［1924］ 1 K. B. 256.

［9］ ［UK］ Re the Owners of the Steamship 'Catalina' and Others and the Oweners of Motor Vessel 'Norma' (1938) 61 Lloyd's Rep. 360.

［10］ ［UK］ Y. B. 9 Henry 6, p. 66 b (I43I).

［11］ ［US］ Alcan Aluminum Corp. v. United States. 165 F. 3D 898 (United States Court of Appeals for the Federal Circuit 1999).

［12］ ［US］ Commonwealth Coatings Corp. v. Continental Casualty Co. , 393 US

145, 149 (1968).

　　[13] [US] In the Matter of the Arbitration between Astoria Medical Group and Health Ins. Plan of Greater New York, 182 N. E. 2d 85, 87 – 88 (N. Y. 1962).

　　[14] [US] Johnson v. Jahncke Services Inc. , 147 So. 2d 247, 248 (La. Ct. App. 1962).

　　[15] [US] Merit Ins Co. v. Leatherby Ins. Co. , 714 F 2d 673 (7th cir 1983).

　　[16] [US] Tembec Inc. , Tembec Investments Inc. and Tembec Industries Inc. v. The United States of America, District Court for the District of Columbia, No. 05 – 2345 (RMC), Undated Order of 2006.

目　录

第四章 国际投资仲裁中裁判法理的样态
——程序性裁判法理与实体性裁判法理 / 177

导　论

　　本书选题——国际投资仲裁中裁判法理之生成，源于笔者对国际投资法律体系多边化受挫以及国际投资仲裁裁决结果不一致现象的关注。较之既有研究仅针对国际投资仲裁中的局部实体性议题（如公平公正待遇、根本安全例外条款、最惠国待遇、国民待遇等）从点到点的直线型分析思路，本书尝试探究国际投资仲裁中裁判法理之生成这一问题。与既有研究不同，本书在研究大量一手资料的基础上，采用类型化研究方法、类比研究方法、进程研究方法、宏观与微观相结合、静态与动态相结合、应然与实然相结合等研究方法，阐释裁判法理生成和实现的动态过程。以下将从四个方面阐述问题的研究背景与研究框架。

一、问题的源起

　　自 2006 年"国际投资仲裁体系的合法性危机"问题被提出以来，有关投资仲裁裁决不一致等相关议题引发了学界的极大关注与讨论。德国学者斯蒂芬·司启尔（Stephen W. Schill）在 2010 年发表的《国际投资法与比较公法》的专著中，曾对仲裁裁决结果不一致的现象进行分析，并提出既定仲裁裁决作为判例可在一定程度上缓解仲裁裁决不一致的观点。[1] 美国学者安德鲁·比约克伦（Andrea Bjorklund）则从相同类型裁决入手，抽象出法律标准以此类比大陆法系中的"确定性判例"（jurisprudence constante）的观点。[2] 2007 年，瑞士学者加布里埃尔·考夫曼科勒（Gabrielle Kauffmann – Kohler）首次提出国际仲裁中的"裁判法理"（arbitral jurisprudence）这一术语。它是有关争端解决方法的一个法哲学

---

〔1〕　S. Schill, *International Investment Law and Comparative Public Law*, Oxford：Oxford University Press, 2010, p. 22.

　　〔2〕　A. Bjorklund, "Investment Treaty Arbitral Decisions as Jurisprudence Constante", *UC Davis Legal Studies Research Paper*, 158（2008）, pp. 265 – 266.

概念，包含仲裁庭在仲裁案件的裁判过程中遵循的法律依据和法律标准。[1] 本书尝试探究国际投资仲裁的既定裁决中蕴含的法律标准，试图在这些看似分散的既定裁决中挖掘它们之间的横向联系与动态变化的规律，建构国际投资仲裁中裁判法理的生成过程这一应然模式。本书将结合国际投资仲裁中裁判法理的实现——即裁判法理的体系化，探讨裁判法理体系化实现之可能及其制度设计。

二、问题的研究现状

事实上，国际性争端解决机构就既定裁决的相关问题早在 1945 年的《国际法院规约》第 38 条中已有规定，该条将判例作为国际法的辅助性渊源。在国际贸易法领域，世界贸易组织及其前身《关税与贸易总协定》的争端解决机构在处理贸易争端的过程中也一直重视先例的作用。在国际投资仲裁领域，由于争端解决机构相对分散，各项仲裁规则中对于既定裁决的效力问题的规定也付之阙如，加之早年投资仲裁案例数量相对有限，对于国际投资仲裁既定裁决效力问题的探讨并不多见。随着国际投资法律体系多边化受挫以及国际投资仲裁裁决结果不一致等问题引起学界重视，针对国际投资仲裁中既定裁决一致性的研究成果也日渐丰富。本书对国际投资仲裁裁决一致性问题的研究现状进行梳理，以期对尚未引起广泛关注的领域进行研究。

（一）国外的研究现状

国外对于既定裁决结果一致性问题的深入探讨肇始于 2006 年，美国学者苏珊·弗兰克（Susan D. Franck）提出了"国际投资仲裁体系的合法性危机"这一问题。弗兰克教授全面总结了"国际投资仲裁体系合法性危机"的缘起及表现，从条约演进和仲裁案件结果不一致等角度分析了"合法性危机"的内在根源。然而，该文更多从改革现有国际投资仲裁机制的角度入手，缺乏对于裁决书之间的详细比较与分析。[2] 前述德国学者司启尔尽管在其著作中对裁决结果不一致的情形给予了一定分析，但其论证重点在于将国际公法及行政法原则引入国际投资仲裁，缺乏对于既定裁决影响的系统性论述。2007 年，考夫曼科勒教授创造性地提出"裁判法理"的概念，将国际仲裁中关于既定裁决效力的讨论提升到新的理论层面。此外，也有其他学者，如 Jeffery P. Commission（2007）、Guillaume Gilbert（2011）等也加入到对该问题的探讨之中。

从涉及的领域看，国外既有研究主要局限在讨论先例效力实现的可能性上，

---

〔1〕　G. Kauffmann – Kohler, "Arbitral Precedent: Dream, Necessity of Excuse?", *The 2006 Freshfields Lecture*, *The Journal of International Arbitration*, 2007, 23 (3), p. 357.

〔2〕　S. D. Franck, "The Legitimacy Crisis in Investment Treaty Arbitration: Privatizing Public International Law through Inconsistent Decisions", *Fordham Law Review*, 2005, p. 73.

或者单独列举裁决不一致问题的现象和特征。从仲裁庭作出裁决的角度开展研究的成果很少，对于国际投资仲裁领域中裁决不一致问题的既有研究仅停留于局部实体性议题，缺乏对该领域的整体特点与发展规律的研究。上述提及的论文中，相当一部分仍局限于讨论是否应当赋予投资裁决先例效力的问题。尽管有部分学者已经注意到现行国际投资仲裁中对于既定裁决的引用现象，诸如前述 Commission 等，但这类研究仅以泛泛意义上的既定裁决引证次数作为研究对象，不仅缺乏对反复援引现象背后的仲裁庭论证思路整体特点与变化规律的研究，也缺乏对某一特定议题中裁决思路演变的研究。

从研究的方法看，如前所述，既有研究数量较少但角度多样：既有同法律部门内的相互借鉴，如 Stephen W. Schill（2010）；又有涉及仲裁机制整体的改革，如 Susan D. Franck（2006）。这些针对既定裁决的研究试图从宏观层面想方设法达成裁决的一致性。然而，这仅仅是解决国际投资裁决不一致问题的局部，对该问题的研究还应包括其形成的根源，具体案件中仲裁庭发挥的作用以及仲裁庭论证所遵循的规律等。国外也有一些研究涉及形成稳定的遵循先例机制的可能，例如，针对"确定性判例"的研究，有 Andrea Bjorklund（2008）等。此类研究侧重展示投资裁决可否在小范围内先形成"确定性判例"。受制于文章篇幅，对相关问题的讨论还可进一步深入结合大量仲裁实例进行实证研究。而前述考夫曼科勒的文章尽管率先提出了"裁判法理"的概念，但未能阐明裁判法理的生成过程与作用机制，亦没有深入研究裁判法理的发展与国际投资法律体系之间的互动。

诚然，上述国外既有的研究对本书的撰写有很大的启发，其中所涉及的关于既定裁决效力的内容成为本书研究的客体之一。但是，本书若仅仅囿于分析既定裁决的效力，无助于彻底解决裁决的不一致问题。因此，本书以"裁判法理"为更高的理论起点，同时对大量仲裁裁决进行实证分析。其中，不仅裁判法理的成因与演变规律值得研究，既定裁决之间的联系与国际投资法律体系整体的发展趋势更值得探索。

（二）国内的研究现状

国内学者对于国际投资法中合法性危机问题及裁决一致性问题也主要受到 2006 年弗兰克观点的启发。近几年，国内已经出现了一些关于该问题的研究论文。其中，比较具代表性的有：2008 年魏艳茹教授的《论国际投资仲裁的合法性危机及中国的对策》[1]、2008 年刘笋教授的《国际投资仲裁引发的若干危机

---

〔1〕　魏艳茹："论国际投资仲裁的合法性危机及中国的对策"，载《河南社会科学》2008 年第 4 期。

及应对之策述评》[1]、2009 年刘笋教授的《国际投资仲裁裁决的不一致性问题及其解决》[2] 以及 2011 年郭玉军教授的《论国际投资条约仲裁的正当性缺失及其矫正》[3] 等。其中刘笋教授以及郭玉军教授的论文中，对仲裁裁决一致性的问题进行了较为详细的探讨。刘教授认为，面对裁决不一致的现象，不仅应当改革投资条约的实体法规则，对关键性的术语、条款进行明确的界定和解释，而且应当改革投资条约的程序法规则，对仲裁程序进行监督，为错误的仲裁裁决提供矫正机制；而郭教授则指出，经过制度化的改良，如通过增强仲裁程序透明度、允许法庭之友参与仲裁程序、合并审理、遵循先例、加强投资条约仲裁的公共功能等，投资条约仲裁制度的正当性缺失可在相当程度上得以矫正。另外，浙江大学硕士研究生唐卓然在其硕士论文《ICSID 仲裁先例问题研究》[4] 中，亦从演变、功能及确立的必要性和可能性方面对国际投资仲裁中的先例问题进行了分析与探讨。

国内的新近研究表明，中国学者已敏锐地抓住了有关国际投资仲裁体系发展中较为关键的议题，对裁决一致性问题的相关因素展开了深入探讨。遗憾的是，可能囿于论文的篇幅，上述各位学者对此问题的研究仅限于以宏观视角就国际投资法律体系的改革提出建议阶段。因此，要对裁决一致性问题以及既定裁决效力问题进行更系统、深刻地分析和论证，除宏观上的理论构建外，还需要以大量具体案件的裁决书为依据进行实证分析。

三、改变现状的资源

本书对国际投资仲裁中裁判法理问题的深入研究主要得益于新的研究方法和新资料。

首先，本书研究采用类型化研究方法、类比研究方法、进程研究方法、宏观与微观相结合、静态与动态相结合、应然与实然相结合的研究方法。事实上，面对当前复杂的投资裁决一致性问题，寄希望于各国通过缔结多边投资条约，构建多边投资体制进行统一规制的做法并不现实。而诸如国际贸易法律体系中，WTO相关规定及案例中所体现的立法理性是否能够完全解决国际投资仲裁裁决的问题值得思考。鉴于此，本书尝试对裁判法理的生成背景进行解读，发现"合法性危机"背后所体现的仲裁裁决一致性问题之根源，从理论上对症下药并结合案件实例进行实证分析，不失为研究裁判法理的有益路径。

---

〔1〕刘笋："国际投资仲裁引发的若干危机及应对之策述评"，载《法学研究》2008 年第 6 期。
〔2〕刘笋："国际投资仲裁裁决的不一致性问题及其解决"，载《法商研究》2009 年第 6 期。
〔3〕郭玉军："论国际投资条约仲裁的正当性缺失及其矫正"，载《法学家》2011 年第 3 期。
〔4〕唐卓然：《ICSID 仲裁先例问题研究》，浙江大学 2014 年硕士学位论文。

其次，本书的研究建立在对大量一手资料的归类整理与比较分析的基础上。主要包括：

第一，国际法院自 1960 年至 2008 年涉及判断既定裁决参考价值的案件，ICSID 自 1981 至 2012 年涉及特定法律标准确立及演变之案件，适用 UNCITRAL 规则的相关仲裁案件以及相关国内法案件若干；

第二，涉及质疑仲裁员独立性方面，ICSID 及 UNCITRAL 自 1982 年至 2012 年的相关案件；

第三，涉及质疑仲裁员公正性方面，ICSID 及 UNCITRAL 自 1985 年至 2012 年的相关案件；

第四，涉及质疑仲裁员独立性及公正性的审查标准方面，自 1982 年至 2012 年的相关案件；

第五，涉及阿根廷经济危机仲裁庭审查"根本安全例外"条款方面，ICSID 自 2003 年至 2011 年的相关案件。

四、问题的研究规划

本书围绕国际投资仲裁中裁判法理这一论题，以国际投资仲裁中裁判法理的前提（仲裁员的独立性和公正性）为研究起点，以裁判法理的载体（优良裁决）为依托，研究裁判法理的样态（程序性和实体性裁判法理），旨在促成裁判法理的实现（裁判法理的体系化）。论文核心概念的界定、研究框架、研究方法、可能的创新及不足如下：

（一）核心概念的界定

基于各法学分支学科对同一或类似概念的理解可能有不同侧重，在借鉴其他法学分支学科的知识时，需要结合国际投资仲裁的特点界定其涵义。同时，对英文法律术语的翻译不能脱离具体的制度背景。为此，本书对若干核心概念进行界定，以便阅读理解。

1. 国际投资仲裁中的裁判法理

本书将国际投资仲裁中的裁判法理界定为正在形成并实际存在于国际投资仲裁中一以贯之的法律理性，它是正在形成并实际存在于国际投资仲裁既定裁决中的那些具有参考价值的法律依据和法律标准的集合（第一章第二节）。国际投资仲裁中的既定裁决，是指仲裁庭在对既往案件所涉及的条约内容与案件事实进行裁判后，形成的确定性裁决。裁判法理内生于既定裁决，使仲裁实践中的法律规则明确、统一（第一章第三节）。

2. 国际投资仲裁中仲裁员的独立性和公正性

仲裁员的独立性，是指仲裁员与当事方（或代理人等）客观存在的不恰当关联；仲裁员的公正性可被抽象概括为一种"不偏颇"的精神状态，具有较强的主观性。两者在界别上，独立性的认定标准主要在于判定不当联系是否存在；而公正性的评判较多涉及仲裁员的观念、意识等形态，应从客观上判断是否存在证据证明仲裁员观念、意识等精神状态受到影响。因此，判断仲裁员与当事方有不当关联存在、违反独立性是一个有关程度评价的问题——应采用"最低关联法"判定仲裁员与当事方的联系是否足以构成不当关联（第二章第二节）；认定仲裁员是否先入为主、违反公正性应采用更为客观的标准或证据——"客观行为标准"证明（第二章第三节）。

　　3. 国际投资仲裁中的优良裁决

　　优良裁决是国际投资仲裁中裁判法理的载体，它的特点有两个：一是仲裁庭合理行使自由裁量权的同时，推理论证务须详细。仲裁庭的解释可有效填补国际投资条约有关国家义务规定的空白。论证详细的既定裁决对国际投资仲裁案件的审理提供了有价值的参考。大量高质量、无异议的裁决不断涌现，国际投资法律体系的发展才有希望；二是适当援引既定裁决。仲裁庭在合理论证的基础上，只有适当援引既定裁决，才能使后续裁决更具说服力，继而被广泛认可。依此路径，仲裁庭在后续裁判过程中，所作出的裁决与既定裁决保持一致，容易被当事方理解与接受，有利于国际投资仲裁和谐推进。优良裁决应符合以下四点要求：一是按照当事双方公认的条约适用法律并作出裁决；二是按照当事双方确定的仲裁规则适用法律并作出裁决；三是合理详述裁决从而得出最终结论的推理过程；四是适当引用既定裁决。其中，尤以合理进行法律推理及适当援引既定裁决更为重要。本书通过实证分析 LG&E v. Argentina 案的相关裁决部分以及 Continental v. Argentina 就根本安全例外条款问题的裁决部分（第三章第一节），旨在进一步确定优良裁决的固有特质。通过对裁决书的剖析可知，优良裁决在论证中更加注重逻辑线索的完整性以及论证的层次性，更加能够结合案件具体事实予以充分及严密的论证。

　　4. 国际投资仲裁中的程序性裁判法理和实体性裁判法理

　　国际投资仲裁中的程序性裁判法理，是指仲裁庭适用程序规则针对案件程序问题予以裁决时所依据的法律标准，本书主要以质疑仲裁员资格的审查标准为例进行研讨（第四章第一节），分析质疑仲裁员资格的审查标准的演化趋势。国际投资仲裁中的实体性裁判法理，是涉及国际投资条约中有关国家义务的实体性规定及仲裁庭就案件实体问题进行裁决时所依据的法律框架或标准，本书以根本安全例外条款的审查标准为例进行研讨（第四章第二节）。

5. 国际投资仲裁中裁判法理的体系化

在裁判法理的生成过程中，诸多法律标准显山露水，优良裁决得以抽象且其效力有上升至法律层面之趋势。这些法律标准、系统化的优良裁决及其对后续案件产生的效力均为建构完整的裁判法理体系服务。通过制度设计，使法律标准与优良裁决间产生互动，最终构成完整的裁判法理体系的过程即"裁判法理的体系化"（第五章）。

（二）研究框架

本书的结构和论证方法采用进程研究方法。通过厘清裁判法理生成的前提（仲裁员独立性和公正性）、载体（优良裁决）、裁判法理的样态（程序性的裁判法理与实体性的裁判法理）以及实现（裁判法理的体系化），重在强调"确保仲裁员的独立性和公正性→遵照合理裁决原则初步筛选→归纳法律标准→筛取并解释最优标准→提炼优良裁决"这一裁判法理的生成过程。

本书以分析国际投资仲裁中裁判法理生成的前提为起点，从应然和实然层面分别论证裁判法理生成过程及具体样态，并探求裁判法理应如何实现。本书论证的问题细分如下：

1. 国际投资仲裁中裁判法理生成的前提为何

国际投资仲裁中裁判法理生成的前提是仲裁员的独立性和公正性。论文从理论和实证两个角度对仲裁员的独立性和公正性进行类型化研究：首先，本书从理论角度厘清独立性和公正性各自的内涵（第二章第一节）；其次，通过实证分析，以"最低关联法"为分析路径，对仲裁员的独立性作类型化研究（第二章第二节）；最后，采用"客观行为标准"就仲裁员的公正性作实证分析，试图厘清质疑仲裁员资格案件中合议庭和专门委员会审查仲裁员公正性的标准（第二章第三节），旨在确保裁判法理生成之前提——在仲裁员的独立性和公正性得到保证的基础上，国际投资仲裁中裁判法理才有生成之可能。

2. 国际投资仲裁中裁判法理的生成过程为何

国际投资仲裁中裁判法理生成的载体为优良裁决。围绕优良裁决这一载体，本书通过类比"确定性判例"的方法，以优良裁决的初步筛选——"合理裁决原则"为逻辑起点，以提炼优良裁决为目标，从三方面阐述了裁判法理的生成过程：一是从专门委员会作出的撤销裁决反向推导，抽象出"合理裁决原则"，适用该原则初步筛选既定裁决，排除瑕疵裁决（第三章第二节）；二是通过类比"确定性判例"的方法，在同类型法律关系范围内，从一系列裁决中抽象归纳法律标准并在其中筛取最优标准（第三章第三节）；三是提炼优良裁决——即在同一类型程序性或实体性议题范围内，筛取的法律标准项下，涉及的相关裁决可被认为是优良裁决（第三章第一节）。由是，国际投资仲裁中裁判法理的生成可表述为"确保仲裁员的独立性和公正性→遵照合理裁决原则初步筛选→归纳法律标准→筛取并解释最优标准→提炼优良裁决"这一动态过程。

3. 国际投资仲裁中程序性和实体性议题下裁判法理的具体样态为何

根据类比"确定性判例"的方法，结合国际投资仲裁具体案件，从动态层面归纳程序性和实体性议题下裁判法理的样态：

在质疑仲裁员主体资格标准议题下，厘清程序性裁判法理的样态应遵循如下步骤：首先，在质疑仲裁员主体资格范围内，从一系列围绕该议题论证的裁决中归纳出"几乎确定"、"合理怀疑"以及"客观证据"三项审查标准；其次，从归纳出的审查标准中筛取最合理的标准——"合理怀疑"标准，当后续案件中出现相同或相似问题时，"合理怀疑"标准可作为仲裁庭裁断之指引；最后，在质疑仲裁员主体资格这一议题范围内，"合理怀疑"标准项下，论证丰富、明晰的裁决可被视为优良裁决（第四章第一节）。

在根本安全例外条款这一议题下，分析实体性裁判法理的样态应遵循如下步骤：首先，在根本安全例外条款这一范围内，从一系列有关阿根廷经济危机的裁决中归纳"双向印证"和"单向印证"审查标准；其次，从两项审查标准中筛取最优——"单向印证"审查标准，当后续案件中出现相同或相似问题时，该标准可为仲裁庭提供指引；最后，在根本安全例外条款这一议题范围内，"单向印证"审查标准项下涉及的论证详尽、合理的裁决可被认为是优良裁决（第四章第二节）。

4. 国际投资仲裁中的裁判法理应该如何实现

由裁判法理生成的动态过程观之，当前，裁判法理的实现有其可能：一是援引既定裁决有利于满足公众对仲裁员独立性和公正性的合理期待；二是第三方参与有助于归纳法律标准；三是裁决公开、透明有益于提炼优良裁决。故此，裁判法理体系化指日可待（第五章第一节）。

国际投资仲裁中的裁判法理的实现，需通过制度设计加以构建（第五章第二节）。裁判法理实现的最终目标，在于将优良裁决的效力由事实层面逐渐上升至法律层面，但该过程不能一蹴而就：一是随着援引优良裁决情形的不断增多，需设立多边法律解释委员会（ICSID 法律解释委员会）归纳并解释同类型议题下裁决中的法律标准，并赋予其法律效力；二是法律标准下对应的优良裁决，委员会可通过编纂及发布指导性案例加以确定，至此，优良裁决仅具有"事实上的效力"；三是欲进一步将优良裁决的效力由事实层面上升至法律层面，须设立上诉机构确定正式效力。该过程可表述为"构建多边法律解释机构以归纳并解释法律标准→确立指导性案例制度以提炼优良裁决→设立上诉机制使优良裁决具有法律效力"这一过程。

（三）研究方法的创新

1. 进程研究方法

黑格尔曾指出："包括法律在内的社会生活的种种表现形式，都是一个能动的、进化的过程的产物。"[1] 麦克道格尔（Myres Mcdougal）认为："国际法是权威的决策的进程。在该进程中，价值更多地通过说服的方式不断地形成和分享；并且该进程寻求促进全人类所有价值的最大化生产和最广泛分享。"[2] 本书将进程研究方法分别与应然、实然研究方法以及动态、静态研究方法相结合，进行方法论创新。

第一，进程研究方法与应然、实然研究相结合。

本书将进程研究方法与应然、实然研究相结合，即从应然和实然两个层面，对进程研究方法加以运用：

应然层面上，一是从理性第三人立场出发，确保国际投资仲裁中仲裁员的独立性和公正性；二是围绕优良裁决这一裁判法理的载体，厘清裁判法理的生成过程；三是明确裁判法理生成过程中的优良裁决和法律标准；四是研究裁判法理的目标在于实现裁判法理的体系化。至此，抽象层面上裁判法理的生成过程完结，该过程可以表达为"确保仲裁员的独立性和公正性→遵照合理裁决原则初步筛选→归纳法律标准→筛取并解释最优标准→提炼优良裁决"。

实然层面上，从国际投资仲裁案件出发，通过类型化研究，用动态、发展、联系的视角归纳同类型法律关系范围内仲裁庭在案件中适用的审查标准及其演进趋势，强调优良裁决间的关联性和承继性，旨在达成裁决的一致性和系统化。遵循该方法归纳程序性和实体性议题下裁判法理的具体样态可知，质疑仲裁员主体资格的审查标准历经"几乎确定→合理怀疑→客观证据"的嬗变；涉及根本安全例外条款的审查标准历经"双向印证→单向印证"的演变。

第二，进程研究方法与动态、静态研究相结合。

本书将进程研究方法与动态、静态研究相结合，即从静态和动态两个层面

---

[1] ［美］埃德加·博登海默：《法理学：法律哲学与法律方法》，邓正来译，中国政法大学出版社1998年版，第80页。

[2] Myres S. Mc Dougal："Jurisprudence for a Free Society"，*Georgia Law Review*，1966，1（1），p. 2；W. M. Reisman："The View from the New Haven School of International Law"，*Proceedings of the Annual Meeting*（*American Society of International Law*），86（1992），pp. 118 – 125；刘博文："政策定向学说与国际法的跨学科研究"，载《哈尔滨金融学院学报》2013年第5期，第53—57页。

上，对进程研究方法加以适用：

静态层面上，本书围绕国际投资仲裁中裁判法理这一问题，分别厘清了裁判法理生成的前提（仲裁员独立性和公正性）、载体（优良裁决）、裁判法理的样态（程序性和实体性的裁判法理）以及实现（裁判法理的体系化）这些静态层面上的相关概念。其中，就裁判法理的载体（优良裁决）而言，本书提出优良裁决的初步筛选应遵照"合理裁决原则"、提炼优良裁决应采用类比"确定性判例"的方法，均从静态层面就论题相关概念进行阐释。这些静态层面上的概念是运用进程研究方法，从动态层面进一步探究国际投资仲裁中裁判法理生成以及实现过程的理论基础。

动态层面上，本书在对裁判法理生成的前提、载体、裁判法理的样态以及实现一系列静态层面上的相关概念进行阐释的基础上，采用进程研究方法，厘清裁判法理生成过程——即"确保仲裁员的独立性和公正性→遵照合理裁决原则初步筛选→归纳法律标准→筛取并解释最优标准→提炼优良裁决"，并进一步阐明裁判法理的体系化——即"构建多边法律解释机构以归纳并解释法律标准→确立指导性案例制度以提炼优良裁决→设立上诉机制使优良裁决具有法律效力"。其中，就裁判法理的载体（优良裁决）而言，本书在厘清优良裁决之要义、"合理裁决原则"、类比"确定性判例"这些静态概念的基础上，从三个方面阐述这一过程：一是以专门委员会作出的撤销裁决反向推导，抽象出"合理裁决原则"，适用该原则初步筛选既定裁决，排除瑕疵裁决；二是通过类比"确定性判例"的方法，在同类型法律关系范围内，从一系列裁决中抽象归纳法律标准并从中筛取最优；三是提炼优良裁决——即在同一类型程序性或实体性议题范围内，筛取的法律标准项下，涵盖的相关裁决可被认为是优良裁决。本书就裁判法理样态的论证，侧重动态层面的进程研究——通过对程序性和实体性议题下具体的裁判法理之样态的研究，抽象并总结出法律标准及其演变趋势。

2. 类型化研究方法

本书通过类型化研究方法归纳法律标准、提炼优良裁决，系指就同类型程序性或实体性议题下的一系列裁决，或者个案裁决书就特定议题论证的程序性或实体性内容进行分析。限定裁决的范畴，旨在归纳法律标准、筛取并解释最优标准，从而提炼优良裁决。一味探寻数量众多的裁决书中何为优良裁决，无异于大海捞针；空泛讨论某一裁决书整体论证结构是否优良，也于事无补。

第一，类型化研究方法与宏观、微观研究相结合。

本书将类型化研究方法与宏观、微观研究相结合，即从微观和宏观两个角度出发，对类型化研究方法加以适用：

微观上的类型化，指就判断单个裁决书的合理性而言，不应笼统归为"优良裁决"或"瑕疵裁决"，而应将裁决书内容分为"优良裁决部分"和"瑕疵裁决部分"。前者具有援引价值，后者则应予摒弃。从微观角度出发，在同类型实体性议题或者程序性议题中，仲裁庭就具体裁决某一部分的分析过程所作的援引，并非援引全案。国际投资仲裁中，仲裁庭"全盘缺乏合理分析"的情形较为罕见，"厚此薄彼"或"顾此失彼"却时有发生。国际投资仲裁领域有关国际投资争端的个案裁决书中，裁决理由和论证部分频繁涉及程序性或实体性（如间接征收、国民待遇、公平公正待遇以及例外条款）方面的内容。评判个案裁决书的合理性，如若一概而论或囿于固定范式，难免有失公允。根据《ICSID 公约》第 52条，撤销裁决有多种原因，即使被专门委员会撤销的裁决中，也可能存在论证优良的部分。本书以 LG&E v. Argentina 案和 Continental v. Argentina 案为例诠释优良裁决时，并不采用"全部肯定"或"一概否定"的态度，而是在个案裁决中有关公平公正待遇、征收、根本安全例外条款等实体性议题的范围内，对"优良裁决部分"或"瑕疵裁决部分"进行评判。

宏观上的类型化，仅就同一法律关系而言，在该范畴项下优良裁决与瑕疵裁决分别初露端倪。从宏观角度出发，将国际投资仲裁裁决整体观之，绝对意义上不限范畴的"优良裁决"或"瑕疵裁决"情形十分罕见。只有通过大量案件就相同议题所形成的各个裁决结果的过程进行分析，得出裁决是否优良的结论才会不失偏颇。就笔者搜集为数众多的裁决书进行研究，研究对象并非特定案件裁决书的全部内容，而是多份裁决书在同类型的程序性或实体性议题下的论证部分。目前，学界不乏对具体议题（如公平公正待遇问题、例外条款问题）的类型化研究。遗憾的是，此类讨论大多浅尝辄止，止于就特定程序性或实体性议题进行归类，未能从宏观层面采用同一法律关系范围内提炼优良裁决的类型化研究方法。本书对优良裁决的研究，在分析个案"优良裁决部分"和"瑕疵裁决部分"的基础上，就宏观层面同一法律关系范围内的一系列裁决进行类型化研究，以归纳法律标准，提炼优良裁决。

第二，类型化研究方法与类比的方法相结合。

本书将类型化研究方法与类比的方法相结合，主要指采用类比的方法对将先例和"确定性判例"引入国际投资仲裁领域的可能性进行考量。究其缘由，上述微观与宏观上的类型化与普通法系中的先例和大陆法系"确定性判例"有一定程度的类似性。

传统普通法系中的判例法之源起（如涉及继承、债权等问题的经典案例）往往通篇集中论证某一法律问题，由此形成先例，表现为某一著名的案例通篇受到后续裁决的多次援引。与先例援引既定裁决全案的方式不同，大陆法系中的"确定性判例"是在同类型程序性或实体性议题下，就优良裁决部分进行援引。与之类似，国际投资仲裁领域中，仲裁庭在后续个案中援引既定裁决，亦在同类型实体性或程序性议题下，就既定裁决对该议题的具体分析部分所作的援引。因此，在国际投资仲裁领域提炼优良裁决，采用类比"确定性判例"的方法有其可能。在国际投资仲裁中，通过类比"确定性判例"的方法提炼优良裁决，应在遵照"合理裁决原则"初步筛选既定裁决的基础上，在同类型法律关系范围内，从一系列裁决中抽象归纳法律标准并在其中筛取最优；在同类型程序性或实体性议题范围内，筛取的最优法律标准项下涉及的相关裁决可被认为是优良裁决。

（四）可能的创新与不足

1. 创新

基于对大量一手文献的消化与对问题的深入思考，本书可能的创新之处是：

第一，论证方法创新。与既有研究针对特定实体性议题进行分析不同，本书采用进程研究方法与类型化研究方法，以国际投资仲裁中的裁判法理为论题，转换视角，从国际投资仲裁中裁判法理生成的背景及裁判法理的界定切入，研究裁判法理生成的前提（仲裁员的独立性和公正性）、载体（优良裁决）以及裁判法理的样态（程序性和实体性裁判法理）。在此基础上，以裁判法理的实现（裁判法理的体系化）为主线，对裁判法理体系化的可能性进行论证，就裁判法理的实现进行制度设计。

第二，观点创新。这方面主要体现为论文所建构的国际投资仲裁中裁判法理的生成——即"确保仲裁员的独立性和公正性→遵照合理裁决原则初步筛选→归纳法律标准→筛取并解释最优标准→提炼优良裁决"这一过程，以及在此基础上"构建多边法律解释机构以归纳并解释法律标准→确立指导性案例制度以提炼优良裁决→设立上诉机制使优良裁决具有法律效力"这一裁判法理体系化的动态过程。

第三，连接"地气"。本书的研究契合中国的未来需要。本书以国际投资仲裁中裁判法理之生成为基础，论证中国在未来参与国际投资争端解决中的定位和需要进一步努力的方向，使得中国在未来参与国际投资仲裁实践中更加胸有成竹。

2. 不足

第一，国际投资仲裁中裁判法理的载体（优良裁决）中有一部分是涉及先例效力的具体问题，由于涉及英美法系国家国内法上的大量案例，限于研究资源及研究主题，论文未涉及此方面。

第二，囿于资料与研究能力，本书在论证除 ICSID 及 UNCITRAL 以外的其他国际投资仲裁案件中的裁判法理生成所存在的主要问题方面或尚欠深入。

第一章　国际投资仲裁中裁判法理概述

第一节　国际投资仲裁中裁判法理生成的背景

晚近，随着经济全球化的深入，国际投资法得以蓬勃发展，与之相伴而生的国际投资仲裁体系亦日渐走向成熟。随着各国间签订的投资保护协定以及国际投资仲裁案件数量的增长，国际投资法领域出现了"合法性危机"。究其原因，主要是国际投资法律体系多边化受挫导致国际投资条约的适用及解释无法统一与协调，国际投资仲裁庭"同案不同判"的现象更加剧了此类矛盾，严重影响到国际投资法律体系的公信力及可预测性，国际投资中裁判法理之研究即应运而生。国际投资仲裁中的裁判法理，是指正在形成并实际存在于国际投资仲裁中一以贯之的法律理性，它是正在形成并实际存在于国际投资仲裁既定裁决中的那些具有参考价值的法律依据和法律标准的集合。本章将由国际投资仲裁中裁判法理生成之溯源出发，探讨裁判法理生成之可能、裁判法理的界定以及裁判法理的渊源。

一、国际投资仲裁中裁判法理生成之溯源

国际投资法律体系的全球化，是调整国际私人直接投资关系的相关法律趋同化发展的过程。在此过程中，各国的外资立法相互吸收、共同影响。随着投资条约与仲裁案件数量的增加，投资争端解决机制中，仲裁庭作出的不一致裁决以及对某些东道国不利的裁决，招致公共利益团体及相关东道国就裁决过程与结果等多方面的批评。事实上，国际法学者、相关从业者、民间团体、决策机构、国际非政府组织、投资条约谈判代表等对国际投资仲裁领域的发展毁誉参半，对仲裁裁决的评价也褒贬不一。大量的研究结果表明：国际投资法领域已出现名副其实

的"合法性危机",[1] 主要表现在两个方面：一是近期一些拉美国家退出所签订的投资条约与《ICSID 公约》,[2] 拒绝继续履行投资仲裁庭作出的裁决;[3] 二是缔约国开始修改既有投资条约的实体与程序方面的内容——反映出包括美国在内的东道国对国际投资仲裁庭的裁判过程和发展趋势的忧虑,[4] 表明国际社会对国际投资法律体系与国际投资仲裁机制的抗拒与不满正在加剧,[5] 可能发生潜在性危机。而上述"合法性危机"产生的根源，可分为两个层面进行分析。试分述如下：

---

[1] M. Sornarajah, "A Coming Crisis: Expansionary Trends in Investment Treaty Arbitration", in Sauvant, KP. ed., *Appeals Mechanism in International Investment Disputes*, New York: Oxford University Press, 2009, pp. 39 – 45; A. Afilalo, "Meaning, Ambiguity and Legitimacy: Judicial (Re –) construction of NAFTA Chapter 11", *Northwestern Journal of International Law & Business*, 25 (2005), pp. 279, 282; S. D. Franck, "The Legitimacy Crisis in Investment Treaty Arbitration: Privatizing Public International Law through Inconsistent Decisions", *Fordham Law Review*, 73 (2005), p. 1521; A. Afilalo, "Towards a Common Law of International Investment: How NAFTA Chapter 11 Panels Should Solve Their Legitimacy Crisis", *Georgetown International Environmental Law Review*, 17 (2004), p. 51; C. H. Brower, "Structure, Legitimacy, and NAFTA's Investment Chapter", *Vanderbilt Journal of Transnational Law*, 36 (2003), p. 37; C. H. Brower, et al., "The Coming Crisis in the Global Adjudication System", *Arbitration International*, 2003, 19 (4), p. 415; C. H. Brower, S. Schill, "Is Arbitration a Threat or a Boon to the Legitimacy of International Investment Law?", *Chicago Journal of International Law*, 9 (2009), p. 471.

[2] 玻利维亚2007年11月3日宣布从《ICSID 公约》退出。Bolivia Denounces ICSID Convention, ILM, Vol. 46, 2007, p. 973. 2009年6月12日，厄瓜多尔国会投票通过从《ICSID 公约》退出的决议。另有尼加拉瓜、委内瑞拉和古巴等国的媒体正在进行有关是否从《ICSID 公约》退出的讨论。M. E. Schnabl, &J. BéDard, "The Wrong Kind of 'Interesting'", http://www.skadden.com/sites/default/files/publications/Publications1298_ 0. pdf, 2012 – 12 – 14/2014 – 07 – 05. 2008年4月30日，委内瑞拉与荷兰就终止两国间的双边投资条约的商讨正在谈判，委方希望该协定于2008年11月1日终止。L. E. Peterson ed., "Investment Arbitration Reporter", http://www.iareporter.com/Archive/IAR – 05 – 16 – 08. pdf., 2008 – 05 – 16/2013 – 01 – 15.

[3] L. Mistelis, C. Baltag, "Recognition and Enforcement of Arbitral Awards and Settlement in International Arbitration: Corporate Attitudes and Practices", *The American Review of International Arbitration*, 19 (2009), pp. 319, 354 – 361; C. Baltag, "Enforcement of Arbitral Awards against States", *The American Review of International Arbitration*, 19 (2009), pp. 391. 有时，东道国也会拒绝执行仲裁庭作出的命令，如有关临时性措施的决定。

[4] G. Gagné, J – F. Morin, "The Evolving American Policy on Investment Protection: Evidence from Recent FTAs and the 2004 Model BIT", *Journal of International Economic Law*, 9 (2006), pp. 357, 363; S. Schwebel, "The United States 2004 Model Bilateral Investment Treaty: An Exercise in the Regressive Development of International Law", *Transnational Dispute Management*, 3 (2006), pp. 1, 3 – 7; M. Kantor, "The New Draft Model U. S. BIT: Noteworthy Developments", *Journal of International Arbitration*, 21 (2004), pp. 383, 385.

[5] M. Walbel, et al. ed., *The Backlash Against Investment Arbitration*, New York: Kluwer, 2010, pp. 1 – 10.

（一）国际投资法律体系多边化受挫

与国际贸易方面在二战后即形成了以《关税贸易总协定》为核心的多边法律体系不同，长期以来国际投资领域的法律体系主要由双边性质的法律文件构成，双边投资条约（Bilateral Investment Treaties，简称"BITs"）即为其中的典型代表。[1] 由于各国具体国情、谈判策略各异，大量 BITs 的签署不可避免地导致投资保护标准的表述各异，使得投资者面对投资争议时无所适从，而东道国在行使规制权时也常"投鼠忌器"。对此，OECD 曾在 20 世纪 80 年代尝试进行《多边投资条约》（Multilateral Agreement on Investment，简称"MAI"）谈判以构建多边投资体系。然而，由于各国无法就具体待遇标准达成一致，MAI 谈判最终破产，使得国际投资保护体系缺乏综合性多边法律框架的缺憾存留至今。不同 BITs 之间虽然内容和结构趋同，但措辞上的差异使得各方对投资条约理解不一。[2] 从立法角度一举解决投资规范的冲突问题似乎已经步入了"死胡同"。

（二）国际投资仲裁裁决结果不一致

国际商事仲裁、国际公法与国际投资法的规范冲突，使得国际投资法有关投资争端问题的解决扑朔迷离。不仅如此，国际投资保护待遇标准的模糊，使东道国担心投资裁决会挤压、限制国内政策与法律的施展空间；仲裁员对投资条约内容享有解释权，也一定程度上制约了东道国国内民选产生的立法者诠释其政策与法律的权力。非政府组织（Non - Governmental Organizations，简称"NGOs"）也提出，投资仲裁缺乏民主性、可靠性与稳定性，导致第三方无法对投资仲裁程序实施有效监督。"投资保护优先于东道国竞争政策"[3] 倾向所带来的威胁，使东道国的利益由于投资裁决的不可预测性而可能受到损害。毕竟，国际投资仲裁本质上是一次性的争端解决机制，一裁终局的结果使裁决一致性的救济途径付之阙如。国际投资仲裁庭就同类案件难以作出一致裁决的事实不仅有损于国际投资法律体系的规范性和确定性，[4] 也损害了投资者对国际投资条约的合理期待，亦会影响东道国正当行使规制投资行为的权力。

---

〔1〕 S. D. Franck，"The Legitimacy Crisis in Investment Treaty Arbitration: Privatizing Public International Law through Inconsistent Decisions"，*Fordham Law Review*，73（2005），pp. 1522 - 1523.

〔2〕 S. Schill，*International Investment Law and Comparative Public Law*，Oxford: Oxford University Press，2010，p. 7.

〔3〕 各国经济政策的首要目标是确保竞争，而确保竞争的根本手段是法律手段。因此，竞争政策自然就成为竞争法的立法依据，而竞争法也必然体现竞争政策的要求。A. Mitschke，*The Influence of National Competition Policy on the International Competitiveness of Nations*，Gewerbestrasse: Springer，2008，p. 91.

〔4〕 S. D. Franck，"The Legitimacy Crisis in Investment Treaty Arbitration: Privatizing Public International Law through Inconsistent Decisions"，*Fordham Law Review*，73（2005），pp. 1522 - 1524.

国际投资仲裁领域出现的上述"合法性危机"引发了国际社会的广泛关注。若仅仅满足于仲裁案件小范围内的一致而无视"合法性危机"的严重性，现有的国际投资仲裁机制必将失信于订立国际投资条约的缔约国。仲裁庭的权力是缔约国以条约形式赋予的，缔约国的不信任终将颠覆仲裁庭的裁判权。因此，研究裁判法理的目的，旨在为仲裁裁决的一致性服务，通过探寻投资仲裁中裁判法理的生成过程，对既定裁决进行"披沙拣金"式的筛选，以探讨并保证后续裁决的一致性。一旦厘清裁判法理的生成过程，通过相应的制度设计，仲裁庭为捍卫自身的权威，将在后续案件中主动遵循权威同行的裁判路径，参考借鉴优良裁决。[1] 裁决一致性问题的解决可谓水到渠成，措辞模糊与表述不一致的条约内容亦将通过优良裁决的不断积累而形成相对统一的分析与解释方法，前述国际投资仲裁领域的"合法性危机"自当迎刃而解。在裁判法理生成的基础上，构建规范化的制度设计，以促成优良裁决的规范化和裁判法理的体系化，正是研究裁判法理的最终目标。

目前，在国际投资仲裁中已初显裁判法理生成之端倪，但学界对其仍缺乏系统性研究。通过对大量个案的搜集、筛查、分析，提炼优良裁决，对研究裁判法理的生成及实现过程大有裨益。裁判法理的生成与实现为投资者与东道国提供完善法律指引的同时，也有利于维护国际投资争端解决机构的权威与公信力。

二、国际投资仲裁中裁判法理生成之可能

裁判法理生成之可能，反映在仲裁实践中一以贯之线索的客观存在、国际投资仲裁裁决的不断形成、仲裁庭依据既定裁决作出裁断以及国际投资法律体系多边化被视为"造法"的实践这四个方面。

（一）仲裁实践中一以贯之线索的客观存在

国际投资保护待遇标准内生于国际投资条约，通过仲裁庭作出裁决予以实现。现有的法律渊源，即双边和区域性投资条约的内容不足以作为仲裁员裁判的法律依据，亟需通行的法律规则或法律原则予以救济。MAI 谈判的破产，表明国际投资法领域内仍缺乏真正意义上的多边投资协定。[2] 客观上，需要一贯、确定的裁判法理。主观上，仲裁员也有遵循一致的法律标准并据以裁判的迫切愿望。目前，在尚未完全形成这种裁判法理的情况下，有必要阐明该裁判法理生成

---

〔1〕 关于裁决一致性或国际投资统一法律框架的实现问题，若按照英美法系的判例法逻辑，一旦裁判法理形成，仲裁庭基于对其公信力的考虑，会主动遵从裁判法理；而按照大陆法系成文法思路，最好将确定的裁判法理转换为成文性规则。不过，这些具体的实现方式，并非本书探讨的重点。

〔2〕 陈辉萍："《多边投资协定》谈判回顾与展望"，载陈安：《国际经济法论丛（2）》，法律出版社1999 年版，第294—296 页。

之前提、载体及其样态。

（二）国际投资仲裁裁决不断产生

截至 2014 年年底，国际投资案件总数已达 608 起，2014 年的案件数量就多达 42 起。[1] 国际投资仲裁中，仲裁庭作出的裁决旨在解决投资者与东道国之间的争端。表面上看，仲裁庭的功能仅限于处理个案中投资者与东道国间的争议，争议一经解决，仲裁庭即行解散。但实质上，随着投资仲裁案件数量的激增，仲裁庭在同类型案件中所作出的一致性裁决可望生成裁判法理。国际投资仲裁庭并非机械地适用投资条约解决个案争端的工具，其更具价值的功能在于，通过解决争端的过程对国际投资仲裁中裁判法理的生成施加决定性的影响。

（三）仲裁庭在后续裁决中依据既定裁决作出裁断

尽管在国际投资仲裁体系中"法官造法"是一个敏感问题，但裁决书已在大量的经典问题（如根本例外条款、公平公正待遇等）上援引论述明晰、丰富的既定裁决作为裁决依据。仲裁庭通过援引同类型既定裁决对现有案件进行分析推理的现象频繁出现，使得公众合理期待仲裁庭恰当援引既定裁决作出后续裁决。因此，在双边与区域性争端解决层面，蕴含于既定裁决中的裁判法理的生成过程有利于投资者与东道国间的纠纷在国际投资仲裁机制内得到妥善解决。

（四）国际投资法律体系多边化进程被视为"造法"的实践

在裁判法理的生成过程中，内生于国际投资条约中的投资保护待遇标准不断得以具体化并深化发展。仲裁庭创立并发展一系列以投资条约为主导、作用于投资者与东道国关系所适用的投资保护待遇标准。这些标准都通过特定的投资条约文本得以体现，并由仲裁庭以裁决的形式予以确定。纯粹依赖条约文本，并不足以准确把握仲裁庭在既定裁决中所适用的标准，合理解决后续案件中的问题。投资保护待遇标准蕴含在同类型投资条约文本中，被仲裁庭以既定裁决的方式不断演绎并深化。通过确立并适用同类型实体性议题下的投资保护待遇标准，仲裁庭已然在事实层面逐步推进国际投资法律体系的多边化进程。由于国际投资仲裁领域缺乏多边投资条约以及常设性的争端解决机构，仲裁庭自当承担推动国际投资关系的建立、架构并为东道国与投资者提供公共服务的职能。司启尔（Stephen Schill）认为："仲裁庭推进国际投资法律体系多边化可被视为'造法'的过程。"[2] 这类所造之法以国际投资保护待遇标准的形式内生于投资条约，有利于

---

〔1〕　UNCTAD, "Recent Trends in IIAs and ISDS, IIA Issue Note, No. 1 2015", http: //unctad. org/en/PublicationsLibrary/webdiaepcb2015d1_ en. pdf, 2015 – 02 – 19/2015 – 03 – 25.

〔2〕　S. Schill, "System – Building in Investment Treaty Arbitration and Lawmaking", *German Law Journal*, 2011, 12 (5), p. 1092.

采用类型化方法构建一致的法律标准，厘清国际投资仲裁中裁判法理的生成过程，从而推进国际投资法律体系的多边化进程。

第二节　国际投资仲裁中裁判法理的界定

一、国际投资仲裁中裁判法理之源起

2007 年，考夫曼科勒（Gabrielle Kauffmann - Kohler）首次提出国际仲裁中的"裁判法理"（arbitral jurisprudence）这一术语。它是有关争端解决方法的一个法哲学概念，包含仲裁庭在仲裁案件的裁判过程中遵循的法律依据和法律标准。[1] 这些"标准"、"依据"影响仲裁庭的裁判过程和裁决结果。越来越多的学者注意到它的重要性并对其展开研究，意图揭开裁判法理的神秘面纱。裁判法理所涵盖的问题主要包括：仲裁庭援引缔约国缔结的投资条约予以裁判的方法是否必须与缔约国国内的司法体制保持一致？争端解决机制中的仲裁庭裁决的模式是否不同于国内法院的审判方式？投资仲裁中所谓的"先例"对后续裁决是否具有约束力？[2]研究这类问题的学者大多来自英美法系国家，关注焦点主要集中在实体层面的裁判法理与英美法系中的先例制度间的联系与差别方面。主流观点认为，目前的投资仲裁领域尚未形成具有法律拘束力的"先例"或"判例"，暂不可能建立先例或判例制度。

依照英美法系的司法实践和发展趋势，国际投资仲裁有朝一日或有可能形成相对完善的判例制度，包括建立上诉机构，形成完善的争端解决机制等。但在裁判法理尚未生成的情况下，探讨这类问题为时尚早。既定裁决须进一步规范化、系统化，才能形成"先例"。值得关注的是，投资仲裁中存在一种具有说服力和参考价值的既定裁决。有学者在相同类型裁决中抽象出法律标准以此类比大陆法系中的"确定性判例"（jurisprudence constante）。[3] 该类比方法在微观上，有利于一致性裁决的形成；中观上，奠定了裁判法理存在的基础；宏观上，促进了国

---

〔1〕　G. Kauffmann - Kohler, "Arbitral Precedent: Dream, Necessity of Excuse?", *The* 2006 *Freshfields Lecture*, *The Journal of International Arbitration*, 2007, 23 (3), p. 357.

〔2〕　A. Mourre, "Castaldi Mourre Arbitral Jurisprudence in International Commercial Arbitration: The Case For a Systematic Publication of Arbitral Awards In 10 Questions", http://kluwerarbitrationblog.com/blog/2009/05/28/arbitral - jurisprudence, 2009 - 05 - 28/2013 - 05 - 07.

〔3〕　A. Bjorklund, "Investment Treaty Arbitral Decisions as Jurisprudence Constante", *UC Davis Legal Studies Research Paper*, 158 (2008), pp. 265 - 266.

际投资法体系的完善。因此，裁判法理作为由仲裁中"确定性判例"现象向统一的国际投资法体系过渡的中间选择，有助于构筑系统、一贯并确定的法律标准和依据。

二、国际投资仲裁中裁判法理的内涵

国际投资仲裁中的裁判法理，是指正在形成并实际存在于国际投资仲裁中一以贯之的法律理性，它是正在形成并实际存在于国际投资仲裁既定裁决中的那些具有参考价值的法律依据和法律标准的集合。国际投资仲裁中裁判法理的具体样态，包括程序性裁判法理和实体性裁判法理两部分。程序性裁判法理是指仲裁庭适用程序规则，针对案件程序问题予以裁决时所依据的法律依据或标准，包括质疑仲裁员资格案件中的审查标准以及仲裁地点、费用分配等。由于仲裁地点、费用分配等问题难以形成体系，本书讨论的程序性裁判法理，主要是从质疑仲裁员资格的裁决中所抽象出的审查标准。实体性裁判法理，则是涉及国际投资条约中有关国家义务的实体性规定及仲裁庭就案件实体问题裁决时所依据的法律标准。本书讨论的实体性裁判法理，以仲裁庭适用根本安全例外条款的审查标准说明。

与包括投资条约在内的国际投资法的实体规则相比，国际投资仲裁中的程序规则业已形成相对完善的体系，尤其通过研究既定裁决所总结的程序性裁判法理具有较强的确定性与稳定性，甚或可能作为进一步研究实体性裁判法理之参照。与程序性的裁判法理相比，实体性裁判法理较为分散。目前，针对国际投资法领域的典型议题（如根本安全例外条款、国民待遇、最惠国待遇、公平公正待遇等），学界总结出了一些抽象的原则和标准。因此，本书结合既定裁决研究裁判法理，兼采程序性和实体性裁判法理两方面的内容。

第三节　国际投资仲裁中裁判法理的渊源

国际投资仲裁中的裁判法理内生于既定裁决、国际投资法实体规则和国际投资仲裁程序规则。在仲裁过程中，仲裁庭需援引一系列法律依据，包括各国缔结的投资条约、既定裁决、权威学者观点等，使得国际投资仲裁中的裁判法理不仅涉及仲裁程序规则，而且包含国际投资实体规则的内容。因此，国际投资仲裁中裁判法理生成的渊源，包括国际投资法实体规则、国际投资仲裁程序规则以及国际投资仲裁中的既定裁决。

一、国际投资法实体规则和国际投资仲裁程序规则

目前，国际投资仲裁中的程序规则已形成较为完善的法律体系，如《ICSID

仲裁规则》、《UNCITRAL 仲裁规则》、《国际律师协会指南》等。

国际投资法的实体性规则，主要包括国际投资条约的规定。国际投资条约作为实际载体存在的问题，主要体现在条约之间的差异性和实体规则的模糊性两方面。

（一）国际投资条约彼此就内容难以达成一致

截至 2014 年年底，全球范围内已经缔结的国际投资协定已达 3268 个，[1] 但这些条约之间并未形成统一的体系，有学者将这种条约的分散化现象谓之为国际法的"碎片化"现象。[2] 自 MAI 谈判努力失败之后，国际投资条约统一化的目标更是任重而道远。晚近，BIT 虽受到一些国家范本（尤其是美国 BIT 范本）的影响，采用类似或一致的内容与结构，在一定程度上已形成投资条约的趋同。但事实上，即使在投资条约范本这种统一化的"小气候"、"小范围"内，对此现象也众说纷纭，[3] 遑论国际投资仲裁法律体系之统一。既然投资条约分散现象不足以构筑统一的国际投资实体法律框架，也难以达成共识。那么，替代性方案——在国际投资仲裁的既定裁决中寻求一致性的尝试，不失为理性、务实的选择。

（二）国际投资条约各项实体性的法律标准模糊不清

诸多实体性条约的规定偏于概括和抽象，使得仲裁庭难以根据确定性的法律规则进行裁判，制约了国际投资仲裁"公平正义"[4] 的价值追求。例如，有关待遇、标准、原则的内涵，不仅不同仲裁庭意见不一，而且国际法专家之间、投资者与东道国之间也难达共识。[5] 谢尔腾（Dinah Shelton）认为："法律的确定性、可预见性和冲突的不可避免性，需要法律文本最大限度的清晰和准确。"[6]

---

〔1〕　UNCTAD, "Recent Trends in IIAs and ISDS, IIA Issue Note, No. 1 2015", http://unctad. org/en/PublicationsLibrary/webdiaepcb2015d1_ en. pdf, 2015 – 02 – 19/2015 – 03 – 25.

〔2〕　A. Bjorklund, S. Nappert, "Beyond Fragmentation, New Directions in International Economic Law", in Memoriam Thomas Walde, *UC Davis Legal Studies Research Paper*, 243 (2011), pp. 1 – 3.

〔3〕　有学者认为，由于投资条约范本之间的固有差异以及条约内容具体措辞不一，各国推出的投资条约范本，根本无法促成对投资条约内容的一致理解。刘笋："国际投资仲裁裁决的不一致性问题及其解决"，载《法商研究》2009 年第 6 期，第 141 页。

〔4〕　陈辉萍："论公平正义作为国际投资条约的价值取向"，载《国际经济法学刊》2013 年第 4 期，第 59 页。

〔5〕　有学者通过总结相关的投资条约，认为相关条约内容过于宽泛，公平公正待遇标准的适用存在诸多问题和弊端。王衡、惠坤："国际投资法之公平公正待遇"，载《法学》2013 年第 6 期，第 85—86 页。

〔6〕　D. Shelton, "Reconcilable Difference? The Interpretation of Multilingual Treaties", 20 *Hastings International and Comparative Law Review*, 1997, p. 20.

尽管有学者认为，条约实体法措辞模糊是一种有意为之的缔约技巧，[1] 客观上，这种模糊性的后果——实体规则解释的不确定乃既成事实。笔者认为，虽然不可能从根本上解决国际投资法实体规则的模糊性，[2] 但有必要通过研究裁判法理的生成过程、归纳优良裁决中蕴含的法律标准以对投资条约予以补充。

二、国际投资仲裁中的既定裁决

（一）国际投资仲裁中既定裁决的内涵和作用

国际投资仲裁中的既定裁决，是指仲裁庭在对既往案件所涉及的条约内容与案件事实进行裁判后形成的确定性裁决。既定裁决在国际投资仲裁领域中的作用不容小觑，它不仅对后续裁决有参考价值，[3] 而且使仲裁实践中的法律规则明确、统一，有助于补苴投资条约留白、完善国际投资法律体系。当前，随着国际投资法律体系的全球化，既定裁决在国际投资仲裁的发展中发挥着愈加重要的作用，原因如下：

首先，国际投资争端解决机构的格局使然。国际投资争端解决机构包括 IC-SID、联合国国际贸易法委员会（United Nations Commission on International Trade Law，简称"UNCITRAL"）、国际商会（International Chamber of Commerce，简称"ICC"）和斯德哥尔摩商会（Stockholm Chamber of Commerce，简称"SCC"）等。ICSID 在国际投资仲裁实务界的核心地位，使得大部分投资裁决都由 ICSID 统一作出。趋同的争端解决机构使得寻求一致裁决的尝试有实现之可能，也使得优良裁决有更多的用武之地。

其次，国际投资案件数量逐年增长的趋势。随着投资仲裁案件数量的激增，越来越多富有影响的既定裁决及经验得以累积沉淀。截至 2014 年年底，国际投资案件总数已达 608 起，2014 年，案件数量就多达 42 起。[4] 经验共享的可能性不断增强。

---

〔1〕　洛佩兹认为条约实体法的模糊保留了缔约国间求同存异的灵活性空间，有利于条约获得缔约国内立法机关的批准，继而促进缔约国之间的国际合作。AM. López - rodríguez，"Towards a European Civil Code without a Common European Legal Culture? —The Link between Law, Language and Culture"，*Brooklyn Journal of International Law*，2004，29（3），pp. 1195 - 1201.

〔2〕　裁判者就条约内容进行解释时包含三种情况：条约中有明确规定的，裁判者需要确定该条款的适用范围，明确其内容意义，区分其构成要件与法律效果；条约中未规定的，为了填补法律漏洞，此时裁判者需要依据确定的方法创设规则；尽管条约中有规定，但属于概念不确定的，裁判者需要结合待决案件中的事实对不确定概念予以补正。

〔3〕　目前，ICSID 将其受理的多数裁决公布在 ITA 网站（http: //www. italaw. com/）上，这为后续裁决的参考提供了便利。

〔4〕　UNCTAD，"Recent Trends in IIAs and ISDS, IIA Issue Note, No. 1 2015"，http: //unctad. org/en/PublicationsLibrary/webdiaepcb2015d1_ en. pdf，2015 - 02 - 19/2015 - 03 - 25.

最后，国际投资仲裁透明度方面的改革。在国际投资仲裁案件的裁决过程和结果方面，透明度问题十分重要。如 ICSID 积极倡导投资仲裁的透明度和参与度，[1] 早在 2006 年就对仲裁规则进行了有关增强透明度的改革。UNCITRAL 于 2013 年通过《透明度规则》并修订了《UNCITRAL 仲裁规则》，[2] 表现出对透明度问题的高度关注。这类改革使得对既定裁决的整理和评估愈加便利，为既定裁决效用最大化开拓了空间。

（二）既定裁决作为裁判法理的渊源

国际投资仲裁实践中，既定裁决是否可以作为裁判法理的渊源？既定裁决是否能够对国际法院和国际仲裁庭产生拘束力？《国际法院规约》第 38 条明确规定，"司法判例及各国最高权威之公法学家之学说，可作为确定法律原则之补助资料"。该规约第 59 条规定："既定裁决对于当事双方及本案外，无拘束力。"这意味着既定裁决可以作为裁判法理的渊源，但其仅作为确定法律规则的辅助手段，国际法院或国际仲裁庭无权像英美法系法院的法官那样创造判例法。国际习惯、一般法律原则与国际条约被认为是国际法主要的正式渊源，法律原则和习惯则作为确定法律规则的辅助手段。[3] 诚然，国际条约、国际习惯和一般法律原则共同构成国际法上的义务来源，既定裁决和权威学说仅作为辅助渊源，不具有独立构成国际法上国家义务来源之法律地位，仅在双方当事人之间产生拘束力。[4] 换言之，既定裁决仅作为适用于解决当事双方争议的正式法律渊源，不得为国家权利和义务的来源。与此形成鲜明对比的是，国际法院与仲裁庭的司法实践——在国际法领域[5]与国际投资法领域不存在有拘束力"先例"的情况下，国际投资仲裁庭却屡屡在案件中通过援引既定裁决予以裁判。

笔者旨在探讨除东道国的答辩状外，[6] 还将分析既定裁决是否可作为国际投资仲裁中东道国权利和义务的来源。不仅从个案角度分析那些被后续裁决频繁

---

〔1〕　A. Asteriti, C. J. Tams, "Transparency and Representation of the Public Interest in Investment Treaty Arbitration", http: //papers. ssrn. com/sol3/papers. cfm? abstract – id = 1618843, 2010 – 06 – 01/2014 – 09 – 15.

〔2〕　UNCITRAL Adopts Transparency Rules for Treaty – based Investor – State Arbitration and Amends the UNCITRAL Arbitration Rules, http: //www. unis. unvienna. org/unis/pressrels/2013/unisl186. html, 2013 – 07 – 12/2014 – 05 – 01.

〔3〕　H. Thirlway, "The sources of international law", in D. Evans, International Law, Oxford: Oxford University Press, 2006, p. 129.

〔4〕　P. Reuter, Droit International Public, Paris: Presses Universitaires de France, 1958, p. 85.

〔5〕　M. Shahabuddeen, Precedent in the World Court, Cambridge: Cambridge University Press, 1996, p. 1.

〔6〕　答辩状是东道国一方就特定案件所作的陈词，反映出东道国就某一类或某几类权利和义务的一贯看法。

援引的既定裁决，而且从关注国际投资仲裁中裁判法理的生成过程，对其推进归纳法律标准、优良裁决的作用一并予以研究。既定裁决在国际投资法领域发挥了极为重要的作用，但仅限于非正式渊源范畴，其并不能作为东道国权利和义务的正式来源。详言之，既定裁决一方面深化了国际投资仲裁领域适用法的发展，仲裁庭援引条约之外的既定裁决，非但不应成为问题而且理应受到鼓励；但另一方面，国际投资仲裁领域的既定裁决在与一般法律原则〔1〕相悖且该领域不存在具有拘束力的正式先例的情况下，任由既定裁决的参考性渊源地位向正式渊源地位发展〔2〕，可能引发一系列严重的问题。由此可见，既定裁决作为裁判法理的渊源，目前仅在确定法律规则方面起到辅助作用。应进一步在裁判法理的研究中发挥既定裁决的实际作用，并通过归纳法律标准、提炼优良裁决，最终实现裁判法理体系化的良好效果。

本章小结

当前，国际投资仲裁中裁判法理之生成以国际投资法律体系全球化为背景。其中既包括调整国际私人直接投资关系相关法律的趋同化，也包括投资条约与仲裁案件数量的不断增长。然而，随着国际投资法律体系的全球化，国际投资法律体系的发展暴露出"合法性危机"：其原因主要表现为国际投资法律体系多边化受挫以及国际投资仲裁裁决结果不一致两个方面。前者在立法上，造成了投资者及缔约国对于 BITs 规定的涉及投资保护待遇等一系列条款内容的理解无所适从；后者则在争端解决方面损害了国际投资法律体系的确定性和可预见性。上述"合法性危机"的出现，使得对于国际投资仲裁中裁判法理的研究呼之欲出。通过对裁判法理生成过程的研究，对既定裁决进行"披沙拣金"式的筛选，归纳法律标准、提炼优良裁决，探讨并保证后续裁决的一致性，对国际投资法律体系"合法性危机"的解决不无裨益。

裁判法理生成之可能，在于仲裁实践中一以贯之线索的客观存在、国际投资仲裁裁决的不断形成、仲裁庭依据既定裁决作出裁断以及国际投资法律体系多边化进程被视为"造法"的实践。国际投资仲裁中的裁判法理，是指正在形成并

---

〔1〕 根据《国际法院规约》第38条，国际条约、国际习惯和一般法律原则共同构成国际法上的义务来源。

〔2〕 例如仲裁庭尝试发展"确定性判例"，或仲裁庭援引既定裁决却不予论证等情形。

实际存在于国际投资仲裁中一以贯之的法律理性，它是正在形成并实际存在于国际投资仲裁既定裁决中的那些具有参考价值的法律依据和法律标准的集合。国际投资仲裁中裁判法理的具体样态，包括程序性和实体性裁判法理两部分。程序性裁判法理是指仲裁庭适用程序规则，针对案件程序问题予以裁决时所依据的法律依据或标准，包括质疑仲裁员资格案件中的审查标准以及仲裁地点、费用分配等。实体性裁判法理，是涉及国际投资条约中有关国家义务的实体性规定及仲裁庭就案件实体问题裁决时所依据的法律标准。

国际投资仲裁中的裁判法理内生于国际投资法实体规则、国际投资仲裁程序规则以及既定裁决，这些实体规则、仲裁程序规则和既定裁决是国际投资仲裁中裁判法理生成的渊源。目前，国际投资仲裁中的程序规则已形成较为完善的法律体系，如《ICSID 仲裁规则》、《UNCITRAL 仲裁规则》、《国际律师协会指南》等。国际投资法的实体性规则，主要包括国际投资条约的规定。国际投资条约作为实际载体存在的问题，主要体现在条约之间的差异性和实体规则的模糊性两方面。国际投资仲裁中的既定裁决，是指仲裁庭在对既往案件所涉及的条约内容与案件事实进行裁判后形成的确定性裁决。既定裁决作为裁判法理的渊源，目前仅在确定法律规则方面起到辅助作用。应进一步在裁判法理生成之研究中发挥既定裁决的实际作用，以期归纳法律标准、提炼优良裁决，最终实现裁判法理的体系化。

第二章　国际投资仲裁中裁判法理生成的前提
——仲裁员的独立性和公正性

如第一章所述，为缓解"合法性危机"，重建国际投资法律体系及国际投资仲裁机制的公信力，须研究国际投资仲裁中的裁判法理。国际投资仲裁中裁判法理生成的前提，在于确保仲裁员的独立性和公正性。

仲裁员的独立性，是指仲裁员与当事方（或代理人等）客观存在的不恰当关联，强调影响仲裁员作出独立判断的客观因素——即仲裁员自身与他人（当事方或当事方的代理人）之间的关联，一俟此客观情形被确证，仲裁员的独立性即受到影响，而该关联在仲裁员的主观层面如何产生在所不论。

仲裁员的公正性，可被抽象概括为一种"不偏颇"的精神状态，具有较强的主观性。公正性侧重于判断仲裁员观念、意识等精神状态是否存在被影响的可能。可能性的存在尚不足以说明仲裁员的公正性受到影响，应判断是否存在客观方面的证据以证明仲裁员在裁判过程中精神状态已经受到影响。

本章通过实证分析，对仲裁员的独立性和公正性开展类型化研究，分别采用"最低关联法"和"客观行为标准"的分析路径，试图厘清质疑仲裁员资格案件中合议庭和专门委员会审查仲裁员的独立性和公正性的方法和标准，旨在确保裁判法理生成之前提——仲裁员的独立性和公正性的基础上，国际投资仲裁中裁判法理才有生成之可能。

第一节　国际投资仲裁中仲裁员独立性和公正性的理论基础

自 20 世纪 60 年代《ICSID 公约》生效以来，国际投资仲裁机制对投资争端的解决发挥了重要作用。[1] 截至 2014 年底，国际投资案件总数已达 608 起，2014 年，案件数量就多达 42 起。[2] 在国际投资争端解决机构作为非国家行为体的国际影响日渐增强之际，[3] 其商事化倾向、裁决缺乏一致性等问题同样饱受诟病，核心直指仲裁员的独立性和公正性方面存在的问题。仲裁员的独立性和公正性是仲裁机制得以存在的生命线。[4] 国际投资仲裁机制正当性的缺失，不仅令投资者质疑，引发国际社会的不信任，终将导致投资争端救济途径的匮乏。这种满盘皆输的局面，是国际投资争端当事方和争端解决机构皆不愿看到的结果。

一、国际投资仲裁中仲裁员独立性和公正性之内涵

裁判者应明确作出无疑议的裁决，[5] 这也是仲裁员独立性和公正性之要求。对仲裁案件的评价不能仅凭主观想象，要有客观的标准和依据。独立性和公正性就是衡量仲裁员行为是否失格的标准。实践中，有违公正性和独立性、有失偏颇的裁决结果，同样影响仲裁员的声誉、影响力和个人信用。[6]

（一）仲裁员公正性之内涵

学界对仲裁员公正性的认识虽不同，但均以主观且抽象的形态展现。有学者认为仲裁员的公正性，是指仲裁员对当事双方所争议的诉求不偏颇且无明显的倾向性。[7] 另有学者则认为，公正性是仲裁员公平地遵循仲裁程序，就相关事实

---

〔1〕 "The ICSID Caseload：Statistics（English）"，http：//www － wds. worldbank. org/external/default/WDSContentServer/WDSP/IB/2014/01/15/000333037_ 20140115155248/Rendered/PDF/839910NWP0ICSI0Box0382124B00PUBLIC0. pdf，2013 － 05 － 01/2014 － 07 － 01. ICSID 年均受案数从 1972 年至 1996 年不足 5 起，1997 年至 2002 年的 10 起，到 2003 年至 2012 年超过 20 起，2012 年增至 39 起。其中，投资争议除适用《ICSID 仲裁规则》或《ICSID 附加便利规则》、《UNCITRAL 规则》外，其余均由 SCC、ICC、开罗国际商事仲裁中心（Cairo Regional Centre for International Commercial Arbitration）或特设仲裁庭进行仲裁。

〔2〕 UNCTAD，Recent Trends in IIAs and ISDS, IIA Issue Note, No. 1 2015，http：//unctad. org/en/PublicationsLibrary/webdiaepcb2015d1_ en. pdf，2015 － 02 － 19/2015 － 03 － 25.

〔3〕 徐崇利："经济全球化与国际法中社会立法的勃兴"，载《中国法学》2004 年第 1 期，第 151 页。

〔4〕 "Arbitration is as good as arbitrator. " A. Redfern，M. Hunter ed. ，*Law and Practice of International Commercial Arbitration*（3），London：Sweet & Maxwell，1991，p. 9.

〔5〕 ［UK］R. v. Sussex Justices, ex parte McCarthy［1924］1 K. B. 256. 该案首创不公正足以推翻法官判决之依据的原则。

〔6〕 C. N. Brower，C. B. Rosenberg，"The Death of the Two － Headed Nightingale：Why the Paulsson van der Berg Presumption that Party － Appointed Arbitrators are Untrustworthy is Wrongheaded"，*Arbitration International*，29（2013），p. 7.

〔7〕 A. Redfern，M. Hunter ed. ，*Law and Practice of International Commercial Arbitration*（3），London：Sweet & Maxwell，1991，p. 215.

和法律作出决断，对任何一方当事人无偏袒或对案件无偏见的思想状态。[1] 笔者认为，上述认识的共性在于，将公正性抽象概括为一种"不偏颇"的思想状态，具有较强的主观性。

仲裁组织和机构往往将公正性和独立性一并予以规范，如《联合国国际贸易法委员会国际商事仲裁示范法》第 12 条、[2] 1999 年的《斯德哥尔摩商会仲裁院仲裁规则》第 17 条、[3] 1976 年《UNCITRAL 仲裁规则》第 9 条[4]以及 2002 年《世界知识产权组织仲裁规则》第 22 条[5]的规定均是如此。

可见，投资仲裁机构并未将二者分开予以规定，而是采用"公正性或（及）独立性"、"独立公正"、"公正而独立"这样的语句。根据前一用词判断，表明二者居其一的立法选择；按一种表述合理推测，则二者兼而有之，体现仲裁机构将两者一并处理的倾向。不过，这种概括式的规制方式赋予仲裁员更多自由裁量权的同时，也带来一些问题：在没有直接证据确保仲裁员公正性的情形下，达成公平裁决的努力就会化为泡影。毕竟，没有监督的权力容易导致权力的滥用，以模糊或概括之用语为标准，后果难以估量。

由是，有学者提议仲裁员独立性和公正性的审查应当采取更为客观且容易证

〔1〕 T. Vardy, John J. Barcelo Ⅲ, Arthur T. Von. Mehren, *International Commercial Arbitration*, Eagan: West Group, 2003, pp. 131 – 132.

〔2〕《联合国国际贸易法委员会国际商事仲裁示范法》第 12 条规定："①某人被问及有关可能被指定为仲裁员的情形时，应披露可能会对自己的公正性或独立性引起正当怀疑的任何情况。仲裁员从被指定之时起以至整个仲裁程序进行期间，应不迟延地向当事各方说明此类情况，除非他已将这类情况告知当事各方。②只有存在仲裁员的公正性或独立性引起正当怀疑的情况或不具备当事各方认定的资格时，才可以对仲裁员提出异议。当事一方只有基于指定之后才得知的理由，对其所指定的或参与指定的仲裁员提出异议。"

〔3〕《斯德哥尔摩商会仲裁院仲裁规则》第 17 条规定："①仲裁员必须独立公正。②被问及接受指定为仲裁员的人，须披露可能对其独立公正产生合理怀疑的任何情形。如继而被指定为仲裁员，其应立即以书面声明向当事人及其他仲裁员披露信息。③在仲裁程序过程中意识到任何使其不称职情形的仲裁员，须立即书面通知当事人和其他仲裁员。"

〔4〕《UNCITRAL 仲裁规则》第 9 条规定："预期要担任仲裁员的，如有任何情况使与其可能任命有关的人对其公正性及独立性有理由怀疑时，应事前作出解释。仲裁员已经被任命或选定的，亦应将此项情况向双方当事人说明，除非双方均已于事前被告知。"同时，该《规则》第 11（1）条规定："对任何仲裁员的公正性或独立性有理由产生怀疑时，得提出异议。"

〔5〕《世界知识产权组织仲裁规则》第 22 条规定："①每一仲裁员均应当公正而独立。任一未来的仲裁员于接受指定前，应当将任何足以令人怀疑其公正性与独立性的情形向当事人、中心及其他已选定的仲裁员披露，或以书面澄清并无该情形存在。②在仲裁程序的各个阶段，若有任何新发生的情况足以产生对仲裁员公正性与独立性的怀疑，仲裁员应当立即将该情形向当事人、中心及其他仲裁员披露。"

明的标准。[1] 但对相关标准的界定付之阙如。笔者认为，由于投资仲裁双方的地位、诉求不同，加之仲裁员身份、国籍、种族、文化等存在差别，对概括词语的理解有较大偏差，应将公正性和独立性分别规制，以助于细化标准。这样既使裁决质量能够被客观评价，也使申请方易于选择适格的仲裁员。不仅使当事双方自觉服从裁决，还能让仲裁员在有效约束之下规范自身言行，对国际投资仲裁机制的发展也不无裨益。

（二）仲裁员独立性之内涵

理论上，有学者认为，独立性是仲裁员与当事人之间可能影响裁决的连带关系。[2] 另有学者认为，独立性指仲裁员不存在事实上、法律上对外部的依赖关系。[3] 还有学者对这种"连带关系"或"依赖关系"的具体情形进行分类，如施罗德（Christopher Schreuer）认为，包括业务、金钱、种族、亲缘、朋友、雇佣等关系；[4] 帕克（William Park）则认为包括三种情形——财务联系（如仲裁员与参与仲裁的投资者因商业交易而产生关系，或因持有一方当事人控股公司的股份）、感情关系（家庭关系、朋友关系甚至交恶关系）以及社会身份关联（如仲裁员的国籍与一方当事人相同，或者与投资者一方职业或社会关系相同）；[5] 杨良宜认为包括"关系"（种族、亲缘、朋友、雇佣关系等）、"利益冲突"（主要是指经济利益，还包括其他利益如就业机会和预期业务）以及其他方面（如仲裁员与一方当事人有重大的共同目标）。[6]

笔者认为，《ICSID 公约》第 14（1）条对独立性含义界定的概括，削弱了适用该公约第 52 条与第 57 条对仲裁员违反独立性所采取救济措施的有效性。立法的缺陷应辅之以学理的解释加以弥补——就独立性进行分类，并将通说中的共性因素引入《ICSID 公约》进行适当的延展，即仲裁员的独立性，是指仲裁员与当事方客观存在的不恰当关联。任何影响仲裁员作出独立判断的客观因素，例如

---

〔1〕　G. Petrochios, *Procedure Law in International Arbitration*, Oxford：Oxford University Press, 2003, p. 133.

〔2〕　A. Redfern, M. Hunter ed., *Law and Practice of International Commercial Arbitration* (3), London：Sweet & Maxwell, 1991, p. 215.

〔3〕　该依赖关系可能来自双方当事人或当事人的雇员、顾问、代理律师或与其在经济、专业或私人方面有密切联系的人员对仲裁员产生的影响。张圣翠：《国际商事仲裁强行规则研究》，北京大学出版社2007 年版，第 71 页。

〔4〕　C. Schreuer, et al. ed., *The ICSID Convention：A Commentary* (2), Cambridge：Cambridge University Press, 2009, pp. 518–519.

〔5〕　W. Park, "Rectitude in International Arbitration", *Arbitration International*, 27（2011），p. 476.

〔6〕　杨良宜、莫世杰、杨大明：《仲裁法：从 1996 年英国仲裁法到国际商务仲裁》，法律出版社2006 年版，第 561 页。

经济利益关系、感情关系、社会关系等均可纳入仲裁员独立性标准之范畴。

实践中，仲裁过程中仲裁员的独立性决定着国际投资仲裁机制的有效性。[1]简言之，不独立的仲裁员作出的裁决无效。《ICSID 公约》在第 14 条和第 40 条中分别对仲裁员的选任和仲裁庭组成与仲裁员独立性问题做了规定。[2] 其中，"可据以信赖得以独立判断"是对独立性的概括与总结。遗憾的是，《ICSID 公约》并未就独立性的具体要求作出说明。另据 2006 年的《ICSID 仲裁规则》第 6（2）条规定，每位仲裁员在组成仲裁庭之前，必须出具声明，旨在表明自此之前不存在与当事人职业、商务以及其可能影响被信赖作出独立裁决而影响独立性的关系。

笔者认为，自此之前的时间划分界限应当包括仲裁员接受当事方委任当日；"职业"范围指仲裁员的社会身份上包含专职和兼职在内的工作领域，其中，"商务"更为复杂，涉及仲裁员与当事方或与当事方有直接经济关系的第三方，如关联公司之间可能发生的金钱与财务关系；"其他影响独立性的关系"这种概括性用语，在规定中被一语带过，可参考学界对于违反独立性的情形作出的更为细致的划分和选择。除《ICSID 公约》外，1987 年国际律师协会制定的《国际仲裁员行为准则》对不具备独立性的仲裁员作出界定，即"不具备独立性的仲裁员与一方当事人之间，或与当事人有密切关联的人之间存在某种关系。"此处的"有密切关联"和"某种关系"语焉不详，且该条款并未列举因"有密切关系"而导致仲裁员丧失独立性的情形。上述公约、规则、准则的内容，均采用概括式立法模式，未有列举式内容。究其原因，国际性因素要求的包容性易使其呈现"弹性"之特点。

（三）公正性与独立性之界别

结合公正性与独立性的内涵可知，两者之间存在区别。公正性和独立性不仅内容上有所不同，而且立法上也存在差异。

1. 公正性和独立性内容有异

目前，部分学者视公正性和独立性同义，认为无必要区分二者。[3] 还有学

---

〔1〕 G. Petrochilos, S. Noury, et al., "ICSID Convention, Chapter I, Section 4, Article 14 (The Required Qualities of the Panel Members)"; A. Mistelis Loukas ed., "Concise International Arbitration", *Alphen aan den Rijn: Kluwer Law International*, 2010, pp. 55 – 56.

〔2〕《ICSID 公约》第 14（1）条规定了仲裁员选任的基本条件："指派在仲裁员小组服务的人员，应具有高尚的道德品质，并且在法律、商务、工业和金融方面有公认的能力。他们可以被信赖作出独立的判断。"

〔3〕 C. Koch, "Standards and Procedures for Disqualifying Arbitrators", *Journal of International Arbitration*, 2003, 20 (4), p. 327.

者用公正性的内容诠释独立性。[1] 笔者认为，上述观点在回避问题的同时，也混淆了公正性和独立性两个概念，会为法律的适用带来困扰。应该看到，即使仲裁员独立性和公正性出现重合之情形，也无法掩盖彼此间互不隶属、各属不同概念的事实。[2]

笔者认为，公正的作用在于区分明显、严重的不公，即界定不公正。只有对不公正达成共识，公正的界定才容易明确。毕竟，对不公正达成一致，较之对公正认同的概率要大。不公正，可分为实际不公（actual partiality）和观念不公（perceived impartiality）——实际不公即缺乏客观公正，源于仲裁员与一方当事人实际上存在的不当关联；而观念不公相对实际不公较为主观抽象，有学者认为它更需合理的客观依据证明。[3] 类似于实际不公与观念不公间的区别，在独立性和公正性的界别上，独立性的认定标准主要在于判定不当联系是否存在；而公正性的评判较多涉及仲裁员的观念、意识等形态，应从客观上判断是否存在证据证明仲裁员观念、意识等精神状态受到影响。因此，公正性应以"客观行为标准"衡量；独立性可通过运用"最低关联法"判定不当联系是否存在。

符合独立性并不意味着符合公正性。一个仲裁员与任何一方都不存在不当关联，但其行为仍可能存在明显的偏向。[4] 如 Catalina v. Norma 案中，双方当事人分别是葡萄牙裔和挪威裔，一方律师在陈述事实时，引用有关意大利国籍公民的案例，仲裁员居然声称意大利人都是骗子，葡萄牙人亦是如此，而挪威人都诚实守信，并就此全然采信挪威裔当事人所出具的证据。[5] 本案中，仲裁员虽与当事的任何一方并无不当关联，但仲裁员国别歧视的行为，显属不公。

综上，公正性和独立性的关系，即违反公正性的情形分广狭二义：广义的不公正可以涵盖违反独立性的情形，狭义的不公正特指观念不公。

---

〔1〕　如将独立性定义为仲裁员对于案例处理一般的独立判断能力和基于争端而进行公正裁断并保持毫无偏私之行为的能力。G. Petrochilos, S. Noury, et al. , "ICSID Convention, Chapter I, Section 4, Article 14 (The Required Qualities of the Panel Members)"; A. Mistelis Loukas, ed. , "Concise International Arbitration", *Alphen aan den Rijn*: *Kluwer Law International*, 2010, pp. 55 –56.

〔2〕　M. Gearing, "A Judge in His Own Cause? ——Actual of Unconscious Bias of Arbitrators", *International Arbitration Law Review*, 2000, 46 (3), p. 50.

〔3〕　J. N. Miller, "Independence in the International Judiciary: General Overview of the Issues (Draft Paper Prepared for the Meeting of the Study Group of the ILA)", http: //www. ucl. ac. uk/laws/cict. 2002 – 02 – 01/ 2014 – 07 – 01.

〔4〕　W. Park, "Rectitude in International Arbitration", Arbitration International, 27 (2011), p. 479.

〔5〕　[UK] Re the Owners of the Steamship "Catalina" and Others and the Owners of Motor Vessel "Norma" (1938) 61 Lloyd's Rep. 360.

2. 公正性和独立性立法有别

第一种立法例是将独立性涵盖公正性。立法上，独立性比公正性更易被采信。例如《ICSID 公约》第 14 (1) 条规定,[1] 担任仲裁员需要具备的三要件分别是：高尚的道德操守、足够的争端解决能力和独立性。《ICSID 公约》第 14 条在此并未使用"公正性（impartiality）"一词。究其原因，独立性一般是指自此之前存在的关系，易于认定；公正性则指人的思想状态，仲裁员得以委任时，其他人无法核查并确认此种状态。确认或委任仲裁员时，判断独立性的存在比公正性要容易得多。[2] 虽然《ICSID 公约》目的旨在保证委任公正，但规则的制定者仍选择以独立性表达其愿望。无独有偶，《国际商会仲裁规则》第 11 (1) 条也规定，因缺乏独立性或其他理由时，可申请仲裁员回避。该规则只使用独立性避谈公正性。因此，判定仲裁员是否具备任职资格，独立性是比公正性更为客观和具体的标准。

第二种立法例是独立性和公正性并行不悖。目前，出现的新趋势是将独立性和公正性统一规定，作为评估实际不公或观念不公有否存在的方式。[3]

笔者认为，广义的公正性包括独立性和狭义公正性的提法值得关注，具体适用时应将二者分别界定。立法实践中，存在以独立性作为认定标准的情况，也有将公正性单独作为客观标准。[4] 既然《ICSID 公约》将独立性界定为"可据以信赖作出独立的判断"，该项要求仲裁员不得与当事方有财政、社会、家庭等不恰当的足以影响其判断的关联，这是客观的判断标准。狭义的公正性与客观的独立性对应，是指仲裁员不存在偏颇的观念，较为主观。由于广义的仲裁员公正包含以上两种情形，因此，学者观点和仲裁实践中所提及的公正虽名称相同，实则不同，这种区别容易导致认识上的错误，引发裁决的偏差，故不应将二者混同使用。

---

〔1〕 指派小组（即调解员小组和仲裁员小组）服务的人员应该具有高尚的道德操守，并且在法律、商务、工业或金融方面具有公认的资格，可被信赖作出独立的判断。

〔2〕 Schwartz, A. Derains, *Guide to the New ICC Rules of Arbitration*, Alphen aan den Rijn: Kluwer Law International, 1998, p. 109.

〔3〕 A. Redfern, M. Hunter ed., *Law and Practice of International Commercial Arbitration* (3), London: Sweet & Maxwell, 1991, p. 215.

〔4〕 Id. 例如，尽管《ICSID 公约》通篇未提及"公正性"一词，但伦敦仲裁院在其 1998 年的规则中明确规定，适当的检验标准是公正性而非独立性。有学者认为伦敦仲裁院这样规定的原因之一是，中立性与非中立性较难区分。因为，除仲裁机构确定的首席仲裁员必须保证绝对的公正和独立以外，当事人指定的仲裁员，"中立"的仲裁员抑或"非中立"的仲裁员，无论倾向于其委任方的意愿有多么强烈，都不能因此而逾越自己的良知和专业判断。

二、国际投资仲裁中仲裁员独立性和公正性之研判

研判国际投资仲裁中仲裁员独立性和公正性的标准，应从方法和内容两方面进行。研判的方法上，可以采用类比的方法，类比国际商事仲裁中仲裁员的公正性、各国内法院法官的独立性以及中立性；研判的内容上，应具体考量仲裁庭的组成、观念不公以及《ICSID 公约》语境的一致性等因素。

（一）研判的方法

1. 类比国际商事仲裁员的公正性

有关仲裁员公正性标准的要求，有学者认为可采取类比的方式。[1] 国际商事仲裁中仲裁员的公正取决于国籍、信息披露和当事人的沟通等因素，判定国际投资仲裁中仲裁员是否公正同样应依据上述因素。[2] 国际商事仲裁与国际投资仲裁在仲裁员公正性的问题上也有明显差别。究其原因，国际商事仲裁的双方当事人为私人，具有私法属性，双方的博弈较为对等；而国际投资仲裁机制中，双方当事人为投资者和东道国，具有公法特点。投资仲裁机制本身具有公法属性并不意味着裁决结果与公法属性一致。目前，学界之所以掀起对投资仲裁机制正当性质疑的浪潮，就是因为仲裁员在仲裁中表现出的倾向性无法与投资仲裁机制本身的公法属性相一致，仲裁员更容易做出偏袒投资者一方的决定。除受仲裁机制本身因素的影响，投资仲裁中一方指定的仲裁员也较难做到公正无私。申言之，在国际投资仲裁领域，仲裁员偏向指定方投资者的原因有三个：一是启动国际投资仲裁程序的大多都是投资者，仲裁员意欲被反复选任，故通过裁决结果满足投资者诉求的方式，以期达到被反复指派之目的，[3] 借以沽名钓誉。二是国际投资仲裁中的仲裁员较多来自资本输出国（投资者母国），天然倾向投资者一方，特殊的身份易使其偏好作出符合资本输出国利益的裁决。三是当事方主观上惯于选择可能会支持己方观点的人担任仲裁员，同样期望选定的仲裁员可以在仲裁庭

---

〔1〕　A. Redfern, M. Hunter ed., *Law and Practice of International Commercial Arbitration* (3), London: Sweet & Maxwell, 1991, pp. 216 – 221.

〔2〕　例如有学者将 1996 年到 2007 年的 178 个 ICSID 案件中首席仲裁员的数量做了统计，发现其中 60%（134 位）的仲裁员来自发达国家。这种国籍的差别有可能带来个人主观偏好。D. Kapeliuk, "The Repeat Appointment Factor: Exploring Decision Patterns of Elite Investment Arbitrators", *Cornell Law Review*, 96 (2010), pp. 52 – 56.

〔3〕　G. Van Harten, *Investment Treaty Arbitration and Public Law*, Oxford: Oxford University Press, 2007, pp. 172 – 173.

内部的评议中发挥作用，有效代表自己的立场。[1]

目前，已有学者基于国际投资仲裁的正当性危机提出了"去商事化"，指出应区分国际商事仲裁机制与国际投资仲裁机制。[2] 从纵向角度看，仲裁裁决偏向性有其发展势头。自 1999 年投资裁决大量涌现开始，国际投资仲裁的商事化倾向也影响仲裁本身的声誉和形象。[3] 直至 2008 年，[4] 专门委员会对申请撤销的案件进行裁决之后，裁决结果才开始趋向合理化发展。这些实例表明，不应将国际投资仲裁中仲裁员独立性和公正性的认定标准与国际商事仲裁混为一谈：前期国际投资仲裁机制中，仲裁员独立性和公正性的认定标准几乎与国际商事仲裁一致，带有浓重的泛商事化色彩，裁决结果偏好明显，导致不合理的裁决数量增多，仲裁机制的权威遭到挑战。国际投资仲裁与国际商事仲裁性质不同，不同质的仲裁机制终不可同日而语。对前者而言，不仅在程序上有推动"去商事化"以弥补仲裁缺陷之必要，即使在实体方面，也有恰当界定投资者和东道国间的权利义务关系以"去商事化"之可能。

2. 类比各国内法院法官的独立性

与国际投资仲裁中仲裁员独立性和公正性标准上的模糊不清相比，各国国内法对仲裁员独立性的规定则相对明确。以法国为代表的大陆法系观点认为，仲裁员的裁决不仅是当事方的合意授权，更体现为国家法律的认可。因此，仲裁具有"准司法（quasi – judicial）"的属性。这里仲裁员的独立性标准具有极强的客观性，正如法国最高法院表述的，"不管权力源自何处，独立性始终是行使审判权不可或缺之灵魂，乃仲裁员客观所必备。"[5] 此处采用的标准其适用较为严格，例如法国最高法院认为："不主动披露当事人和仲裁员之间的关系，即可对仲裁员独立性和公正性产生合理怀疑"。[6]

英美法系对观念不公和实际不公有两个标准，即合理怀疑和明显偏见。前述

---

〔1〕 Francis J. Higgins, W. Brown, "Pitfalls in International Commercial Arbitration", *The Business Lawyer*, 1980, 35 (3), pp. 1040 – 1045. 转引自 ［美］克里斯多佛·德拉奥萨、［美］理查德·奈马克主编：《国际仲裁科学探索：实证研究精选集》，陈福勇、丁建勇译，中国政法大学出版社 2009 年版，第 128 页。

〔2〕 蔡从燕："国际投资仲裁的商事化与'去商事化'"，载《现代法学》2011 年第 1 期，第 153 页。

〔3〕 同上。

〔4〕 2005 年至 2008 年大量学者对 ICSID 仲裁机制提出质疑，其中的代表作是 S. D. Franck, "The Legitimacy Crisis in Investment Arbitration: Privatizing Public International Law through Inconsistent Decisions", *Fordham Law Review*, 2005, p. 73.

〔5〕 [FRA] Consorts Ury c. S. A. Galeries Lafayette [30].

〔6〕 [FRA] Soc. Forges et Ateliers de Commentry Oissel v. Soc. Hydrocarbon Engineering, Cour. De Cass. (2e ch. Civ.), Feb. 20, 1974.

Catalina v. Norma 案显然属后者。实践中，出现这种明显偏见的概率微乎其微，因此，当事人举证仲裁员存在明显偏见较难实现。美国法院对仲裁员的要求更高，[1] 由于仲裁裁决没有上诉的机会，使得美国法院在个案中确立的挑战仲裁员独立性和公正性的标准，比针对法官的更为严苛，即在处理质疑仲裁员公正性的问题上，采用表面偏见、真实偏见和合理怀疑等标准。[2]

　　笔者认为，仲裁与审判同为争端解决之途径，由于大陆法系和英美法系的差异，投资仲裁一般较国内法的审判制度更为灵活、弹性更强、包容性也更广；就仲裁员公正性和独立性标准而言，国际投资仲裁中仲裁员有更多选择乃理所当然。认定仲裁员公正性和独立性的难度，也较国内法更大。参照国内法标准，认定独立性和公正性理应客观，排除先入为主的观念和自由心证。

　　第一，公正的裁决几乎完全取决于仲裁员的独立分析。由于在国际投资仲裁领域，仲裁员自由心证的范围相对较大，难以判断投资仲裁中仲裁员主观方面的公正性。诉求一旦被仲裁员认为没有法律依据，投资者往往需耗费大量的金钱和时间。[3] 有学者认为与典型的受上诉审查的法官不同，仲裁员几乎拥有对提交给自己的案件绝对的自由裁量权，很难客观地确定何为公正与独立。[4]

　　第二，应将主观标准客观化，否则较难依据独立性保护被申请方的利益。有学者认为案例中鲜有出现依据"仲裁员无法被信赖作出独立判断"这一独立性要求，致使仲裁员资格被取消的情况。例如，在1982年Amco v. Indonesia案[5]中，印度尼西亚在撤销申请中援引《ICSID公约》第52（1）条规定的"仲裁庭明显越权"、"仲裁庭严重背离根本的程序规则"与"裁决没有陈述其所依据的理由"，以申请人Amco公司指定的仲裁员曾为公司的实际控制者提供税务咨询

---

〔1〕　D. M. Lew Julian, L. Mistelis, S. Kroll, *Comparative International Commercial Arbitration*, Alphen aan den Rijn: Kluwer Law International, 2003, p. 258.

〔2〕　确立这些标准的案例有〔US〕Commonwealth Coatings Corp. v. Continental Casualty Co., 393 US 145, 149（1968）和〔US〕Merit Ins Co. v. Leatherby Ins. Co., 714 F 2d 673（7th cir 1983）；L. Shore, "Disclosure and Impartiality: Arbitrator's Responsibility vis – à – vis Leagal Standards", *Dispute Resolution Journal*, 57（2000）, p. 32.

〔3〕　L. Shore, "Disclosure and Impartiality: Arbitrator's Responsibility vis – à – vis Leagal Standards", *Dispute Resolution Journal*, 57（2000）, p. 32.

〔4〕　Francis J. Higgins, W. Brown, "Pitfalls in International Commercial Arbitration", The Business Lawyer, 1980, 35（3）, pp. 1040 – 1045. 转引自〔美〕罗伯特·卡尔森："关于国际仲裁程序的调查"，〔美〕克里斯多佛·德拉奥萨、〔美〕理查德·奈马克主编：《国际仲裁科学探索：实证研究精选集》，陈福勇、丁建勇译，中国政法大学出版社2009年版，第129页。

〔5〕　Amco Asia Corporation, Pan American Development Limited and PT Amco Indonesia v. Republic of Indonesia, ICSID Case No. ARB/81/1.

且该仲裁员所在的律师事务所也与 Amco 公司存在合作关系为由，请求撤销裁决。仲裁庭以"不存在明显的证据表明仲裁员缺乏独立性"否定了印度尼西亚的异议申请。公正性标准的模糊化，使认定实体正义及程序正义的标准均不清晰。笔者认为，可通过对首席仲裁员采用合理怀疑或表面偏见的标准，对一方指定的仲裁员采用明显偏见的标准，尝试将原本抽象的标准客观化。

3. 类比中立性

中立性是美国法上区分中立仲裁员和非中立仲裁员的标准。美国法判定仲裁员是否独立采用双重标准：一是对当事一方指定的仲裁员没有中立性要求,[1]二是首席仲裁员同法官一样——须具备完全的中立性。对首席仲裁员来说，中立性是作为独立性之上的升级标准。[2] 笔者认为，中立性与独立性、公正性存在以下关系：

一方面，中立性的内容与公正性和独立性重叠，甚至包括公正性和独立性。[3] 中立性即"相对可逆"（relatively reversal），包括仲裁员的立场不因当事人国籍互换而改变。[4] 易言之，若要当事一方指定的仲裁员脱离其文化背景进行裁决要求过高，避免仲裁员国籍与任一当事方相同不失为有效的选择。国际投资仲裁案件中，当事方偏向于选择与双方国籍不同的第三国的国民作为首席仲裁员。这与前述违反独立性的第三种情形"社会身份关联"仍然存在相互重合。

另一方面，中立与否的界限并不明显。在当事一方指定的仲裁员中，不管其身份中立与否，都不可逾越道德良知和专业判断的界限。有时所谓中立的仲裁员可能基于相同的背景、传统和文化对当事一方给予更多的同情。[5] 照此说法，对当事方指定的仲裁员予以约束的中立性标准已然被架空，转向"良知"、"专业判断力"、"正直"、"经验"、"语言能力"、"对适用法律的了解"、"了解某种

---

〔1〕　由于当事人基于合同选择仲裁员的真正原因，是确保自己一方的意愿在仲裁庭中得以支持，因而，单方指定的仲裁员不可能做到绝对的独立和公正。

〔2〕　L. Malintoppi, "Independence, Impartiality and Duty of Disclosure of Arbitrators", in P. Muchlinski, F. Ortino, C. Schreuer ed., *Oxford Handbook of International Investment Law*, Oxford: Oxford University Press, 2008, pp. 789, 807; W. Park, "Rectitude in International Arbitration", *Arbitration International*, 27 (2011), p. 476.

〔3〕　"Code of Ethics for Arbitrators in Commercial Disputes ('AAA/ABA Code of Ethics')", 2004, Note on Neutrality, http://www.finra.org/arbitration – and – mediation/code – ethics – arbitrators – commercial – disputes, 2012 – 05 – 01. 2004 年版的《仲裁员道德规范》确定了仲裁员的中立性标准，一方当事人同意情形例外。而非中立仲裁员的行为则由第十章规制。

〔4〕　W. Park, "Rectitude in International Arbitration", *Arbitration International*, 27 (2011), p. 479.

〔5〕　A. Redfern, M. Hunter ed., *Law and Practice of International Commercial Arbitration* (3), London: Sweet & Maxwell, 1991, p. 216.

特定的行业"等更加具体的身份要求。

综上，有必要从仲裁庭与仲裁员这一角度出发，探讨中立性可否作为判定仲裁员公正的标准。对当事方指定的仲裁员来说，要求其"绝对公正和独立"未免严苛。然而，放弃绝对化的要求，中立性的范围又形同虚设。因此，对当事方指定的仲裁员不须考虑是否符合中立性标准，只要求"不能超越道德良知和专业的判断力"。[1] 同时，对首席仲裁员应提出更高的标准，有学者将其表述为"保证绝对的公正和独立"。[2] 因此，可将中立性作为判定首席仲裁员公正与否的标准。在此意义上，将中立性视为公正性和独立性的严格标准。

（二）研判的内容

1. 仲裁庭的组成

20 世纪 80 年代早期，出现了推进独立性标准的全球化浪潮。尽管只涉及国内法领域而非国际法层面，却就甄别独立性和公正性提供了方法论的指导。西蒙（Shimon Shetreet）于 1976 年首创将裁判者个人与仲裁庭整体的独立性区分的原则，[3] 提出仲裁员个人的独立性，包括职业保障和公正性，而仲裁庭整体的独立性，则包括仲裁庭对仲裁进程的把控程度。仲裁员的独立性可按这种方法分类：一是仲裁员个人的独立性，即指仲裁员与参与投资仲裁的投资者、东道国或其他政治组织无不恰当的关联。二是仲裁庭整体的独立性，指仲裁庭作为一个整体与当事双方或其他政治组织无不恰当联系。

有关仲裁庭的组成，学者戴夫那（Daphna Kapeliuk）从仲裁庭和仲裁员的视角，对国际投资仲裁中仲裁员的决策模式作出评价：[4] 一是仲裁庭被视为整体时，不会作出偏向投资者的裁决。[5] 仲裁员为顾及自身声誉和影响力作出不偏私且可被当事双方所接受的裁决。二是将首席仲裁员与当事方指定的仲裁员进行

---

〔1〕 A. Redfern, M. Hunter ed. , *Law and Practice of International Commercial Arbitration* (3), London: Sweet & Maxwell, 1991, p. 216.

〔2〕 Id.

〔3〕 S. Shetreet, "Judicial Independence in International Law, 1701 Conference: The 300th Anniversary of the Act of Settlement", 2001, http: //www. courts. gov. bc. ca/1701/1701％20Papers/Shetreet. htm. 2013 – 07 – 21/ 2014 – 09 – 07. 转引自 N. J. Miller, "Independence in the International Judiciary: General Overview of the Issues (Draft Paper Prepared for the Meeting of the Study Group of the ILA)", http: //www. ucl. ac. uk/laws/cict. 2002 – 02 – 01/2014 – 07 – 01.

〔4〕 D. Kapeliuk, "The Repeat Appointment Factor: Exploring Decision Patterns of Elite Investment Arbitrators", *Cornell Law Review*, 96 (2010), pp. 52 – 56.

〔5〕 戴氏通过分析43 个案件，将投资者胜诉的案件与东道国胜诉的案件数目进行比较后，发现一半以上的裁决结果都是投资者败诉。

比较分析，被反复任命的首席仲裁员更易作出稍显极端的裁决结果，表现为常在裁决结果中悉数支持或全部反对相关诉求。[1] 而当事方指定的仲裁员较首席仲裁员反而倾向得出公正的裁决结果。究其原因，当事方指定的仲裁员作出偏向一方的裁决通常被认为是不公正的，为维护自身声誉，保证日后得到任命的机会，因此比首席仲裁员更希望裁决的公正，而首席仲裁员通常没有这种顾虑。戴氏的实证分析，批驳了通过简单适用独立性和公正性得出的"国际投资仲裁中仲裁员往往偏向于投资者"的这一论断。

笔者认为，戴氏的结论值得商榷。理由在于：一是尽管戴氏批评了直接适用公正性和独立性标准，仲裁将丧失正当性的结论，却未论及新标准的界定和适用，只破不立。在没有更为可取标准的情况下，推翻公正性和独立性这一经典标准有欠理性；二是得出仲裁庭整体裁正的结论。笔者认为无此必要，因为从仲裁庭的组成人员看，整体不公的概率极低：首席仲裁员与一方指定仲裁员的选任规则使整体不公的情况几无可能；当事人间的利益冲突也使整体不公较难实现；三是采用实证分析得出的结论——即国际投资仲裁中仲裁员的裁决并未像传统认为的那样有失偏颇。戴氏本人也承认一部分首席仲裁员倾向于作出偏向性的裁决，与他之前的论断有矛盾之处；四是结论中关于独任仲裁庭的创新之处——独任仲裁员裁决结果可能不公，已有学者论及，且尚需进一步考证。在复杂案件中，集体决策仍被认为比独任仲裁的决断更为可靠，[2] 即使在其费用可能超过独任仲裁庭数倍的情况下；五是戴氏统计数据中归纳出仲裁庭的裁决结果并未过度倾向于投资者的结论，其数据抽样是否科学，43 个案例是否具有代表性等问题也值得关注。

不可否认，戴氏的观点瑕不掩瑜：一是在评定仲裁员公正性标准的问题上，就影响公正性标准的客观因素提供了新的视角——将仲裁庭从内部划分为整体和当事方指定仲裁员，并在此基础上，分别研讨两者的公正性标准；二是在有关投资仲裁公正性缺失的问题上，提出公正性缺失的大小及程度的差别。在对国际投资仲裁案件进行实证分析时，若发现某一阶段的公正性缺失并没有传统观点所认

---

〔1〕 戴氏对 43 起投资仲裁案件进行了实证分析。在 43 起案件中，只有一起案件为独任仲裁庭，其余都是三人仲裁庭。在 42 起由三人仲裁庭裁决的案例中，仲裁员的基本情况为：20 起案件中，有一位被反复任命的仲裁员，18 起案例中有两位被反复任命的仲裁员，4 起案件中，仲裁庭的每一位仲裁员都是被反复任命的。29 起案件（占 67.5%）的裁决结果都是驳回申请方的诉求。

〔2〕 Francis J. Higgins, W. Brown, "Pitfalls in International Commercial Arbitration", *The Business Lawyer*, 1980, 35 (3). 转引自 [美] 罗伯特·卡尔森："关于国际仲裁程序的调查"，[美] 克里斯多佛·德拉奥萨、[美] 理查德·奈马克主编：《国际仲裁科学探索：实证研究精选集》，陈福勇、丁建勇译，中国政法大学出版社 2010 年版，第 129 页。

为的那样偏颇，也可以从中立的角度予以矫正。

2. 观念不公

仲裁员的公正性由来已久，根据其要求判断仲裁员的行为是否正当（rightness, rectitude）具有较强的稳定性。然而，稳定性也是把双刃剑。在实践中，不灵活的标准可能导致因不适应新情况从而阻滞其效用的发挥。

理论上，对观念不公的认识迥然不同：有学者认为若要追求公正，偏向性观念与仲裁员在案件中的实际偏向并无二致。因此，公正的最低标准是仲裁员的裁决应当基于事实，而不是基于某种偏向性的先入为主的观念。[1] 另有学者认为观念不公未必造成实际不公，不能就此质疑仲裁员；应当将义务转移给当事双方，由其就所质疑的仲裁员公开发表的论著或代理的仲裁案件中所表明的立场做充分的事前调查。[2] 例如，律师可能在各类仲裁案件中扮演不同的角色。作为被委托的律师在某一仲裁案件中支持此观点，在另一案件中作为仲裁员时，对此观点自然主观偏好并持开明态度。按照前者的观点，仲裁员出于偏向性观念作出的裁决显然不符合公正性的要求；而依照后一种情况，则不存在对仲裁员提出质疑的法律依据。因此，公正性标准的灵活性导致其认定困难。

那么，是否存在一个可以灵活适用的判断独立性和公正性的标准？该标准是客观性标准，还是具体灵活的指导原则？笔者认为，公正性要求仲裁员对法律事实进行判断，不受其他因素的影响，也要求仲裁员自身具有较高的道德素养和专业知识。认定仲裁员是否先入为主是一个有关程度评价的问题，只有仲裁员的行为表现出明显的不公，观念不公才有其评价意义。然而，何种程度才能达到明显，应采用更客观的标准进行判断。

因此，在判断仲裁员是否违反公正性和独立性的问题上，比照观念不公仅可

---

〔1〕　W. Park, "Rectitude in International Arbitration", *Arbitration International*, 27 (2011), p. 476.

〔2〕　L. Malintoppi, "Remarks on Arbitrators' Independence, Impartiality and Duty to Disclose in Investment Arbitration", *The Law and Practice of International Courts and Tribunals*, 2008, 7 (3), pp. 353 –354.

作为辅助手段。在 1985 年 Klöckner v. Cameroon 案中,[1] 撤销裁决申请书指责仲裁庭对申请方怀有敌意并暴露出明显不公,诉称裁决书违反基本的程序规则,尤其是"仲裁庭应当严格公正";"正当程序原则因完全忽视 Klöckner 诉求中的主张而遭践踏";"如此明显而严重的事实,直指仲裁员缺乏公正性和独立性"。然而,就 Klöckner 对仲裁庭观念不公的严重质疑,专门委员会经审理后并未依据"明显的观念不公"对此案予以撤销。

仲裁庭之所以未支持质疑方的诉求,是因为"明显不公"的程序设置对质疑方有较高的举证责任要求,这种程序设置的本意在于维护仲裁庭的权威。仲裁实践中,判断仲裁员是否符合独立性或公正性要求,不应将标准定得过于理想,毕竟,因观念不公撤销裁决或者撤销仲裁员资格的情况仅为少数,鲜有诸如前述 Catalina v. Norma 一案极端的情形。如果一味追求严格标准,实践中适用独立性和公正性质疑仲裁员资格的诉求将难以得到支持。

3. 语境因素的一致性

对于《ICSID 公约》第 14 (1) 条"可据以信赖并作出独立判断"之释义,西班牙语"对其公正性有充分的信心 (inspiring full confidence in their impartiality of judgment / inspirar plena confianza en su imparcialidad de juicio)"和法文"履行职责时完全保证其独立性 (offering all guarantee of independence in the exercise of their functions / offrir toute garantie d'indépendance dans l'exercice de leurs fonctions)"释义的标准较高。此处西班牙语释义用词是"full confidence (plena confianza)",法文释义则用"all guarantee (toute garantie)",程度显然重于原条款的"may be relied on"。

不仅如此,英文和法文对其规定可译为"独立性 (independence/ d'indépendance)",而西班牙语则是"imparcialidad"(公正性)。那么,这是否意味

---

〔1〕 Klöckner Industrie – Anlagen GmbH and others v. United Republic of Cameron and Société Camerounaise des Engrais, ICSID Case No. ARB/81/2, Decision of the ad hoc Committee of 3 May 1985. 该案中,喀麦隆政府和西德的跨国公司 Klöckner 共同出资成立索科姆化肥公司,依照协议规定,Klöckner 公司作为索科姆化肥公司的股东,同时对索科姆化肥公司旗下的化肥加工厂也负有义务。在国际商事仲裁协会相关仲裁条款已然对当事双方的管理义务有明确规定的情况下,该投资协议却对有关 Klöckner 公司对化肥加工厂履行义务的条款规定得概括、模糊。在化肥加工厂经营不善,索科姆化肥公司的产出远低于预期的情况下,喀麦隆政府同 Klöckner 公司协商,对化肥加工厂的生产流程重新设计,整改之后果——Klöckner 公司减持在索科姆化肥公司拥有的大部分股份,从而使喀麦隆政府成为索科姆化肥公司最大的股东。继此之后,重新设计的化肥加工厂产出仍未见起色。在此情况下,Klöckner 公司提出请求对方支付自己对化肥加工厂因履行义务产生的合理费用。喀麦隆政府及其索科姆化肥公司拒付这笔费用,理由是 Klöckner 公司未如约履行其对化肥加工厂应尽的法律义务。Klöckner 公司却认为,义务的履行仅限于成立化肥加工厂,保证化肥加工厂生产的稳定以及合理产出并非 Klöckner 公司责任之范围。

着《公约》对仲裁员公正的判断，随仲裁官方语言的变化而发生改变？答案是否定的。无论在何种官方语言下，判断仲裁员的标准都应当客观稳定；随语种的变化而轻易改变，易使当事双方对裁决结果提出质疑。只有能被当事人双方接受的裁决才是合理的。撇开公正性和独立性的差别不谈，无论对标准作何解释，都应客观适用。因此，独立性和公正性标准不能随文本表述变化而改变，应客观稳定。学者们并未指出在仲裁实践中，应该采用哪种文本作为最终的标准，一般而言，从影响力的角度考量，应以世界上多数国家选择的共同语种或世界人口数较多国家的语种为考虑依据。

通过上述类比方法，以宏观因素为主，微观因素为辅，研判仲裁员的独立性和公正性。研判公正性、独立性的难点不在规范而重在执行，由于将公正性、独立性回归个案、回归公平正义本位的观点过于理想，可考虑放弃深究个案实体中的所谓公正，即在把握仲裁员公正性、独立性的问题上放弃高标准，而从共性角度加以研判。把握影响公正性、独立性的决定性因素，使国际投资仲裁裁决既取各国内法及国际商事仲裁之精华，又去其糟粕，保留不失自身特色的兼容性，以期在解决国家与他国国民争端问题方面有更大作为。进言之，仲裁员的公正性、独立性的评判应倾向研究客观总趋势的平衡；主观上，则尽可能将个案裁判者的心理状态排除在外，以淡化观念不公。

第二节　国际投资仲裁中质疑仲裁员独立性案件
——以"最低关联法"为视角

"最低关联法"是指法律不应当也不可能事无巨细地予以调整，可将那些极为细小，或是调整意义不大的"微事"，排除在调整范围之外。本节以国际投资仲裁中质疑仲裁员独立性的案件为切入点，引入"最低关联法"这一概念并将其适用于国际投资仲裁领域。与最低关联对应，不当关联是指超出最低关联限度，可能导致仲裁员的独立性受到怀疑以及仲裁员不当行为之关联。通过对国际投资仲裁中质疑仲裁员独立性案件的裁决实证分析，寻找规律性的裁决现象。合议庭适用"最低关联法"通常具有两种倾向：一是将"最低关联法"作为补充性救济手段用以支持对于仲裁员独立性资格的质疑；二是以"最低关联法"作为替代性方法旨在否定对仲裁员独立性资格之质疑。

一、质疑仲裁员独立性案件中的"最低关联法"与不当关联

（一）"最低关联法"源流与内涵

"最低关联法"（de minimis；minimalist approach）源于拉丁法谚"*de minimis non curat lex*"。《布莱克法律辞典》将其定义为"法律不关注最低关联"（The law is not concerned with matters of least consequence. ）。[1] 布兰奇（Thomas Branch）最早将该法谚诠释为"法律不理微事"（the law doth not regard trifles）。[2] 它最早以成文法形式出现是在 17 世纪，奥古斯丁（Augustini Barbosae）在《逻辑哲学论》一书中将其表述为："*de minimis non curat Praeto*"，"*quod Praetor non curat de minimis*"。[3] 18 世纪初，该法谚蕴含之法理被运用于国内法个案。如 York v. York 案的法官布莱克斯通（Blackstone）认为："不应针对浪费一分一毫的行为予以裁决，法院不理微事，法院对此类微事裁决不明智。"首次在所审理的案件中将"最低关联法"作为一个独立的法律原则予以适用。[4]

"最低关联法"旨在"作为解释工具将理性引入机械的法律之中，旨在磨砺法律结构之尖锐边角"。[5] 一方面，自由裁量和严格诠释法律均有其利弊。裁判者将其"绝对化加以适用"，[6] 必将导致最终目的与初始意图相悖。另一方面，法律本身存在滞后性，若裁判者不加筛选，对当事方"微事"提出的诉求事无巨细一并审查，必将增加裁判成本，浪费法律资源。因此，"最低关联"作为一项原则，意义不仅滞于学理层面，更多价值在具体的案件中得以适用和发展。

（二）国际投资仲裁中的不当关联与"最低关联法"

在国际投资仲裁中，由于裁决由仲裁员作出，故仲裁员的独立性至关重要。作为仲裁程序的基础，独立性指仲裁员与任一当事方及其律师不存在财产、专业或私人关系上的不当关联。由于这些不当关联可能使仲裁员罔顾案件事实，作出偏袒当事一方的裁决，厘清这些关联是明确质疑仲裁员独立性审查标准的基本保

---

〔1〕　Bryan, A. Garner ed. , *Black's Law Dictionary* (8), St. Paul, Minnesota：West Publishing, p. 443.

〔2〕　T. Branch, "Principia Legis Et Aeuitatis：Being an Alphabetical Collection of Maxims, Principles or Rules", in *Study and Practice of the Law*, Richmond, VA：TW White, 1824, p. 36.

〔3〕　M. L. Veech, R. C. Moon, "De Minimis Non Curat Lex", *Michigan Law Review*, 1947, 45 (5), p. 537.

〔4〕　［UK］Y. B. 9 Henry 6, p. 66 b (I43I). 转引自［UK］22 VINER'S ABRIDGEMENT 458 (1745).

〔5〕　M. L. Veech, R. C. Moon, "De Minimis Non Curat Lex", *Michigan Law Review*, 1947, 45 (5), pp. 543 – 544.

〔6〕　［US］Alcan Aluminum Corp. v. United States, 165 F. 3D 898 (United States Court of Appeals for the Federal Circuit 1999). 该案指出："对于法条全然接受或悉数否定的僵化适用容易导致其与潜在目的违背的不利后果。"

证。在投资仲裁实践中，普遍存在仲裁员稀缺、各国内法规制不一、各种价值观迥异之情形，不当关联的程度有异、大小有别。因此，更需要仲裁庭在分析时能够"不理微事"。这也是笔者将"最低关联法"引入国际投资仲裁予以实证研究的初衷。

在 2008 年 EDF v. Argentina 案中，合议庭明确提出判断仲裁员与当事方利益的"最低关联法"。根据这种裁判路径，不明显的利益关联不能视作取消仲裁员资格的依据。合议庭认为，与该方法相反的裁判路径不仅不可行，甚至可能威胁整个仲裁体系。合议庭指出："在国际仲裁实践中，适用绝对的道德标准，将使当事方更易干扰仲裁程序（如基于有关仲裁员或对仲裁程序事实上存在的微弱联系而质疑仲裁员的资格）。"毕竟，在这个纷繁复杂、相依共存的世界，要证明仲裁员与他人间的联系可能对仲裁活动产生实质性的影响，并不困难。诚如伍尔夫拉姆教授（Wolfram）所言——"关联无小事"（no link too small），EDF 一方完全可以因仲裁员与东道国阿根廷政府间的睦邻友好关系而对其资格提出质疑。如果允许这种情况存在，无疑会对仲裁程序的稳定和效率带来损害。因此，适用绝对标准得不偿失。[1]

在 2001 年 Vivendi v. Argentina I 案中，合议庭指出，如有必要，根据"最低关联法"也可驳回质疑。尽管合议庭指出，仲裁员所属的律师事务所近年来与投资公司一方的业务交往中所收取的费用亦非小数目。但合议庭仍认为，只有在撤销程序中发生的费用才与本案有关，而该部分费用在整体所占的比例为数不多。[2] 由此可见，"最低关联法"作为可替代性手段，可适用于质疑被驳回之理由。

---

〔1〕 EDF International S. A. , SAUR International S. A. and León Participaciones Argen‐tinas S. A. v. Argentina Republic, ICSID Case No. ARB/03/23, Challenge Decision Regarding Professor Gabrielle Kaufmann‐Kohler of 25 June 2008, para. 21.

〔2〕 Compañiá de Aguas del Aconquija S. A. and Vivendi Universal S. A. v. Argentine Republic, ICSID Case No. ARB/97/3, Decision on the Challenge to the President of the Committee of 3 October 2001, para. 19.

二、质疑仲裁员独立性的情形

仲裁员的独立性是仲裁程序的基石。[1] 如前所述，所谓"独立的仲裁员"，系指仲裁员与当事方及其律师不存在财产、专业或私人关系上的关联。这些关联易诱使仲裁员罔顾案件事实作出偏袒当事一方的裁决，故而明确这些关联是否存在十分重要。

仲裁员的独立性问题不仅限于仲裁员的个人关系，也涵盖与仲裁员密切相关者与他人之间存在的关系。"与仲裁员密切相关者"包括自然人和机构，如仲裁员的亲属、仲裁员所供职的律师事务所以及其他与仲裁员相关联的机构等。

截至目前，国际投资仲裁领域仲裁员的独立性问题已引起广泛关注。仲裁员所处的国际投资仲裁关系圈，可从微观和宏观两个方面来划定：

从微观方面看，国际投资仲裁关系网属于"小型社交圈"。仲裁员、律师及其所代理的投资者一方共同参与仲裁活动。在这样的"小型社交圈"中，各方彼此间易于发生联系。由此产生的问题是，仲裁员与"小型社交圈"中其他成员间存在的"关联"，是否足以导致其资格被取消？换言之，若仲裁员与其他成员间的"关联"导致其资格被质疑，那么这种"关联"要满足数量或质量上的哪些条件方可成立？

从宏观层面看，国际投资仲裁关系网又属于"大型社交圈"。投资仲裁呈"国际化"发展之趋势，使得参与其中的仲裁员、投资者皆具"国际化规模"。而仲裁员与投资者之间的关系，构成国际投资仲裁关系社交圈中的主要部分。在此社交圈内，只有仲裁员所供职的律师事务所与投资者的关系可能影响到仲裁员的独立性。但这种关系出现的概率不大。由是观之，这种小概率事件将在何种程度上影响合议庭对于仲裁员独立性的判断？这对判定仲裁员是否适格及其在仲裁程序中行使仲裁员职责会产生怎样的影响？这些问题均值得探讨和研究。

---

[1] A. J. Van De Berg, "Report on the Challenge Procedure", *The Arbitral Process and the Independence of Arbitrators*, ICC Publication, 1991, p. 87. 该文指出，"仲裁员的独立性、公正性资格是仲裁程序的基础性要求"，以及"仲裁员的独立性、公正性资格是仲裁的基石"。Gary Born, *International Commercial Arbitration*, Alphen aan de Rijn: Kluwer Law International, 2009, pp. 1461, 1463 – 1464. 该文指出"国际仲裁中的仲裁员必须符合独立性与公正性的要求，这些要求对仲裁程序而言是基础性的"，以及"国际仲裁是一项判决程序，在此程序中，仲裁员通过有约束力的判决处置当事方的法律权利，很少受到上诉审查。有鉴于此，仲裁员符合独立性与公正性的要求十分重要，当事方指定的仲裁员若不符合此要求，应被仲裁庭拒绝"。J. Paulsson, "Ethics, Elitism, Eligibility", *Journal of International Arbitration*, 1997, 14 (4), p. 13. 该文指出"人们所能感受到的国际仲裁程序的合法性很大程度上取决于仲裁当事方对仲裁员道德标准的信心"。

三、最低关联与不当关联视角下质疑仲裁员独立性案件的实证分析

国际投资仲裁中的不当关联，同样可分为微观和宏观两个层面：微观层面上，投资仲裁内部的关系隶属"小型社交圈"之范畴。仲裁员、律师及其所代理方共同参与仲裁过程，彼此易于产生关联。"客户—代理人"意义上的关联、财务利益的关联、职业上的关联、社交或私交的关联以及仲裁员与当事方代理人的关联等皆属此类。[1] 宏观层面上，投资仲裁内部关系可划归"大型社交圈"之范围。毕竟，投资仲裁的国际性特征，使参与仲裁的投资方与仲裁员供职的律师事务所动辄呈国际化之态势。彼此间的"国际"关联同样对仲裁员的独立性产生不利影响，这类关联包括：仲裁员与当事方代理人同属一个律师小组、仲裁员所属律师事务所与当事方的关联、仲裁员所属律师事务所与当事方代理人的关联等。

将质疑仲裁员独立性的问题明确划分为上述关联的类型仅是问题解决之基础，因为存在关联并非质疑成立的充分要件。了解关联的程度，进而推断这种关联是否足以引起质疑仲裁员独立性的风险，从而导致仲裁员不依据案件事实和法律依据进行裁判，方为处理质疑仲裁员独立性案件的关键。因此，合议庭不仅须考量不当关联的性质以及类型，还需重点考证关联的程度、评估关联确属"不当"还是仅属"微事"、"最低关联"。只有对"足以导致仲裁员违反独立性的不当关联"与"最低关联"作出区分，合理使用"最低关联法"，合议庭才能在质疑仲裁员独立性的问题上作出正确的裁判。

适用"最低关联法"分两个步骤：一是明确不当关联的性质。是否"足以"导致仲裁员违反独立性。"客户—代理人"性质的关联、财务利益上的关联、职业上的关联以及社交或私交产生的关联较容易判断。如当事方是仲裁员客户的情形，产生偏见的风险必然高于当事方的首席执行官和仲裁员为同一家高尔夫球俱乐部成员的情形；二是明确不当关联的程度。同一性质的关联，风险取决于关联程度的不同。根据不同关联的性质，衡量关联是否足以使对仲裁员资格的质疑成立。未达到足够严重程度的，将被视为"最低关联"，仲裁员仍可继续在仲裁庭履职。

---

〔1〕 除正文中列出的情形之外，微观层面上的观念还包括"职业上的关联"。然而，迄今为止，笔者尚未发现目前搜集到的 ICSID 仲裁案件中涉猎此问题，尽管有的案件中，仲裁员的资格争议因问题之间的界限并不清晰，是否归于此议题仍值得探讨。涉及该问题的情形主要是，在一些案件中，东道国或者东道国控制的当事方涉其中，且其指派了国家机构的雇员（或原雇员）作为仲裁员。不过这种情况在 IC-SID 案件中出现的概率很低。根据《ICSID 公约》以及《ICSID 仲裁规则》，通常仲裁当事方不能指派与其国籍相同的仲裁员，这限制了一国当事方指派其本国机构的雇员（或原雇员）作为仲裁员的可能性。

通常，合议庭驳回质疑的理由往往基于被质疑的仲裁员在独立性方面存在问题的充分性及严重程度不足。易言之，质疑方并未以充分的证据证明所质疑的仲裁员在独立性方面存在问题，且达到足以严重的程度。对此，合议庭应当依据不当关联的具体情形，结合案件事实和法律依据，就不当关联的性质和程度作出判断，在此基础上适用"最低关联法"作出裁断。考察现有质疑仲裁员独立性的裁决可以发现，合议庭在适用"最低关联法"时存在两种倾向：一是将"最低关联法"作为补充性手段支持对仲裁员独立性资格的质疑；二是将"最低关联法"作为替代性方法驳回对仲裁员独立性资格的质疑。

（一）质疑成立——作为补充性手段的"最低关联法"

合议庭就质疑仲裁员独立性的案件适用"最低关联法"进行审理，仅从"最低关联法"的含义分析，得出质疑的结论，显然不够充分。实践中，合议庭通常围绕案件事实，从分析不当关联是否存在入手，进而深入研究，确定是否存在"足以导致仲裁员违反独立性的不当关联"。当案件事实已然超过"最低关联"限度的情形时，质疑成立。

1. 微观层面：仲裁员与当事人存在关联——社会或私人的关联

在 2005 年 Tembec v. United States 一案中，涉及《北美自由贸易协定》（North American Free Trade Agreement，简称"NAFTA"）第十一章的内容，当事方选择适用《UNCITRAL 仲裁规则》。该案中，三家加拿大公司要求美国政府对其予以赔偿，原因是美国政府对加拿大进口软木强加了非法的反倾销及反补贴义务。在仲裁程序中，投资者一方质疑美国所选任的仲裁员资格，认为在本案关于软木的核心争议直接与小布什总统所实施的法律与经济政策有关的情况下，该仲裁员并未披露自己夫人与时任美国总统的小布什是表兄妹关系的事实。不仅如此，该仲裁员还先后接受两任布什政府就两项议题的重要提名——在老布什担任副总统期间，被提名为美国国务院的法律事务顾问；在小布什执政期间，被任命为 ICSID 仲裁小组成员。投资者一方认为，上述事实足以引起对该仲裁员在裁断以美国政府为被告的仲裁案件中是否能够保持独立性和公正性的质疑。然而，作为仲裁员指定机构的 ICSID 总署长最终否决了此项质疑。[1]

---

〔1〕　Canfor Corporation v. United States of America; Terminal Forest Products Ltd. v. United States of America, UNCITRAL, Challenge Decision of 15 June 2005.

质疑被驳回的裁决书发布 3 个月后，合并仲裁庭（consolidated Tribunal）[1]发布裁决决定。投资者一方遂于东道国国内启动了撤销裁决程序。这项程序是针对投资者一方对于仲裁员资格的质疑。基于仲裁员的行为已经构成《联邦仲裁法》（Federal Arbitration Act）第十章所规定的"明显偏见"的事实，美国哥伦比亚特区法院最终支持投资者一方的质疑请求，判定合并仲裁庭的裁决无效。[2]本案仲裁员的行为构成《联邦仲裁法》所规定的"明显偏见"，超出了"最低关联"情形的范畴，因此，质疑成立。

2. 宏观层面：仲裁员与当事方代理人同属一个律师小组

在众多可能引起仲裁员与代理人关系冲突的情形中，有一类情形尤其值得关注，即仲裁员和代理人同属一个律师小组。[3]

即便在独特的英国法律体系框架内，同一律师事务所的两名律师也不能在同一仲裁案件中担任不同角色：如果一名律师已经出任仲裁员，则另一名律师就必须在庭前放弃自己为当事一方客户的代理权，该行为已然得到仲裁庭的支持。问题在于：同一个律师小组的两名出庭律师在同一仲裁案件中，是否也如英国法中的法律制度一样，不能充当不同的角色？目前，就所谓的"小组利益冲突"问题，尚存争议：一方面，利益冲突的确可能出现，因为从表面上看，两名出庭律师确实分享共同的财务支出且共同在专业上存有关联。加之他们所办理的又是同一起案件，因此，两名律师都存在泄露当事人专属机密信息的风险与可能；另一方面，两名律师各为其主——分别为各自的客户服务，且彼此并不共享利润或者承担风险。

在 2008 年 Vanessa v. Venezuela 案中，当事双方协议依据《ICSID 附加便利规则》进行裁断。在该案中，首席仲裁员得知来自同一律师小组的律师是 Vanes-

---

〔1〕　本案原由三家加拿大公司 Canfor、Tembec 以及 Terminal 分别提出申诉控告美国政府。由于这 3 起案件所涉及的事实问题和法律问题几乎完全相同，美国政府一方根据 NAFTA 第 1126 条（5）请求建立合并仲裁庭。经东道国一方请求，合并仲裁庭中止了已经开始的 Canfor 案和 Tembec 案的仲裁程序，决定将 3 个案件予以合并仲裁。

〔2〕　[US] Tembec Inc., Tembec Investments Inc. and Tembec Industries Inc. v. United States of America, District Court for the District of Columbia, No. 05–2345（RMC），Undated Order of 2006.

〔3〕　出现这种情形的原因在于，英国的法律体系将从业律师分为两大类：事务律师（solicitors）和出庭律师（barristers）。绝大多数的事务律师通常以注册专业名号的形式合伙开设律师事务所，大多数的事务律师出自同一名号或者几家规模名号较大的律师事务所。但是，出庭律师不合伙开办律师事务所，不受雇于他人且自由组合形成一系列的律师小组。在小组中，出庭律师共同分摊日常租金、秘书的劳酬及有关财务支出的费用，还可能参与一些事务的推广活动，以所参加的律师小组为单位进行宣传。在这些小组中，出庭律师彼此不共享利润或者承担风险——每一位出庭律师服务的客户以及服务费用的账户支出各自独立。

sa 一方的代理人，且在案件管辖权问题的庭审程序中就已参与仲裁过程。在听取当事方就此问题的见解并获得书面意见后，首席仲裁员提交了辞呈，辞呈为当事双方指派的仲裁员所接受。[1]

3. 宏观层面：仲裁员所属律师事务所与当事方的关联

大多数国际投资仲裁庭的仲裁员都是职业律师，通常还时任（或曾任）涉外律师事务所的合伙人。由于仲裁庭不具有代理当事人或为其客户提供咨询服务的职能，因而在专业上，仲裁员独立于当事方。然而，如果仲裁员所供职的律师事务所中的其他律师为当事方提供咨询，甚至作为当事方的代理人。这种情形可能导致仲裁员与当事方间接的财务关联，出现经济利益上的冲突。有的仲裁员本就是律师事务所的合伙人，从与当事方（也即律师事务所的客户）的关系中分摊利润，对自己客户不利的裁决，必然也会给这种关系带来负面影响。在适用《ICSID 公约》的国际投资仲裁案件中，"仲裁员所属律师事务所与仲裁当事方存在（或曾经存在）关联"，成为质疑仲裁员资格最主要的依据。由于律师事务所构成仲裁员最主要的来源，加之律师事务所国际性的扩张与整合，其规模和业务服务范围更加广泛，有关质疑仲裁员所属律师事务所与当事方关联的议题，无疑在嗣后案件中会频繁出现。[2] 其典型案例有如下两起：

在 2010 年 S&T Oil v. Romania 案中，罗马尼亚质疑投资者一方指派的仲裁员，原因是该仲裁员所属的律师事务所代理的投资者一方正准备对罗马尼亚提起另案仲裁，诉求与本案投资者所提起的诉求大相仿佛。最终该仲裁员选择辞职。[3]

在 2009 年 NSPI v. Venezuela 案中，一名仲裁员受到质疑，原因是其合伙人在另一起与本案同时审理的仲裁案件[4]中为投资者一方提供法律咨询。受质疑的仲裁员对此项质疑发表异议，认为自己并未涉及上述业务。最终，作为仲裁员

---

〔1〕 Vanessa Ventures Ltd. v. Bolivar Republic of Venezuela, ICSID Case No. ARB（AF）/04/6, Decision on Jurisdiction, 22 August 2008, para. 9. 从该裁决书上看，首席仲裁员和受争议的律师还曾经在与该案不相关的程序中共同担任代理人。L. Peterson, "Barrister may not appear as counsel for a state in arbitration where another member of chambers sits on tribunal", http: //www. iareporter. com/articles/20090929_30, 2008 – 11 – 25/2014 – 11 – 01.

〔2〕 W. Craig, W. Park, J. Paulsson ed., *International Chamber of Commerce Arbitration* (3), Oxford: Oxford University Press, 2000, p. 222.

〔3〕 S&T Oil Equipment and Machinery Ltd. v. Romania, ICSID Case No. ARB/07/13. K. Karadelis, "Arbitrator resigns over Romanian conflict challenge", http: //globalarbitrationreview. com/news/article/16021/arbitrator – resigns – romanian – conflict – challenge/, 2009 – 5 – 20/2014 – 11 – 01.

〔4〕 原告为一家美国能源公司，被申请方与该案相同。

指定机构的 ICSID 秘书长支持了该质疑。[1]

（二）质疑不成立——作为替代性手段的"最低关联法"

在另一些代表性案例中，合议庭在案件事实中无法证明"不当关联"确实存在。此类案件的质疑通常指一方的主观猜测而无有效证据证明，抑或关联本身属于偶然关联或程度较轻而无法证明其必然性或确定性，从而只能归入"最低关联"的范畴。一旦案件事实被归入"最低关联"范畴，质疑就无法成立。

1. 微观层面：仲裁员与当事人存在关联——客户—代理人关系上的关联

在 1982 年 Amco v. Indonesia 案中，东道国一方对投资者 Amco 一方指定的仲裁员提出质疑，依据是该仲裁员被指定的 3 个月之前，曾为 Amco 一方的控股股东提供有关税务方面的法律咨询，就此认为该仲裁员实际上是在为其客户提供仲裁。不仅如此，该仲裁员供职的律师事务所的海外办事处也曾与 Amco 一方律师供职的律师事务所联合签署有关共享收益、共担风险的协议。东道国方面据此认为，该仲裁员事实上已沦为 Amco 一方律师的实际代言人。[2] Amco 一方否认该仲裁员及其律师事务所与自己存在"客户—代理人"层面上的关联。澄清道："在指定该仲裁员之前，该仲裁员供职的律师事务所是截至本案庭审前位于香港的唯一的加拿大律师事务所，该仲裁员也仅为 Amco 的股东提供过有关加拿大税法方面的咨询服务，且该项咨询费尚不足 450 美元。"

遭质疑的仲裁员作出的解释是，其曾与该股东会面并处理有关个税的咨询，且在两天后将两页咨询意见发送给该股东。除此以外，他本人及其律师事务所再未向该股东及其所在的公司提供过法律服务。况且，提供法律服务时，仲裁员本人对该案的仲裁案情一无所知，甚至不知道在该案中要担任仲裁员的事实。

合议庭最终驳回了质疑。在考察本案仲裁员与当事方之间存有关联的一般性问题后，合议庭认为仲裁员与当事方之间的关联并无不妥，并指出："要求'仲裁员据以信赖且独立仲裁'，并不意味着仲裁员受指定之前'不能与当事方存在一定程度的关联'。只有当关联导致仲裁员丧失独立仲裁能力、'不被信赖'的情况下，才有理由成为仲裁员不被指定的原因。同样，这也是导致仲裁员资格被撤销的必然结果。从这个角度上说，合议庭同意投资者一方所提出的观点——既

---

〔1〕 Nova Scotia Power Inc. v. Bolivarian Republic of Venezuela, ICSID Case No. ARB （AF）/11/1, Challenge Decision by Mr Sekolec of 31 March 2009. L. Peterson, "One arbitrator disqualified, while challenge to another is rejected in UNCITRAL BIT arbitration against Venezuela", http：//www. iareporter. com/articles/20091229_ 2, 2009 – 11 – 30/2014 – 11 – 05.

〔2〕 受质疑的仲裁员还披露其所供职的律师事务所与为印度尼西亚提供法律服务的律师事务所也存在关联，但与当下的质疑程序没有进一步的关联。

然《ICSID 公约》允许当事方指定仲裁员，那么，仅因仲裁员本人与当事方存在的一些关联（无论是何种意义或何种范围的关联，包括专业上的关联），并不足以导致该仲裁员被排除在指定范围之外。"[1]

合议庭指出，质疑方列举事实对仲裁员缺乏独立性资格的证明"不应只是可能，必须达到'几乎确定'（quasi – certain）或是最大可能、'高度盖然'（highly – probable）的程度"。在合议庭看来，本案中的事实不能证明仲裁员"明显"缺乏独立性资格，这些事实连"不太明显的缺乏"都难以证明。

合议庭认为："受质疑仲裁员所进行的法律咨询服务在本案中属次要因素，可根据'最低关联法'予以排除。该名仲裁员所收取的微薄服务费其实也印证了这点。本案所涉及的提供与接受法律服务的事实，并不影响该仲裁员受信赖的程度，也不足以产生'客户—代理人'意义上的关联，这与通常意义上当事方与其代理人之间的关系不可同日而语。"据此，合议庭依次驳回相关质疑。尽管从质疑仲裁员事实的审查逻辑看，合议庭支持"累计叠加审查法"（该方法认为，就综合所有证据进行审查会产生比就单一证据审查更大的影响力，即便这些依据单独分析对结果的影响并不大）。但本案的情况并非如此，因此导致质疑最终被驳回。

在 Vivendi v. Argentina I 案中，由于仲裁员供职的律师事务所与当事一方存在关联，该仲裁员资格被质疑。就该案所涉及的"客户—代理人"意义上的关联，合议庭认为："仲裁程序启动之际，仲裁员仍在为本案当事一方或与该当事方有关联的个人提供法律咨询，这种行为只有在'最低关联'的情况下才被视为合理。在所提供的法律咨询与本案存在关联的情况下，只要获取咨询建议的是本案的当事一方，就足以引起当事另一方的质疑。"本案中，要证明仲裁员个人与投资者一方之间已然存在"客户—代理人"意义上的关联并引发对仲裁员独立性资格的合理怀疑，就必须排除该法律咨询被认为"微不足道"且与本案内容"毫无关联"。[2]

---

〔1〕 该案裁决后受到强烈批评。参见 M. Tupman, "Challenge and Disqualification of Arbitrators in International Commercial Arbitration", *The International and Comparative Law Quarterly*, 1989, 38 (1), p. 51.

〔2〕 Compania de Aguas del Aconquija S. A. and Vivendi Universal S. A. v. Argentine Republic, ICSID Case No. ARB/97/3, Decision on the Challenge to the President of the Committee of 3 October 2001, para. 22.

2. 微观层面：仲裁员与当事人存在关联——财务上的关联[1]

在 2007 年 Suez v. Argentina II 案中，[2] 阿根廷质疑 Suez 一方指定的仲裁员，认为此人在瑞银集团担任非执行董事，瑞银集团作为瑞士的大银行，持有投资者一方两个子公司中 2% 的股份，且该集团曾提议投资公司对水务领域进行投资，而水务领域投资的问题恰是本案的争点。根据瑞银集团的相关规定，仲裁员的部分酬劳以入股的形式发放。仲裁员在本案特殊的身份，难以保证公正、独立地作出裁决。

合议庭指出："仅凭仲裁员与投资公司一方存有关联，并不足以构成质疑仲裁员独立性的依据。仲裁员并非离群索居、专司个案裁决却不食人间烟火的圣人。与现实生活中其他职业相仿，仲裁员与各界人士以及各种机构也不可避免地发生关系。随着全球化的日益加速，国际层面诸多机构的加盟，愈发增加仲裁员与他人或机构产生联系的可能。仲裁员有时自己也许都难以意识到与他人间的联系，更不可能预知这种联系可能造成的潜在影响。"[3]

合议庭指出，决定仲裁员与当事一方的联系是否足以取消仲裁员资格依据的关键，在于必须就这种联系进行"定性评估"。由于《ICSID 公约》以及《ICSID 仲裁规则》对此都没有具体的规定，该案合议庭自行总结了四项参考指标。[4] 合议庭指出："对于投资公司一方而言，瑞银集团的参与方式属间接投资，而非

---

〔1〕 法谚道，"任何人不能做自己案件的法官"（*Nemo debet esse iudex in propria causa*）。因此，如果仲裁员与仲裁案件本身或仲裁当事方存在直接利益关联，这种不当情形就足以使仲裁员资格被取消。这已被广泛接受，以至于仲裁当事方极少指定与其存有直接利益关联的仲裁员。受质疑的仲裁员，一般是与仲裁当事方有间接利益关联的仲裁员。

〔2〕 Suez, Sociedad General de Aguas de Barcelona S. A. and Vivendi Universal S. A. v. Argentine Republic, ICSID Case No. ARB/03/19, Decision on the Proposal for the Disqualification of a Member of the Arbitral Tribunal, Oct 22, 2007.

〔3〕 Suez, Sociedad General de Aguas de Barcelona S. A. and Vivendi Universal S. A. v. Argentine Republic, ICSID Case No. ARB/03/19, Decision on a Second Proposal for the Disqualification of a Member of the Arbitral Tribunal of 12 May 2008, paras. 32 – 33.

〔4〕 一是亲近程度：由于被质疑的"关联"的存在，该仲裁员与当事方之间的"关联"程度究竟有多大？仲裁员和当事方之间的"关联"越亲近，则该"关联"越有可能影响到仲裁员的独立性和公正性；二是紧密程度：作为被质疑的"关联"所导致的结果，被质疑的仲裁员与当事方的互动有多频繁与紧密？基于该"关联"，使仲裁员与当事方互动更频繁、也更紧密，则该"关联"越可能影响到仲裁员的独立性和公正性；三是依赖程度：作为被质疑的"关联"所导致的结果，被质疑的仲裁员在多大程度上需要依赖该"关联"获取利益？仲裁员对该"关联"的依赖程度越高，则该"关联"越可能影响到仲裁员的独立性和公正性；四是重要程度：作为被质疑的"关联"所导致的结果，被质疑的仲裁员获得了多大程度的利益？以及在多大程度上该利益会影响仲裁员的裁决？仲裁员获得的"相当重要的利益"当然会比"微不足道的利益"更容易影响其独立性。

直接投资。[1] 瑞银集团在 Suez 子公司的董事会中没有董事席位，Suez 的子公司也未参股并进入瑞银集团的管理层。瑞银集团持有 Suez 子公司的股份，仅为代理客户以参股方式而进行的间接投资。进言之，瑞银集团在 Suez 子公司中的持股比例是依据市场情形、客户的目标和需求以及投资机会决定的。本案裁决结果对于投资公司一方的股价影响很小，对瑞银集团财产的影响同样微乎其微。"[2]

　　关于被质疑的仲裁员与瑞银集团之间的联系问题，合议庭就瑞银集团的业务，参考了瑞士的银行法规。根据相关法规，个人与银行产生实质关联需要具备两个条件：一是必须直接参与银行的投资与管理；二是成为银行集团的董事、监事或高级行政管理人员。反观本案情形，被质疑的仲裁员并不了解银行具体的投资计划，也没有直接投资的事实存在。[3]

　　基于对案件事实的分析，合议庭依据上述参考指标评估仲裁员与投资者之间的关联：一是依据"亲近程度"标准，仲裁员与投资者一方子公司的关联松散而间接。仲裁员并不知晓瑞银集团持有投资公司股票的事实，也未持有投资公司一方的控股股份或以监事的身份对其实施有效的遴选和监督；二是依据"紧密程度"标准，仲裁员与投资者之间没有任何接触与互动；三是依据"依赖程度"，该仲裁员未通过该"关联"为自己攫取任何利益，也未对投资者产生依赖；最后，投资者一方的持股未对瑞银集团财政业绩、盈利能力以及股票价值产生实质性影响，当然也不会影响到仲裁员的酬劳。综上，受质疑的仲裁员与瑞银集团的关系仅仅属于"最低关联"的范畴。合议庭得出结论，仲裁员与投资者一方的关联不能作为其资格被取消的依据。[4]

---

〔1〕 被动投资，系指一种有限地介入买卖行为的投资策略。被动投资者往往以长期收益和有限管理为出发点来购买投资品种；组合投资，系指投资一定比例的一揽子有价证券；战略投资，系指符合国家法律、法规和规定要求、与发行人具有合作关系或合作意向和潜力，并愿意按照发行人配售要求与发行人签署战略投资配售协议。与被动投资者以及组合投资者相比，战略投资者往往与发行公司业务联系紧密且欲长期持有发行公司股票。

〔2〕 Suez, Sociedad General de Aguas de Barcelona S. A. and Vivendi Universal S. A. v. Argentine Republic, ICSID Case No. ARB/03/19, Decision on a Second Proposal for the Disqualification of a Member of the Arbitral Tribunal of 12 May 2008, para. 36.

〔3〕 Id. , paras. 37 - 39.

〔4〕 Id. , para. 40. N. Rubins, B. Lauterburg, "Independence, Impartiality and Duty of Disclosure in Investment Arbitration", in C. Knahr, C. Koller, W. Rechberger, A. Reinisch eds. , *Investment and Commercial Arbitration – Similarities and Divergences*, Hague: Eleven International Publishing, 2010, pp. 173 - 174. 该文对本案最终驳回质疑的裁决结果提出批评，认为本案中的情形可能对于合议庭而言属于"最低关联"，但对于东道国及其国民来说却未必如此。从这一点出发，该文提出如下问题：作为国际投资仲裁中的仲裁员，由于需要裁决的对象具备明显公共因素，是否应当接受比商事仲裁的仲裁员更加严格的资格审查？

在 2008 年 EDF v. Argentina 案中，由于瑞银集团与 EDF 是关联企业，阿根廷在本案中对投资者 EDF 指派的仲裁员提出质疑。依据是瑞银集团的以下行为：一是为客户推荐投资 EDF 的母公司；二是与另一家被 EDF 控股的公司共同持有意大利一家公司的股份；三是与 EDF 共同持有瑞士一家公司的股份；四是参与一家财团业务的运作以帮助 EDF 在法国证券市场上配置股份；五是拥有一笔投资基金，将 EDF 一方 3% 的股份列为以瑞士法郎为基准的外债。

该质疑最终被合议庭驳回：该案的事实不足以支持本庭对仲裁员偏向 EDF 的行为产生怀疑。尽管偏向 EDF 的裁决可能给瑞银集团带来些许利益，但是，仲裁员偏向 EDF 作出裁决于己无益。合议庭认为："瑞银集团的董事职位的确使该仲裁员对该公司产生情感共鸣且满足某种心理认同。尽管这种潜意识的影响难以被忽略，但就此推断仲裁员有失独立性为时尚早。本案的裁决结果对瑞银集团的财产不会有实质性的影响，诚如不会对该仲裁员心理预期、社会评价以及收益多寡产生本质影响一样。理性第三人也并不会认为该仲裁员在瑞银集团的地位会影响其独立裁断案件的能力。"[1]

对于仲裁员推荐瑞银集团投资 EDF 的问题，合议庭指出，这种"推荐"符合典型的商业银行惯例。尽管银行方面希望向 EDF 投资的推荐真实、可信，仍不足以证成仲裁员具备明确偏向 EDF 的动机。仲裁员与 EDF 的关联是间接与猜测性的。合议庭认为："本案中的关联情形不同，结论也不一样。假设仲裁员拥有银行控股权，且该银行持股并经营一家在仲裁程序中作为当事一方的公司这种情况，那么，在仲裁员的独立性问题上理应得出截然相反的结论。但这种情形并未在本案中出现。"[2]

在 2008 年 AWG v. Argentina 案中，阿根廷提起质疑 AWG 指派的仲裁员。由于《ICSID 公约》与《UNCITRAL 仲裁规则》中关于质疑仲裁员资格的标准并不

---

[1] EDF International S. A. , SAUR International S. A. and León Participaciones Argen‐tinas S. A. v. Argentine Republic, ICSID Case No. ARB/03/23, Challenge Decision Regarding Professor Gabrielle Kaufmann‐Kohler of 25 June 2008, paras. 71‐74.

[2] Id. , para. 78. 此外，关于共同持有一家意大利公司的问题，合议庭认为，瑞银集团作为全球最大的银行以及投资公司，拥有意大利公司的股份顺理成章。更何况瑞银集团持有的股份占其总股本之比不到 1.5%，这样的比例不可能影响仲裁员的独立性资格。关于共同持有一家瑞士公司的问题，合议庭认为，早在两年前，瑞银集团已经转让所持有的大多数公司股份，由控股转为参股的事实，不可能影响仲裁员的独立性资格。关于参与财团在法国证券市场上提供股份的问题，合议庭指出，瑞银集团本身并没有购买 EDF 公司的股份。因此，合议庭无法找到仲裁员可能在仲裁程序的争点评估中受影响的证据。关于瑞银集团投资基金的问题，合议庭认为，该基金的最终受益人是参股基金的瑞士退休养老基金，瑞银集团投资基金持有 EDF 公司的股份比例占 EDF 总股本的不到 1.5%。该比例不会对仲裁员的独立性资格产生足够的影响。

相同，需要另案分析并评判具体的质疑情形。本案中的质疑并非建立在仲裁员与当事一方间接的财务利益关联上。而是基于如下事实：AWG 公司是一家税务公司，仲裁员是瑞银集团的董事，瑞银集团曾经参与有关税务项目的财务情况的调查，并提供理财产品以供其客户对税务项目予以投资。

合议庭最终驳回对仲裁员资格的质疑申请，指出："哪怕适用《UNCITRAL 仲裁规则》的'合理怀疑标准'，本案质疑方都不足以依据其所提出的这种近乎谣传的关联对仲裁员独立性产生质疑。要对仲裁员提出质疑，所依据的关联应当是显著而直接的——比如某种经济上的关联，迫使仲裁员在经济上以某种形式被迫依赖当事方。本案中，尽管东道国一方未予强调，但所提供的仲裁员与 AWG 集团有限公司的所谓关联显得虚无缥缈，属主观推测，甚至根本不能视作是一种关联。通过对东道国一方对仲裁员质疑依据的客观分析可知，这些依据不足以使理性第三人对仲裁员的独立性产生合理怀疑。"[1] 合议庭适用"最低关联法"，认为仲裁员与 AWG 的关联是推测性的，只符合"最低关联"情形，因此质疑不成立。

3. 微观层面：仲裁员与当事人存在关联——社会或私交的关联

在 2001 年 Zhinvail v. Georgia 案中，格鲁吉亚基于以下两点提出对仲裁员资格的质疑：一是该仲裁员曾经参加 Zhinvail 三大股东之一的高级主管所举办的晚宴；二是该仲裁员曾经在非正式会议上与该高管偶然会面。加之，该高管的办公场所设在塞浦路斯，而仲裁员正好是塞浦路斯国民。故此认为，该高管是仲裁过程中的重要证人，此人的证词对仲裁结果的影响举足轻重。仲裁员与该高管的接触对其独立性产生实质性影响的风险极大。Zhinvail 并不认为基于偶然的社会交往关系，就足以对仲裁员的资格提出质疑。受质疑的仲裁员也指出，在过去几年的多数时段内，自己事实上并未在塞浦路斯居住，而那位所谓的高管也并非塞浦路斯国民。

合议庭认为，格鲁吉亚未充分证明一项"偶然的社会交往关系"足以构成仲裁员可信度的明显缺乏以致影响其独立性。因此，运用"最低关联法"，认为"偶然的社会交往关系"仅属于"最低关联"情形，最终得出结论，即"格鲁吉亚的主张在本案的事实面前，实属纯粹的主观推测。"[2] 该质疑最终被合议庭驳回。

---

〔1〕 AWG Group Ltd. v. Argentine Republic, UNCITRAL, Decision on a Second Proposal for the Disqualification of a Member of the Arbitral Tribunal of 12 May 2008, paras. 71－74.

〔2〕 Zhinvali Development Ltd. v. Republic of Georgia, ICSID Case No. ARB/00/1, Decision of 19 January 2001.

4. 微观层面：仲裁员与当事方代理人的关联

在 2011 年 Universal Compression v. Venezuela 一案中，委内瑞拉质疑 Universal Compression 指派的仲裁员，指证该仲裁员从十年前截至案发时，始终与 Universal Compression 的代理人合作，共同代理过三起 ICSID 仲裁案件，且致力于为 Universal Compression 辩护。此外，Universal Compression 的代理团队中，有一名成员曾被该仲裁员供职的律师事务所雇佣长达四年之久。这种密切的联系，尤其是其性质、范围、时间上的跨度与紧密程度，使东道国委内瑞拉认为，仲裁员在相关法律问题上的立场有可能在事前已被投资者一方的代理人知悉，难以在裁决时保持独立性。同时，该仲裁员也未对自己曾与投资者一方代理人共同代理前述三起 ICSID 案件的信息予以披露。

Universal Compression 认为，该仲裁员与自己代理团队之间的关联，属于国际投资仲裁"小型社交圈"范围内的身份重叠，这种身份重叠属于正常范畴，不应招致无端怀疑，并澄清道：东道国质疑其参与的三起案件中，前两起案件已分别在 2008 年 9 月与 2009 年 10 月终止了代理关系；而在第三起案件中，该仲裁员介入的范围被限制在仲裁的初始阶段，参与形式也仅限于电话会议。至于那名该仲裁员供职的律师事务所雇佣的代理人，当时仅任律师事务所初级助理，且早在五年前就已离职。此外，委内瑞拉的代理团队中也有两位该仲裁员供职的律师事务所中的雇员，其中的一位还为自己服务过两年。就仲裁员在本案法律问题上的立场，Universal Compression 认为：该仲裁员在其他案件中作为当事一方代理人的角色，与在本案中作为仲裁员的角色有别。同样，该仲裁员在其他案件中分析阿根廷国内法上的问题，与在本案中运用国际法解决投资仲裁争议也有分别。

受质疑的仲裁员对先前作为当事一方代理团队成员的事实予以解释后指出，以国际仲裁实务的现状，无论是自己与他人共同仲裁案件，还是与他人共同代理案件的事实，均不足以导致其仲裁员资格被取消。关于未尽披露义务的问题，该仲裁员重申自己对于三起案件的参与维持在"最低关联"的范围内，这种情形属于《国际律师协会指南》中"绿色清单"的范畴之内（其程度较轻而不致被质疑独立性资格），并无披露义务。

质疑最终由 ICSID 秘书长推荐的行政理事会主席予以驳回。他指出，该仲裁员与 Universal Compression 代理人目前已无关联，以前与 Universal Compression 代理人的合作关系分别于 2008 年与 2009 年终止。本案质疑方所提到的既定裁决中的当事方，也各不相同。因此，仲裁员就本案法律问题预设立场的情形并不存在。就仲裁员的信息披露问题，ICSID 行政理事会主席认为，仲裁员与当事方代理人之间的任何联系，均应披露在仲裁员接受指派的声明书中。然而，本案仲裁员没有披露与当事方代理人之间上述关联的事实，不足以证明该仲裁员"明显缺乏"独立性。因为是否披露这些关联属于仲裁员"善意行使自由裁量权"的范畴。就 Universal Compression 代理团队中的成员曾在仲裁员供职的律师事务所工作过的问题，对仲裁员的独立性不产生实质影响。[1]

在 2002 年 SGS v. Pakistan 案中，SGS 质疑巴基斯坦指派的仲裁员，原因是：SGS 的代理人曾在另一起非相关案件中担任首席仲裁员，作出极富偏向性的裁决，而那份裁决获益方的代理人恰是本案的仲裁员。SGS 由此怀疑，本案中的仲裁员有可能"投桃报李"，作出偏向巴基斯坦的裁决，以回报本案中的东道国代理人。更为复杂的是，SGS 发现巴基斯坦的代理人同时在另一起与本案同时审理的 ICSID 案件中担任仲裁员。在该案中，本案仲裁员供职的律师事务所为一大客户充当代理人。SGS 由此担心，本案仲裁员可能会作出倾向于巴基斯坦的裁决，以换取在另起案中作为首席仲裁员的本案东道国代理人，对其本人所在律师事务所的支持。

合议庭先对相关事实证据进行了归纳总结：在 SGS 提及的与本案同时审理的案件中，指派本案中巴基斯坦代理人担任首席仲裁员的，并非本案仲裁员供职的律师事务所代理的当事方，而是另一当事方。仲裁员供职的律师事务所代理的当事方对此未表示反对。受质疑的仲裁员在指派议题上并未起决定作用，且已事先主动披露了这一信息。本案中，被质疑的仲裁员供职的律师事务所在与本案同时审理的仲裁案件中的角色属于共同代理，且该仲裁员已主动提出不在与该案同时审理的案件中充当代理人。关于 SGS 提及的另一起非相关的仲裁案件，该仲裁员已在履历中写明，曾参与该已决案件，尽管在该案的裁决书中并未出现他的名字。而且，该案中的裁决结论是"一致通过"，这意味着，首席仲裁员对本案的裁决，并未起决定性的作用。

基于上述事实依据，合议庭驳回质疑，认为，"本案中已确定且无争议的事实，并不能证明 SGS 质疑仲裁员的合理性。质疑没有任何事实依据，只是纯粹推测或简单臆断。实践中将仲裁员与律师身份合二为一履行相关职能的情形时有发生，致使两类人员易于发生身份重叠，且重叠不是先后发生就是同时发生。因此，身份重叠不足以成为取消仲裁员资格的依据。要使质疑成立，需要更充分的

---

〔1〕 Universal Compression v. Bolivar Republic of Venezuela, ICSID Case No. ARB/10/9, Decision on the Proposal to Disqualify Prof. Brigitte Stern and Prof. Guido Santiago Tawil, Arbitrators, 20 May 2011, paras. 97 – 106.

证据加以支撑。而本案中 SGS 恰恰就缺乏这类'更充分的证据'"。[1] 由于被质疑的情形需要更充分的证据，故本案中仲裁员与当事方代理人的关系属于"最低关联"情形。合议庭适用"最低关联法"对"缺乏充分证据"之情形作出界定，被质疑的情形未达到质疑成立的程度。

在 2005 年 Saipem v. Bangladesh 一案中，孟加拉国质疑 Saipem 指派的仲裁员，原因有三个：一是该仲裁员披露其曾与 Saipem 的代理人之间有过专业上的接触，且这种接触可能在未来持续。由此认为，仲裁员与投资者一方代理人的接触可能会影响本案；二是仲裁员与投资者一方代理人还存在财务和经济上的关联，这种关联可能使得该仲裁员产生"潜在的偏见"，从而偏袒投资方；三是该仲裁员还曾在其著作中阐释其对本案有关法律争点的观点。Saipem 对质疑的回应是，该仲裁员与己方代理人的沟通，仅限于该仲裁员为两起 ICSID 仲裁案件中出现的特定法律问题出具专家意见，且两起案件与本案毫无关联。仲裁员提供咨询的报酬由客户直接给付，而非代理人支付。仲裁员和该代理人之间并不存在合同或财务上的关联。至于该仲裁员曾经在其著作中阐明的观点，不能理解为仲裁员将在本案的仲裁中缺乏独立性甚至偏袒投资者一方。恰恰相反，在 Saipem 看来，该仲裁员的声誉及其在国际投资法领域内的学识，使得他完全得以胜任在 ICSID 仲裁程序中承担的角色。[2]

最终，合议庭驳回对仲裁员的质疑，认为该仲裁员与 Saipem 不存在不当关联。东道国认为的仲裁员与 Saipem 代理人之间的单方面交流纯属猜测，这种主张并未对仲裁员的不当行为予以证据证明。该仲裁员在著作中泛泛提到的学术观点仅属于"最低关联"情形，该学术观点未涉及并参照本案的情况，因而，不会对仲裁员的独立性资格产生影响。[3]

在 2010 年 Alpha v. Ukraine 案中，乌克兰对 Alpha 指派的仲裁员提出质疑，原因有三个：一是该仲裁员与 Alpha 的代理人始终保持私人联系；二是两人 20 年前曾同在哈佛大学学习；三是这名仲裁员在复杂的国际投资仲裁争端解决方面欠缺经验，只因与 Alpha 代理人的私人交情才得以指派。该仲裁员还曾经与 Al-

〔1〕 SGS Société Generale de Surveillance S. A. v. Islamic Republic of Pakistan, ICSID Case No. ARB/01/13, Decision on Claimant's Proposal to Disqualify Arbitrator of 19 December 2002.

〔2〕 L. Malintoppi, "Independence, Impartiality and Duty of Disclosure of Arbitrators", in P. Muchlinski, F. Ortino, C. Schreuer ed., *Oxford Handbook of International Investment Law*, Oxford: Oxford University Press, 2008, p. 799.

〔3〕 Saipem S. p. A. v. People's Republic of Bangladesh, ICSID Case No. ARB/05/7, Challenge Decision of 11 October 2005. C. Schreuer, et al. ed., *The ICSID Convention: A Commentary* (2), Cambridge: Cambridge University Press, 2009, pp. 1205 – 1206.

pha 的代理人通过电话讨论自己在该案中出任仲裁员的可能性，且未公开披露该事实。合议庭最终驳回该质疑。合议庭认为，就本案中的"私人交情的关联"而言，举证方并未提供充分的证据，因而该质疑被驳回。[1]

有关仲裁员与投资方代理人具有共同教育背景的问题，合议庭指出，没有任何案例或学者观点提出或讨论仲裁员与他人年代久远的在教育机构的接触，可被单独作为取消仲裁员资格的客观依据。合议庭发现，不少案件都强调，质疑方须给出具有说服力的证据以满足《ICSID 公约》第 57 条规定的要求。考虑到本案的实际情况，合议庭认为并未出现具有说服力的证据，且可供证明质疑的事实依据非常薄弱。故该仲裁员与投资方代理人共同的教育经历及互相认识的事实，不足以影响仲裁员在裁决上的自由意志，不可能出现偏向特定仲裁当事方的预设立场。[2]

关于仲裁员缺乏投资仲裁经验，只是因其与投资方代理人的私人交情才得以指派的问题，合议庭认为，当事方或其代理人同其所指派的仲裁员先前相识的情况并不少见，《ICSID 公约》关于遴选仲裁员及组成仲裁庭的条款已经在一定程度上预见到这种"互相认识"的可能。质疑仲裁员问题的关键在于这种私人交情的性质与程度，而非私人交情事实本身。合议庭进一步指出，仲裁员先前关于仲裁的经验在 ICSID 案件仲裁员的指派中并非必备要件。因为任何仲裁员都是从第一次仲裁案件开始累积仲裁经验的。合议庭认定，Alpha 指派的仲裁员完全符合《ICSID 公约》第 14（1）条中所规定的条件，并拒绝接受乌克兰基于推测或猜想认定投资方在指派仲裁员的问题上存有猫腻的观点。[3]

有关仲裁员披露义务的问题，合议庭认为，东道国一方质疑的电话内容并没有超出仲裁员日常行为的范畴，不应被禁止。根据《国际律师协会指南》，合议庭认为电话内容不属于仲裁员披露义务的范畴。[4]

在上述涉及仲裁员资格的决定书发布数月后，仲裁庭作出裁决——当事双方各自承担一半的仲裁费用，有关质疑仲裁员所产生的 60000 美元的费用并未计入此项。仲裁庭指出，该笔费用应悉数由东道国乌克兰一方承担。尽管未说明理由，仲裁庭实际上是在用这种方法藉以表明自己的主张；乌克兰方提出的质疑不

---

〔1〕　Alpha Projectholding GmbH v. Ukraine, ICSID Case No. ARB/07/16, Decision on Respondent's Proposal to Disqualify Arbitrator Dr. Yoram Turbowicz of 19 March 2010, para. 39.

〔2〕　Id. , paras. 42 - 45.

〔3〕　Id. , paras. 68 - 71.

〔4〕　Id. , paras. 73 - 74.

仅毫无价值，且存有恶意。[1] 综上，合议庭适用"最低关联法"考证被质疑的情形，由于质疑缺乏有力的证据，仲裁员缺乏独立性的程度不足以支持质疑成立。

在 2008 年 Hrvatska v. Slovenia 案中，原本计划审期为两周。在庭审程序开始的前十天，斯洛文尼亚的代理人给仲裁庭秘书提交参与庭审的、代表东道国一方的人员名单。出乎 Hrvatska 意料，名单中包括一名之前并未在东道国代理团队中出现的律师，且此人曾与本案仲裁庭的首席仲裁员同在一个律师小组。二人共事期间，本案首席仲裁员仅为该小组的"编外成员"。[2] Hrvatska 对东道国方披露的律师被推荐参与庭审程序一事十分关注，质询律师的专业背景、其与首席仲裁员的私人关系、该律师在庭审过程的职责以及其被聘任时间等细节。

首席仲裁员回应道，自己与该律师并无私人交情。专业上的联系也仅限于曾作为同一律师小组的编外成员发生过交集；并进言，在很多由自己出任仲裁员的案件中，都会遇到同一律师小组的律师出任当事一方代理人的情况，这类情形不会对其独立、公正地作出裁决构成阻碍。因此，本案中这一情形也不会对其本人的独立性和公正性构成影响。斯洛文尼亚回应道，该代理人与首席仲裁员并无专业上或私人之间的关联，并拒绝披露聘请过该律师的时间以及其在庭审中的职责。

对于上述解释，Hrvatska 坚称，其有权知晓该律师的所有相关信息，且这方面的披露义务为《国际律师协会指南》"基本标准 7"所规定，"一旦此类'关联'为他人知晓"，则当事一方对于可能出现争议的情形应当告知对方。但东道国拒绝提供上述信息，认为在国际仲裁中，仲裁员与当事一方律师出自同一个律师小组的情形并无特别之处，甚至可能出现仲裁员与当事双方律师都出自同一个律师小组的情况，虽然这种情形在本案中并未出现。

Hrvatska 继续向仲裁庭提出质询，坚称理性第三方对首席仲裁员与斯洛文尼亚一方律师出自同一律师小组的事实产生合理关切，庭审程序开始前才公布此律师的加盟信息，更令人不安。考虑到可能对仲裁程序造成迟延，空耗更多司法成本和资源，投资者一方并未根据《ICSID 公约》第 57 条的规定对首席仲裁员的资格提出质疑，要求其辞职。而是向仲裁庭申请禁令，限制东道国继续聘请该律师。

---

〔1〕　Alpha Projectholding GmbH v. Ukraine, ICSID Case No. ARB/07/16, Award of 8 November 2010, para. 516.

〔2〕　所谓"编外成员"（door tenant），系指该律师被允许加入该律师小组并与小组内的律师一起合作。在英国，出庭律师多属于律师公会，而出庭律师之间在具体案件中可以自由组合为律师小组。

仲裁庭对上述情况进行分析时，强调此问题十分棘手。如果该律师被禁止参加以后的仲裁活动，斯洛文尼亚有权声称：这不仅剥夺了自己的被代理权，而且限制了自己的代理团队参与仲裁活动的权利；如果不禁止该律师继续参加之后的仲裁程序，Hrvatska 也会提出，这违背了自己诉求得到公正审理的权利。作为仲裁程序合法化的保障者，仲裁庭指出，不应受程序瑕疵的影响，必须作出依据充分的裁决。

仲裁庭分析了案件事实，指出"仲裁员与律师同属于一个律师小组的情形可能存在问题"之后，进一步分析是否应该禁止当事一方的律师参加随后的仲裁程序。仲裁庭认为，"《ICSID 公约》以及《ICSID 仲裁规则》并没有直接赋予仲裁庭将律师排除仲裁程序范围的权力，仲裁当事方会在恰当时机寻求合适的代理途径。即便如此，仍可依据例外规则处理。本案中，最重要的例外规则即是业已恰当组成的仲裁庭成员应维持不变〔1〕尽管本案的东道国一方享有组成代理团队的权利，且按照东道国方面的观点，该权利优于仲裁庭之组成。然而，东道国无权在随后自行更改代理团队之组成，尤其是这种更改对仲裁庭的地位以及合法性构成损害的情况。"〔2〕

本案中争议律师的加入方式，使仲裁庭的合法性面临严重威胁。"东道国的代理人意图参与本案并履职且最后披露加盟信息的情形，对业已恰当组成的仲裁庭就仲裁案件的处理形成客观上的阻碍。仲裁庭不得不对仲裁程序的公正性予以维护，保证仲裁裁决公正作出。毫无疑问，'仲裁程序的根本原则'之一就是《ICSID 公约》第 52 (1) 条 d 项所规定的，要求仲裁庭不能为任何就仲裁员独立性和公正性引起合理怀疑的情形所干扰，而仲裁当事方也同意在对仲裁员的质疑程序中，应当以理性第三人的视角加以判断。"〔3〕鉴于"仲裁庭成员应维持不变"这一基本规则，要求首席仲裁员辞职并不足取〔4〕

在 2010 年 Rompetrol Group NV v. Romania 一案中，罗马尼亚向仲裁庭申请禁

〔1〕　本项内容规定在《ICSID 公约》第 56 (1) 条，即"在委员会或仲裁庭组成以及程序开始之后，其成员的组成应保持不变"。

〔2〕　Hrvatska Elektroprivreda d. d. v. Republic of Slovenia, ICSID Case No. ARB/05/24, Order Concerning the Participation of a Counsel of 6 May 2008, paras. 24 – 26.

〔3〕　Hrvatska Elektroprivreda d. d. v. Republic of Slovenia, ICSID Case No. ARB/05/24, Order Concerning the Participation of a Counsel of 6 May 2008, paras. 29 – 30.

〔4〕　Id. , para. 32 and 34. 本案最终作出将代理人排除出仲裁程序的裁决，该裁决受到一定程度的批评。一些专家认为，更好的方法应该是首席仲裁员宣布辞职——除非该代理人主动辞职，且首席仲裁员说明若自己被迫辞职将带来怎样的司法成本。A. Ross, "The London Bar Must Change, Says Hot Topics Speaker", http：//globalarbitrationreview. com/news/article/28746/, 2010 – 09 – 22/2014 – 07 – 01.

令，要求 Rompetrol 撤换首席代理人，并禁止该律师继续参加其后的仲裁活动。理由如下：Rompetrol 的首席代理人在加盟投资者一方的律师事务所之前，曾经在仲裁员的律师事务所以领薪律师的身份工作 4 年，未参与律师事务所的利润分配及责任承担。该律师在此时期与仲裁员的接触一度受限。在仲裁员参与本案审理前 7 个月，该律师离开仲裁员所在的律师事务所。

仲裁庭在处理诉求时，采取了"三步走"的分析方法：

第一，仲裁庭分析在仲裁程序中，是否存在固有或潜在的权力以限制当事方的代理权与被代理权。无论是《ICSID 公约》还是《ICSID 仲裁规则》没有就此权力专门予以规定。因此，只能在其他替代性渊源中为权力的行使寻找依据。对于东道国罗马尼亚方面而言，替代性的法律渊源就是前述 Hrvatska v. Slovenia 案的裁决，以及仲裁庭固有的维持仲裁程序品质的一般性权力。

Hrvatska v. Slovenia 案的裁决并非有拘束力的先例，但本庭认同如下观点：为了确保仲裁程序的公正，仲裁庭可以适用"合理怀疑"标准，将仲裁案件中的律师资格予以取消。"将 Hrvatska v. Slovenia 案所提及的控制权归于 ICSID 仲裁庭是合适的，仲裁庭有权行使极端情形下的保留权，它事关仲裁程序的公正性。"本案投资者一方就其代理人任职所提出的主观诉求已构成对仲裁程序公正性的挑战，依据并不充分。除非这种诉求为仲裁庭所支持，并建立在对个案情形客观公正分析之基础上。正如 2006 年 Rompetrol Group N. V. v. Romania 案所分析的，衡量的标准是"'公正且见多识广'的理性第三人结合案件事实，认为仲裁庭存在的偏见行为具有真实可能性"。此案裁决的意义不容小觑，其内涵已在《欧洲人权公约》第 6 条的内容（公平审判权）中得以体现。[1]

仲裁庭认为，对当事方固有的代理权与被代理权予以限制，唯一的理由在于，出现"关键且无可争辩地需要维护仲裁规则整体上的'基本公正'之情形。"本案仲裁程序的"基本公正"被认为是受到投资者一方 Rompetrol 代理人的影响。"本案对代理人资格的质疑，是基于该代理律师与仲裁庭中一位仲裁员所谓'先前存在的关联'，这项诉求可被解释为当事方通过选择代理人为自己谋取不法利益，因为选择该代理人足以使当事一方在程序上获得不正当的优势。这种优势，使得该代理人在为其客户陈述并阐明法律观点时，受质疑的仲裁员由于先前的关联而对当事一方产生天然的同情，或者至少可能发生上述情形，危及仲

---

[1] Rompetrol Group N. V. v. Romania, ICSID Case No. ARB/06/3, Decision of the Tribunal on the Participation of a Counsel of 14 January 2010, para. 15.

裁程序的公信力。"[1]

　　仲裁庭根据前述《欧洲人权公约》第 6 条提出，这种"潜在性偏见"的风险可据以为参照《ICSID 公约》第 57 条质疑仲裁员的依据。问题在于，这样的质疑机制如果适用于仲裁员的话，是否同样适于当事方的代理人？当事方有权要求仲裁员独立、公正裁案，也享有按照自己的意志选择代理人之资格。仲裁庭认为，两项权利在同一条款中并列规定的事实，表明两类权利的依据等量齐观。因此，对代理人的质疑不能被视为是对仲裁员质疑便利而简单的替代解决方法。"仲裁庭并不确定两项基本原则之间存在冲突——仲裁庭的独立性和公正性（本原则与仲裁庭成员一俟合法组成即保持不变的原则相吻合）与诉讼当事人根据其意志选择代理人两者之间。如果特定案件中两项基本原则发生冲突，仲裁庭有义务采取措施保持两者的平衡，而不是简单以裁决一项原则优先于另一项，认为'质疑代理人'比'质疑仲裁员'相对容易的看法没有法律依据。"[2] 仲裁庭强调，应当由本庭平衡"接受公平公正裁判的权利"与"自由选择代理人的权利"间的关系。

　　第二，仲裁庭分析了其权限以及救济途径。仲裁庭无法确定，遇有足以引发关注的情形时，可被授权下达何种禁令。被禁止参加口头庭审程序和被禁止参加之后所有的仲裁活动不同。如果继续允许被质疑的律师为当事方提供法律意见或者帮助当事方起草法律文书，对仲裁员产生偏见的可能性仲裁庭并不确定；同时，即使被质疑律师不能在投资者一方的申请文书上具名或出庭辩护，仲裁庭于情于理也无法允许其继续从事"幕后工作"。按照仲裁庭的分析进路，一旦质疑成立，这名律师只能被排除并被禁止参加本案的所有仲裁活动。[3]

　　第三，仲裁庭分析了案情：一是"按照《ICSID 公约》第 14 条及《ICSID 仲裁规则》第 6 条的表述——质疑仲裁庭或其组成成员是否独立、公正作出裁决"之依据。本案中，没有证据表明仲裁员的行为具备引起"仲裁庭产生偏见的可能性"；二是仲裁员与被质疑律师之间的专业联系已经终止；三是不同于 Hrvatska v. Slovenia 一案，本案中的冲突情形是在新的代理人出现不久被发现的，距庭审开始以及裁决作出尚有较长的时间。因此，干涉投资者一方 Rompetrol 对代理人

---

　　[1]　Rompetrol Group N. V. v. Romania, ICSID Case No. ARB/06/3, Decision of the Tribunal on the Participation of a Counsel of 14 January 2010, para. 15.

　　[2]　Id. , para 21.

　　[3]　Rompetrol Group N. V. v. Romania, ICSID Case No. ARB/06/3, Decision of the Tribunal on the Participation of a Counsel of 14 January 2010, para. 24.

的选择没有依据。仲裁庭最终驳回东道国的申请。[1]

在 2010 年 Fraport v. Philippines 案中,[2] 东道国一方要求专门委员会禁止 Fraport 的代理人参加之后的仲裁活动。理由是，该律师在另一起有关国际商会的仲裁案件中出庭为东道国辩护。该申请被专门委员会驳回。本案的关键在于，考证该律师事前获得东道国一方机密信息且在新的仲裁程序中，可能损害公平审理案件的风险程度。驳回质疑申请的原因是，有证据表明该律师所供职的律师事务所并未掌握东道国方面的所谓机密信息。合议庭认为："不应仅凭表面迹象就采取措施，据以对当事方选择代理人的权利予以干涉，也不能以模糊的信息为依据，应做到事实清楚，证据确凿。"[3]

在 2011 年 Highbury v. Venezuela 案中，当事双方彼此质疑对方的代理人。因当事各方对质疑信息讳莫如深、三缄其口，使质疑的依据及最终结果无从考证。一家仲裁专业出版机构的研究报告曾对代理委内瑞拉的律师事务所在整个拉丁美洲地区的工作范围作了说明。该律师事务所国际仲裁实务部门的负责人在 Victor Pey v. Chile 案中代理东道国智利，而本案中的首席仲裁员则是智利律师事务所联合会的主席。该质疑最终被驳回。[4]

5. 宏观层面：仲裁员与当事方代理人同属一个律师小组

在前述 2008 年 Hrvatska v. Slovenia 案中，Hrvatska 要求仲裁庭禁止斯洛文尼亚的一名代理人参加随后进行的仲裁活动，原因是该代理人与首席仲裁员同属一个律师小组。对此问题，仲裁庭不得不就"小组利益冲突"问题的可接受程度进行裁判。仲裁庭阐释了就此问题上针锋相对的两大阵营的观点。指出："多年来，同一仲裁小组的律师在同一案件中出任当事一方的代理人及仲裁员的情形是

〔1〕 Id., paras 26 – 27. 更详细的分析可参见 J. Waincymer, "Reconciling Conflicting Rights in International Arbitration: The Right to Choice of Counsel and the Right to an Independent and Impartial Tribunal", *Arbitration International*, 2010, 26 (4), pp. 597 – 623. 文中提到："一旦出现可疑的'仲裁员—代理人之间的关联'，只能通过对业已成立的仲裁庭仲裁员提出质疑的话，将会在国际仲裁程序中形成令人无法接受的重大缺漏。它足以造成当事一方恶意选择代理人以期拖延仲裁程序，甚至以此方法排除其认为可能有利于对方的仲裁员。这样所浪费的司法成本以及对仲裁程序的拖延和中断，必将破坏仲裁程序的公平效率。"

〔2〕 Fraport AG Frankfurt Airport Services Worldwide v. Republic of the Philippines, ICSID Case No. ARB/03/25.

〔3〕 Id., Decision on Application for Disqualification of Counsel of 18 September 2008, unpublished, referred to in Decision on the Application for Annulment of Frapot AG Frankfurt Airpot Services Worldwide of 23 December 2010, para. 6.

〔4〕 Highbury International AVV and Ramstein Trading Inc. v. Bolivarian Republic of Venezuela, ICSID Case No. ARB/11/1. S. Perry, "ICSID Panel Declines to Disqualify Counsel", http://globalarbitrationreview.com/news/article/29757/, 2011 – 08 – 15/2014 – 08 – 25.

被允许的。然而，这种法律实践并非能为世界上其他法域的人们所理解，更谈不上支持。现代市场条件下，提供专业服务的律师小组已经发生了演变。其结果是，律师小组现多指一个集合概念。"[1]

仲裁庭分析认为："很多仲裁的当事方认可并接受了该事实——训练有素且共同组成的专业团体，在对个案的受理与分析时，作为仲裁员的律师小组成员能够做到不徇私情，且不受为某一当事方辩护的同一小组成员观点的影响。但是，另一当事方却对此持保留意见。"[2]

就投资者一方提出的该代理人参加仲裁程序可能引起"表面不当"——出现"不可接受的情形"，仲裁庭认为，Hrvatska 的观点可以被理解。"《ICSID 公约》第 14 条要求仲裁员'可被信赖、能据以作出独立的判断'。《ICSID 仲裁规则》第 6 条也要求仲裁员'公正裁断'。本案中，投资方所提出的质疑，并不是基于仲裁员在事实上缺乏独立性和公正性资格，而是发现'表面不当'。从维护仲裁程序合法性的角度出发，仲裁庭成员一致认为投资者一方有权利提出这样的质疑，且该质疑的依据是充分的。"[3]

仲裁庭认为："《ICSID 公约》第 52（1）条 d 项所提及的'仲裁程序的基础性原则'之一，是仲裁庭不能被任何能够对仲裁员独立性和公正性引起合理怀疑的情形所干扰。仲裁当事方也同意在对仲裁员的质疑程序中，应当以理性第三人的视角加以判断。因此，基于投资者一方质疑申请书中提到的原因，受到质疑的律师继续参加仲裁程序，可能会引发理性第三人对于当前情形的合理怀疑。"[4]

仲裁庭对此问题的裁决十分谨慎，并没有颁布概括性的禁令禁止同一律师小组的律师在同一仲裁案件中任不同角色。而是强调对于此种情形的结论应当结合不同案件的具体情况进行分析。本案的具体情况是："不存在一个固定不变的法律原则旨在把分属于同一律师小组而在同一案件中出现的仲裁员和当事方代理人予以分开，反之亦然。对偏见行为的指认需要根据案件中的所有相关事实予以综合考量。"[5]

本案仲裁庭予以考量的情形包括：一是伦敦方面的"律师小组"体系对投

---

[1] Hrvatska Elektroprivreda d. d. v. Republic of Slovenia, ICSID Case No. ARB/05/ 24, Order Concerning the Participation of a Counsel of 6 May 2008, paras 17 – 18.

[2] Id. , para. 20.

[3] Id. , para. 22.

[4] Hrvatska Elektroprivreda d. d. v. Republic of Slovenia, ICSID Case No. ARB/05/ 24, Order Concerning the Participation of a Counsel of 6 May 2008, para. 30.

[5] Id. , para. 31.

资者一方而言是完全陌生的事实；二是庭审程序开始前，东道国对投资者一方以及仲裁庭隐瞒了事实——律师从与东道国签约并实质介入本案已达两月之久；三是东道国方告知律师介入本案仲裁时间的迟延；四是直至庭审程序开始的数天前，东道国仍拒绝通告所应给予该律师有关本案的权限范围。

综合考虑上述情形，仲裁庭得出结论，如果允许首席仲裁员继续参与仲裁程序，有可能"引发对偏见行为合理怀疑的事实风险"。然而，鉴于业已合法组成仲裁庭的成员不变的原则，让首席仲裁员辞职并不可取。[1]

6. 宏观层面：仲裁员所属律师事务所与当事方的关联

在 2001 年 Vivendi v. Argentina I 案中，阿根廷质疑专门委员会首席仲裁员的资格，该仲裁员的合伙人曾经为本案投资公司一方的前身——Compagnie Générale des Eaux 公司提供过法律咨询。质疑所涉及的具体事实是：仲裁员所属的律师事务所曾就有关魁北克地区的税务问题为 Compagnie Générale des Eaux 公司提供过法律咨询。这项业务与本案案情毫无关联的同时，首席仲裁员也未涉及此项业务。该律师事务所这项业务的收入为 216 000 美元，其中 204 000 美元是 1995 年至 1999 年期间的服务费用。专门委员会认为对 Vivendi 公司的前身 Compagnie Générale des Eaux 公司的这项服务"极其有限"，收取的费用"在公司支出的总费用中微不足道"。另一家律师事务所在此项业务中，则任本案首席之职。同时，这项服务至今并未了结，一些细节尚需处理并要收取约 2000 美元的服务费。律师事务所受质疑的合伙人也表示，除非专门委员会授权，否则，不接受投资公司 Vivendi 指派。东道国阿根廷方则强调投资者一方持续聘用仲裁员所属律师事务所其他律师的事实——自 1995 年以来，从本案投资公司一方及其前身 Compagnie Générale des Eaux 公司所收取的费用并非小数目。

合议庭先对初始问题展开分析。尽管 Vivendi 集团内部的很多企业法人被一同提及，但是从质疑的角度出发，合议庭并未发现这些企业法人存在与本案有关的情况。东道国方面提出的质疑主要是基于 Vivendi 旗下的某一子公司是仲裁员所属律师事务所的客户，且法律服务尚未了结。[2] 按照本案这一情形，以仲裁员所属律师事务所与客户之间的关联作为质疑仲裁员的依据并不充分。一是首席仲裁员迅速且有效地披露了这种关联，并应当事方要求补充了更多信息，充分满足了透明度的要求；二是首席仲裁员从未给投资者一方提供过服务；三是首席仲

〔1〕　Id. , paras. 32, 34.

〔2〕　Compañía de Aguas del Aconquija S. A. and Vivendi Universal S. A. v. Argentine Republic, ICSID Case No. ARB/97/3, Decision on the Challenge to the President of the Committee of 3 October 2001, para. 19.

裁员的合伙人为投资者一方提供的税务咨询与本案毫无关联；四是该咨询活动并非针对一项总体建议或战略性建议中的一部分，而是仅就一项具体事务的咨询，且提供此项服务的还有其他律师事务所的律师，仲裁员所属的律师事务所并未起决定性作用；五是该法律关系随着服务的结束也即将终结。没有任何证据表明首席仲裁员的独立性被所披露的事实所影响。[1]

在 2005 年 Azurix v. Argentina I 一案中，阿根廷质疑 ICSID 方面指定的首席仲裁员，原因是代理 Azurix 的律师事务所披露，首席仲裁员所属的律师事务所代表了 16 家管道公司正另案诉讼，其中包括本案中 Azurix 的下属公司，且该律师事务所在最近的几个月中曾为 Azurix 提供过法律咨询，尽管咨询所涉及的内容与本案无关。该信息被披露后，首席仲裁员立即从所属律师事务所辞职，从而保证"行使首席仲裁员权力的独立性不被质疑，且不受不知情信息的干扰，就无法控制的情形进行裁决"，并未向仲裁庭辞职。阿根廷对本案首席仲裁员从所属律师事务所辞职的决定无动于衷，继续主张首席仲裁员所在律师事务所与投资者一方 Azurix 的关系危及仲裁员的独立性资格，辞职的行为并不足以挽回自己对首席仲裁员独立性的信心。

合议庭认为，并非所有仲裁员所属律师事务所与当事方的关联都必将导致仲裁员资格被取消的结果。本庭在此问题上参考了《国际律师协会指南》，尤其是"一般标准 2"（d）项之规定："仲裁员在争议事宜中具有重大经济或个人利益，则对仲裁员的公正性或独立性的正当怀疑必然成立。"另根据"一般标准 6"（a）项规定："仲裁员所属律师事务所的活动牵连到一方当事人的事实，并不必然构成利益冲突的来源以及仲裁员对关联事宜享有披露义务的理由"。

通过援引 2001 年 Vivendi v. Argentina I 一案，合议庭分析本案中的事实情形：一是首席仲裁员对于潜在的利益冲突完全知晓，并把信息通知了 ICSID 和当事方；二是首席仲裁员与 Azurix 不存在客户—代理人的关联；三是首席仲裁员所属的律师事务所的业务与本案无关；四是首席仲裁员所属的律师事务所为 Azurix 提供的法律服务是一项特殊的交易，且该律师事务所也曾参加过起诉 Azurix 的诉讼；五是东道国提到的首席仲裁员所属的律师事务所代理 Azurix 下属公司的行为证明力不足，这是庞大的 16 家公司集体诉讼中的细枝末节部分；六是首席仲裁员所属律师事务所为 Azurix 提供的法律服务业已终结；七是首席仲裁员在其所属的律师事务所中是领薪律师，而非"合伙人"，因此其并不会通过律师事务所与 Azurix 间的代理关系直接获益；八是首席仲裁员在质疑程序进行中已向律师事务

---

〔1〕 Id. , para. 26.

所辞职。基于上述事实，合议庭得出结论，对于仲裁员的独立性资格无法产生合理怀疑，质疑被驳回。[1]

在 2008 年 Lemire v. Ukraine 一案中，Lemire 指派的仲裁员披露，其所属的律师事务所刚刚被乌克兰方面委派为代理人参与另一项仲裁争议，不过其本人并没有被牵涉进国际法庭的该项案件，且认为所属律师事务所的指令，不会干扰自己的公正性。同时该仲裁员表示，如若当事方坚持要对其仲裁员资格提出质疑，他本人同意辞去仲裁员的职务，但要求异议方给出理由。Lemire 表示不反对仲裁员继续履职。乌克兰方面也回应表示，不反对仲裁员继续履职，但是有两个附加条件——一是该仲裁员所属律师事务所必须建立"隔离墙"，使仲裁员与另一项仲裁案件相隔离；二是 Lemire 及其代理人必须作出有效的承诺，在仲裁的后续阶段（如裁决书即将发布之时或者裁决执行中）不以仲裁员所属的律师事务所介入另一项仲裁案件为由提出质疑。"隔离墙"的建立将使投资者一方和乌克兰均可因此而受益。但是，由于当事双方在承诺的文义表述及其履行时间上无法达成一致，东道国终以"仲裁员所属律师事务所介入另一项仲裁案件"为由，认为这将引起毋庸置疑的利益冲突，从而对仲裁员的资格提出质疑，并指出此项诉求未果的起因，在于两起案件都由乌克兰司法部长处理所致。

合议庭最终驳回了质疑。合议庭认为，仲裁员所属律师事务所只要建立起"隔离墙"，仲裁员的公正性就已然符合。至于乌克兰提出的投资者一方及其代理人承诺及付诸行动的要求不足以成为《ICSID 公约》第 57 条所规定的质疑仲裁员资格的依据。[2] 本案中质疑仲裁员一个值得注意的地方是，该质疑由东道国提起。一般认为，仲裁员所属的律师事务所与乌克兰之间存在"客户—代理人"性质关联，对投资者 Lemire 一方的影响可能更大。毕竟，Lemire 有理由担心仲裁员鉴于其律师事务所与东道国之间的关联藉以维系未来的客户关系而偏袒东道国。然而，Lemire 对其所指派仲裁员的独立性和公正性似乎信心满满，并没有提出质疑。就乌克兰对仲裁员资格提出的质疑，合议庭裁定，只要建立仲裁员与其所属律师事务所其他律师与国际法院仲裁案件服务的律师之间的"隔离墙"，即可满足对仲裁员资格的要求。

事实上，建立"隔离墙"以满足仲裁员独立性的提法值得商榷。尽管"隔离墙"可以使仲裁员与其介入国际法院仲裁的同事彼此在业务上隔绝，却无法排

〔1〕 Azurix Corp. v. Argentine Republic, ICSID Case No. ARB/01/12, Decision on the Challenge to the President of the Tribunal of 25 February 2005.

〔2〕 Joseph C. Lemire v. Ukraine, ICSID Case No. ARB/06/18, Decision on the Respondent's Proposal to Disqualify a Member of the Tribunal of 23 September 2008, paras. 20 – 22.

除有关仲裁员认为"乌克兰方面不仅是其律师事务所的当前客户，而且也是其所服务的国际仲裁团队中的重要客户"。从理性第三方的视角来看，即使通过"隔离墙"可以保证被质疑的仲裁员无法接受其他正在进行的仲裁案件的信息，但这种当前的客户关系仍将导致对仲裁员独立性资格的合理怀疑。

在 2009 年 CEMEX v. Venezuela 一案中，委内瑞拉质疑 CEMEX 指派的仲裁员，原因是该仲裁员之前所属的律师事务所正在另一起类似的案件中代理投资者一方起诉委内瑞拉。两起案件都涉及委内瑞拉 2008 年对水泥工业的国有化问题。仲裁庭最终根据程序上的理由驳回该质疑，并未考察并质疑所涉及的实体问题。[1]

7. 宏观层面：仲裁员所属律师事务所与当事方代理人的关联

在 1982 年 Amco v. Indonesia 一案中，印度尼西亚政府质疑 Amco 指派的仲裁员。印度尼西亚政府特别指出，这是因为数十年来，仲裁员所属的律师事务所与代理投资者一方 Amco 的律师事务所在中国香港地区联合办公，达成有关利润共享的协议。该协议在指派仲裁员之前的 6 年前终止。合议庭基于如下依据驳回该质疑："被指派的仲裁员所属的律师事务所与代理 Amco 一方的律师事务所的联系已经在指派该仲裁员 6 年前结束，这种关系不会对仲裁员的可信赖程度造成明显的影响；况且诸如转租办公地点、共享同一个接线员（但电话号码并不相同）等事实纯属普通的事务，属'最低关联'，并不会出现足以引发仲裁员偏袒行为的心理风险。"[2]

在 2002 年 SGS v. Pakistan 一案中，SGS 质疑巴基斯坦方面指派的仲裁员。SGS 质疑的特别之处在于，巴基斯坦的代理人目前还同时担任另一起与本案同时审理的 ICSID 仲裁案件的首席仲裁员，在本案中，仲裁员所属的律师事务所与他人共同为墨西哥代理，而墨西哥方面是该律师事务所的大客户。SGS 一方担心在本案中，仲裁员可能偏向东道国巴基斯坦一方，以换取在另一起案件中巴基斯坦方面的代理人（在该案中作为首席仲裁员）"投桃报李"并作出有利于墨西哥方面的裁决。

决定此事项的合议庭驳回了该质疑，认为该质疑纯粹"猜测性"的推断，"本案为巴基斯坦代理而在他案中又为墨西哥代理的事实，并不能证明投资者一

〔1〕 CEMEX Caracas Investments B. V. and CEMEX Caracas II Investments B. V. v. Bolivarian Republic of Venezuela, ICSID Case No. ARB/08/15, Decision on the Respondent's Proposal to Disqualify a Member of the Tribunal of 6 November 2009.

〔2〕 Amco Asia Corporation and others v. Republic of Indonesia, ICSID Case No. ARB/81/1, Decision Made by Professor Berthold Goldman and Professor Isi Foighel on the Proposal to Disqualify an Arbitrator of 24 June 1982.

方的观点，即'被质疑的仲裁员与巴基斯坦方面的代理人之间存在明确的互相依
存关系'。如果投资者一方在这里使用'相互依存'表述的含义，旨在表明被质
疑的仲裁员与巴基斯坦方面的代理人可能互相扶持的话，能否证明这种所谓的
'互惠偏见'是质疑恰当的关键。本庭认为，投资者一方只是假设了这种偏见的
存在，并未充分证明。"[1]

　　在 2005 年 Azurix v. Argentina I 案中，阿根廷质疑 ICSID 指派的首席仲裁员，
原因是该仲裁员所属的律师事务所在另一起与本案同时审理的 Duke Energy Inter-
national v. Peru 案中，派出本案中 Azurix 的代理人担任仲裁员。东道国阿根廷方
面认为，由于 Azurix 的代理人被指派到 Duke 案仲裁庭担任仲裁员，该代理人实
际享有了比 Azurix 案中受质疑仲裁员更大的权力。该仲裁员并未就上述利益冲突
的事实履行信息披露义务，使仲裁庭和当事方充分知晓。决定此事项的合议庭基
于程序和实体上的原因，驳回了该质疑。在合议庭看来，因为本案中东道国的代
理人还在另外一起案件中担任仲裁员，得出其享有更大权力的结论只是投资方的
借口，这种观点"明显超出对'仲裁员权力'这一概念解释的合理范畴"。[2]

　　在 2005 年 Siemens v. Argentina 案中，在 Azurix v. Argentina I 案中受 ICSID
指派的首席仲裁员同样在本案中担任首席仲裁员。由于在本案中担任 Siemens 一
方代理人的律师同样也是 Azurix 的代理人，东道国阿根廷于是又基于 Siemens 代
理人的权力比该仲裁员更大而质疑该名仲裁员资格。

　　决定此事项的合议庭在分析此问题时陷入僵局。阿根廷指派的仲裁员支持该
质疑，[3] 原因有三个：一是首席仲裁员与其所属的律师事务所的关系十分密切。
该首席仲裁员是律师事务所中国际投资仲裁实践部门的领军人物，而该部门业内
的声誉也主要来自于其个人的声望。律师事务所在前述 Duke 案中收取的费用将
支付给所内的全体雇员，当然也包括该首席仲裁员在内；该仲裁员在本案中收取
的服务费同样也会使其工作的律师事务所受益。基于这些事实，很难不把该仲裁
员与其律师事务所视为一体。二是"在质疑程序中，首席仲裁员'为能够在本
案中毫无争议地具备首席仲裁员之资格'而向其所属律师事务所递交了辞呈"。
在阿根廷指派的仲裁员看来，这反而说明该首席仲裁员并未具备独立性和公正性

---

　　〔1〕 SGS Société Generale de Surveillance SA v. Islamic Republic of Pakistan, ICSID Case No. ARB/01/13,
Decision on Claimant's Proposal to Disqualify Arbitrator of 19 December 2002.

　　〔2〕 Azurix Corp. v. Argentine Republic, ICSID Case No. ARB/01/12, Decision on the Challenge to the
President of the Tribunal of 25 February 2005.

　　〔3〕 Siemens A. G. v. Argentine Republic, ICSID Case No. ARB/02/18, Challenge Decision of Prof. Bello
Janerio of 11 February 2005.

资格。三是本案出现的身份混同情形是取消仲裁员资格的条件。仲裁员在仲裁案件中存在财务或个人利益，就极有可能导致仲裁员身份被取消的后果。受质疑的仲裁员在本案中担任首席仲裁员；作为所属律师事务所的一员，其又在本案接受由 Siemens 方面代理人指派作为首席仲裁员在仲裁庭中裁决。

阿根廷方面指派的仲裁员拒绝接受如下观点——"仲裁员是一个范围很小的精英圈，因此，某人在一起案件中出任仲裁员的同时，又在其他案件中担任律师的情形是可以被允许的。"仲裁员认为，这种消极的态度将"国际仲裁程序的品质，对国际仲裁系统的信任以及当事方对仲裁程序透明性的要求"置于险境，该首席仲裁员从其所属的律师事务所辞职的行为，对其独立性资格不但没有加强反而更加削弱。因为，恰恰是阿根廷方面的质疑才迫使该仲裁员辞去律师事务所的职务，放弃律师事务所为其提供的稳定薪水。因此，出于独立性的考虑，该仲裁员无权裁决阿根廷方面的案件。

但是，Siemens 一方指派的仲裁员基于程序和实体上的原因，不同意这项质疑。从实体上看，Siemens 指派仲裁员的依据适用《国际律师协会指南》提出的"合理怀疑"标准。要达到此标准，需要仲裁员在仲裁案件中具有明显的财务或个人利益。该仲裁员分析了首席仲裁员对于其律师事务所业务的重要性，并指出，首席仲裁员所属的律师事务所拥有 11 个办事处、超过 900 名律师以及 50 多个业务部门。而国际仲裁作为众多业务部门之一，其总收入约为 4 亿美元，包括了 16 名专业仲裁人员（其中也包括首席仲裁员在内）。而首席仲裁员被认为是该业务部门金融事务领域的资深顾问。在首席仲裁员的简历中并未提及从事国际仲裁业务。综合上述事实背景，投资者一方指派的仲裁员认为，首席仲裁员在律师事务所处理的 Duke v. Peru 案中并无财务利益，因此，不存在所谓"财务利益冲突"。

根据《ICSID 公约》第 58 条的规定，该质疑被提交 ICSID 行政理事会主席作出最终裁断。由于被质疑的仲裁员曾经就职于世界银行，而 ICSID 行政理事会主席由世界银行行长担任，其只能向其他有权机构（本案中为常设仲裁法院秘书长）寻求意见。常设仲裁法院秘书长的意见是驳回质疑，但没有注明原因。[1]最终，ICSID 行政理事会主席遵从了这项意见。[2]

8. 宏观层面：仲裁员被当事人重复指派

在国际投资仲裁中，可供指派为仲裁员的人选并不多见。其结果是，部分仲

---

〔1〕　Siemens A. G. v. Argentine Republic, ICSID Case No. ARB/02/18, Letter of 14 April 2005.

〔2〕　Id., Challenge Decision of 15 April 2005.

裁员可能会被同一当事方或者同一家律师事务所重复指派。这是指派方或者律师事务所对仲裁员以往表现满意所致。同时，也说明仲裁员的人数有限，资源稀缺。但反观之，重复指派也引发以下的疑虑：仲裁员会对特定的（总是指派自己的）当事方或者律师事务所形成依赖，从而对仲裁员的独立性造成不利影响，偏向指定方或律师事务所提出的论点，以达到能在日后得到更多被指派机会的目的。[1]

在 2010 年 Tidewater v. Venezuela 一案中，Tidewater 质疑委内瑞拉方面指派的仲裁员，原因是该仲裁员在本案发生之前已经在 3 起 ICSID 仲裁案件中被东道国反复指派。本案是她第 4 次被东道国委内瑞拉方面指派为仲裁员。这已是《国际律师协会指南》"橙色清单"第 3.1.3 节规定中指派次数的两倍；[2] 且 4 起案件中，3 起代理委内瑞拉的律师事务所都是同一家。于是，Tidewater 就此提出质疑。根据《国际律师协会指南》"橙色清单"第 3.3.7 节，这种情形足以引发合理怀疑。[3] 投资者一方还指出，本案的事实与《国际律师协会指南》"橙色清单"中的两类情形相吻合，说明对仲裁员独立性可能产生的怀疑更为严重。在质疑程序过程中，基于委内瑞拉提交的书面答辩，Tidewater 又提出《国际律师协会指南》项下的第三个利益冲突，也即上述提及的另一起 ICSID 仲裁案件中出现与本案如出一辙的诉求，即"委内瑞拉国内颁布的投资法案是否表明了东道国方面对于 ICSID 仲裁管辖权的同意"。[4] 最后一项提出质疑的依据是仲裁员本人并未披露自己被重复指派的事实。

决定此事项的合议庭先对如下问题进行分析，即"重复指派是否会引发对仲裁员独立性、公正性资格的怀疑，且这种怀疑是基于实质性的原因，还是简单的数字叠加？"合议庭认为，在《国际律师协会指南》中，"仲裁员在过去三年内

---

〔1〕 F. Slaoui，"The Rising Issue of 'Repeat Arbitrators'：A Call for Clarification"，*Arbitration International*，2009，25（1），p. 103；Y. Shany，"Squaring the Circle? Independent and Impartiality of Party – Appointed Adjudicators in International Legal Proceedings"，*Loyola of Los Angeles International and Comparative Law Review*，2008，30，p. 485. 该文脚注提到，"如果仲裁员寻求被再次指派，所有的仲裁员仍被期望在某些层面上，能满足指派方的特殊利益"。H. Smit，"Columbia FDI Perspectives—In More or Less Subtle Manner—To Favor the Appointing Issues，No. 33"，http：//www. vcc. cloumbia. edu/flies/vale/print/Perspective_ 33_ Smit_ 0. pdf. 2010 – 12 – 14/2014 – 07 – 09. 该文指出："一旦被选定，仲裁员的个人激励即是通过提供有利于选定其当事方的裁决以保证其被继续指定。"

〔2〕 第 3.1.3 节的内容是"仲裁员在过去的 3 年中曾经两次或两次以上被一方当事人或一方当事人的关联公司指定为仲裁员"。

〔3〕 第 3.3.7 节的内容是"该仲裁员在过去的 3 年中超过 3 次被同一代理人或律师事务所指定"。

〔4〕 第 3.1.5 节的内容是"仲裁员目前担任或曾在过去的 3 年中担任一方当事人或一方当事人的关联公司参涉其中的相关事宜的另一仲裁案的仲裁员"。

曾两次或两次以上被当事一方或其关联机构指定为仲裁员"的规定"只是一种经验法则",在不同案件的情况下,多于或少于规定的数目都有可能引发对仲裁员独立性资格的质疑。

合议庭还认为,原则上,互无关联案件中的重复指派,并不足以引发潜在的"利益冲突"。"分析的逻辑起点是,在不相关的案件中,仲裁员被同一当事方重复指派的性质是中立的,因为在每一起案件中,仲裁员都在履行相同而独立的仲裁职能。根据克莱格(Craig)、帕克(Park)与保尔森(Paulsson)的分析,'如果只是基于仲裁员曾经在之前出现相同当事方案件的仲裁庭中履职的情形提出质疑,诉求往往难以成立。'"合议庭指出:"重复指派最多可被认为可能引起合理怀疑的表象,是否真正值得质疑,尚需其他条件佐证。这在许多国内法的案件中都有所反映——面对不少基于这种情形提出的质疑请求,在没有更多'加重情节'的支持下,法院一般会驳回质疑。"[1] 合议庭在此列举出两项"加重情节":"仲裁员对于持续且有规律性的指派及其带来的财务利益存有期望,这将可能产生仲裁员对当事方或律师事务所的依赖关系抑或影响仲裁员的裁决",或者"由于仲裁员了解到其他案件的信息,其会被本案事实以外因素所影响"[2]。

合议庭就本案的事实部分进行考量后指出,该仲裁员的"最终裁决可能受到同一当事方反复指定的干扰"并无依据。"本庭注意到 ICSID 公布在其网站上的本案登记信息,该仲裁员已经担任过且目前正担任仲裁员的仲裁案件数量相当多,从其丰富的投资仲裁案件实践经验考察,不会依赖任何当事方行事。另两起被委内瑞拉方面指派的案件(Vannessa Ventures Ltd. v. Venezuela 案和 Brandes Investment Partners LP v. Venezuela 案)最终发布的裁决也表明,该仲裁员在初审裁决中,就与其他仲裁员意见一致地驳回了委内瑞拉方面的诉求——事实证明,该仲裁员之所以会被重复指派,恰恰源于其具备独立性而不可能作出偏向一方的裁决。"[3] 基于上述分析,合议庭得出结论,重复指派本身并不足以表明仲裁员独立性的明显缺失。合议庭并未进一步分析仲裁员被东道国委内瑞拉方面的代理律师事务所的重复指派,事实表明,该仲裁员在本案中的指派只是她第二次被该律师事务所指派而已。[4]

---

〔1〕 Tidewater Inc. and Others v. Bolivarian Republic of Venezuela, ICSID Case No. ARB/10/5, Decision on Claimant's Proposal to Disqualify Professor Brigitte Stern, Arbitrator of 23 December 2010, paras. 60 – 61.

〔2〕 Id. , para. 62.

〔3〕 Id. , para. 64.

〔4〕 在质疑方所提到的 4 起案件中,有一起仲裁员是被委内瑞拉在本案中律师事务所的前身指派。而在另一起案件中,仲裁庭尚未组建完毕。因此,从技术上说,该案件中此仲裁员尚未被指派。

在 2011 年 OPIC Karimum v. Venezuela 一案中，仲裁庭的态度出现了转变。本案中，原则上仲裁庭反对 Tidewater v. Venezuela 裁决的观点，认为"重复指派"的事实本身可作为对于仲裁员独立性质疑的基础。"重复指派"对于仲裁员独立性影响的程度大小，仍然要结合案件具体情形进行分析，并非一概而论。而结合该案事实，仲裁庭仍认为投资者方面对于仲裁员独立性的质疑仅属于"最低关联"，最终驳回质疑。

该案中，OPIC Karimum 质疑委内瑞拉指派的仲裁员，原因是该仲裁员在本案中的指派已经是其在 ICSID 仲裁案件中第三次为同一家律师事务所指派。本案作为第三次指派，是由委内瑞拉政府指定的。OPIC Karimum 指出，在该仲裁员参与的仲裁案件中，已经 3 次被本案中代理委内瑞拉的同一律师事务所指派；近 3 年，该仲裁员参与的 8 起投资条约仲裁中，已经 5 次被委内瑞拉或在本案中的代理律师事务所指派。在该仲裁员主动披露的参与过的 9 起仲裁案件中，有 5 次是被委内瑞拉或其在本案中的代理律师事务所指派。基于此数目，投资者一方指出，如此显著次数的重复指派已经使得委内瑞拉方面及其律师事务所对该仲裁员形成依赖。这种关注进而激励该仲裁员，继续作出对委内瑞拉方面及其代理律师事务所有利的裁决，确保自己在未来能得到继续指派。

OPIC Karimum 认为，如此密集的指派存在问题。在 ICSID 仲裁中，仲裁员能否参与决断不仅受指定方诉求的限制，其履职也同样影响本人的经济收入。大多数仲裁员在履职的同时，还受托作为代理人，且预期多数的收入源自代理人的业务，故足以做到"不为五斗米折腰"（不依靠仲裁员履职之经济所得）。然而在本案中，受质疑的仲裁员的具体情况与其他仲裁员不同：其主要业务是担任仲裁员，财务状况主要依赖担任仲裁员获取的酬金及其在未来继续被指派担任仲裁员的机会。同时，该仲裁员在另一起 ICSID 仲裁案件中被玻利维亚政府指派的情形也应一并考虑在内，因为委内瑞拉政府在财政上支持玻利维亚政府，能对玻方产生较为显著的影响。

OPIC Karimum 提出的质疑遭到东道国委内瑞拉方面的反对。委内瑞拉方面认为：首先，投资者一方出于自身便利的目的，夸大被质疑仲裁员受指派的次数。除受指派次数外更重要的是，投资者一方并未提供任何其他事实或客观证据，使理性第三方足以得出结论——"由于受到委内瑞拉及其本案代理人的重复指派，该仲裁员不符合独立性要求"。恰恰相反，该仲裁员在其他案件中的表现足以表明该仲裁员具备独立性。因此，OPIC Karimum 主张，认为"该仲裁员偏袒当事方以获得未来继续指派的机会"纯属 OPIC Karimum 一方的猜测。

被质疑的仲裁员也对自己的其他专业性活动进行了说明。这足以表明，在经济收入上他并不完全依赖委内瑞拉方面及其代理人。他是一名法学教授，凭此拥有一份稳定的薪水。通过学术著作和相关作品，也能赚取一部分收入。此外，他还在数起国际法院案件和常设仲裁法院国家间仲裁案件中担任代理人，以及在数起未公开的、非 ICSID 仲裁案件中担任仲裁员。他拒绝被指派为仲裁员的次数远高于他接受案件指派的次数。仅以 2010 年为例，他担任仲裁员的酬金占其总收入的比重不足 6%。

合议庭在分析伊始，就表明不同意先前 Tidewater v. Venezuela 案仲裁庭的立场，即"考察质疑时，被同一当事方在互无关联的案件中重复指派的性质是中立的"。合议庭认为，必须仔细分析一名仲裁员被某一当事方或者其代理人重复指派的情形。在当事方拥有自由指派仲裁员的背景下，认为重复指派对仲裁员独立性有害，的确有可能危及当事方对现有的投资者—东道国仲裁机制的信心。不过，Tidewater v. Venezuela 案裁决书认为："如果只是当事方对于被重复指派的仲裁员独立性资格的主观猜测，那么重复指派并不足以引发对仲裁员独立性的质疑"，这在本庭看来值得商榷。在争端解决机制中，当事方对仲裁员的选择本身蕴含着'法律决断'，事关当事方及其代理人对最终裁决获胜的期待。因此重复指派同一位仲裁员本身，在客观上即表明当事方及其代理人认为重复指派该仲裁员比不这样做获胜的可能性更大。"[1]

合议庭在《国际律师协会指南》中找到了上述论点的依据，其中列举可能会引发对仲裁员质疑的"橙色清单"，既包括被当事方重复指派的情形，也包括了被当事方代理人重复指派的情形。这些规定确认了重复指派的情形确实与仲裁员的独立性和公正性资格相关，如果在商事仲裁中尚且如此，则在"对仲裁员独立性要求至少相同的"国际投资仲裁中亦然。与 Tidewater v. Venezuela 案中的观点正好相反，合议庭得出结论认为："如果仲裁员被某一当事方或其代理人重复指派的情形成立，依照《ICSID 公约》的规定，该仲裁员明显不能被信赖而作出独立的裁决。"[2] 如果事实上的确出现了重复指派的行为，则其可以作为质疑仲裁员独立性的基础。

在案件事实方面，仲裁庭分析了委内瑞拉政府的指派行为，驳回了投资者一方的诉求，认为：如果把当事一方的重复指派行为以及当事方代理人的重复指派行为分开进行分析，则本案中的情况并未达到或超越《国际律师协会指南》中

---

〔1〕　OPIC Karimum Corporation v. Bolivar Republic of Venezuela, ICSID Case No. ARB/10/14, Decision on the Proposal to Disqualify Professor Philippe Sands, Arbitrator of 5 May 2011, para. 47.

〔2〕　Id., para. 50.

"橙色清单"所设立的标准；而若将二者结合起来分析，也远未超越上述标准。在裁决书的一个脚注中，合议庭指出："若无例外情形，重复指派的情况应当被分别考虑，而非累计分析。"

合议庭认为，仲裁员在本案之前被委内瑞拉政府两次指派为仲裁员所针对的是同一事实，且从效力上看只是一起案件。在第一起案件中，仲裁适用加拿大《新斯科舍省仲裁规则》，该案的仲裁庭一直未能完全组成，而仲裁员也从未领取酬金。这起案件不久就因第二起仲裁案件的立案而宣告终止。第二起仲裁案件适用《UNCITRAL 仲裁规则》，该案仲裁庭作出一致裁决认为不具有管辖权。基于上述事实，合议庭认为委内瑞拉在本案之前对该仲裁员的两次指派并不影响其在本案中的独立性资格，而该仲裁员被重复指派的情形本身也并未表明其明显缺乏被信赖作出独立裁决的能力。[1]

合议庭继续考察该仲裁员在本案之前被委内瑞拉代理人两次指派的事实。两次指派是在两起不相关的 ICSID 仲裁案件中代表土库曼斯坦指派的。合议庭由此认为，两次指派并没有达到足以质疑仲裁员独立性的程度。[2] 综上所述，尽管本案仲裁庭认为重复指派可能引发对于仲裁员独立性资格的质疑，但在事实认定上，仲裁员并不认为本案中出现了"重复指派"的情形。

对投资者一方提出的财务上的关联问题，合议庭最终分析认为："很明显，仲裁员有其他独立的、与在投资仲裁案件中受指派担任仲裁员收取酬金无关的收入来源。即使仲裁员收取酬金可以作为有助于判断能否独立裁决的事实，本案投资方的材料也未能证明仲裁员的财务十分依赖反复接受指派担任仲裁员而获得的酬金。"[3] 合议庭拒绝了投资者一方提出的关于该仲裁员被玻利维亚方面指派的情形，得出结论认为 OPIC Karimum 所提出的质疑未能符合"仲裁员明显缺乏相关品质"的标准，从而驳回了该质疑。[4]

在 2011 年 Universal Compression v. Venezuela 案中，Universal Compression 质疑东道国委内瑞拉方面指派的仲裁员，原因是本案已经是该仲裁员在 ICSID 仲裁案件中第四次被委内瑞拉指派，而其他 3 起案件尚在审理中。投资者一方指出，重复指派带来的不正当影响使仲裁员理解案情有失公允。该仲裁员在本案尚未开庭时就已了解到东道国委内瑞拉方面的立场——由于 4 起案件都有类似的诉求，

---

〔1〕　OPIC Karimum Corporation v. Bolivar Republic of Venezuela, ICSID Case No. ARB/10/14, Decision on the Proposal to Disqualify Professor Philippe Sands, Arbitrator of 5 May 2011, paras. 51 – 52.

〔2〕　Id. , para. 53.

〔3〕　Id. , para. 55.

〔4〕　Id. , para. 57.

即"一个在委内瑞拉境内从事服务业的外国投资者声称投资遭受到委方的不法征收。"Universal Compression 认为，该仲裁员已经无法独立、公正地履行职责，其在案前已经了解到委内瑞拉方面在其他诉求上的主张和抗辩。同时，投资者还担心本案委方的代理律师事务所与前两起案件相同，且在 4 起案件的代理人中都有该国的司法部长介入。投资者方面关切的最后一个事实是，仲裁伊始，受质疑的仲裁员并未披露其以前被委内瑞拉方面的多次指派，只是在另一起案件中因遭到质疑后才披露了上述事实。

委内瑞拉方面则反对这项质疑，指出仅仅基于该仲裁员 4 次被指派的事实并不足以引发对该仲裁员独立性的怀疑。委内瑞拉认为，Universal Compression 所提出的关于仲裁员不具备独立性以及产生偏见的观点纯属猜测，且毫无依据。本质上所有的 ICSID 仲裁案件都是处理类似的诉求，而 Universal Compression 并没有能够在 4 起类似的案件中发现任何值得怀疑的特别之处。

被质疑的仲裁员从其自身立场出发作出了解释。她认为，接受当事方指派本身并不必然使自己与当事方产生专业上的关联。关于在不同案件中可能了解到相同诉求的问题，该仲裁员指出，自会根据诉求的内在价值作出判断，这与了解这些诉求的次数无关。仲裁员还表示，在 4 起案件中，有两起刚被指派，且对案情并不知情，其余两起仲裁案件的案情也彼此不相关。该仲裁员进一步指出，由于东道国的数量以及有经验的仲裁员人数较为有限，如果不允许东道国在不同的案件中指派同一仲裁员，则东道国选择仲裁员的权利将无法实现。关于被委内瑞拉政府代理律师事务所重复指派的问题，该仲裁员对此的解释是，自己也受到了其他律师事务所的 3 到 4 次指派，这并不足以产生可能威胁其独立性资格的专业性关联。

ICSID 行政理事会主席最终驳回了该质疑。认为 Universal Compression 未提供客观事实表明仲裁员的独立性和公正性资格受到重复指派的"明显影响"。"该仲裁员在 20 多起 ICSID 案件中接受指派的事实，证明其不会在经济上或其他层面对委内瑞拉方形成依赖。"[1] 行政理事会主席接着对 Universal Compression 提出的"该仲裁员已经在其他案件中了解到委方论点和抗辩，因而会对其在本案中的判断产生干扰"的问题进行分析。他认为："投资者一方的这个观点是猜测性的，且投资者一方并未提供任何证据或论据证明，参加其他仲裁案件会使该仲裁

---

〔1〕　Universal Compression v. Bolivar Republic of Venezuela, ICSID Case No. ARB/10/9, Decision on the Proposal to Disqualify Prof. Brigitte Stern and Prof. Guido Santiago Tawil, Arbitrators, 20 May 2011, para. 77.

员在本案中的独立性和公正性资格受到'不合理的影响'。"[1]

关于该仲裁员 4 次被委内瑞拉重复指派的问题，行政理事会主席指出，只是计算"重复指派"的次数毫无意义，因为在本案中，当事方刚刚提交"请求仲裁"的申请书。"投资者一方提到的几起仲裁案件中的申请方都不同，且从事的也是不同行业的投资。"更实质的问题在于，"如果一名仲裁员仅仅因为在其他案件中面对事实上或法律上相似的问题就可以被质疑资格的话，则现行的国际投资仲裁机制将难以为继。如同在 2007 年 Suez v. Argentina I 一案中提到的，仲裁员在一起案件中就事实作出的裁决，并不妨碍其在其他案件中的独立性资格。本案受质疑的仲裁员不会受到先前 3 起案件依据事实和法律所作裁决这一因素的影响。"[2]

仲裁员被委内瑞拉代理律师事务所 3 次指派的情形，加之被其他律师事务所指派数次的情况，行政理事会主席认为并不存在问题。[3] 行政理事会主席认为，仲裁员应当披露重复指派的事实。本案仲裁员并未披露事实的情况，不能认为"明显缺乏"独立性资格：一是仲裁员未披露的信息已具备"公开性"。有关仲裁员被指派的信息已经在 ICSID 网站上公布；二是仲裁员遵循了其在之前仲裁程序中一以贯之的做法。在之前的仲裁程序中，从未因信息披露不充分而被质疑过仲裁员资格；三是仲裁员没有披露信息是善意履行自由裁量权的表现。[4]

四、简评

仲裁员独立性涉及仲裁员与当事方的关联以及仲裁员与当事方代理人的关联。如果仲裁员与律师事务所有联系，还涉及该律师事务所与当事方或当事方代理人之间的关联。存在这种关联本身并非取消仲裁员资格的充分依据。判断仲裁员是否符合独立性要求在于明确是否存在这样的风险：由于这层关联的存在，仲裁员不再仅以案件当事方反映的事实和法律诉求为依据进行裁断。

在关联的性质可能引起的风险上，"客户—代理人"性质的关联、财务利益上的关联、职业性质的关联以及社交性质的关联易于互相区分的。如果当事方是仲裁员的客户，那么产生偏见的风险必然高于当事方的首席执行官和仲裁员同为某一俱乐部成员的情形。同一性质的关联中，风险取决于关联质和量上的不同。根据不同情形下关联的性质，决定质疑问题的机构将衡量该关联是否足够严重，从而使仲裁员资格的质疑合理。如果并未达到如此严重的程度，则该关联将被视

---

[1] Id. , para. 78.

[2] Id. , para. 83.

[3] Id. , para. 57.

[4] Id. , paras. 91 – 95.

为"最低关联",仲裁员仍然可继续在仲裁庭中履职。

对于"客户—代理人"意义上的关联,主要的评判标准基于以下要点:一是当事方是当前的还是以前的客户;二是当事方是经常性客户还是偶然性客户;三是客户给付的费用占主要地位还是次要地位;四是为客户提供的法律服务属战略性的还是针对具体交易所提出的;五是服务与当前仲裁的争端是否相关。

在考察仲裁员所属律师事务所与当事方的关联时,上述要点同样重要。除此,还要考虑其他因素:一是律师事务所为当事方提供的服务是由仲裁员所在工作地点的办事处提供的,还是由其他机构提供的;二是律师事务所是否已经建立"隔离墙",使得仲裁员的仲裁行为与其他业务分离;三是仲裁员是否披露在律师事务所的业务活动情况;四是仲裁员在律师事务所中是合伙人、领薪合伙人、普通律师、顾问或是其他职位;五是仲裁员所属律师事务所是否在仲裁中为相对方提供服务。

仲裁员与当事方或仲裁事项之间存在财务上的关联可能是直接的,也可能是间接的。如果仲裁员有直接的经济利益,最重要的判断标准是仲裁员是否期待在仲裁案件中获得实质性的利益。间接的经济利益亦可能出现,比如该仲裁员拥有当事一方的股权,或者该仲裁员持有所仲裁案件当事方公司的股票、在仲裁案件中当事方的竞争对手公司担任董事的情形。如果该仲裁员是持股股东,则重要的考量因素包括:一是仲裁员持有股份的公司是上市公司还是非上市公司;二是仲裁员的持股是否占重要比例,如拥有上市公司5%股份的大股东与普通的参股股东就迥然不同。如果该仲裁员是董事,核心问题在于该仲裁员是否介入该公司的日常管理活动,以及公司是否从裁决结果的收益中给予该仲裁员实质性的经济利益。

一般而言,欲通过仲裁员与当事方之间的职业性质的关联最终取消仲裁员资格比较困难。如果要使质疑成立,这种关联需要达到仲裁员被指定担任董事、从事咨询顾问工作甚至作为经理人的程度。如果仲裁员只是在当事方的附属机构工作(而非直接在当事方公司工作),或者该关系在仲裁开始前已然终止,则关联的性质将大打折扣。

如果不能达到取消仲裁员资格的标准,根据仲裁员与当事方人员之间的社会关系性质之关联而取消仲裁员资格,就更为困难。需对其进行三方面的限定:一是与仲裁员有关联的人员应当在当事方的机构中充当重要角色。此人应当是当事方的董事、经理或当事方的控股公司。二是与仲裁员有关联的人员应当与案件争议有密切联系。三是需要考察该关联是否符合实质性。如果仲裁员与该人员的关系十分密切(如至交老友)则符合实质性;如果仲裁员与此人只是曾经的同事,或是远方表亲，则该关联的实质性就大为降低。

在仲裁案件中，仲裁员与当事方代理人之间的关系，也经常发生关联。正如 SGS v. Pakistan 案裁决指出的，在国际商事仲裁中，较为活跃的投资者与当事方为数不多，二者之间可能发生时间上持续混同的现象，国际投资仲裁领域更是如此。这种混同本身并不能作为对仲裁员资格提出质疑的充分依据。提出质疑的当事方必须提供"充分的证据"[1] 证明质疑的成立。

在英国法中，仲裁员与当事方代理人出自同一律师小组的情形，从未被视作取消仲裁员资格的依据。这种合伙形式执业的律师一般不分享客户、服务费及利润。然而，时移事易，律师小组已开始以经济团体的形式存在；随着质疑仲裁员资格的标准愈加宽松，律师小组的群体特性越来越弱，尤其是在仲裁案件包括非英国的当事方及律师的情况下。其他有关仲裁员与当事方代理人关联的情形[2] 已在质疑程序中得以检验，但仍不足以保证质疑仲裁员的资格必然成立。

仲裁员所属律师事务所与当事方代理人之间的关联有时也会成为质疑的依据。例如，在一系列 ICSID 案件中，仲裁员被质疑的原因是：律师事务所的同事在其他案件中担任当事方的代理人，本案中被质疑的当事方代理人在那些案件中担任仲裁员。这些质疑大都被驳回。因为在这种情形中，仲裁员与代理人之间的关联被认为过于微弱，属于"最低关联"情形。

与基于仲裁员与当事方代理人之间的关联而质疑仲裁员资格不同的是，有些案件中的当事方创造性地提出基于代理人之间与仲裁员的关联而质疑代理人在本案中的资格。[3] 在提出质疑的当事方看来，一旦无法质疑仲裁员的资格时，转

---

〔1〕　这里提出的"更多证据"可以是以下五种情况：一是仲裁员与当事方代理人在同一家律师事务所工作且关系亲密；二是仲裁员与当事方代理人是亲密的朋友；三是仲裁员在其他案件中与本案当事方代理人进行过共同代理；四是仲裁员与当事方代理人曾是工作伙伴；五是仲裁员和当事方代理人均为同一个律师小组成员。

〔2〕　这些情形包括但不限于：一是仲裁员曾为代理人所代理的当事方担任专家证人；二是仲裁员与当事方代理人同为专业性机构、议会、政党或法学院的成员；三是仲裁员与当事方代理人共同撰写或参与编纂法学著作；四是仲裁员与当事方代理人曾在同一家律师事务所工作，但非同时进行；五是仲裁员与当事方代理人曾在大学共同学习；六是仲裁员与当事方代理人在非相关的案件中曾互为对方律师；七是仲裁员与当事方代理人在非相关的案件中曾共同担任仲裁员；八是仲裁员与当事方代理人曾出于互相协助之目的，为对方提供本地代理人。

〔3〕　根据 ICSID 案例，这样的质疑极为特殊，原因有两个：一是当事方被赋予的自由选择代理人的权利是一项基础性权利；二是在该问题无论是查阅《ICSID 公约》、《ICSID 仲裁规则》抑或其他仲裁规则，都没有赋予仲裁庭取消代理人资格的法定权利。然而，有两起 ICSID 仲裁案中的仲裁庭提出，不排除取消代理人在案件中代理资格的可能性。如果仲裁庭面临十分重要且无法抗拒的需要，必须确保仲裁程序的基本品质及仲裁庭组成的合法性，在这种特殊情形下，仲裁庭可以禁止代理人参与之后的仲裁活动。

而选择质疑代理人在案件中资格的做法较为妥当，且可以拖延仲裁程序。受质疑的代理人若继续参加之后的仲裁活动，审理程序也容易被认为不公。

第三节　国际投资仲裁中质疑仲裁员公正性案件
——以"客观行为标准"为视角

一、质疑仲裁员公正性案件中的"客观行为标准"与主观意图

与传统的诉讼争端解决机制不同，国际投资仲裁中的当事人按意思自治选择仲裁员，从而组成仲裁庭，此可谓仲裁程序最富特色的内容。法谚云，"优质的裁断出自杰出的仲裁员"。[1] 仲裁员在仲裁程序中能否"秉承公正"对案件事实予以裁断，直接影响所裁案件的最终结果，亦关乎仲裁制度的公信力。

理论上，能否公正行使仲裁权，是检验仲裁员是否尽职的重要指标，也是仲裁员行为是否合法的基本准则。仲裁程序的公平正义在很大程度上依赖仲裁员公平公正地作出裁判。仲裁员的公正性一直以来被视归于"精神与思想层面"，难以在物质世界得到准确的界定。[2] 现有仲裁员公正性的判断标准也过于笼统和抽象，在实际操作中，无法为判断国际仲裁实践中仲裁员的行为不端提供可靠的支持与参考。[3]

与仲裁员的独立性不同，仲裁员公正性审查的客体随时处在变化之中。无论是仲裁员在不同身份间的转换，还是仲裁员在仲裁程序中的行为，都需要多层次和多角度地分析，方能得出令人信服的结论。然而，由于不可能穷尽仲裁员违反公正性的具体形式，在各缔约国的仲裁规则中大多采取抽象和原则性的做法，只规定确定相对宽泛的标准，例如"引起正当怀疑的情形"。这种标准需要在仲裁实践中予以具体化，方具有可操作性。

实践中，判断仲裁员是否符合公正性要求，存在两种检验仲裁员公正性的分析路径：一种是倾向于考察仲裁员的主观动机（"主观意图"），另一种则偏重分

---

〔1〕　原文为 "Arbitration is as good as arbitrator"。参见 A. Redfern, M. Hunter, *Law and Practice of International Commercial Arbitration* (3), London: Sweet & Maxwell, 1999, p. 9.

〔2〕　L. Trakman, "The Impartiality and Independence of Arbitrators Reconsidered", *International Arbitration Law Review*, 2007, 10 (4), p. 999.

〔3〕　[美] 克里斯多佛·德拉奥萨、[美] 理查德·奈马克主编：《国际仲裁科学探索：实证研究精选集》，陈福勇、丁建勇译，中国政法大学出版社 2009 年版，第 398 页。

析仲裁员的联系和行为本身（"客观行为标准"）。按第一种分析方法，质疑方只要针对被质疑仲裁员的主观方面提出质疑并陈述理由，即满足提出质疑的条件，仲裁庭侧重考察仲裁员是否出现这样的主观倾向，且要求受质疑的仲裁员承担举证责任；按照第二种分析手段，质疑方对仲裁员的主观方面提出质疑，认为其不符合仲裁员公正性资格的要求，除说明理由之外，还要承担列举仲裁员外部行为符合对其主观方面质疑的责任，受到质疑的仲裁员则只需提出抗辩理由，无需承担"自证清白"的责任。值得一提的是，采取两类不同的分析方法给质疑仲裁员制度本身带来不同的影响。如果选择前者，意味着质疑仲裁员资格的当事方即使外部行为程度并不严重的情况下，也可藉此倒推仲裁员的主观心理状态，并要求仲裁员"自证清白"，降低质疑仲裁员公正性的门槛；如若选择后者，则表明仲裁庭不可能在无确凿证据的情况下，窥探仲裁员的主观动机，相应地，质疑仲裁员公正性的门槛就会提高。在实践中，国际投资仲裁庭究竟倾向于适用何种标准，需要根据具体案件的裁决加以研究。

二、质疑仲裁员公正性的情形

理论上，争端解决机制中的仲裁程序与诉讼程序，均是裁判制度之组成部分，[1] 而裁判的主体"裁判者"——作为分析对象的仲裁员，其公正性的理论基础源自裁判者的品质和行为。

根据美国著名法学家富勒教授的分析，裁判程序必须具备三个核心要素，即理性、对抗和独立。[2] 详言之，裁判程序是通过理性的主张、平等当事双方间的对抗以及中立裁判的制度设计，从而实现主观、抽象的"实体公正"。即经"程序公正"达成"实体公正"[3]。优良的制度设计，需依赖裁判者的主观能动性实现。故而，裁判者品行的表现对裁判程序能否达成实体公正至关重要。

理想的状况是，裁判者作为独立且无偏私的第三人，以公正的立场，基于案件事实以及法律条文的规定，按照公平程序作出裁决，程序在最大程度上限制或排除裁判者个人因素的影响。如果裁判者在作出裁决之前，受到其与当事方之间的联系以及个人利益等因素影响，裁判本身的公正自难实现。[4] 因此，裁判者公正性要求的关键是在裁判程序中（甚至包括与裁判程序有关的其他程序和场

---

〔1〕　A. Redfern, M. Hunter ed., *Law and Practice of International Commercial Arbitration* (3), London: Sweet & Maxwell, 1991, p. 5.

〔2〕　L. Fuller, "The Forms and Limits of Adjudication", *Harvard Law Review*, 92 (1978), p. 36.

〔3〕　[日] 谷口安平：《程序的争议与诉讼》，王亚新译，中国政法大学出版社 2005 年版，第 93 页。

〔4〕　S. D. Franck, "International Arbitrators: Civil Servants? Sub Rosa Advocates? Men of Affairs?", *ILSA Journal of International and Comparative Law*, 2006, 12 (6).

合）排除偏私行为。适格裁判者裁判的依据，仅限于客观的事实及准确的法律适用。

由上可知，若无法达到公正性的要求，裁判者作出的裁决不仅影响个案，还可能"污染"裁判程序，进而对仲裁机制的公信力造成损害。因此，公正性自当成为裁判者的基本要求。如果裁判者不符合要求，也就没有资格在裁判程序中作为适格的裁判者。具体到仲裁程序，如果仲裁员不依照仲裁规则对仲裁员公正性的要求进行裁决，可能面临质疑，要承受被取消资格之法律后果。

仲裁员的公正性意味着仲裁员对当事方既没有偏见，也不具有倾向性，旨在保护仲裁当事方的利益不被仲裁员因案件事实之外其他因素的干扰而受损。[1]众所周知，在仲裁实践中，当事方通过选择仲裁员最大限度地增加己方胜诉的概率。在选择仲裁员的过程中，要查阅并了解仲裁员过往的专业活动、仲裁员履职的仲裁庭所作出的裁决、仲裁员发表的论文及出版的著作、仲裁员的性格、仲裁员是否已经在其他仲裁庭履职等事实。从以上各阶段，试图寻找在当事方看来积极的、能够使仲裁员在案件裁断时支持自身诉求的要素。[2] 如果这些要素与案件事实有关，且影响仲裁员在业已（或即将）履职的仲裁庭中存在风险增加的倾向，就可能被质疑并被取消仲裁员资格。根据现有理论，质疑仲裁员公正性的情形大致可以分为如下两类：

（一）身份冲突

涉及仲裁员身份冲突的案件，主要指仲裁员未能满足相应的身份要求。通常认为，身份要求包括"关联性"和"价值观中立"：前者要求裁判者不在案件中存有私人利益，该情形自当包括裁判者原则上不能与案件的当事人之间存在利益关联和纠葛；后者则要求裁判者不能对案件的当事方展现明显的价值判断，在案件的裁判过程中混杂不恰当的个人私情。[3]

身份要求对裁判者而言属于基本要求。原则上不得与案情有任何关联，特别是和当事方之间存在关联。根据学者的总结，"身份要求"的内容一般包括诸如种族（国籍）关系、以往的雇佣关系及业务关系等事实的存在，以及仲裁员有

〔1〕　Universal Compression v. Bolivar Republic of Venezuela, ICSID Case No. ARB/10/9, Decision on the Proposal to Disqualify Prof. Brigitte Stern and Prof. Guido Santiago Tawil, Arbitrators, of 20 May 2011, para. 70.

〔2〕　J. Paulson, "Moral Hazard in International Dispute Resolution", *ICSID Review – Foreign Investment Law Journal*, 2010, 25（2）, p. 352.

〔3〕　常怡主编：《比较民事诉讼法》，中国政法大学出版社 2002 年版，第 101 页。

关经济利益方面的冲突，与一方当事人有重大的"共同目标"等情形。[1] 笔者认为，此处的"身份要求"与前述"独立性"的区别主要在于：独立性要求的重点在于仲裁员不得与涉及案件的其他主体之间存在关联；而此处的身份要求则指仲裁员本人不应当存在与案件相关联的其他身份。

诚然，现实中，仲裁员往往身兼数职（即使作为仲裁员这一角色，也可能出现身兼数案仲裁之责的情形），要求绝对"无关联"则过于严苛。欲对"身份要求"作出判断，必须通过现存的证据或者合理的推论证明仲裁员对一方当事人产生偏见的风险存在，进而影响其作出最终裁决。如在部分国家的争端机制解决实践中，法院对于不涉及经济利益的关联，一般不事先假设仲裁员存有偏私，而是分析案件的具体情形后再予以定夺。[2]

在个案中，身份冲突的情形分以下三种：

第一，仲裁员本人在涉及当事方的其他案件中担任律师或代理人，导致角色身份冲突（身兼数职的冲突）。出现这种冲突的原因在于专司仲裁之职的人员数量有限，经常接受指派从事裁判工作，且不与其他角色混同的著名仲裁员屈指可数。在多数情形下，仲裁员在一起案件中履行仲裁员职责的同时，在其他仲裁或诉讼案件中担任代理人的情况也屡见不鲜。双重角色可能引发利益冲突，在国际投资仲裁中亦不例外。

第二，仲裁员在涉及当事方的其他案件中同时担任仲裁员，导致身份冲突（身兼数案的冲突）。此类冲突出现的前提是，仲裁员不允许在仲裁案件中存在专业上的利益冲突。利益冲突的存在可能引发以下问题：如果同一仲裁员已在前案中处理过同类型法律问题并作出裁决的，如何保证在后续案件中公正地作出裁决？倘若一位德高望重的仲裁员从未披露曾在前案中所作裁决结论与后续裁决间的矛盾冲突，是否足以认定其存在专业上的利益牵涉？[3] 在国际投资仲裁领域中，有关投资保护、条约解释等问题的诠释反复出现，较国际商事仲裁而言，国际投资仲裁中的裁判者同时担任其他案件仲裁员，更易引起一系列困扰。裁判者同时担任其他案件仲裁员还可能带来另一问题——可能得到其他案件中的当事方

---

〔1〕 杨良宜、莫世杰、杨大明：《仲裁法：从1996年英国仲裁法到国际商务仲裁》，法律出版社2006年版，第561页。

〔2〕 杨良宜、莫世杰、杨大明：《仲裁法：从1996年英国仲裁法到国际商务仲裁》，法律出版社2006年版，第573页。

〔3〕 J. Kalicki, "Arbitrators and Issue Conflict: Treading a Tightrope of Legitimacy? Panel Discussion", in A. Laird, T. Weiler, *Investment Treaty Arbitration and International Law*, Huntington: Juris Publishing, 2009, p. 36.

毫不知情的信息，势必打破仲裁员之间信息公开的平衡。

第三，仲裁员在仲裁领域之外，发表涉案当事方或案情事实或法律的评论导致身份冲突（观点冲突）。众所周知，多数的仲裁员不仅是律师，亦是专家学者。案件的裁决作为学理研究一手材料的同时，抑或出现专家学者在裁决具体案件之前，就曾对类似问题在理论上进行探讨的情况。如果质疑方以此为依据提出质疑，仲裁庭又当如何评判，值得进一步探讨。

（二）行为冲突

仲裁员公正性的另一项重要内涵是"公平行事"。涉及仲裁员公正性方面的"行为冲突"，主要指仲裁员在仲裁程序中的相关行为未能公平、公正地对待当事人。仲裁程序中，仲裁员可能被认为是缺乏公正性的行为包括：出于倾向一方的目的，颁布程序命令；在一方当事人不在场的情况下与另一方当事人讨论案情；庭审中，与某一当事方（或当事双方）代表进行单方面的会谈；只允许一方当事人而拒绝另一方当事人进行口头陈述；受理案件之外与某一当事方私下接触等。这些行为都被视为损害仲裁员的公正性。一般而言，"行为冲突"较之"身份冲突"的表现更加明显。有时甚至出现仲裁员因疏忽大意明显违反程序规则的情形。此时，合议庭只要能够全面地把握受质疑的仲裁员的行为并对其作出准确界定，就不难作出正确的判断。

三、"客观行为标准"视角下质疑仲裁员公正性案件的实证分析

如前所述，在仲裁实践中，质疑仲裁员公正性的情形主要包括涉及仲裁员"身份冲突"和"行为冲突"两类。其中，身份冲突主要涉及仲裁员案外具有其他身份的情形。这些情形主要包括：在涉及当事方的其他案件中担任律师或代理人，在涉及当事方的其他案件中同时担任仲裁员；以及仲裁员在仲裁领域之外，发表涉案当事方或案情事实的法律评论等。行为冲突，主要指仲裁员在仲裁程序中，因作出不恰当的行为导致未能公平公正地对待当事方的情形。其中，质疑仲裁员公正性的两类情形中，涉及身份冲突案件的比例占大多数。

（一）因质疑请求不符合客观行为标准而未获支持的情形

在此类案件中，当事方对于仲裁员公正性资格所提出的质疑未获仲裁庭支持而被驳回。其中最为主要的原因在于，当事方并未在其所提出质疑与仲裁员的实际行为之间建立合理关联，抑或是此种关联并未有充分的客观证据予以证明，最终导致质疑的诉求未被支持。

1. 身份冲突：身兼数职的冲突

在 2002 年 SGS v. Pakistan 案中，SGS 一方质疑东道国巴基斯坦方面指派的仲裁员，依据之一是该仲裁员曾在一起 NAFTA 仲裁案件中担任东道国方的代理人，而巴基斯坦方面的代理人恰好在 NAFTA 案件中担任首席仲裁员。在 NAFTA 案件中，仲裁员代理的东道国方面最终获得仲裁庭的支持。SGS 一方认为，仲裁员可能因受到本案中巴基斯坦方代理人的恩惠与关照，从而寻求在本案中"伺机报答"的机会。

合议庭对 SGS 一方所提到的案件裁决仔细研究后，认为原裁决合情合理，无从得出本案仲裁员在原案中受到了所谓的本案巴基斯坦方代理人的"关照"并希望在本案中予以报答的情形。[1] 由本案可知，尽管质疑方对其质疑仲裁员的理由进行了说明且情有可原，但由于仲裁员的客观行为并无不妥，在本案亦未出现有违仲裁员公正性的行为，因此质疑方的要求无法得到合议庭的支持，该质疑被驳回。

2007 年 Grand River v. United States 案，同样是一起根据 NAFTA 第十一章提请的仲裁案件。该案中，美国政府质疑 Grand River 一方指派的仲裁员，原因是该仲裁员在另一起美洲人权委员会以及联合国反对种族歧视特别委员会（United Nations Commission on the Elimination of Racial Discrimination，简称"CERD"）受理的案件中，代表并协助美国原住民团体起诉美国，诉求是美国政府没有履行国际人权规章的义务。美国政府方面质疑该仲裁员在本案 NAFTA 项下公正裁断的能力，理由是该仲裁员参与有关人权事务的行为，使他在本案裁决前就已对美国是否遵从国际义务作出预判。该仲裁员则反对此项质疑，强调自己参与的人权事务案件与本案涉及的贸易争议毫无关联；且其并未反对美国贸易政策机构的观点与立场，本案仲裁解决的是关于 NAFTA 项下贸易争端的宗旨，就此议题而言其并未站在美国的对立面。

本案中，仲裁员指定机构负责解决该问题的 ICSID 秘书长支持了美国政府的看法。她认为，由于在本质上仲裁员双重身份的相似性，仲裁员在人权事务案件中作为代理人与同在 NAFTA 仲裁案中担任仲裁员的身份彼此冲突。"在美洲人权委员会及 CERD 受理的案件中，代表并协助当事方的程序尚在进行，旨在审查被诉方美国政府履行国际人权规定承诺的情况"。被诉方履行 NAFTA 项下国际承诺的事实，本庭对此并未怀疑。但基于其双重身份在本质上的相似性，可以得出结论：代表或协助 CERD 正在审理的案件与在本案中担任仲裁员互相矛盾。

秘书长提请仲裁员在两者间作出选择。继而宣布：本案质疑的裁决，将在收

---

〔1〕 SGS Société Generale de Surveillance S. A. v. Islamic Republic of Pakistan, ICSID Case No. ARB/01/13, Decision on Claimant's Proposal to Disqualify Arbitrator of 19 December 2002.

到仲裁员回复后作出。[1] 仲裁员回复道，他已放弃在美洲人权委员会仲裁程序中担任当事方的代理人，并强调自己并未与美国履行国际义务相关的部门有意作对，只是作为开设法律课程的导师，为探讨 CERD 工作情况的学生提供了建议；同时，旨在为联合国反对种族隔离特别委员会提供有价值的分析参考，以便该委员会及时审查美国相关条约履行的情况。

　　基于仲裁员放弃代表及协助美洲人权委员会程序中当事一方的事实，ICSID 秘书长驳回本案东道国对仲裁员提出的质疑，并认为：在国际仲裁庭作为当事方的代理人评判美国履行国际义务的情况，与在法律课程中作为学生的导师进行的指导和监督，二者有质的区别。仲裁员继续为学生提供的指导，并不构成 CERD 所谓的协助及代表相对方，也不足以根据《UNCITRAL 仲裁规则》第 10（1）条规定，对仲裁员的公正性提出合理怀疑。[2]

　　2. 身份冲突：身兼数案的冲突

　　在仲裁员身兼数起案件的情形中，最为典型的是 2007 年 Suez v. Argentina I 案。该案中，东道国阿根廷方申请撤销投资者一方 Suez 所指派的仲裁员，原因是该仲裁员同为 Vivendi v. Argentina I 案的仲裁员。在 Vivendi v. Argentina I 案中，东道国阿根廷政府被判赔 10.5 亿美元及利息给投资者一方。阿根廷政府认为，Vivendi 一案的裁决在事实以及举证方面漏洞百出，该案仲裁员参与本案审理的事实足以表明其"缺乏基本的公正性"。

　　决定此事项的合议庭基于实体和程序上的依据驳回了上述申请，并提供了实体部分的依据——合议庭回顾了 Vivendi 案的裁决，得出结论，认为无法找到该仲裁员缺乏公正性的依据。事实上，Vivendi 案的裁决结果是由三位仲裁员一致通过作出的。易言之，阿根廷政府方所指派的仲裁员也投了赞成票。仲裁员与某当事方对一系列案件事实以及司法裁断上的判断不一致，并不表明该仲裁员缺乏公正性。即使在仲裁员的先前裁决被全盘推翻的情况下亦是如此。合议庭认为："仲裁员可能在案件的某个事实或法律判断上失误，但不表示有失公正，本庭无权审查 Vivendi 案裁决书对事实和法律的裁断。"[3]

---

　　〔1〕　Grand River Enterprises Six Nations, Ltd. , et al. v. United States of America, UNCITRAL, Letter of the Secretary – General of ICSID to the Arbitrator of 23 October 2007, on File with the Author.

　　〔2〕　Grand River Enterprises Six Nations, Ltd. , et al. v. United States of America, UNCITRAL, Decision of the Secretary – General of ICSID on Challenge of 28 November 2007.

　　〔3〕　Suez, Sociedad General de Aguas de Barcelona S. A. and Interagua Servicios Integrales de Agua S. A. v. Argentine Republic, ICSID Case No. ARB/03/17, Decision on the Proposal for the Disqualification of a Member of the Arbitral Tribunal of 22 October 2007, para. 35.

　　该案合议庭还提出以下问题：仲裁员在一起案件中作出对某当事方不利的裁决，能否意味着其在其他案件中对同一当事方也难以公正？合议庭提出："尽管仲裁员独立于当事方，但对于本案的东道国阿根廷政府来说，可否因仲裁员参加了 Vivendi 案的审理，遂认为其会得出不公正的结论？或者概括地说，一位仲裁员或法官在某一案件中作出被当事方认定违背自己利益的裁决，这一事实是否在其他案件中对同一当事方也会产生影响——即无法保持公正？进言之，一位仲裁员或法官在一起案件中就事实和法律作出裁决后，是否意味着无权在另一起案件中公正地对相似案件的事实和法律作出裁决？结合仲裁实践来看，对上述问题的回答都是否定的。要得出一位仲裁员或法官缺乏公正性的评判需要效力足够充分的证据，而非只是该仲裁员曾经在一起案件中，以与其他仲裁员意见一致的方式通过了一项针对某当事方的裁决，该当事方又出现在该仲裁员裁判的另一起案件中的情况。如果这也足以导致对仲裁员资格的质疑，将对仲裁体系带来极为不利的后果。"[1] 易言之，每起个案的裁决彼此独立，"仲裁员就类似案件一定会得出相似裁决结论"的观点，在合议庭看来无异为"诛心之论"。

　　与之类似，2007 年 Giovanni Alemanni v. Argentina 案中，ICSID 秘书长向当事方质询以确认仲裁庭首席仲裁员的人选。[2] 除非任一当事方提出足够合理的理由，秘书长才将可能选择的首席仲裁员姓名通知各方。东道国阿根廷政府对仲裁员人选提出质疑，原因是该仲裁员曾公开声称支持"最惠国待遇条款"普遍适用于争端问题的解决，且在所参与的一起案件的管辖权裁定中坚持这一立场——此例证表明该仲裁员先前的立场是支持"最惠国待遇条款"适用于争端解决。因此，在涉及本案可能引发争议的事项上存有偏见。

　　ICSID 秘书长考察了东道国的反对意见后决定予以驳回，认为受质疑的原裁决，是针对另一起不同事实、不同当事方、且适用不同双边投资条约的案件。前案仲裁庭在裁决中明确表示，所作裁决严格限制在特殊案件的范围之中，作用也仅限于既定裁决本身，"而非适用于探讨'最惠国待遇条款'在争端解决上的普遍性适用。"故此，认为阿根廷方面的质疑理由不充分。[3]

　　在 2008 年 PIP v. Gabonese 案中，类似情形也曾出现。该案东道国加蓬政府质疑 PIP 一方指派的仲裁员，原因是该仲裁员已在 ICSID 仲裁程序中受理过起诉

---

〔1〕　Suez, Sociedad General de Aguas de Barcelona S. A. and Interagua Servicios Integrales de Agua S. A. v. Argentine Republic, ICSID Case No. ARB/03/17, Decision on the Proposal for the Disqualification of a Member of the Arbitral Tribunal of 22 October 2007, para. 36.

〔2〕　Giovanni Alemanni and Others v. Argentine Republic, ICSID Case No. ARB/07/8.

〔3〕　Id., Letter of the Acting Secretary – General of ICSID of 5 June 2008.

加蓬的案件，加蓬正对该案件的裁决申请撤销。两起案件的事实有多处重合：都涉及对特许权的认定，被诉方来自同一主权国家的政府，发生在同一时段且具备相同的政治背景。仲裁员已经在既定裁决中对本案所争议的事实和法律有所了解，既定裁决的审理，使得本案的一项关键内容容易产生预判——"撤回投资者特许权的行为构成征收"。当事双方平等原则将遭到破坏。决定此事项的合议庭对该质疑投票表决，结果各执一词。根据《ICSID 公约》第 58 条的内容，该质疑提交 ICSID 行政理事会主席裁断，根据 ICSID 秘书长的建议，最终该质疑被驳回。

行政理事会主席认为，东道国正在申请撤销由本案被质疑仲裁员出任他案首席仲裁员所出具裁决书的事实，并不足以引起对本案该仲裁员资格的质疑。他案撤销程序的运行，并不必然导致本案仲裁员公正性的缺失。[1] 根据前述 Suez v. Argentina I 案的裁决，仲裁员在其所参加的另一起案件的仲裁庭中对同属于本案的当事方作出裁决的事实，并不能构成其公正性的缺乏。仲裁员在前起案件仲裁庭出任首席仲裁员的事实，与本案无关。[2] 针对东道国方面提出的两起案件高度重合，可能引发仲裁员预判风险的问题，行政理事会主席认为无法对细节作出判断。因为，加蓬一方并未提供既定裁决的裁决书。行政理事会主席得出结论，该仲裁员在其他案件中已经对与本案相似的法律问题有所了解的事实本身，仍不足以支持对仲裁员资格的质疑。有关撤回特许权是否构成征收的问题，在投资法上属老生常谈。对此问题的回答，要依据每一个独立个案的具体情况，并基于前类案件仲裁庭的一贯主张据以判断。之前提及裁决的撤销程序仍不足以构成仲裁员公正性的缺乏。[3]

仲裁实践中，有可能出现另一种情况——仲裁员同时在数起案件中任职。这种情形的判断标准与前类情形并无过多区别。

在 2008 年 Saba Fakes v. Turkey 案中，Saba Fakes 质疑东道国土耳其政府指派的仲裁员，原因是该仲裁员同时还被土耳其政府指派，担任另一起 ICSID 案件的仲裁员，而两起同时进行的案件所审查的事实和解决的法律问题重合。决定此事项的合议庭驳回该质疑，认为除两起案件都在 ICSID 审理，且被诉方都是土耳其政府之外，Saba Fakes 一方并未证明两起仲裁案件之间的其他关联。这两起仲裁案件涉及不同的行政行为、不同的政府部门、不同的商业部类（分别是能源产

---

〔1〕 Participaciones Inversiones Portuarias SARL v. Gabonese Republic, ICSID Case No. ARB/08/17, para. 28.

〔2〕 Id., para. 30.

〔3〕 Id., para. 33.

业和电力产业）不同的准据法（分别是《能源宪章条约》以及《土耳其—荷兰双边投资条约》）。合议庭认为："在两起不同的、针对同一东道国的仲裁案件中担任仲裁员的情况，如若没有其他客观情形足以表明两起案件之间存在关联（仲裁员在一起案件中的裁决将会明显影响到另一起案件中独立仲裁的能力），则不属于《ICSID 公约》第 57 条规定的质疑仲裁员资格的情况。"[1]

在 2010 年 Tidewater v. Venezuela 一案中，仲裁庭从理论上阐明了运用"客观行为标准"之必要性。该案 Tidewater 质疑委内瑞拉方面指派的仲裁员，认为她同时在另一起正在进行的、委内瑞拉同属于当事方的仲裁案件中担任仲裁员。Tidewater 认为本案与另起案件都涉及一个重要的法律议题，即委内瑞拉是否在所发布的投资法案中明确阐明了委方对于 ICSID 仲裁的认可。由于另一起案件的发生时间早于本案，在本案对同一问题作出裁决时，受到质疑的仲裁员已事先对同样的议题作出了预判。换言之，本案中该仲裁员已不可能秉持完全公平的态度处理同一问题。根据投资者一方的主张，这种情况已在《国际律师协会指南》第3.1.5 条的"橙色清单"中得以反映。

决定此事项的合议庭限定了《国际律师协会指南》第 3.1.5 条的适用范围，并指出："《国际律师协会指南》第 3.1.5 条规定背后所蕴含的逻辑是：在某些情况下，由于两起案件中的当事方与案件事实之间关联过于紧密，仲裁员可能在特殊案件情势下判断某一当事方法律责任时出现事实上的预判。仲裁员就援引事实相似的既定裁决作出裁判的行为，既无偏见，也不失公正。仲裁员被要求援引既定裁决作出裁判的行为，不能视为偏见或不公。"[2]

合议庭指出，如果仲裁员因对与既定裁决（或同时进行仲裁的案件）类似的法律或事实问题作出裁断而被取消资格的话，国际投资仲裁机制就无法正常运转。任何其他案件中对法律问题的裁断，都不会对本案被质疑的仲裁员以及仲裁庭产生约束力。因此，仅就本案双方提交的"申请仲裁书"内容，就得出本案仲裁庭面对的法律问题与既定裁决重合的结论，恐怕为时尚早。基于上述理由，合议庭最终驳回对仲裁员的质疑。[3]

在 2011 年 Universal Compression v. Venezuela 一案中，对仲裁员提出的质疑与上述 Tidewater v. Venezuela 案十分类似。Universal Compression 同样基于《国际

---

〔1〕　Saba Fakes v. Republic of Turkey, ICSID Case No. ARB/07/20, Decision on the Claiman's Proposal for Disqualification of a Member of the Arbitral Tribunal of 26 April 2008, para. 27.

〔2〕　Tidewater Inc. and Others v. Bolivarian Republic of Venezuela, ICSID Case No. ARB/10/5, Decision on Claimant's Proposal to Disqualify Professor Brigitte Stern, Arbitrator of 23 December 2010, para. 67.

〔3〕　Id. , paras 68 – 69.

律师协会指南》"橙色清单"第3.1.5条对仲裁员提出质疑，原因是该仲裁员同时在四起正在 ICSID 进行的，以委内瑞拉政府为被告的案件中担任仲裁员，这些案件的案情和法律适用相差无几。尤其是，四起案件中外国投资者一方都认为东道国委内瑞拉通过非法征收的手段侵占自己的财产。Universal Compression 指出，由于仲裁员在其他案件中得以了解委内瑞拉方的措施及其抗辩理由，因此，该名仲裁员在本案参与仲裁，将无法保持独立、公正。

委内瑞拉方则反驳道：如果投资者一方对于《国际律师协会指南》第3.1.5条的解释可以被接受的话，在国际投资仲裁中就没有当事方可以在 3 年之内指派同一名仲裁员了。几乎所有的 ICSID 案件所处理的都是本质上类似的法律问题，比如公平公正待遇问题和征收问题等。投资者一方并未对四起案件中的具体措施和抗辩理由进行有力举证，却只是笼统地推测四起案件有类似的情形。

被质疑的仲裁员也回应道，她无法理解申请方如何将不同行业、不同领域的四起案件关联在一起。从四起以委内瑞拉为被诉方的案件涉及法律争议类型的相似性——比如征收问题、违反公平公正待遇条款以及充分保障与安全条款的问题综合分析——她认为，几乎所有的投资仲裁案件都会涉及这类内容。

根据 ICSID 秘书长的建议，本案处理此问题的 ICSID 行政理事会主席指出，在仲裁程序启动伊始，对本案在事实上和法律上与其他几起仲裁的相似性作出判断确有必要。然而，几起案件的申请方不同，且发生争议的行业领域也有很大差异。"如果仲裁员仅仅因为在其他仲裁案件中处理过类似的事实和法律问题就要被取消资格的话，则整个国际投资仲裁机制将难以为继。如同 Suez v. Argentina I 一案中阐明的，仲裁员在某一案件中对事实或法律问题作出裁断，并不排除该仲裁员在其他案件中对事实和法律作出公正的裁断。无论是本案中受到质疑的仲裁员，还是仲裁庭的其他两位组成成员，都不会受到前 3 起案件中任何有关事实或法律裁断的约束。究其缘由，仲裁庭能否被当事方的诉求说服的关键，并不取决于其面对当事方诉求的次数，而是对诉求实质的分析与法律推断。"[1]

基于以上考虑，行政理事会主席得出结论认为，投资者一方所提出的"因案件包含类似的议题而使得仲裁员无法公平、公正地作出裁断"的论点不能立足。据此，行政理事会主席驳回对该名仲裁员的质疑。[2]

---

〔1〕 Universal Compression v. Bolivar Republic of Venezuela, ICSID Case No. ARB/10/9, Decision on the Proposal to Disqualify Prof. Brigitte Stern and Prof. Guido Santiago Tawil, Arbitrators, of 20 May 2011, para. 83.

〔2〕 Universal Compression v. Bolivar Republic of Venezuela, ICSID Case No. ARB/10/9, Decision on the Proposal to Disqualify Prof. Brigitte Stern and Prof. Guido Santiago Tawil, Arbitrators, of 20 May 2011, para. 85.

3. 身份冲突：观点冲突

在此类案件中，仲裁庭主要考察的是仲裁员在公开发表的论著等相关领域所表达的观点与在庭前所表达意见的相关程度。从客观上看，如果二者从内容或形式上所距甚远，就此提出的质疑一般难以得到支持。

在 2005 年 Saipem v. Bangladesh 案中，东道国孟加拉国质疑投资者一方指派的仲裁员，原因是该仲裁员曾经在著作中阐明对本案核心议题的预设立场。Saipem 一方则反对，认为："该仲裁员所表达的学术观点不能被解读为缺乏独立性，亦不能认为偏向某一方。恰恰相反，该仲裁员的声望及其在投资法方面的学识，足以证明其适合在 ICSID 程序中承担仲裁员的角色。"[1] 决定此事项的合议庭最终驳回该质疑，认为仲裁员在学术上的观点是抽象的，并未与任何特定的案件相关联，不会影响仲裁员的公正性和独立性资格。[2]

在 2010 年 Urbaser v. Argentina 案中，仲裁庭在裁决书中罕见地用非常详尽的篇幅阐述了涉及观点冲突时仲裁庭应采取的立场。本案中，Urbaser 一方质疑东道国阿根廷方面指派的仲裁员，原因是该仲裁员曾在著作中就两项与本案相关的议题进行过论述。Urbaser 一方认为，仲裁员的著作已经表明对相关法律问题的意见，使得仲裁员无法基于当事方所提供的案件事实作出准确的判断。仲裁员不可能就同一问题因仲裁裁决与其著作形式的不同，得出自相矛盾的判断。

东道国阿根廷方面则对此表示反对，认为仲裁员在审理本案之前通过公开出版物表明的观点，若不属于正在进行的案件审理所涉及的敏感问题范围，就不应对本案仲裁员的公正性产生影响。受质疑的仲裁员从未发表过任何偏向于阿根廷的法律观点，也没有在国际仲裁程序中参与制定有关针对阿根廷的诉讼策略。受质疑的仲裁员就学者与仲裁员身份间的界限问题发表观点认为：作为法律专家，其工作是基于法律渊源，就学界所争议的问题，发表个人的学术主张，并在与不同观点的思想交锋中，顺应该争议的发展趋势，不断修正先前的主张；而作为仲裁员的任务，则是在当事双方之间，依据已证事实、适用准据法公平裁断。该仲裁员还声明保证自己能够履行仲裁员职责，不受之前出版著作所表明观点之局限，对相关法律问题不存偏见。

Urbaser 一方认同上述有关学者与仲裁员之间界限的划分方法，但指出本案

---

〔1〕 L. Malintoppi, "Independence, Impartiality and Duty of Disclosure of Arbitrators", in P. Muchlinski, F. Ortino, C. Schreuer ed., *Oxford Handbook of International Investment Law*, Oxford: Oxford University Press, 2008, p. 799.

〔2〕 Saipem S. p. A. v. People's Republic of Bangladesh, ICSID Case No. ARB/05/7, Challenge Decision of 11 October 2005.

的情形并非区分两种角色这样简单，而在于仲裁员发表在一份出版物中的文章所表述的观点事关阿根廷一方；仲裁员在其他出版物中的言论更显得措辞强烈、明确与肯定，远超所谓"学理之争"，更谈不上"中立"。

合议庭认为，从绝对意义上看，没有仲裁员能够完全做到独立、公正。独立的个体往往基于道德、文化以及所受专业教育和成长经历发表不同的观点和主张。作为履行裁判职能的个体，应当具备"对每一起案件事实，排除所有与其无关的因素予以考量裁断的能力"。就本案事实，投资者一方对于"公正"的理解"过于绝对"，不足以证明仲裁员对本案相对方的诉求存在偏袒。事关偏见的主张只是基于仲裁员在论著中就两个法律概念的诠释，以及在多种解释的选择中采纳了可能偏向阿根廷一方的主张。在合议庭看来，仅仅表明与特定仲裁案件有关法律问题的观点本身，并不足以作为质疑仲裁员资格的依据。对仲裁员的公正性提出质疑，还要更为充分的证明——易言之，充分到足以解释观点如何具体影响仲裁员的裁断。如同合议庭所指出的，"这些为仲裁员所阐明的，被投资者一方认为事关两起案件涉及的重要法律问题的观点已经足够明确、清晰，任何理性第三方都会发现仲裁员可能依据这些观点而非对案件的事实、证据以及当事方在程序中所提出的意见予以充分考量……""仲裁员仅表明某种学术观点，即使该观点与特定的仲裁案件有关，也不足以作为质疑仲裁员公正性和独立性资格的依据。这样的质疑若要得到仲裁庭的支持，质疑方必须充分证明这种学术观点或立场足以偏向于案件的某一当事方（或与该当事方紧密关联的方面），且仲裁员本人（或者与仲裁案件任意相关当事人，如证人或其他仲裁员）对于仲裁案件的结果存在直接或间接利益"。[1]

合议庭认为，如果按照投资者一方所提出的观点，则仲裁员在处理案件之前所表达过的关于《ICSID 公约》的学术观点，都可能因其在后续裁决中为某一当事方所支持或与之相关联而被视为在特定案件中构成偏见行为。这将导致没有仲裁员愿就《ICSID 公约》发表意见，因此对国际投资法的发展十分有害。合议庭指出："ICSID 仲裁的裁决因出版发行以及在 ICSID 官网的公布被广为传播，促进了全球范围内就国际投资法问题开展广泛讨论，对国际投资仲裁领域法律规则的发展，作出了积极贡献。如果这类讨论不能囊括那些能够实际参与仲裁案件审理的专家意见（无论是以学者、仲裁员、律师的身份，还是以书面或口头形式发表

---

〔1〕 Urbaser S. A. and Consorcio de Aguas Bilbao Biskaia, Bilbao Biskaia Ur Partzuergoa v. Argentine Republic, ICSID Case No. ARB/07/26, Decision on Claimants' Proposal to Disqualify Professor Campbell McLachlan, Arbitrator of 12 August 2010, paras. 44 – 45.

的意见），将丧失其价值。因此，投资者一方的立场，即'仲裁员事先阐明的与案件相关的某个观点，可藉以视为表明仲裁员缺乏独立性和公正性资格的偏见'这类片面、极端之词，难以被合议庭采信。"〔1〕

合议庭随后分析受质疑仲裁员所阐述的观点是否可被视为"足够明确，以致理性第三方认为仲裁员已经不会在仲裁活动中对另一当事方的观点给予公正对待"。强调受质疑的仲裁员已知悉投资者一方的担心，并声明不会受先前出版论著观点的局限且保证不对案件的议题产生预判。由此合议庭认为，没有理由不相信该仲裁员的声明与保证。

针对投资者一方提及"受质疑仲裁员（作为学者而非仲裁员身份）表明的观点可能在一定程度上对其自身产生拘束力"的观点，合议庭指出，学术品质重在强调"依据当下的学术思潮修正既有观点的能力"。受质疑的仲裁员毫无疑问已经达到这样的水准。〔2〕

尽管本案合议庭承认仲裁员可以学者的角色发表学术见解，但还是尽可能弱化了学者与仲裁员角色间的区别和关联。"作为学者阐述的意见和作为仲裁员形成的观点，二者间划一条令人信服的界限并非易事。然而，学者的观点可作调整，且这类观点与特定案件的事实和法律问题并不发生关联。本案 Urbaser 一方提出，仲裁员在特定案件中面对相同或者类似的法律问题，可能受先前观点的局限。本庭认为固然有一定道理。作为 ICSID 仲裁员的学者，并未丧失表达学术观点的能力，两种关联确有可能引发对特定案件的裁断。排除此类人为的界限，还应重在分析其（受到质疑的仲裁员）陈词，因为它可以决定仲裁员是否足以在本案中进行独立而公正的裁断。"〔3〕

合议庭分析了 Urbaser 一方提出质疑的第一个观点。在 2008 年出版的一本法学期刊上，受质疑的仲裁员将一系列针对阿根廷案件中关于东道国以紧急情势为抗辩的内容进行比较分析。文中的观点是，应当重点关注 CMS v. Argentina 一案中专门委员会裁决中的理由：专门委员会所指出的 CMS 一案中仲裁庭的错误是"将涉及紧急情势的国际法习惯原则置于首位，在未对其与国际条约的标准予以区分的情况下，将二者混为一谈，从而导致 CMS 案仲裁庭以及随后一系列参照该裁决的仲裁庭做法上的失误"。

---

〔1〕　Urbaser S. A. and Consorcio de Aguas Bilbao Biskaia, Bilbao Biskaia Ur Partzuergoa v. Argentine Republic, ICSID Case No. ARB/07/26, Decision on Claimants' Proposal to Disqualify Professor Campbell McLachlan, Arbitrator of 12 August 2010, para. 48.

〔2〕　Id. , para. 51.

〔3〕　Id. , para. 42.

在合议庭看来，上述内容只是作者对一系列国际法问题分析的部分内容。鉴于 CMS 案中适用的美国与阿根廷的 BIT 与本案所适用的西班牙与阿根廷的 BIT 存在区别，合议庭对上述分析与本案之间的联系表示怀疑。上述分析不能表明受质疑的仲裁员在本案中无法"全神贯注"于当事双方的立场而对紧急情势抗辩作出判断。

在附带意见中合议庭还提出，如果 Urbaser 一方的意见得以采纳，几乎所有曾对某项 ICSID 仲裁案件的内容发表意见的仲裁员都将陷入资格被质疑的危机。"导致对大批仲裁员，尤其是那些经验丰富的仲裁员资格的质疑。使 ICSID 仲裁程序陷于瘫痪，与本庭合理期待的结果背道而驰。"[1]

Urbaser 一方提出的第二个质疑观点出自受质疑仲裁员与他人合作的一本专著。该专著中的一章专就"最惠国待遇"在双边投资条约争端解决条款的适用问题上作出了评析，并对两起采取相左立场的 ICSID 仲裁案件予以点评。对其中的一项裁决，该仲裁员持反对态度，认为该裁决"推翻西班牙与阿根廷 BIT 中精心商议而达成的协议"，因此视该裁决为"异类"。而对于另一起案件，该仲裁员认为该裁决是对前一起案件的"拨乱反正"，且该案的推理过程"几近完美"。该仲裁员得出结论："'最惠国待遇'不应适用于投资条约的争端解决条款，除非东道国明确表示同意。"

对于仲裁员的上述观点，合议庭指出，每一个"最惠国待遇"条款适用于不同仲裁争议案件的情形，有较大的讨论空间。受质疑的仲裁员在著作中并未就"最惠国待遇"条款与争端解决条款之间关系的可能性进行完整的论述，比如近年来关于此问题的裁决及学术界已经出版成果的论述就未在列。合议庭由此认为，受到质疑的仲裁员的论述中，也为支持投资者一方之立场在论据中留有一定的余地。[2]

出于对仲裁员"从更广泛的视角分析案情事实"能力的信任，合议庭最终认为"（受质疑的仲裁员）发表的学术观点并未达到使其不能以公正的立场分析

---

〔1〕 Urbaser S. A. and Consorcio de Aguas Bilbao Biskaia, Bilbao Biskaia Ur Partzuergoa v. Argentine Republic, ICSID Case No. ARB/07/26, Decision on Claimants' Proposal to Disqualify Professor Campbell McLachlan, Arbitrator of 12 August 2010, at para. 54.

〔2〕 Urbaser S. A. and Consorcio de Aguas Bilbao Biskaia, Bilbao Biskaia Ur Partzuergoa v. Argentine Republic, ICSID Case No. ARB/07/26, Decision on Claimants' Proposal to Disqualify Professor Campbell McLachlan, Arbitrator of 12 August 2010, at paras. 55 – 57.

当事双方争议并就此裁断的严重程度"。合议庭最终驳回对该仲裁员资格的质疑。[1]

4. 行为冲突：涉及庭审阶段的行为

行为冲突的客观性，使得仲裁庭对其判断的难度相对较低。在仲裁实践中，仲裁庭对个案的裁量往往态度谨慎。只有明显违反规定的外部行为，才可作为仲裁庭支持质疑仲裁员公正性资格的理由。

如在 1985 年 Klöckner v. Cameroon 案中，Klöckner 向专门委员会提请撤销裁决，原因在于原裁决"系统性"地对投资者一方敌视，反映出仲裁庭公正性的缺乏。任何公正性的瑕疵，都是对《ICSID 公约》第 52 (1) (d) 条有关程序性基本原则的严重背离。

专门委员会审查了原裁决中被投资者一方所诉称的"几近苛刻、表明存在偏见甚至敌意"的内容和行文用词。原裁决认为：投资者一方未尽保密义务与忠诚义务，没有采取恰当的措施履行协议方应尽的职责，对于十分重要的信息也未予披露等。专门委员会认为原裁决这番措辞，无论语气多么严重，都不能作为（即使只是怀疑）仲裁庭存在偏见的证据。这类措辞一再反复的事实，足以说明："原仲裁庭认为在一家联营企业中合作的义务以及彼此承担的信息披露义务十分重要，且遵守这些义务所反映出的较高的商业道德标准。"[2]

专门委员会也审查了原裁决的结构，注意到原裁决论述 Klöckner 一方的义务及问题占到的篇幅是论述东道国喀麦隆义务内容的 3 倍。尽管在形式上给投资者一方造成原仲裁庭并未认真对待自己诉求的错觉，但不能依此作为怀疑原仲裁庭存有偏见的依据。[3] Klöckner 一方认为，原仲裁庭在对抗辩理由分析之前，因其出现的瑕疵一叶障目，全然否定了 Klöckner 一方的主张。专门委员会认为这点无

---

〔1〕　Id., at para. 58. 2010 年 10 月，于日内瓦举办的一场名为"走下坡路的仲裁？"的讲座中，时任英国伦敦国际仲裁院主席的仲裁员帕克先生（William W. Park）认同"不能基于著作取消仲裁员资格的"思路。他的如下观点常会被加以引用："若因著作的因素，主张取消仲裁员的资格，那么，仲裁的专业性将落入隐士和愚人之手（in the hands of hermits or half – wits）。""如果仲裁员在文章中怀有真诚而开放的心态（on a genuine open point），讨论的某个法律问题恰好成为仲裁案件中某当事方的关键性议题，则该仲裁员在考虑是否接受指派时，应当保持审慎。若仅基于该仲裁员创作专著的因素而褫夺其参加案件仲裁的资格，则令人担忧。如果不能让这些富有学术和实践经验的专业人员参加仲裁，将严重不利于仲裁的公平正义及其商事合理性（economic justice or commercial reliability）。" S. Perry, "Rusty Park: is arbitration in its autumn？", http://globalarbitrationreview.com/news/article/28781/, 2010 – 10 – 5/2015 – 01 – 30.

〔2〕　Klöckner Industrie – Anlagen GmbH and others v. United Republic of Cameroon and Société Camerounaise des Engrais, ICSID Case No. ARB/81/2, Annulment Decision of 3 May 1985, para. 98.

〔3〕　Klöckner Industrie – Anlagen GmbH and others v. United Republic of Cameroon and Société Camerounaise des Engrais, ICSID Case No. ARB/81/2, Annulment Decision of 3 May 1985, para. 100.

足轻重：即使 Klöckner 一方的理由成立，其义务履行不到位的问题也足以导致诉求被驳回。同时，就原裁决对东道国喀麦隆方的义务履行以及被投资者一方宣称的瑕疵给予了足够关注并予以评价。通过对原裁决的分析，专门委员会认为："全然不足以构成偏见，原仲裁庭在仲裁过程中符合中立性及公正性要求，裁决的解释与结论并不存在问题。"因此，原裁决不可因部分原仲裁庭成员公正性资格的缺乏而被撤销。[1]

专门委员会同时在附带说明中指出，原案裁决书的行文不尽如人意，致使当事一方得出没有被公平对待、裁决不公的结论也情有可原，原因在于《ICSID 仲裁规则》第 46 条规定的 60 日（附加 30 日）的裁决起草期限。若赋予原仲裁庭更多时间，则"极可能"制作出令人信服的裁决书。本案的关键在于，仲裁庭制作裁决书的行为是否足以引起对其公正性资格的怀疑。按照仲裁庭的分析逻辑，如果裁决书行文本身不存在重大缺陷，则其与仲裁员公正性资格就不存在相关性，质疑的可能性就会降低。

与之类似，在 2007 年 Sempra v. Argentina 一案中，东道国一方对仲裁庭提出质疑，原因是仲裁庭仅因仲裁程序规定而拒绝在案卷中载明前起有关阿根廷的仲裁裁决，反映出仲裁庭整体缺乏公正。具言之，该起被拒绝载明的案件是有关阿根廷针对 2001 年至 2002 年经济危机采取措施的第二起案件。同样的议题，本起案件的裁决结果与前起案件裁决结果大相径庭，故此认为仲裁庭成员都存在偏见。仲裁庭对此提供的理由是——由于本案是基于不同情况以及不同议题而作出的，没有必要参考前起案件。

另外，原仲裁庭否认争议的案件裁决反映出仲裁庭的整体偏见，并根据《ICSID 仲裁规则》第 9（3）条作出五方面的解释：一是该案的仲裁活动即将完结，双方均已就相关事由提交了证据；二是如果阿根廷一方所提出的前起案件裁决结果得以为本庭所接受，投资者 Sempra 一方也应当获得同样的机会对此发表意见。然而，Sempra 一方无法对此回应，因为 Sempra 一方并非前起案件的当事方，且前起案件的内容已被加密；三是由本案就既往案件的仲裁庭为何就同类问题作出彼此矛盾的裁决发表意见并陈述理由的要求不合时宜；四是被拒绝载明和置于卷宗的并非裁决，而是一份临时决定，此决定的效力在任何时候均可被本庭修改；五是拒绝行为应当被视为行使有序的仲裁程序时必要的意思表示，即任何当事方均应当确保自己在仲裁庭规定的期限范围内及时阐明观点。

由于东道国方面质疑仲裁庭全体成员的资格，该问题最终交由 ICSID 行政理

---

〔1〕 Id. , para. 110.

事会主席予以定夺。根据 ICSID 秘书长的建议，行政理事会主席驳回了东道国的质疑，认为仲裁庭拒绝在记录中载明前起案件的裁决，从正义和效率的角度上并无不当，且原仲裁庭仍对该裁决给予了足够的关注和考量。[1]

在 2007 年 Abaclat v. Argentina 案中，东道国方对两名仲裁员的资格提出质疑，原因是两名仲裁员签署了一份"多数决裁定",[2] 认为仲裁庭对由 6 万名个人以及机构债券持有人集体组成的联合会所提出的与本案相关的诉求享有管辖权。东道国阿根廷方面对此提出数项反对，理由有四个：

第一，认为两位仲裁员并没有足够的证据。阿根廷方面所提供的证据包括一名专家证人的报告以及一名债券持有人在意大利的司法程序中的证言，旨在表明申请方对当前案件的同意无效。

第二，两名仲裁员并未考虑另一名持不同意见仲裁员的观点。仲裁员的公正性要求仲裁员对所有合理的论证均予以考虑，不仅包括当事方所提出的，也应当包括其他仲裁员提出的问题。

第三，两名仲裁员在裁定中作出的"6 万个单独个体的诉求应当合并为一个诉求"的判断，侵犯了东道国就此问题予以抗辩的权利。换言之，仲裁员并没有考虑每一个申请的具体情况，如申请人身份的识别（一个富有经验的、从属于某个机构的债券持有人与一个没有经验的、单独的债券持有人的区别）、购买债券的时间节点等。阿根廷政府一方认为，两名仲裁员没有将单独的诉求置于具体的情形下予以讨论的行为，侵犯了自己抗辩的权利。

第四，东道国宣称，在这份关于管辖权的裁决中，本案两名仲裁员在一系列事实情节上均存在偏见，比如认定阿根廷政府在没有正当理由的情况下，单方面修改投资者的给付义务；在没有逐项审查的情况下，即认定所有债权人的单个诉求"同质"。基于上述情形，阿根廷方根据《ICSID 公约》第 14（1）条以及第 57 条的规定，认为这两名仲裁员"十分明显"地缺乏公正性资格。

根据《ICSID 公约》第 58 条的规定，质疑仲裁庭"多数决裁定"的情形应

---

〔1〕 Sempra Energy International v. Argentine Republic, ICSID Case No. ARB/02/16, Decision of 5 June 2007. 于是，仲裁庭保留其原有的组成结构，随后在 2007 年 9 月 28 日颁布裁决。不过，阿根廷随后以该仲裁庭组成不符合《ICSID 公约》第 52（1）（a）条内容为由，申请对案件进行撤销。撤销专门委员会于 2010 年 6 月 29 日签发裁定，以仲裁庭明显越权为由，撤销原裁决，并未对仲裁组成不符合规定这一诉求进行分析。

〔2〕 "多数决裁定"（majority decision）即仲裁庭以"二比一"通过的裁定，不同于 3 名仲裁员全部通过的"全体一致裁定"（unanimously decision）。

当由 ICSID 行政理事会主席予以定夺。[1] 行政理事会主席考察了《ICSID 公约》第 14（1）条及第 57 条规定的内容，认为两条规定并未要求实际出现偏见行为，只要证明存在"偏见行为的表征"即可，对仲裁员提起缺乏公正性资格"按照理性第三方对证据进行合理推测的客观标准"，质疑方的主观臆断不足以对仲裁员的资格提出质疑。[2] 主席认为，本案的仲裁期限较为漫长，案情也异常复杂，仲裁庭作出的每一项裁决都是基于当事双方的主张以及仲裁庭合理的自由裁量。裁决当然不能满足当事方的所有诉求。因此，仅仅基于对己方不利的裁定后果提出的质疑，不足以证明仲裁员缺乏独立性或公正性资格，反而容易导致"仲裁程序不断被质疑方打断，以至拖延仲裁时间"。[3] 具体到东道国方质证的这份裁决本身及相关事实，并无法证明两位仲裁员缺乏公正性资格。基于上述分析，行政理事会主席最终驳回东道国一方的质疑请求。

除上述情形外，仲裁员在庭审程序进行中的行为也可能受到质疑。在 2005 年 CDC v. Seychelles 案中，独任仲裁庭所做的最终裁决，对东道国塞舌尔一方不利。塞舌尔方面遂对该案提起撤销申请，认为该案的裁决严重背离《ICSID 公约》第 52（1）条 d 项规定的仲裁程序基本规则，指出该独任仲裁员缺乏公正性资格，原因是他曾经就东道国是否能被允许在预审阶段提供口头证据举行了听证，然而东道国认为这理应由东道国自己决定，故该情形足以反映出该仲裁员缺乏公正性资格。从庭审的文字记录以及最终的裁决也可以发现，该仲裁员总是冒然打断从而帮助投资者 CDC 一方，且始终进行倾向性的提问以获得有利于 CDC 一方的结果，上述行为都反映出仲裁员有失公正。

CDC 从三方面予以抗辩：一是独任仲裁员要求就预审阶段口头证言的举证问题进行讨论确有必要，与预审阶段的规定相符合。且东道国一方在预审之前，已提交证人的书面证言；二是仲裁员的发问方式并无不妥，并不表明仲裁员缺乏公正性资格，旨在表明仲裁员意欲作出公正的裁决；三是独任仲裁员作为一名受人尊敬的澳大利亚最高法院前首席大法官，东道国塞舌尔方却在专业性上对其质疑，令人难以想象。

专门委员会审查了本案的原始记录（任命独任仲裁员、裁决的作出，以及裁决的内容）后认为，本案中独任仲裁员的行为完全适当。与东道国方面宣称的仲裁员缺乏公正性资格的情形正好相反，本案的原始卷宗足以表明该仲裁员履行了

---

〔1〕 Abaclat and Others v. Argentine Republic, ICSID Case No. ARB/07/5, Decision on the Proposal to Disqualify a Majority of the Tribunal of 4 February 2014.

〔2〕 Id., para. 77.

〔3〕 Id., para. 80.

作为一名公正的独任仲裁员的职责，其行为确保了本案当事双方充分的抗辩权，并依法作出合理的裁判。在专门委员会看来，独任仲裁员在预审阶段同意就塞舌尔方面提交口头证据进行讨论的事实，正是其公正性资格的最好说明。尽管在预审程序开始前和当天，该仲裁员的确都提出过关于口头举证是否必要的疑问。不过，东道国塞舌尔方还是成功说服该仲裁员进行了口头举证程序。事实充分证明，该仲裁员对此议题乃至整起案件的裁决，都抱有充足的开明态度。[1] 最终，专门委员会驳回东道国方面的撤销请求。

在 2011 年 National Grid v. Argentina 一案中，东道国方面请求取消一名仲裁员的资格，起因于该仲裁员在庭审程序中的一份有关案件事实的声明。作为对阿根廷方面代理人及一名专家证人交叉盘问的回应，该仲裁员作出如下声明："显然，证人对案件的某些事实十分了解，但本人认为，这些证言是建立在假设的基础上。"阿根廷方面由此主张该仲裁员存在偏见，因为当时庭审程序尚未结束。

伦敦商会仲裁院就此组成合议庭履行仲裁员指定机构职责。合议庭认为，单就声明而言，"确实会给理性的第三人留下'仲裁员在事关仲裁最终结果的问题上，已经持有明确的预设立场'之印象。不过，将理性第三人标准孤立地适用于声明，而不将仲裁员对于交叉盘问环节的干预'视作整体并加以综合考量的做法'，并不妥当。"通过综合考虑仲裁员干预交叉盘问环节的背景，在对庭审记录进行分析的基础上，合议庭认为，仲裁员对专家证人提出的假设性疑问并无偏见，驳回了质疑。[2]

5. 行为冲突：披露义务

仲裁员未能及时披露信息，可以作为质疑资格之理由。信息一经披露，可能导致对仲裁员独立性和公正性资格的质疑。在一系列案件中，当事方皆主张未尽披露义务的行为足以表明仲裁员无法被信赖其继续在仲裁庭履职。当事方的主张是否成立，应在分析仲裁员的客观行为是否构成违背信义义务的情况下予以确认。

如 2005 年 Azurix v. Argentina I 一案，东道国方对首席仲裁员的资格提出质疑，原因是该首席仲裁员供职的律师事务所与投资者一方 Azurix 集团的公司存在关联。仲裁程序伊始，首席仲裁员曾披露过其所属律师事务所与当事一方存在一定关联。随着仲裁程序的进展，仲裁员所属律师事务所刚收到两份 Azurix 集团发

---

〔1〕 CDC Group plc v. Republic of Seychelles, ICSID Case No. ARB/02/14, Decision of the Ad Hoc Committee of 29 June 2005 on the Application for Annulment of the Republic of the Seychelles, paras. 54 – 55.

〔2〕 National Grid PLC v. Republic of Argentina, Case No. UN 7949, Decision of the LCIA Court on the Challenge to Mr Judd L. Kessler of 3 December 2007.

来的附加指示，仲裁员却未披露这种新信息。阿根廷方面由此认为该仲裁员违反透明度原则，未尽披露义务。

合议庭驳回该质疑，认为"无证据表明该仲裁员在履行调查与披露义务上出现疏忽"。合议庭还指出，该仲裁员受到指派之时，已向仲裁庭和当事双方告知其可通过所属律师事务所获得当事方及其附属机构的指示。由此得出结论，该仲裁员"已经通过合理的质询表明其有权对任何（《国际律师协会指南》第 7 条规定内容意义上的）潜在利益冲突情形进行调查"。而该仲裁员没有披露来自投资者一方新指示的行为，也不无道理。"作为一家在 11 个不同的城市拥有 800 多名律师的事务所，偶然出现传递信息方面的瑕疵是可以被理解的。"合议庭认为，在投资者一方新的指示被公开之后，被质疑的仲裁员"立即对此作出调查且随即汇报"的行为令人满意。[1]

又如在 2010 年 Alpha v. Ukraine 一案中，东道国乌克兰对投资者 Alpha 一方指派的仲裁员提出质疑，原因是该仲裁员未披露其曾与投资者 Alpha 一方代理人在 20 世纪 80 年代同在哈佛大学求学的事实。由于同学的经历并非必须披露的内容，决定此事项的合议庭驳回该项质疑。在得出结论之前，合议庭对未披露事实或情形可能被作为质疑仲裁员资格的情形也作出一系列分析。

合议庭指出，《ICSID 公约》第 14 条及第 57 条所规定的关于质疑仲裁员资格的审查标准与《ICSID 仲裁规则》第 6（2）条规定的关于披露义务的审查标准"之间并非完美契合"。易言之，披露义务所涵盖的范围与情形较之质疑仲裁资格的情形要更加宽泛。[2] 对合议庭而言，这种审查标准之间存在的差距属于常识许可的范围，因为"无论所披露的信息能否支持对仲裁员公正性的质疑，该信息均应被鼓励进行披露并予以证明"。合议庭同时也承认，两种审查标准之间的差距也会产生认定的困难。

为解决审查标准不一致带来的两难局面，合议庭借鉴了《国际律师协会指南》中的两项意见：一是"未披露相关信息"的行为本身并不能导致仲裁员产生偏袒行为或缺乏独立性资格。只有"未披露的事实或情形"内容才能导致那样的后果；二是仅仅基于披露行为也无法得出仲裁员的资格应当被取消的结论。基于上述两项前提，仲裁庭还提出了第三个原则："存在一些具有重大意义的特定事由及情形，如果不对其予以披露，则可能导致下列后果：一是未披露的行为

---

〔1〕　Azurix Corp. v. Argentine Republic, ICSID Case No. ARB/01/12, Decision on the Challenge to the President of the Tribunal of 25 February 2005.

〔2〕　Alpha Projectholding GmbH v. Ukraine, ICSID Case No. ARB/07/16, Decision on Respondent's Proposal to Disqualify Arbitrator Dr. Yoram Turbowicz of 19 March 2010, para. 47.

本身可能表明此仲裁员不能被信赖，不足以独立和公正地作出裁决；二是把该行为与这些事实或情形结合，将足以对判断仲裁员是否缺乏相应资格起决定性作用。"〔1〕合议庭认为，就本案而言，乌克兰方面提供的事实没有达到上述审查标准的要求，故驳回其对仲裁员的质疑。

另外，被披露的信息本身的性质也可作为评判标准之一。在 2010 年 Tidewater v. Venezuela 案中，Tidewater 一方对东道国委内瑞拉方面指派的仲裁员资格提出质疑，原因是该仲裁员没有披露她在本案之前曾经为东道国以及为东道国方面代理的律师事务所指派的事实。

决定此事项的合议庭根据《ICSID 仲裁规则》第 6（2）条的规定指出，仲裁员应当在其接受指派的声明中，对其先前被指派方及其代理律师事务所的指派信息予以披露。问题在于，"本案中未被披露的情形本身，是否可以单独（还是需要与其他因素相结合）得出仲裁员明显缺乏独立性及公正性资格的结论?"〔2〕

考虑到这些未被披露的信息是公开信息，且仲裁员没有披露这些信息的行为是基于真诚地相信可公开获取的信息不需予以披露（尽管此行为在法律上仍然是错误的），合议庭得出结论，未披露相关信息的行为本身不构成取消仲裁员资格的依据。"在本案中，仲裁员在 Vannessa v. Venezuela 案以及 Brandes v. Venezuela 案中所涉及的信息均可以从 ICSID 官网上查到。尽管确如 Tidewater 一方所言，网上无法查到指派仲裁员的人或机构。但事实上，每起案件指派方的名称可通过 ICSID 申请登记，在仲裁文书中查到。如果按照投资者一方的观点，即使在可公开查询的情况下，仲裁员声明中也应当披露这些信息，这已然超出行为审慎要求之范畴。故在分析未披露的信息是否可以构成仲裁员公正性缺失这一问题上，信息虽未被仲裁员披露，但可以公开获取信息的这一事实应当被予以考虑。"

合议庭回顾 2007 年 Suez v. Argentina II 一案后认为，本案中受到质疑的仲裁员没有对信息进行披露是其诚实履行裁判权的体现。该仲裁员认为，可公开获取的信息无需进行特别的披露，且其在其他案中也如此认为，只是未曾被质疑过而已。合议庭认为，仲裁员在接受指派的声明中，未披露自己在本案前两次为委内瑞拉所指派，由于这些信息可公开获取，故并不足以构成仲裁员缺乏《ICSID 公约》第 14（1）条规定相应品质的依据。〔3〕

又如在 2011 年 National Energy v. Panama 一案中，投资者一方质疑 ICSID 指

---

〔1〕 Id., para. 64.

〔2〕 Tidewater Inc. and Others v. Bolivarian Republic of Venezuela, ICSID Case No. ARB/10/5, Decision on Claimant's Proposal to Disqualify Professor Brigitte Stern, Arbitrator of 23 December 2010, paras 46 – 47.

〔3〕 Id., paras. 54 – 55 and 57.

派的撤销专门委员会首席仲裁员的资格，原因是该仲裁员没有披露其与东道国的代理人长期保持业务上的联系。在 2009 年转入目前代理东道国一方的现任职律师事务所之前，该仲裁员曾与该案仲裁员在同一家律师事务所内共事 7 年并共同代理案件，该律师在多起 ICSID 案件中都是在本案仲裁员的指导下开展的工作。投资者一方还从《国际律师协会指南》"橙色清单"第 3.3.3 条的规定中找到了依据，即如果仲裁员在过去 3 年中，曾是另一仲裁员或同一仲裁案的任一法律顾问的合伙人或有其他关联关系，则仲裁员应将此信息予以披露。投资者一方还提到了第 3.3.6 条，即如果仲裁员与一方当事人的代理人之间存在密切的私人关系，则仲裁员应当将此信息予以披露。根据《ICSID 公约》第 42（1）条的规定，仲裁员"应当适用可能适用的国际法规则"，投资者一方认为专门委员会成员应当对作为国际法一部分的《国际律师协会指南》予以适用。

专门委员会中其余的两名仲裁员组成的合议庭驳回了该质疑。合议庭强调了《国际律师协会指南》仅具有指导意义，本庭对其没有适用义务。[1] 该仲裁员没有披露其与东道国代理人之间的关联，是其诚实履行判断权的体现，不足以表明其缺乏公正性之资格。合议庭得出这样的结论，是基于该仲裁员为回应质疑而作出的相应解释。在接受指派时，他已然获知那名代理人将参与案件，这就有可能涉及有关专业性的关联。然而，他未意识到这层关联会导致对其独立性裁决的质疑，于是决定不予披露此等关联。合议庭结合仲裁员提供的有关其专业活动的简历后，综合予以考量。最终，认为该仲裁员与巴拿马方面代理人的专业关联属于已公开信息之范畴。[2]

在 2011 年 Universal Compression v. Venezuela 一案中，投资者一方质疑东道国委内瑞拉指派的仲裁员，原因是该仲裁员没有披露曾为委内瑞拉方所指派担任仲裁员的事实。ICSID 行政理事会主席依据 ICSID 秘书长的意见及《ICSID 仲裁规则》第 6（2）条的规定，判定仲裁员应当披露这些信息。未尽披露义务的行为是否构成《ICSID 公约》第 57 条规定的"明显缺乏独立性和公正性资格"? 鉴于这些信息可以公开获取，认为不构成仲裁员资格的明显缺乏。"仲裁员解释道，她没有披露这些先前被指派的信息，是因为在她看来，只有那些保密的、未知的以及不能公开获取的信息，才应当被披露。在此问题上，她以前在接受指派时，一贯如此——未对可以公开获得的关于 ICSID 指派的信息进行披露，而在那些案

---

[1]　Nations Energy Corporation, Electric Machinery Enterprises Inc., y Jaime Jurado v. Republic of Panama, ICSID Case No. ARB/06/19, Decision on the Proposal to Disqualify Dr Alexandrov of 7 September 2011, para. 57.

[2]　Id., paras. 75-76.

件中，自己从未受到质疑。"

行政理事会主席指出："显然她在依照《ICSID 仲裁规则》第 6（2）条发表接受指派声明时，在披露公开可获取信息问题上的'疏忽'是'诚实地行使其自由裁量权'的体现；而当得知'ICSID 仲裁的部分当事方，希望仲裁员在发布接受指派声明时，不仅披露未公开的信息，连同公开的信息都全部予以披露'时，甚至将所有自己被委内瑞拉方所指派的文书都一并提交。""从这个意义上说，该仲裁员没有披露那些业已公开的、其被东道国委内瑞拉方所指派信息的行为，并不能证明其明显缺乏公正性。"[1]

而在同一起案件中，东道国委内瑞拉方面也对投资者一方指派的仲裁员提出质疑，原因同样是未披露相关信息——该仲裁员没有披露在另一起仲裁案中，担任投资者一方共同代理人的事实。ICSID 行政理事会主席判定，该信息属于仲裁员应当予以披露的范围。同样，还需要分析该仲裁员未披露相关信息的行为是否能够引发对其独立性及公正性资格的"合理怀疑"。在行政理事会主席看来，答案也是否定的。"该仲裁员认为，没有披露其介入 Azurix v. Argentina II 一案的信息，一是因为这次介入的偶然性。二是由于该介入'最多也只被归入绿色清单的情形'，因而，无需对其予以披露。很明显，仲裁员决定不披露该信息也是其'诚实地行使其自由裁量权'的结果。有鉴于此，该仲裁员没有披露相关信息的行为，不足以证明其明显缺乏公正性资格。"[2]

6. 行为冲突：其他情形

在其他未尽事宜中，仲裁庭的衡量标准往往与上述案件保持一致，即考察仲裁员受质疑的行为是否足以影响仲裁员作出违反公正性要求的判断。如果仲裁员的行为与当事方的自主协商有关，或是受到客观上不可抗力的影响，则不倾向于认定仲裁员的行为违反公正性的要求。

如在 2011 年 Carnegie v. Gambia 一案中，一名仲裁员的资格遭到质疑，原因是对她的指派违反有关当事双方所签署的组成仲裁庭的协议。此项质疑的核心内容是投资者一方采矿许可证的下列条款："任意当事方可在指派仲裁员之后，要求另外的当事方书面指派第二名仲裁员。如果其他当事方没有在收到书面要求之后的 45 日之内完成指派工作，则这名仲裁员将应当事方的要求，由 ICSID 秘书长在收到书面要求之后的 45 日之内代为完成指派。"

---

〔1〕 Universal Compression v. The Bolivar Republic of Venezuela, ICSID Case No. ARB/10/9, Decision on the Proposal to Disqualify Prof. Brigitte Stern and Prof. Guido Santiago Tawil, Arbitrators of 20 May 2011, paras. 93 – 95.

〔2〕 Id., paras 54 – 55 and 57.

　　本案中，东道国冈比亚没能在第一个 45 日的期限之内完成指派工作。投资者一方继而在第一个 45 日到期后请求 ICSID 秘书长代表冈比亚方面指派仲裁员。ICSID 秘书长为回应投资者一方的要求，将代表东道国指派的仲裁员的名字（该案中受到质疑的仲裁员）分发给各当事方，并说明"如果当事方在 14 日之内没有提出秘书长认为足够有力的反对意见"，则指派生效。秘书长还声明"在本指派程序结束之前，冈比亚方面指派仲裁员的权利仍然有效"。遗憾的是，东道国方面收到 ICSID 的通知时，第二个 14 日的期限业已届满。无法再对仲裁员的指派提出异议，ICSID 方所指派的仲裁员已经就位，仲裁程序只能继续进行。

　　就在完成仲裁员指派数周后，东道国方面提出，希望该仲裁员主动辞职。与此同时，还请求投资者 Carnegie 一方支持，希望双方合作，提请该仲裁员辞职（如果该仲裁员拒绝主动辞职的话）。投资者一方拒绝了东道国的这项提议。仲裁员本人也表示拒绝主动辞职。东道国方面遂对该仲裁员的资格提出质疑，认为该仲裁员得到指派的身份不适格，对其的指派也同样不符合当事方之间的协议以及《ICSID 公约》第 57 条规定。

　　决定此事项的合议庭指出，投资者一方的质疑是针对该仲裁员得以指派的适格性问题，它源于《ICSID 公约》第四章第二节，且该质疑并未挑战合议庭根据《ICSID 公约》第 58 条决定该问题之权威。而合议庭这样做，实际上确认了本案中双方协议所确立的关于仲裁员适格的标准，可以作为根据《ICSID 公约》第 57 条提起涉及仲裁员质疑申请的依据。合议庭重点分析了如下问题：东道国方面收到对仲裁员指派的可能人选作出评论的邀请，但其又未及时作为的情况下，作为 ICSID 秘书长是否有权指派该受争议的仲裁员？合议庭仅依据当事双方的仲裁协议（被包括在采矿许可中）对指派仲裁员的权限进行了评估。根据本案的事实，ICSID 秘书长行使的指派仲裁员的权限与当事方授权以及当事方协议的安排相符。因此，该仲裁员的身份适格。基于以上分析，合议庭驳回质疑。[1]

　　（二）因质疑请求符合客观行为标准而获得支持的情形

　　本部分是研究当事方对于仲裁员公正性资格所提出的质疑终获仲裁庭的支持的情形。被质疑的仲裁员在此情形下往往会选择辞职。在这类案件中，仲裁庭最终采纳了质疑方所列举的质疑仲裁员公正性的证据，并在质疑与仲裁员的客观行为之间构建了合理关联。尤其在涉及行为要求的案件中，仲裁员的行为需要仲裁庭从客观方面予以定性，这事关此类质疑能否最终得到仲裁庭的支持。

---

　　〔1〕　Carnegie Minerals (Gambia) Ltd. v. The Republic of Gambia, ICSID Case No. ARB/09/19, Decision of Two Members on the Proposal for the Disqualification of a Member of the Tribunal of 17 May 2011, paras 93 – 105.

1. 身份冲突：身兼数职的冲突

在 2009 年 Vito Gallo v. Canada 一案中，投资者一方质疑加拿大方面指派的仲裁员，原因是其在此之前一直为墨西哥政府（NAFTA 协议的第三位成员）、加拿大政府以及美国政府做了大量工作。本案中，该问题由 ICSID 副秘书长作为仲裁员指定机构予以裁决。

副秘书长从仲裁员亦可承担代理人之职入手展开分析。"一般而言，仲裁员可以在其他案件中同时担任代理人。如果暂不考虑当下情形的适当性，没必要否定承担二者间任一角色的可能性。"[1] 关键问题在于，仲裁员正在为同是 NAFTA 缔约方的墨西哥以及另一可能根据 NAFTA 第 1128 条参加到本案中的当事方提供咨询服务。在他看来，这就十分可疑。"该仲裁员在信中提到，他在 2009 年 3 月以后'就没有再代表墨西哥政府，从事解释和适用 NAFTA 第十一章条款及在墨西哥签订的双边投资条约中作类似解释和适用该条款的工作'，但仍'为律师事务所做一些与墨西哥利益相关的法律事务，主要包括回顾和梳理律师事务所给墨西哥提供的有关国际贸易和投资法规则的建议'"。

根据 NAFTA 第 1128 条的内容，副秘书长认为本案排除质疑的可能性不大。仲裁员已然在一起包含其成员的 NAFTA 仲裁案件的仲裁庭中履职，同时还为依法参加本案程序的另一 NAFTA 缔约国提供咨询，不可避免地陷入对其公正性和独立性资格的合理怀疑。[2] 类似本案出现的情形，仲裁员若更关注提供咨询服务的来自东道国方利益的话，所作的裁决可能使投资者一方在本案中的潜在利益受损。[3]

仲裁员强调自己对墨西哥方的法律咨询"业已完结"。但这个抗辩并无太大意义。副秘书长认为："就仲裁的功能而言，任何有报酬或无偿的、为可能介入仲裁程序的第三方提供的服务，都可能产生仲裁员缺乏公正性的推测。已经完结的业务也是如此。重要的是该业务已被执行的事实。"[4] 虽然墨西哥还没有介入本案的仲裁程序，而且事实上也不会介入，这也无助于仲裁员的抗辩。只要存在干涉的可能，就足以形成仲裁员公正性资格的"表面缺乏"。副秘书长指出："根据 NAFTA 第 1128 条的规定，墨西哥所享有的固有权利表明，其存在参加本

---

〔1〕 Vito G. Gallo v. The Government of Canada, UNCITRAL, PCA Case No. 55798, Decision on the Challenge to Mr J. Christopher Thomas QC of 14 October 2009 of the Secretary – General of ICSID, para. 29.

〔2〕 Id. , para. 31.

〔3〕 Id. , para. 33.

〔4〕 Vito G. Gallo v. The Government of Canada, UNCITRAL, PCA Case No. 55798, Decision on the Challenge to Mr J. Christopher Thomas QC of 14 October 2009 of the Secretary – General of ICSID, para. 32.

案程序的利益，可能出现利益冲突。即使墨西哥最终并没有介入本案，仲裁员的行为也已经落入这种可能性的阴影之中。本案的当事方将不可避免地陷入两难境地。仲裁员托马斯先生在仲裁中将无可避免地受到墨西哥方面（作为其提供咨询的 NAFTA 缔约方，以及本案程序的可能参加者）利益的干扰。"[1]

鉴于此，副秘书长得出结论："如果仲裁员不停止向墨西哥以及其他本案的当事方提供咨询服务，仲裁员的公正性和独立性资格可能会受到合理怀疑。"从这一点出发，"仲裁员必须在为墨西哥提供咨询服务以及继续在本案中担任仲裁员间作出选择"，并将选择结果告知仲裁员指定机构。[2] 在本决定发布一周之后，被质疑的仲裁员从仲裁庭辞职。在本案中，尽管同样是对于仲裁员身兼数职的情形提起质疑，由于仲裁员在仲裁案件审理期间并没有停止向案件相关方面所提供的法律服务，使得仲裁员的公正性受到了影响，导致仲裁员最终辞职。

与之类似，在 2009 年 ICS v. Argentina 一案中，东道国阿根廷方面质疑投资者指派的仲裁员，原因是他个人与其所属的律师事务所都在另一起 ICSID 仲裁案中代理客户起诉过阿根廷政府。[3]

决定此事项的机构支持这项质疑，并取消了仲裁员的资格。该机构认为，仲裁员在其他仲裁案件中担任代理人的角色，使得仲裁员陷于"与东道国对立"的状态，且这种情形"经常引发合理怀疑。这种情形在原则上理应避免，除非出现必须排除对于仲裁员公正性之资格合理怀疑的情况"。[4]

该机构为其结论找到《国际律师协会指南》中的依据，尤其是"橙色清单"中第 3.4.1 节和第 3.1.2 节的规定。前者规定，"仲裁员所属律师事务所正在担任一方当事人的相对方，或一方当事人的关联公司的相对方的代表"的事实，可能引起对仲裁员独立性和公正性资格的合理怀疑。后者则规定，"仲裁员在过去的 3 年内曾经在非相关的事宜上担任一方当事人或一方当事人关联公司的相对方的法律顾问"，也同样会引起对仲裁员公正性的合理怀疑。考虑到本案中质疑提到的情形在"橙色清单"的两类情形中都有所体现，该机构最终认定"利益冲突"的情形已足够严重，导致仲裁员资格被取消。

---

[1] Id. , para. 35.

[2] Id. , para. 36.

[3] 该仲裁员是在 Vivendi v. Argentina 第二次撤销程序中，代理投资者一方。阿根廷方面还提出第二项质疑的依据——阿方认为，该仲裁员在其发表的许多论述中，都表达了其在本案涉及的一系列问题上反对阿方的立场。鉴于对仲裁员的质疑已经基于其双重身份而判定成立，关于仲裁员的学术观点也就不再予以讨论。

[4] ICS Inspection and Control Services Limited (UK) v. Republic of Argentina, PCA Case No. AA359, Decision on Challenge to Arbitrator of 17 December 2009 of Mr J. Sekolec, para. 1.

受到质疑的投资者一方的反驳理由并未被该机构采信。投资者一方 ICS 认为，前起仲裁案件的程序即将完结。[1] 该仲裁员在本案中担任仲裁员的同时，亦不会在前一起案件中代表其客户提出任何实质性的诉求。决定此事项的机构认为，即使仲裁员在前起案件中不作为，也并不足以消除其利益冲突。利益冲突仍然会以同样的形式继续存在。因为仲裁员所属的律师事务所还继续介入那起案件的事实仍然存在。ICS 方面还提出，两起仲裁案件之间并无关联，且两起案件中的诉求从技术上存在区别。但在该机构看来，两起案件对比并无"截然不同"，因为"两起案件都涉及投资保护行为的程度，这些行为又涉及并针对同一东道国大致类似的措施——无形中增加了对仲裁员公正性的合理怀疑。"ICS 方面强调该质疑与仲裁员所属律师事务所在仲裁案件中为相对一方的代理之间本身联系并不密切，关键在于该仲裁员本人近期的行为与当事方利益相违背。根据《国际律师协会指南》的规定，符合"橙色清单"第 3.1.2 条列举的情形，且该情形同样适用于非相关的案件和事务。

仲裁员在仲裁庭之外与法律身份无关的行为也有可能导致违反仲裁员公正性资格的结果。如在 Vivendi v. Argentina II 一案中，东道国方面寻求撤销原裁决，原因是仲裁庭并未按照《ICSID 公约》第 52（1）条 a 款的规定恰当地组成，且严重背离《ICSID 公约》第 52（1）条 d 款所规定的基本原则。当事方申请撤销的主要原因在于其指出投资公司 Suez 一方指派的仲裁员在原案仲裁庭中履职的同时，还担任瑞银集团非执行董事之职。瑞银集团作为瑞士最主要的银行，控制了投资者一方两家公司 2% 的股权，并为其水务方面的投资提供咨询，而这恰是本案中投资者一方涉足的领域。[2] 阿根廷政府方面提出，该仲裁员的情况明显缺乏根据《ICSID 公约》规定能够在仲裁庭中履职的资格，应当被取消仲裁员资格，并就相关信息予以披露。

一个由 3 名成员组成的专门委员会负责处理该请求。该机构认为，对于仲裁员在一家主要的国际性银行内担任董事职务和在国际仲裁庭中履职的兼容或冲突问题，从仲裁员履行仲裁功能的实践来看，银行的董事是属于受托人、面对信托人的银行股东履行职责。此种受信义务难以与国际仲裁员的职责相容。专门委员会指出："被质疑的仲裁员在该银行存有利益且该银行持有当事一方的股份的事实，足以表明两种身份从根本上相悖。作为一家国际银行，与其他国际公司（这

---

〔1〕　前起案件中的当事方在等待撤销裁决的发布。

〔2〕　阿根廷方面曾经根据类似的依据在 Suez v. Argentina II 案以及 EDF v. Argentina 案中质疑仲裁员的资格。

些公司很有可能最后会参加国际仲裁）存在联系或利益，也就意味着此类银行的董事职位与国际仲裁庭中仲裁员的职位水火不容，即使在现代国际仲裁的大背景下，也不应将二者混同。"[1]

专门委员会认为，从最低限度上说，仲裁员在与其他角色相混时，都应当谨慎，且应分三步行事以"充分谨慎和恰当处置此情形可能出现的利益冲突"：一是仲裁员有义务调查该银行是否与任一正在审理的仲裁案件当事方之间存在关联或利益牵涉。二是如果出现关联，仲裁员需要基于关联程度考虑是否主动辞职。如果仲裁员希望继续在仲裁庭中履职，则应当在仲裁程序中通过《ICSID 仲裁规则》第 6 条规定的早期声明披露关联，对瑕疵进行充分补正。三是该仲裁员应当将其董事职位补充进其简历中，并以此简历正式告知所有案件当事方。这样就允许所有的当事方出于其自身的立场，判断是否存在终止仲裁员继续履职的理由。专门委员会承认，这样做可能招致依据并不充分的质疑，但这是"一名国际投资仲裁员在同时出任一家重要的国际银行董事时必须承担的代价"。[2]

在对该案事实部分的分析中，专门委员会强烈谴责这名仲裁员："不限于本案中所显示的不良行为，该情形所引发的一系列有关对 ICSID 可信度的影响和不必要的司法成本空耗，都是仲裁员在接受一家重要的国际银行董事职位时，未能恰当地调查且披露该银行与仲裁当事方的关系，忽视其所承担的信息披露义务所导致后果的一个生动的反面实例。"[3] 专门委员会还指出："由此看来，从该仲裁员受到指派开始，该仲裁庭已不能被认定是恰当组成，这种情形构成对仲裁程序基本原则的背离。因此，基于本案的具体情形，撤销裁决是合理的。"[4] 尽管最终仲裁员的资格由于一些其他事由并未撤销，但仲裁员的外部行为导致其公正性资格受到质疑的事实是毫无疑问的。

除此以外，类似的案件还包括根据 NAFTA 第十一章提出的 2000 年 S. D. Meyers v. Canada 仲裁案。该案中投资者一方质疑加拿大方面指派的仲裁员，原因是该仲裁员在美国与加拿大签订软木协议的过程中充当了注册游说人员（registered lobbyist）的角色。在其履行仲裁员职责的问题上，作为仲裁员指定机构的

---

〔1〕　Compañía de Aguas del Aconquija S. A. and Vivendi Universal S. A. v. Argentine Republic, ICSID Case No. ARB/97/3, Decision on the Argentine Republic's Request for Annulment of the Award Rendered on 20 August 2007 of 10 August 2010, paras. 217–218.

〔2〕　Id. , paras. 221–222 and 226–228.

〔3〕　Compañía de Aguas del Aconquija S. A. and Vivendi Universal S. A. v. Argentine Republic, ICSID Case No. ARB/97/3, Decision on the Argentine Republic's Request for Annulment of the Award Rendered on 20 August 2007 of 10 August 2010, para. 220.

〔4〕　Id. , para. 232.

ICSID 秘书长指出，除非该仲裁员停止游说，否则，将支持对该仲裁员的质疑。次日，该仲裁员选择辞职。[1]

在另一起 UNCITRAL 仲裁案中，一位美国的申请方质疑被诉方俄罗斯方面指派的仲裁员，原因是该仲裁员曾担任被诉方公司主要控股的一家大公司的董事，而该公司与本案的当事一方关系密切。该仲裁员还曾经在一系列自然科学的专家小组中无偿为被诉方之一在相关事项上提供过咨询，也曾在一起针对被诉方有关的司法案件程序中辞去法官的职位。最终，斯德哥尔摩商事仲裁院作为仲裁员指定机构，支持了这项质疑。[2]

2. 身份冲突：观点冲突

在 2010 年的 Tanzania Electric Supply Company Limited（TANESCO）v. Independent Power Tanzania Limited（IPTL l）一案中，TANESCO 方面质疑其所指派的仲裁员资格，原因是该仲裁员的书记员在 Kluwer Law 网站日志上公布的两篇论文。[3] 尽管论文声称案件内容纯属虚构，但其中对案件事实和法律详尽的讨论，与正在进行的本案高度吻合。令 TANESCO 方面尤感不快的是，作者在文中对其冠以 "NoPay G&E" 这样的 "虚构名字"，坦桑尼亚被称为 "Nopayland"，而坦桑尼亚国民则被称为 "Nopaylandese"。TANESCO 方面认为这样的命名极具侮辱性。[4] 案件审结之前，论文的作者就已对有关案情的一系列法律问题阐明自己的观点，这在事实上表明针对 TANESCO 及其法律上诉求的预先评断。鉴于并不清楚该文的背景以及作者与仲裁员之间的具体联系，TANESCO 只能向仲裁员本人以及 ICSID 秘书处质询。

作为对质询的回应，仲裁员承认该文的作者曾协助自己处理过法律事务，且在发表此文之前，就已征得自己的同意审阅了论文，并同意论文的观点和主张。但该仲裁员拒绝承认参与论文的起草，以及使用如此另类的字眼形容当事方。他

---

〔1〕 S. D. Myers, Inc. v. Government of Canada, UNCITRAL, Partial Award of 13 Nov. 2000, para. 28.

〔2〕 N. Lindström, "Challenges to Arbitrators – Decisions by the SCC Board during 2008 – 2010", http：//xn – – skiljedomsfreningen –06b. com/MYM2/file/challenges – to – arbitrators – decisions – by – the – scc – board – during – 20081. pdf, 2011 – 5 – 13/2014 – 11 – 15. 另一项取消仲裁员资格的理由是，该仲裁员所属的律师事务所与被诉方之间存在关联。申请方提出，原因是该仲裁员所属律师事务所的一位合伙人曾经担任应诉方之一的官方法律顾问。这名合伙人担任法律顾问的期间，包括本案中所讨论合同的商议时间及其生效履行的前 4 年。该仲裁员所属的律师事务所曾经被应诉方成员之一授权将原本设计为住宅区的公寓改为办公地点——这在申请方看来使得该律师事务所获得廉价的办公地点。

〔3〕 C. Schreuer et al. ed., *The ICSID Convention：A Commentary* (2), Cambridge：Cambridge University Press, 2009, p. 1206.

〔4〕 按照字面意思，"Nopay" 有 "不付账、赖账" 之意，因此，直译之后就变成了 "赖账公司"、"赖账国家" 以及 "赖账国国民"。

的审阅和同意仅以论文虚构事实这一前提为基础，且不与正在进行中的仲裁案件相关联。

TANESCO 方面以仲裁员对论文发表的一系列授权、审阅及同意发表的不当行为，对正在进行的仲裁案件产生了不良影响为由，提出对仲裁员资格的质疑。TANESCO 方面认为，仲裁员不应将其本人不应做的事宜授权给其他人作为，况且，的确存在作者所传递的观点可能代表其本人主张的风险。决定此事项的合议庭在该问题上陷入僵局，将问题提交 ICSID 行政理事会主席在 30 天之内予以定夺。就在期限截止的前两天，[1] 被质疑的仲裁员主动选择辞职。辞呈随后为合议庭所接受。由此可见，本案中仲裁员陷于被动的主要原因，是其在客观上的行为不当，导致观点通过不恰当的途径进行传播，从而引发的风险。

与之类似，2007 年根据《NAFTA 协议》而提起 Canfor v. United States 一案中，加拿大的软木生产企业 Canfor 认为美国商务部及美国国际贸易委员会的决定导致其附属公司从加拿大进口软木到美国的给付义务增加，违反美国在 NAFTA 项下的义务。在仲裁程序中，Canfor 一方指派的仲裁员披露，在被指派为本案仲裁员一年半之前，曾在加拿大联邦政府议会上发表演讲。对美国国际仲裁委员会的一项事宜初步作出评论——该项初步裁决认定美国的软木工业已经受到从加拿大进口软木的实质损害的威胁。这项初步裁决以及先前美国商务部作出的裁决都涉及本案的核心议题。在演讲中，该仲裁员评论认为，这已经是美国第四次就软木争议问题挑战加拿大，措辞强硬。基于该演讲的措辞，美国方面对该仲裁员的资格提出了质疑。

当事双方以及受质疑的仲裁员本人就此问题提交了相应文书。解决该问题的核心是：该仲裁员在演讲中的评论是否涉及本案的特定内容？如果的确如此，则构成取消仲裁员资格的依据；或者，只是泛泛而论，本身并未指介入本案中 Canfor 与美国方面的争议？对此，Canfor 一方认为仲裁员的表述最多可被视作对引发本案争议部分行为的评价；但美国方面却提出，仲裁员的评论反映出其对 Canfor 提起的美国违反 NAFTA 项下义务中涉及的两项措施存有偏见，且 Canfor 自身对这两项措施的看法与仲裁员的评论也近乎一致。最终，在质疑请求提出 3 个月之后，作为仲裁员指定机构的 ICSID 秘书长对仲裁员提出，如果不主动辞职的话，秘书长将支持该诉求。仲裁员随后选择辞职。[2]

---

[1] Tanzania Electric Supply Company Limited v. Independent Power Tanzania Limited, ICSID Case No. ARB/98/8, Letter of the ICSID Secretariat of 26 February 2010.

[2] Canfor Corporation v. United States of America, Undated Decision of March 2003.

3. 行为冲突：涉及庭审阶段的行为

仲裁员因为明显的行为不符合仲裁程序标准而被撤销仲裁员资格的案件并不多见。如在一起案件中，一名独任仲裁员的资格遭到质疑。该仲裁员于庭审程序的中间休息时间，在其私人休息室与申请方的代理人进行了 15 分钟的私下会面；该仲裁员还被指控，不顾被诉方代理人的反对而删除一部分庭审记录，实施非法行为；另外，被诉方的代理人曾经两次进入该仲裁员的私人休息室（尽管该代理人对此予以否认）。

伦敦商会仲裁院就此问题组成三人合议庭履行仲裁员指定机构职责，最终支持该质疑并取消仲裁员的资格。合议庭认为，考虑到私下会面讨论的内容与本案正在仲裁的问题有关，足以引发仲裁员没有平等对待当事另一方的嫌疑；关于被诉方的代理人进入仲裁员的休息室的控告，引发仲裁员与代理人之前的激烈争辩，且该行为确实与仲裁员应有行为不符；该仲裁员删去一部分庭审记录的行为，明显触犯仲裁程序的相关规则，被取消仲裁员资格乃情理之中。[1]

四、简评

综合上述案件的裁决可知，仲裁庭在绝大多数案件中的分析，都遵循了"客观行为标准"的要求。具体而言，在分析"身份冲突"类型的案件时：

第一，对于"身兼数职"的情形，仲裁员的裁判角色和其他角色是否相容，取决于案件的具体情况。分析此问题时，需从以下方面入手：一是该仲裁员的律师事务正在进行还是业已终止；二是该仲裁员是否曾作为仲裁当事一方的对立方参与辩护；三是该仲裁员所担任的律师身份与正在进行的仲裁案件是否有关联，如有类似的证人、类似的判例法、类似的立法或者类似的义务或责任等。仲裁员如若仅参与诉讼或其他仲裁，或只提供法律意见，整体评估的关联性就不大。

第二，仲裁员可能在担任律师的同时也充当其他角色。角色间是否会产生利益冲突，取决于该角色与仲裁员承担的义务是否兼容。如果仲裁员在某家公司的管理层任职，或者为某项特定行业承担游说之职，或者在国家的某个政府部门工作，则其必然承担推进该公司、该行业或该政府部门利益的信托责任。一旦该公司、行业以及政府部门在仲裁案件中享有直接或间接利益，这种信托责任可能与仲裁员独立而公正地仲裁职责间发生冲突，并可能成为取消仲裁员资格的正当依据。而其他一些角色一般不会对仲裁员的独立性和公正性资格构成影响，比如，

---

〔1〕　G. Nicholas, C. Partasides, "LCIA Court Decisions on Challenges to Arbitrators", *Arbitration International*, 23（2007）, pp. 13 – 14, 38 – 39. 未提出质疑的当事方后来申请重新审议之前有关质疑仲裁员的决定。在 2005 年 12 月 27 日发布的裁决中，相同的三人合议庭也裁定质疑成立。

仲裁员曾经在其他仲裁程序中为当事方提供专家咨询等。然而，在这种情况下，仲裁员也应保持谨慎。在衡量仲裁员提供专家咨询业务时，要注意到以下因素：一是该业务是正在进行还是已经终止；二是该业务是否与正在进行的仲裁案件有关联；三是仲裁员被要求提供专家咨询的次数。

第三，对于"身兼数案"的情形，仲裁庭一般予以驳回。此类情形包括如下情况：一是该仲裁员在之前的案件中，已经作出对于质疑方不利的裁决。一般而言，这类质疑会被驳回。原因是仲裁员已就某一法律或事实问题在既定裁决中作出的裁决，并不妨碍其在后续案件中就该法律和事实问题再次作出公正的裁决。此类质疑要想获得仲裁庭的支持尚需其他的情形加以佐证。否则，质疑仲裁员就会变得极其容易，影响仲裁体系的正常运转。经常被援引的"加重情节"一般是既定裁决与本案之间存在的关联。"加重情节"一般会被严格限制。援引"加重情节"的前提是两起案件之间的联系必须紧密。二是既定裁决未包括任何本案的当事方，但仲裁员已在既定裁决中对与本案法律及事实相关联的问题作出裁决。在后续裁决中，与既定裁决仲裁员对同类问题持不同意见的当事方，一般会提出，既定裁决的仲裁员对类似问题已然有了预判，在后续裁决中就不再接受提出质疑的当事方提供的新论点。基于此而提出的质疑申请经常无法得到支持，原因是既定裁决对仲裁员本人并无拘束力，尤其是在后续案件中，仲裁员会以全新的形象在仲裁庭中履职，出现质疑方担心情况的概率微乎其微。尤其是在投资仲裁中，很多议题反复出现，如政府的行为是否构成征收、一项投资是否在适用的双边投资条约项下得以保护等。这类问题只能基于案件的具体实施作出判断，这也有效降低了预判的风险。三是一个罕见的情形是，当事方在同时进行的几起仲裁案件中任命同一位仲裁员。这必然引起其他没有指派仲裁员当事一方的忧虑，因为在此方没有参加的其他案件中，该仲裁员可能会对与本案相关的问题作出裁判。在其他的案件中，仲裁员可能会接收到对这些当事方而言毫不知情的信息，这对指派仲裁员的相对方而言就较为不利。根据此类情形提出对仲裁员资格的质疑，往往把重点放在同时进行的仲裁案件间的事实与法律问题的重合上。特别是在 ICSID 投资仲裁中，此类重合可能被以十分严格的方式予以解释——如果不同案件中投资者面对的政府措施所针对的行业、所适用的双边投资条约、诉求所根据的协议、政府举措进行的时间等不存在一致性的话，质疑就极有可能被驳回。

第四，对于"观点冲突"的情形，一般的看法是，仲裁员仅仅表达过与仲裁案件法律问题类似的见解，并不足以构成质疑仲裁员资格的依据。质疑方往往提出，仲裁员倾向于按照其已形成的观点裁判，而不顾及仲裁程序中当事方提出的新的事实及观点。要足以证成此类情形，仲裁员先前表达的观点必须足够具体、直白。客观情况是，在处理此类质疑申请时，有权机构考虑的问题多与案中当事方利益无关，如仲裁员共同体的利益。由于不少仲裁员都大量出版与仲裁相关议题的著作，若轻易以著作为依据而被提起质疑，就很可能被排除在未来仲裁员的指派名单之外。如果那些没有在相关领域出版著作的仲裁员才能得以指派，则可供选择指派的仲裁员范围就极为有限（或者至少相比现在大大缩小），仲裁质量也必然大打折扣。再如，仲裁的发展作为单独的法域，拥有一套成熟的纠纷解决机制。需要不断依靠学术界的关注以及学术作品的支持方能得以发展。如果学术著作可以作为质疑仲裁员的普遍依据，则仲裁员就会在未来不再出版学术著作，或至少不在学术著作中阐明清晰的观点，这必将严重影响仲裁作为一个部门法和一项法律技术的发展。

　　分析"行为冲突"类型的案件时，根据现有可查到的个案分析，几乎所有以此为依据所提出的质疑申请都被驳回。因为被质疑的仲裁员可以提供作出裁定的正当理由，如防止仲裁程序的迟延、确保仲裁程序的公平以及避免之后出现对裁决的质疑等。这些质疑申请也会因为"该裁决并非仲裁员单独作出，而是仲裁庭全体一致作出"而被驳回。仲裁员在庭审程序中的一些行为也常遭质疑。除了极为严重的不当行为，如与当事方或其代理人私下通风报信、开小会或者删除一部分庭审记录等，质疑申请也会被驳回。仲裁员在某些情况下有义务披露那些有可能引发对仲裁员独立性和公正性资格怀疑性质的信息。如果仲裁员没有披露，通常表明其缺乏独立性或公正性资格，导致对其资格的质疑。

　　因此，判断质疑仲裁员资格是否正当，还需依据未披露信息相关的其他情形。以下的三类情形尤其重要：一是未披露的信息对于仲裁员缺乏独立性或公正性资格而言的重要或显著程度；二是仲裁员未披露信息的行为是过失还是故意，如果是故意的话，是仲裁员诚实履行判断权利的结果，还是试图掩藏敏感信息；三是这些未被披露的信息是否可以公开获取。

　　综上所述，仲裁庭进行涉及仲裁员公正性资格问题的审查时，绝大多数都采用以客观的外部行为表现作为审查依据的方法。事实上，仲裁庭之所以采用这种分析路径，至少有以下两条理由：

　　第一，仲裁员的公正性资格本属于仲裁员自身"精神思想世界"的范畴，正如前述 Urbaser v. Argentina 一案仲裁庭所指出的，仲裁员作为血肉之躯的独立个体，基于道德、文化以及所受的专业教育和个人经历发表观点和见解。如果在审查中依据主观标准"缘心审查"，则任何仲裁员的公正性资格都可能值得怀疑。用不确定的标准考察原本动态变化的客体，自会落入"人一次也不能踏入同一条河流"的陷阱。因此，从可行性的角度出发，仲裁庭只能相对保守地选择客观行为本身，结合案情事实加以推断，尽可能保持对仲裁员公正性资格的信心。

第二，仲裁员的角色本身具有特殊性——不仅是当事人选定的裁判者，而且是法律服务的提供者和仲裁制度合法性的维护者。如此多角色混同的结果，使得仲裁员与当事方之间并非互相排斥，而是与当事方的意思自治相结合产生一种积极推动争端解决的动态平衡。在这种机制下，仲裁员无法彻底切断同当事方的所有联系，亦不可能彻底脱离仲裁程序的约束。如果秉持过于严格的"缘心审查"，极有可能造成仲裁程序被频繁中断，致使案件无法正常进行，显然违背仲裁程序。因此，有理由相信仲裁员公正性资格的审查标准，随着仲裁案件的增多和仲裁实践的积累，有望继续丰富和深化。仲裁庭从动态中把握相对静止和抽象的准则，并结合案件事实，维护仲裁程序，达成最大限度地保护当事方利益的目标。

本章小结

仲裁员的独立性和公正性是国际投资仲裁中裁判法理生成的前提。仲裁员的独立性，是指仲裁员与当事方（或代理人等）客观存在的不恰当关联，它强调影响仲裁员作出独立判断的客观因素——即仲裁员自身与他人（当事方或当事方的代理人）之间的联系，该联系一旦被确证存在即可导致仲裁员的独立性受到质疑，而其如何产生在所不论。仲裁员的公正性可被抽象概括为一种"不偏颇"的精神状态，具有较强的主观性。公正性重在判断仲裁员观念、意识等精神状态是否有被影响的可能。实践中，仲裁庭除分析这种可能性是否存在之外，还要从客观上判断是否存在证据可证明仲裁员在裁判过程中精神状态已经受到影响。

目前，部分学者视公正性和独立性同义，认为无必要区分二者。[1] 还有学者用公正性的内容诠释独立性。[2] 笔者认为，上述观点在回避问题的同时，也混淆了公正性和独立性两个概念，为法律适用带来困扰。应该看到，即使仲裁员

---

〔1〕 C. Koch, "Standards and Procedures for Disqualifying Arbitrators", *Journal of International Arbitration*, 2003, 20 (4), p. 327.

〔2〕 如将独立性定义为仲裁员对于案例处理一般的独立判断能力和基于争端而进行公正裁断并保持毫无偏私之行为的能力。G. Petrochilos, S. Noury et al., "ICSID Convention, Chapter I, Section 4, Article 14 (The required qualities of the Panel members)", in A. Mistelis Loukas ed., *Concise International Arbitration*, Alphen aan den Rijn: Kluwer Law International, 2010, pp. 55 – 56.

独立性和公正性出现重合之情形，也无法掩盖彼此间互不隶属、各属不同概念的事实。[1]

公正的作用在于识别明显、严重的不公，即界定不公正。只有对不公正达成共识，公正的界定才容易明确。毕竟，对不公正达成一致的可能性，较之对公正完全认同的概率要大。不公正通常可分为实际不公和观念不公——实际不公即缺乏客观公正，其源于仲裁员与一方当事人实际上存在的不当关联，而通过客观行为表现出来；而观念不公相对实际不公较为主观抽象，有学者认为它更需合理、合法的客观依据证明。[2] 类似于实际不公与观念不公间的区别，独立性和公正性界别时，独立性的认定标准主要在于判定不当联系是否存在；而公正性的评判较多涉及仲裁员的观念、意识等形态，应从客观上判断是否存在证据证明仲裁员观念、意识等精神状态受到影响。申言之，公正性要求仲裁员对法律事实的判断不受其他因素的影响，独立性要求仲裁员与当事方（或代理人）不存在不当关联。因此，判断仲裁员是否先入为主、违反公正性应采用更为客观的标准或证据——"客观行为标准"证明；而认定仲裁员与当事方不当关联存在、违反独立性是一个有关程度评价的问题——应采用"最低关联法"判定仲裁员与当事方的联系是否足以构成不当关联确定。

在仲裁员的独立性方面，由于仲裁员与当事方（或其代理人）的不当关联是否成立是一个有关程度判定的问题，可采用"最低关联法"对仲裁员的独立性问题进行分析。"最低关联法"是指法律不应当也不可能事无巨细地都予以调整，可将那些极为细小或是调整意义不大的"微事"，排除在调整范围之外。在质疑仲裁员独立性的案件中，与"最低关联"对应，"不当关联"是指超出"最低关联"容忍度，可能导致仲裁员的独立性受到质疑以及仲裁员出现不当行为之关联。合议庭适用"最低关联法"通常具有两种倾向：一是将"最低关联法"作为补充性救济手段用以支持对于仲裁员独立性资格的质疑；二是以"最低关联法"作为替代性方法旨在否定对仲裁员独立性资格之质疑。

就独立性标准的类型化研究，本章将仲裁员与当事方（或代理人）的不当关联分为微观层面上的关联与宏观层面上的关联两大类进行研讨。其中，微观层面上，不当关联是指发生在投资仲裁"小型社交圈"内（仲裁员、当事方、代理人）

---

〔1〕　M. Gearing, "A Judge in His Own Cause? ——Actual of Unconscious Bias of Arbitrators", *International Arbitration Law Review*, 2000, 46 (3), p. 50.

〔2〕　N. J. Miller, "Independence in the International Judiciary: General Overview of the Issues (Draft Paper Prepared for the Meeting of the Study Group of the ILA)", http://www.ucl.ac.uk/laws/cict. 2002 - 02 - 01/ 2014 - 07 - 01.

的关联，主要包括"客户—代理人"意义上的关联、财务利益的关联、职业上的关联、社交或私交的关联以及仲裁员与当事方代理人的关联等。宏观层面上，不当关联则指发生在国际性的参与投资仲裁法律群体内部的关联，包括仲裁员与当事方代理人同属一个律师小组、仲裁员所属律师事务所与当事方的关联、仲裁员所属律师事务所与当事方代理人的关联以及重复指派等，具体详见表2.1（后页）。

　　根据个案裁决结果分析，由于仲裁员独立性的本质涉及仲裁员与他人之间的关联，仲裁庭在上述涉及仲裁员独立性的案件中频繁采用了"最低关联法"进行审查。微观层面上，仲裁庭主要根据不同情形下关联的性质，而决定质疑问题的机构将衡量该关联程度是否足够密切。如果并未达到密切的程度，则该关联将被视为只属于"最低关联"而无法对仲裁员的独立性提出质疑。如在"客户—代理人"意义上的关联方面，判断标准主要取决于客户与代理人之间关系的亲密程度，其持续时间、给付费用等均可作为考量因素。对于财务上的关联，重要的判断标准是仲裁员是否能够在仲裁案件中获得实质性的利益。对于职业上与社会上的关联，则要考察仲裁员所担任职务的重要程度及与当事方之关联的密切程度。对于仲裁员与当事方代理人的关联，仲裁庭则主要分析这种关联是否能为客观证据所证明，仲裁员的单方行为或与当事方代理人产生的偶然关联只能被认定为"最低关联"。宏观层面上，同样需要考察仲裁员所属机构与当事方关联的密切程度。如在考察仲裁员所属律师事务所与当事方的关联时，仲裁庭的判断标准取决于仲裁员在其所属律师事务所中的职务及该律师事务所与当事方合作关系的紧密程度，仲裁员所属律师事务所与当事方代理人之间的关联往往被认为较为微弱。而对于仲裁员与代理人同属一个仲裁小组的情形，由于这一特殊的律师团体之形式已随时间推移发生变化，仲裁庭会根据案件中的相关事实对仲裁小组内部仲裁员和代理人之间的关联予以综合考量。对于重复指派的问题，仲裁庭则主要考察仲裁员的行为或观点是否会因重复指派的经验而受到当事方的实质影响。

　　综上所述，仲裁庭考察仲裁员的独立性，通常采取"最低关联法"进行审查，旨在确定不当关联的程度，并厘清不当关联与最低关联的区别，从而为仲裁员与他人的关联程度划定明确标准。尚未达到相应标准的"最低关联"，通常不会对仲裁员的独立性造成影响，相应质疑亦无法获得仲裁庭的支持。

　　在仲裁员的公正性方面，由于对仲裁员主观思想动机的考察存在相当程度的不确定性，且各仲裁条款就此内容大多抽象概括，由是，仲裁庭普遍采取"客观行为标准"对仲裁员的公正性问题进行分析。详言之，当事方若对仲裁员的公正性提出质疑，除说明理由之外，还需列举仲裁员外部行为符合对其主观方面质疑的证据；受质疑的仲裁员则需提出抗辩理由，不承担"自证清白"的责任；仲裁庭以此为基础，分析仲裁员的外部行为是否反映其对于特定当事方持有偏见或倾向性。

表2.1　质疑仲裁员独立性案件分类一览表

情形分类 ＼ 裁决结果		质疑成立	质疑驳回
微观层面	仲裁员与当事人存在关联——"客户—代理人"关系上的关联	无	Amco v. Indonesia Vivendi v. Argentina I
	仲裁员与当事人存在关联——财务上的关联	无	Suez v. Argentina II EDF v. Argentina AWG v. Argentina
	仲裁员与当事人存在关联——社会或私人的关联	Tembec v. United States	Zhinvail v. Georgia
	仲裁员与当事方代理人的关联	无	SGS v. Pakistan Saipem v. Bangladesh Alpha v. Ukraine Hrvatska v. Slovenia Rompetrol Group NV v. Romania Fraport v. Philippines Highbury v. Venezuela
宏观层面	仲裁员与当事方代理人同属一个律师小组	Vanessa Ventrues Ltd. v. Venezuela	Hrvatska v. Slovenia
	仲裁员所属律师事务所与当事方的关联	S&T Oil v. Romania NSPI v. Venezuela	Vivendi v. Argentina I Azurix v. Argentina I Lemire v. Ukraine CEMEX v. Venezuela
	仲裁员所属律师事务所与当事方代理人的关联	无	Amco v. Indonesia SGS v. Pakistan Azurix v. Argentina I
	仲裁员被当事人重复指派	无	Tidewater v. Venezuela OPIC Karimum v. Venezuela Universal Compression v. Venezuela

　　就公正性标准的类型化研究，本章将相关仲裁裁决分为"身份冲突"与"行为冲突"两大类进行研讨。其中，"身份冲突"主要指仲裁员因具备其他身份（如律师、学者甚至其他案件仲裁庭中的仲裁员）而可能产生偏见，涵盖身兼数职、身兼数案、观点冲突等情形；而"行为冲突"则体现为仲裁员在仲裁程序中未能公平、公正地对待当事人，其行为表现出某种倾向性，包括涉及庭审阶段的行为、披露义务及其他情形。由于适用"客观性为标准"对于质疑方的证明责任要求较高，单独对仲裁员公正性问题的质疑鲜有成功之范例，质疑被驳回的情况所占比例较大。具体详见表2.2（后页）。

　　根据个案裁决结果的分析，在绝大多数案件中，仲裁庭遵循"客观行为标准"的审查方法。在涉及"身份冲突"的案件中，首先，对于"身兼数职"的情形，仲裁员的裁判角色和其他角色是否出现冲突取决于案件的具体情况，应当考察仲裁员的其他身份及其与案件的关联程度。若在客观上关联程度并不严重，则不会对仲裁员公正性造成影响。同时，这些角色是否足以产生利益冲突的情形，亦需要考察仲裁员在从事其他角色时，是否在客观上实际承担与本案中相冲突的责任或义务。其次，对于"身兼数案"的情形，仲裁庭一般均予以驳回。原因在于，仲裁员前案中的观点未必对后案造成影响，除非出现当事方以及具体的法律诉求在数起案件中发生高度重合的情形，仲裁庭才会对质疑仲裁员公正性的诉求予以详细考察。再次，对于"观点冲突"的情形，普遍的观点是，仲裁员仅表达过与仲裁案件法律问题类似见解的事实，并不足以构成质疑仲裁员资格的依据，因为抽象性的观点表达并不必然导致仲裁员在具体诉求分析时的偏见。而在分析"行为冲突"类型的案件时，只要仲裁员能够提供客观的正当理由，以此为依据所提出的质疑申请都被驳回。仲裁员在庭审程序中的一些行为也常遭质疑，除极为严重的不当行为外，质疑大都被驳回。最后，仲裁员有义务披露那些可能引发对仲裁员独立性和公正性怀疑的信息，仲裁庭应依据未披露信息的性质和具体情形裁定质疑是否成立。

表2.2　质疑仲裁员公正性案件分类一览表

情形分类 ＼ 裁决结果		质疑成立	质疑驳回
身份冲突	身兼数职	Vito Gallo v. Canada ICS v. Argentina Vivendi v. Argentina II S. D. Meyers v. Canada	SGS v. Pakistan
	身兼数案	无	Suez v. Argentina I Giovanni Alemanni v. Argentina PIP v. Gabon Tidewater v. Venezuela Universal Compression v. Venezuela
	观点冲突	TANESCO v. Independent Power Tanzania Canfor v. United States	Saipem v. Bangladesh Urbaser v. Argentina
行为冲突	涉及庭审阶段的行为	无	Klöckner v. Cameroon Sempra v. Argentina Abaclat v. Argentina CDC v. Seychelles National Grid v. Argentina
	披露义务	无	Azurix v. Argentina I Alpha v. Ukraine Tidewater v. Venezuela National Energy v. Panama
	其他情形	无	Carnegie v. Gambia

　　综上所述，仲裁庭在审查仲裁员公正性问题时，通常采用"客观行为标准"对仲裁员的行为进行审查，这样既避免考察仲裁员主观方面不确定性及其可能对仲裁体系正常运转带来的影响，又具备充分的可行性，以尽可能保持当事方及公众对仲裁员公正性资格的信心。

第三章　国际投资仲裁中裁判法理的载体
——优良裁决

　　第二章所探讨的国际投资仲裁中裁判法理生成的前提——仲裁员的独立性和公正性乃裁决质量的重要保障。国际投资仲裁中的裁判法理，是正在形成并实际存在于国际投资仲裁既定裁决中的具有参考价值的法律依据和法律标准的集合。富有职业声望的裁判者作出的裁决，才能在裁判法理生成过程中发挥最大效用。在保证仲裁员独立性和公正性资格的前提下，只有内在质地优良的既定裁决（简称"优良裁决"）方能作为裁判法理载体。作为裁判法理的载体，优良裁决与裁判法理的生成过程密切相关。围绕优良裁决这一载体，本章将从静态和动态两个方面阐释裁判法理的生成过程。具体而言：

　　静态方面，在保证裁判主体（仲裁员）的独立性和公正性的前提下，围绕国际投资仲裁中裁判法理的载体——优良裁决，在结合案例阐明优良裁决之要义的基础上，提出优良裁决的初步筛选应遵照"合理裁决原则"；提炼优良裁决应采用类比"确定性判例"的方法。

　　动态方面，在确保仲裁员公正性和独立性的前提下，通过类比"确定性判例"的方法，以优良裁决的初步筛选——"合理裁决原则"为逻辑起点，以提炼优良裁决为目标，从三个方面阐述裁判法理的生成过程：一是以专门委员会作出的撤销裁决反向推导，抽象出"合理裁决原则"，适用该原则初步筛选既定裁决，排除内在质地不够优良的既定裁决（简称"瑕疵裁决"）；二是通过类比"确定性判例"的方法，在同类型法律关系范围内，从一系列裁决中归纳法律标准并从中筛取出最优；三是提炼优良裁决——即在同一类型程序性或实体性议题范围内，筛取的法律标准项下，涵盖的论证明晰、完整的裁决可被认为是优良裁决。

第一节 国际投资仲裁中优良裁决之要义

国际投资仲裁实践中，优良裁决产生于个案的裁断，属自然生发的结果。但从学理上探讨优良裁决，需通过"抽丝剥茧"式的分析。研究优良裁决在国际投资仲裁中的适用轨迹，推导可作为优良裁决之要件，旨在归纳法律标准、提炼优良裁决。

一、优良裁决的探讨范畴

优良裁决之要义，旨在就同类型程序性或实体性议题下的一系列裁决，或个案裁决书中就特定议题论证的程序性或实体性内容进行分析。一味探寻数量众多的裁决书中何为优良裁决，无异于大海捞针；空泛讨论某一裁决书整体论证结构是否优良，也于事无补。故此，在总结优良裁决前，限定讨论的范畴确有必要。限定优良裁决的探讨范畴应采用类型化研究方法，具体可分为微观上的类型化与宏观上的类型化。

（一）微观上的类型化："优良裁决部分"与"瑕疵裁决部分"

从微观角度出发，国际投资仲裁领域有关国际投资争端的个案裁决书中，裁决理由和论证部分频繁涉及程序性或实体性（如间接征收、国民待遇、公平公正待遇以及例外条款）方面的内容。评判个案裁决书的合理性，如若一概而论或囿于固定范式，难免有失公允。根据《ICSID 公约》第 52 条，撤销裁决有多种原因，即使被专门委员会撤销的既定裁决中，也可能存在论证优良的部分。毕竟，国际投资仲裁中，仲裁庭"全盘缺乏合理分析"的情形较为罕见，"厚此薄彼"或"顾此失彼"却时有发生。故"微观上的类型化"，指就判断单个裁决书的合理性而言，不应将其笼统归为"优良裁决"或"瑕疵裁决"，而应将裁决书内容分为"优良裁决部分"和"瑕疵裁决部分"。前者具有援引价值，后者则应予摒弃。在同类型实体性议题或者程序性议题中，仲裁庭是就裁决某一具体议题的分析过程所作的援引，并非援引全案。

本节研究的对象，特指裁决书中同类型实体性或程序性议题范围内的论证部分。优良裁决的要义，是基于对同类型案件实体性与程序性议题论证部分的研究所进行的归纳。就特定议题进行论述的部分，并非个案裁决书的全部内容；而是在对裁决书相关议题类型化研究的基础上，就个案裁决书的部分内容进行优劣总结。本节在以 LG&E v. Argentina 案和 Continental v. Argentina 案为例诠释优良裁决时，并不采用"全部肯定"或"一概否定"的态度，而是在个案裁决中有关公平公正待遇、征收、根本安全例外条款等实体性议题的范围内，对"优良裁决部分"或"瑕疵裁决部分"进行评判。

（二）宏观上的类型化："优良裁决"与"瑕疵裁决"

从宏观角度出发，将国际投资仲裁裁决整体观之，绝对意义上不限范畴的"优良裁决"或"瑕疵裁决"情形十分罕见。只有通过一系列案件就同类型议题所形成的各裁决结果的过程进行分析，得出裁决是否优良的结论才不失偏颇。就笔者搜集的相关裁决进行研究，研究对象并非特定裁决的全部内容，而是多份裁决在同类型的程序性或实体性议题下的论证部分。故"宏观上的类型化"，是指就同类型议题之下通过比较不同案件，对完全相同与截然相反的事实裁决结果所进行论证，总结并归纳在同一法律关系范围内，哪些裁决属于优良裁决，哪些裁决属于瑕疵裁决。

目前，学界不乏对具体议题（如公平公正待遇问题、例外条款问题）的类型化研究。遗憾的是，此类讨论大多浅尝辄止，止于程序性或实体性议题微观、静态层面的归类，未能从宏观、动态层面抽象出在同一法律关系范围内提炼优良裁决的分析进路。本节对优良裁决的研究，在分析个案"优良裁决部分"和"瑕疵裁决部分"的基础上，从宏观、动态层面厘清国际投资仲裁中裁判法理的生成过程，旨在归纳法律标准、提炼优良裁决。

二、优良裁决的界定

（一）优良裁决的内涵

在同类型实体性或程序性议题下，裁决并非无一例外皆可在国际投资仲裁领域产生实质性的影响。在同一既定裁决的实体性或程序性范围内，只有那些内在质地优良且被富有职业声望的裁判者作出的既定裁决，才足以发挥最大效用，笔者谓之为"优良裁决"。

所谓优良，指仲裁庭的裁决应符合四项要求：一是按照当事双方公认的条约适用法律并作出裁决；二是按照当事双方确定的仲裁规则适用法律并作出裁决；三是合理详述裁决从而得出最终结论的推理过程；四是适当引用既定裁决。其中，尤以合理进行法律推理及适当援引既定裁决为重要。

优良裁决的特点有两个：一是仲裁庭在合理行使自由裁量权的同时，推理论证务须详细。仲裁庭的解释，可有效填补投资条约有关国家义务规定的空白。论证详细的既定裁决对国际投资仲裁案件的审理提供了有价值的参考。高质量、无异议的裁决不断涌现，国际投资法律体系才有望完善。二是适当援引既定裁决。在合理论证的基础上，仲裁庭适当援引既定裁决作出的后续裁决，更具说服力，可得到广泛认可。依此路径，仲裁庭在后续案件中作出裁决时，应主动与优良裁决保持一致，这有利于当事方理解并接受裁决结果，促进国际投资仲裁机制的完善。

（二）优良裁决的作用

优良裁决有效保证了公众对仲裁过程公正性和公信力的合理预期，可使当事方自觉服从仲裁庭的结论，有助于当事方特别是东道国执行裁决。同时，优良裁决对后续案件具有举足轻重的引领作用。

只有援引优良裁决，东道国才足以保证对裁决的有效履行，尤其在裁决结果对东道国一方不利的情况下，更是如此。这是因为，裁决的执行事关东道国国民的公共利益，瑕疵裁决可导致东道国履行不能或履行阻碍。在东道国与投资者这对关系中，投资者处于被保护的地位，有权随时终止在东道国境内的商事活动。与之不同，东道国与投资者母国之间通过缔结条约确立的权利义务，则具有长期性和稳定性。国际投资条约缔结期间，东道国作出的永久性承诺，须以仲裁庭作出的优良裁决作为有效保证。

优良裁决并不必然排除被当事方申请撤销之可能，即便启动撤销裁决机制，裁决中固有的优良特性（仲裁庭在裁决中适当援引既定裁决并对案件推理过程所做详尽且合理的说明）足以有效促使专门委员会在此基础上，对裁决得出高质量的评价。例如，NAFTA 仲裁庭在 2009 年 Glamis Gold v. United States 案中，仲裁庭深入讨论了国际投资仲裁中优良裁决对后续案件引领的作用，指出"进行合理、详细的推理的优良裁决，有效保证了仲裁机制的公信力"。[1]

三、"瑕疵裁决部分"例析

宏观层面，在同类型实体性或程序性议题上，未进行合理论证或援引优良裁决而作出最终结论的裁决，被视为"瑕疵裁决"；微观层面，个案裁决书中未就该议题进行合理论证的部分，属于"瑕疵裁决部分"，仲裁庭在后续案件考虑援引时，应予筛除。

此处谨以 2007 年 LG&E v. Argentina 案为例，对裁决中"瑕疵裁决部分"进行示范分析。以该案为例进行分析，是由于该案裁决书中，在有关间接征收、歧视待遇以及例外条款等问题的分析上，出现了一系列论证上的不足与漏洞。需特别说明的是，该案裁决书在论证上出现的漏洞和瑕疵，并非仲裁庭未能得出合理的结论或证据匮乏所致，而在于结论与理由间缺乏"足够关联"。正如专门委员会在 1997 年 MINE v. Guinea 一案的撤销裁决中所指出的，裁决书的论证应当

---

〔1〕　Glamis Gold, Ltd. v. The United States of America, UNCITRAL.

"展现仲裁庭如何从一个论点推至下一个论点，次第推导最终得出结论"[1] 在 LG&E v. Argentina 案的相关部分，该要求并未得到满足，主要问题在于：仲裁庭在论证时，裁决理由与最终结论之间存在龃龉：易言之，在仲裁庭的分析与结论之间，尚存有待弥补的缺陷，推论缺乏足够的说服力，与合理裁决原则的要求不符。

本部分从该案裁决书论证的事实部分出发，试图分析仲裁庭论证中存在的缺陷，旨在说明缺乏一致性与关联性的论证，足以对仲裁庭裁决结论产生负面影响。

（一）LG&E v. Argentina 案情简介

21 世纪初，阿根廷国内爆发经济危机，使得以阿根廷政府为被告提请国际投资仲裁庭予以裁决的案件数激增，且诉求大致相似。本案申请方为美国 LG&E 公司，该公司持有阿根廷政府颁发的相关许可证，合法拥有 3 家阿根廷天然气公司的股权。得益于 20 世纪 90 年代阿根廷政府所颁布的一系列公共事业私有化法案，该公司拥有阿根廷公司的控股权，并介入阿根廷国内的公共服务业。

但是，经济危机爆发后，阿根廷政府采取一系列紧急措施，包括中止私人介入公共事务的许可证效力，强制要求相关方重新谈判，放任阿根廷比索对美元贬值等。出于对政府强制废除许可证的担心，3 家阿根廷公司被迫与政府重新谈判，致使本案投资者——作为 3 家阿根廷公司大股东的美国 LG&E 公司的合法权益严重受损。由于一系列的损失并未在阿根廷经济危机结束后得到补偿，LG&E 公司遂将阿根廷政府诉诸 ICSID。

（二）LG&E v. Argentina 案"瑕疵裁决部分"涉及问题

LG&E v. Argentina 一案裁决书中"瑕疵裁决部分"主要表现在对例外条款、间接征收、歧视待遇问题的论证上。同时，该案在公平、公正待遇问题论证部分的结论也与其他论述部分的结论存在矛盾。[2]

1. 例外条款问题

在大量以阿根廷为被申请方的仲裁案件中，东道国阿根廷政府方几乎无一例外援用例外条款予以抗辩——即根据阿根廷与美国所签订之 BIT 第 11 条规定提出应当适用"根本安全例外"，从而在涉及对外国投资者造成的利益损失的举措方面得以免责。LG&E v. Argentina 案的裁决书对此多有着墨。详加分析，可发现

---

〔1〕 Maritime International Nominees Establishment v. Republic of Guinea, ICSID Case No. ARB/84/4, Decision on Annulment of 22 December 1989, para. 88.

〔2〕 实际上，本案关于公平、公正待遇问题的论证内容按照前述标准属于"优良裁决部分"，但公平、公正待遇问题与其他问题论证矛盾且缺乏论证支持的部分却属于"瑕疵裁决部分"。

裁决书在这一部分的推理存在一定的问题。

（1）有关美国—阿根廷 BIT 第 11 条的分析

在对 BIT 第 11 条规定内容的分析上，LG&E v. Argentina 案的裁决书存在两大问题：论证不一致以及循环论证。这两个问题导致读者理解裁决的结论存在困难。

按照 BIT 第 11 条之规定，如果东道国借助于"根本安全例外"得以免责，其措施必须旨在"维护公共秩序"，或者"维护国际和平与安全"，或者"维护自身核心利益"。因此，论证东道国免责的关键，在于证明所实施的措施足以达到前述三项目标中的至少一项。因此，裁决理应对阿根廷在经济危机爆发时的社会经济环境进行总体评估，概括阿根廷的相关措施是否属于前述三项范围之内容。

仲裁庭在裁决书中首先指出：由于阿根廷出现经济危机，使得"阿根廷政府有必要采取措施，维护公共秩序及保护核心利益"。[1] 鉴于此，读者预期仲裁庭在之后的部分能进一步解释阿根廷危机的具体情况，以及阿根廷政府的相关措施如何"维护公共秩序及保护核心利益"。但裁决书在随后的论证中却遮遮掩掩，状态"起伏不定"——有的部分论证饱满精彩，有的部分论证却捉襟见肘。如论证伊始，裁决书点明了阿根廷经济危机的起止时间。按照论证的自然逻辑，之后的段落应当论及阿根廷经济危机及其所采取的具体措施。然而，裁决书在此笔锋一转："因此，阿根廷在 2001 年 12 月 1 日到 2003 年 4 月 26 日期间，得以依据 BIT 第 11 条免除所有违约责任。"[2] 裁决书通过对阿根廷经济危机发生期间的概括总结，即得出"根本安全例外"得以适用，继而推导阿根廷足以免责的结论，逻辑推理过程十分跳跃，令人不得其解。

仲裁庭接着分析阿根廷经济危机的具体情况，论证根本安全例外条款要件之成立。裁决书指出："综合这些破坏性的状况，如经济、政治与社会等因素叠加在一起，若达成 BIT 第 11 条所规定的根本安全例外的成立基础，东道国有权采取相应措施维持社会秩序。"仲裁庭进而得出结论认为，LG&E 一方认定"阿根廷的经济危机不构成核心利益"以及"阿根廷采取的措施并非应对危机的唯一手段"属主观臆断。很明显，裁决书在此处的论证存在两处"空白"：一是未分析本案中的阿根廷经济危机如何能够满足诸如在 1912 年由国际常设仲裁庭在

---

〔1〕　LG&E Energy Corp. , LG&E Capital Corp. and LG&E Int'l Inc. v. Argentine Republic, ICSID Case No. ARB/02/1, Decision on Liability of 3 October 2006, para. 225.

〔2〕　LG&E Energy Corp. , LG&E Capital Corp. and LG&E Int'l Inc. v. Argentine Republic, ICSID Case No. ARB/02/1, Decision on Liability of 3 October 2006, paras. 227 – 229.

Russia v. Turkey 案[1] 裁决中所确立的, 只有 "极端的经济危机才能构成紧急情势" 这一高标准, 倘不适用此标准, 也须陈明理由; 二是在论证 "唯一手段" 的问题上, 裁决书只列举一些事实, 据以推定东道国有权采取相应举措, 未就事实上的问题进行充分论证。[2]

举证责任方面, 裁决书在没有阐明具体理由的情形下, 就判定应当由 LG&E 一方承担举证责任: "政府方面对供气部门企业所采取的措施确有必要, 且 LG&E 一方并未证明这些措施不能在一定程度上缓解经济危机带来的紧张情形。"[3] 这种待遇预判立场的论证, 证明力不足。

(2) 关于国际法原则与《国家责任条款草案》的分析

对 BIT 条款进行分析之后, 裁决书开始就国际法原则进行分析。值得注意的是, 裁决书中认定 "可以 BIT 第 11 条为由排除东道国在紧急情势下的责任" 这一结论是在未陈明理由的情况下作出的。裁决书只强调: "当仲裁庭认为东道国政府之行为已涉及 BIT 第 11 条的内容, 且案件中出现情势的紧急程度足以排除东道国方的责任时, 符合习惯国际法上关于紧急情势的判断标准 (反映在联合国国际法委员会制定的《国家责任条款草案》第 25 条之中)。"[4]

在认定《国家责任条款草案》第 25 条符合本案情形之后, 仲裁庭开始论证紧急情势足以使得国家免责。裁决书中写明: "投资者一方所依据的《国家责任条款草案》第 27 条并不足以支持东道国承担补偿义务的结论……因为该条内容并未规定必须进行补偿。在本案中, 本仲裁庭对于 BIT 第 11 条的解释已经说明这点。" 仲裁庭还指出, 根据本庭对 BIT 第 11 条的解释, 该条内容表明紧急情势可以作为国家不当行为的例外情形, 国家可得以免责。[5]

这一部分论证存在的不足如下: 一是明显的循环论证。仲裁庭从一个并未充分论证的前提 (即 BIT 第 11 条使得当事方可以免责) 出发, 并未提供足以支持这种免责情形的其他相关规定, 结论却又回到此前提; 二是仲裁庭并没有对紧急情势下国家应当承担的责任明确说明就得出结论的做法, 显得过于草率。根据

〔1〕 Russian Claim for Interest on Indemnities (Russia v. Turkey); PCA 1912.

〔2〕 A. Reinisch, "Necessity in International Investment Arbitration—An Unnecessary Split of Opinion in Recent ICSID Cases? Comments on CMS v. Argentina and LG&E v. Argentina", *Transnational Dispute Management*, 2006, 3 (5), p. 5.

〔3〕 LG&E Energy Corp., LG&E Capital Corp. and LG&E Int'l Inc. v. Argentine Republic, ICSID Case No. ARB/02/1, Decision on Liability of 3 October 2006, para. 242.

〔4〕 LG&E Energy Corp., LG&E Capital Corp. and LG&E Int'l Inc. v. Argentine Republic, ICSID Case No. ARB/02/1, Decision on Liability of 3 October 2006, para. 245.

〔5〕 Id., paras. 260 – 261.

《国家责任条款草案》第 27 条的规定："援引解除行为不法性的情况不妨碍：
（a）在并且只在解除行为不法性的情况不存在时遵守该项义务；（b）对该行为
所造成的任何物质损失的赔偿问题。"[1] 从字面上解释，第 27 条表明，即使在
排除国家行为不法性的情形下，仍有可能需要补偿。尽管其并未详细说明在何种
情形下需要补偿，且在裁决书中直接认定第 27 条"并未说明一定要进行补偿"，
但是仲裁庭应当继续论证在何种情况下，东道国需要予以补偿（此问题在现有的
国际法规则中并无明确规定）。然而在该案的裁决书中，仲裁庭并未就此问题进
行深入讨论和分析。事实上，一个可能的补救方案是，仲裁庭就本案与国际法院
1997 年审理的 Hungary v. Slovakia 案[2] 相比较——即使 LG&E v. Argentina 案仲
裁庭继续主张现有的观点，依然可以从 Hungary v. Slovakia 案中匈牙利一方的立
场中得到启发并找到有利于本案判断结果的依据。遗憾的是，仲裁庭此处刻意回
避，并未展开论述，使得本案这方面的论证尤其薄弱。

　　根据上述分析，仲裁庭最终得出"无论根据《国家责任条款草案》第 27 条
抑或 BIT 中的第 11 条，均不足以使东道国必须对投资者进行补偿"的结论，裁
决东道国在国家经济危机时期所采取的措施所造成的投资损失之后果应由投资者
自行承担。这样的论证，有待商榷，其裁决结果亦不足以令人信服。

　　2. 间接征收问题

　　在间接征收问题上，仲裁庭最终认定阿根廷政府并未对 LG&E 公司的投资实
施间接征收。裁决书这部分的分析亦存在漏洞：在分析该问题时，裁决并未事先
确定"政府行为属于合法规制抑或间接征收的判断标准"，即陷入对不同案件之
间具体事实细节的比较和分析中。要确定相应标准，至少应该包括三步：一是重
点分析征收行为的责任是否在政府；二是对政府行为是否达到相关条约所确定的
征收标准进行判断，从而确定该行为是否属征收行为；三是判断是否属于"合法
征收"。[3] 按照读者对裁决书该问题分析的合理预期，理应如此。

　　问题在于，本案所涉及的双边投资条约并未对间接征收的定义作出规定，于

---

〔1〕　International Law Commission, Draft Articles on Responsibility of States for Internationally Wrongful
Acts, Art. 27, U. N. GAOR, 56th Sess, Supp. No. 10, U. N. Doc. A/56/10（Dec. 12, 2001）.

〔2〕　Case concerning the Gabčíkovo – Nagymaros Project（Hungary – Slovakia）, Judgment, I. C. J. Reports
2004, p. 7.

〔3〕　J. Paulsson, Z. Douglas, "Indirect Expropriation in Investment Treaty Arbitrations", in S. Kröll, N.
Horn, ed. , Arbitrating Foreign Investment Disputes: Procedural And Substantive Legal Aspects, Alphen aan den Ri-
jn: Kluwer Law International, 2004, p. 145.

是仲裁庭选择了其他方法——"考察相关国际法规则,从而确定本案的判断标准"。[1] 然而,之后裁决书论证即陷入了模糊不清的状态,涉及所谓"相关标准"的冗长分析,与本案有关的间接征收标准的判断所距甚远。详言之,仲裁庭在论证中发生多次失误:

第一,仲裁庭对间接征收的定义语焉不详。裁决书中提到:"此类事实征收(*de facto* expropriation)的共同特点在于,政府的行为并不构成对投资的'明显剥夺',而是通过相关措施'实质性地剥夺外国投资者的财产收益权'。在当事方不再对投资享有控制权,或者不能对投资公司实施日常管理时,投资者所有并享有的投资收益权即被'剥夺'。"[2] 尽管该定义借鉴了 ICSID 仲裁庭在 2003 年 CME v. Czech 案及 2001 年 Pope & Talbot v. Canada 案中的论点,[3] 但仔细研究就会发现上述定义自相矛盾:在第一句中,间接征收被定义为由政府行为而引发的对于投资者财产收益的"剥夺";在第二句中,"剥夺"却被解释为由于"不再对于投资享有控制权"或"不能对投资公司实施日常管理"而丧失对投资的所有权——这样的定义横跨了两个互不相关的范畴,并带来如下问题:投资者被政府剥夺收益后,是否仍可对其投资公司实施日常管理?如果可以的话,这种情形是否属于间接征收?另外,定义中列举的情形仅仅是一种可能性推测,还是可以适用于本案的事实?此类问题的提出即说明,仲裁庭的分析存在对间接征收定义论证不一、甚或自相矛盾的情况。裁决书列举仲裁员认为属于剥夺的情形,并未与 LG&E v. Argentina 案的事实分析相结合,作出与本案情形相符的合理推断。

第二,裁决书混淆了学者提及的判定间接征收的前后顺序。在试图对间接征收进行定义后,仲裁庭试图建立"效果审查标准"(effects test)用以平衡"政府相关措施对于投资者所有权的干涉"。[4] 裁决书特别指出,政府措施对投资干预的程度取决于两项要素,即"政府措施对理性投资者利益期待的践踏"以及"措施实行的期限",且前一要素的严重程度将决定是否"需要对于征收行为作出补偿"。[5] 裁决书提出的标准存在两方面的问题:一方面,将政府行为的性质及其对投资者利益的影响混为一谈,应先定性政府行为,后考虑影响,而不是颠

---

〔1〕 LG&E Energy Corp. , LG&E Capital Corp. and LG&E Int'l Inc. v. Argentine Republic, ICSID Case No. ARB/02/1, Decision on Liability of 3 October 2006, para. 181.

〔2〕 Id. , para. 188.

〔3〕 Id. , para. 78.

〔4〕 LG&E Energy Corp. , LG&E Capital Corp. and LG&E Int'l Inc. v. Argentine Republic, ICSID Case No. ARB/02/1, Decision on Liability of 3 October 2006, para. 190.

〔5〕 Id. , para. 191.

倒顺序；另一方面，按裁决书的表述，这样的标准似乎隐喻有一类征收行为不需要补偿。易言之，"混淆了判断间接征收的两个内容，即疑似征收行为的性质与政府是否应当进行补偿"，[1] 从而为政府实施征收行为却不予补偿提供了法律上的依据。

第三，裁决书在援引裁决时出现"观点先行"的片面论证。本案仲裁庭通过理论分析，试图援引 2004 年 Tecmed v. Mexican 案的裁决作为依据。仲裁庭指出，Tecmed v. Mexican 案为征收行为的补偿设置了相当高的门槛，该案的裁决书提及"判断一项措施是否等同于征收……需要首先审查投资者一方是否因该措施而彻底被剥夺投资的经济效益，其效果相当于投资权（如收益权）瞬间荡然无存"[2]。仔细阅读 Tecmed v. Mexican 案的裁决书就会发现，这一部分是该案判断政府行为具有合法性还是属于不法征收的标准，而非判断征收行为是否需要补偿的标准（事实上，即便政府措施并非不法征收，亦需对投资者给予补偿）。在上述援引的文字之后，Tecmed v. Mexican 案的裁决书中写到："根据投资者是否被剥夺与投资相关的权利，该区分可以决定此行为是否导致对投资者的补偿，[3] 抑或并未构成事实上的征收。"[4] 根据原文的含义可知，"投资者的相关权利被剥夺的程度"才是判断政府行为是否构成征收以及是否需要补偿的标准，但 LG&E v. Argentina 案的裁决书断章取义，将前案的解释嫁接在本案的事实上，属典型的片面论证。

第四，论证失误。尽管裁决书试图将间接征收的理论与本案事实结合予以分析，遗憾的是，其中仍然存在论证错误。仲裁庭指出，"通常，征收必须是永久性的，即非临时性的"[5] 这种表述实际上将几乎所有的"间接征收"行为排斥在外。间接征收行为通常被视为是一种"过程"而非具有特别针对性和效力期限的行为。根据学者的总结，间接征收通常被认定为"出于合法目的，没有明确

〔1〕 J. Paulsson, Z. Douglas, "Indirect Expropriation in Investment Treaty Arbitrations", in S. Kröll, N. Horn ed., *Arbitrating Foreign Investment Disputes: Procedural And Substantive Legal Aspects*, Alphen aan den Rijn: Kluwer Law International, 2004, p. 148.

〔2〕 LG&E Energy Corp., LG&E Capital Corp. and LG&E Int'l Inc. v. Argentine Republic, ICSID Case No. ARB/02/1, Decision on Liability of 3 October 2006, para. 192.

〔3〕 一般而言，如果东道国对投资者行使了诸如征收等不法的行为，应当在事后对投资者进行相应的补偿。如东道国未对投资者进行补偿而投资者选择将东道国诉诸投资仲裁庭，一旦东道国的行为被裁断为征收行为，东道国有义务执行裁决，对投资者进行赔偿。

〔4〕 Técnicas Medioambientales Tecmed, S. A. v. The United Mexican States, ICSID Case No. ARB (AF) /00/2, Award of 29 May 2003, para. 115.

〔5〕 LG&E Energy Corp., LG&E Capital Corp. and LG&E Int'l Inc. v. Argentine Republic, ICSID Case No. ARB/02/1, Decision on Liability of 3 October 2006, para. 193.

客体，却在事实上逐步剥夺有关投资者的基础性权利的行为"。[1] 裁决书并没有就直接征收行为、间接征收行为与合法的政府规制行为进行进一步区分，只是笼统地"排除"东道国政府的行为属直接征收之可能，从而断定无需就此问题向投资者补偿。论证确有漏洞，且错过了厘清并进一步区分征收行为与间接征收行为的时机。

3. 歧视待遇问题

在歧视待遇问题上，如果仲裁庭能够进行充分、合理的论证，就不会得出"LG&E 公司受到东道国歧视对待"这一结论。事实上，裁决书中在此问题上提供的论据和论证并不充分。

根据本案所涉及 BIT 第 2（b）条之规定，禁止对投资者实施歧视待遇。仲裁庭参照国际法院 1989 年审理的 ELSI 一案认为，判断是否存在歧视性待遇，无需事实上的行为，只要具备因国籍不同而区别对待的歧视性动机即可。[2] 照此论点，读者的合理期待是，仲裁庭进一步判断东道国方面是否纯粹出于国籍的不同而对 LG&E 公司进行了区别对待。

然而在之后的论证中，仲裁庭却"偷梁换柱"，并未就是否出现"国内外投资者待遇有别"的证据进行讨论，反而始终在分析是否存在"对于不同工业部门的区别待遇"。且裁决书中唯一提及的证据也与不同工业部门之间的区别待遇有关——"尽管并没有证据证明东道国采取的相关措施导致投资者一方的损失，但相较于其他诸如供水供电领域，对于供气领域的歧视客观存在。"[3] 事实上，仲裁庭若要保证论证的完整严密，至少有三种选择：一是阐明与 LG&E 这类外国公司相比，东道国本国的公司享受了更多的优待；二是证明在供气领域范围内，客观存在歧视现象；三是兼论上述两种情形，并附之以清晰的说明。遗憾的是，在裁决书中，仲裁庭并未采纳三种选择中的任一选项。

在适用标准的部分之前，仲裁庭就暗示，"根据现有的证据，东道国一方的确对供气领域的企业适用更加严格的措施"，[4] 从而使仲裁庭藉此认定东道国一

---

〔1〕 Y. Fortier, S. Drymer, "Indirect Expropriation in the Law of International Investment: I Know It When I See It or Caveat Investor", *ICSID Review - Foreign Investment Law Journal*. 2004, 19 (2), pp. 293 -294.

〔2〕 LG&E Energy Corp., LG&E Capital Corp. and LG&E Int'l Inc. v. Argentine Republic, ICSID Case No. ARB/02/1, Decision on Liability of 3 October 2006, para. 146.

〔3〕 LG&E Energy Corp., LG&E Capital Corp. and LG&E Int'l Inc. v. Argentine Republic, ICSID Case No. ARB/02/1, Decision on Liability of 3 October 2006, para. 148.

〔4〕 Id. , para. 147.

方确实对投资者实行歧视待遇。然而，根据国际法院 1989 年 ELSI 案[1]确立的标准，没有证据证明这些措施"内外有别"，就不能得出歧视待遇成立之结论。

需要指出的是，几乎没有任何其他案件的仲裁庭再适用 LG&E v. Argentina 案所提及的以部门划分而非以区分投资者划分的方式确定歧视待遇之标准。如在 2004 年 Occidental v. Ecuador 案中，仲裁庭拓宽有关歧视待遇的解释范围，认为应以事实上的歧视行为而非歧视的意图为准，分析工业部门之间的歧视行为。[2] 在 NAFTA 的相关案件中，尽管也有个别案件接受部门之间歧视行为的判断标准，却都是在坚持国籍之间歧视标准的基础上对此标准加以适用，都不赞成 LG&E v. Argentina 案所确立的判断标准。[3] 因此，LG&E v. Argentina 案的裁决书，本应对歧视待遇的判断标准进行解释，但裁决书却并未如此，使得读者对歧视待遇判断标准有关部分的论证心生疑惑。

这种质疑的声音在后来涉及此案的学术讨论和案例总结中进一步升级。就本案仲裁庭分析歧视待遇问题的依据产生分歧，主流学者认为，本案的仲裁庭实际上并未找到东道国对投资者实施歧视性待遇措施的依据，有学者即认为"尽管政府对于供气部门和其他部门之间的措施确有差别，但是，至少在供气部门内部，各类企业都处在同等不利的国内法规制之下，且投资者一方也并没有证据证明，因为是外国人的原因而受到歧视。因此，歧视待遇不能成立"。[4] 这种对案件的评论，表明在歧视待遇这一议题上，本案裁决书的论证与合理裁决原则不符。

4. 裁决结论

根据上述分析，LG&E v. Argentina 案裁决书就各实体议题的分析，存在论证不充分或论证不一致的现象。有时会出现单个部分的分析和论证不存在瑕疵，得出的结论却自相矛盾这样的尴尬局面，如本案论证结论间的冲突情况就是如此。

一方面，仲裁庭得出的有关公平公正待遇与例外条款的结论上彼此矛盾。在有关公平、公正待遇的部分，认定东道国政府颁布的一项法令（Resolution 38/

〔1〕　Elettronica Sicula S. p. A. （ELSI）（United States of America v. Italy），Judgment, I. C. J. Reports 1989, p. 15.

〔2〕　Occidental Exploration and Production Company v. Republic of Ecuador, LCIA Case No. UN3467, Final Award of 1 July 2004；Waste Management, Inc. v. United Mexican States, ICSID Case No. ARB（AF）/98/2, Arbitral Award of 2 June 2000, paras. 173, 177.

〔3〕　Marvin Roy Feldman Karpa v. United Mexican States, ICSID Case No. ARB（AF）/99/1, Award of 16 December 2002, para. 166；Pope & Talbot Inc. v. The Government of Canada, UNCITRAL, Award on the Merits of Phase 2 of 10 April 2001, para. 78.

〔4〕　G. Falkof, "'State of Necessity' Defence Accepted in LG&E v. Argentina ICSID Tribunal", *Transnational Dispute Management*, 2006, 3 （5）, p. 7.

02）违反公平、公正待遇的要求。问题在于，该法令颁布于 2002 年 3 月，此时，阿根廷国内的经济危机已开始，且仲裁庭已论证"阿根廷在 2001 年 12 月 1 日到 2003 年 4 月 26 日期间得以根据 BIT 第 11 条而免除任何责任"。如前所述，如果该法令确实违反公平、公正待遇，鉴于根本例外条款的适用，是否经济危机期间责任可得以免除？如果在经济危机期间，阿根廷政府的责任可得以免除的话，那么，仲裁庭为何没有对该法令违反公平、公正待遇的具体时间作出说明？

另一方面，仲裁庭得出的有关公平、公正待遇部分的结论与补偿的结论相冲突。仲裁庭在涉及公平公正待遇的部分，隐喻投资者一方应当得到东道国一方的补偿，"东道国方对投资者采取的措施迫使投资者就特许协议重新谈判，却没有对投资者进行补偿的制度安排。"如果仲裁庭认定阿根廷在经济危机期间可被免除责任，东道国又有何必要再对投资者予以补偿呢？对此，裁决书未作解释。

综上，根据对 LG&E v. Argentina 一案裁决书的分析，可以发现仲裁庭论证不合理、不充分有多种表现形式——缺乏论据支撑，实体部分内部论证一致性的缺乏，以及各部分之间论证一致性的缺乏等。在上述列举的实例中，导致裁决书的读者无法"从一个论点推至下一个论点，次第推论直至得出结论"。尽管这些论证上的漏洞不属于根本性内容的缺失，但从仲裁案件的质量及公信力的角度出发，仲裁庭应当在各项内容的罅隙间，以及可能产生龃龉的部分，尽可能清晰地表述，致力于补充并有效填补论证中的模糊及空白。

事实上，论证上的不合理、不充分的现象，在裁决书中时有出现。这类瑕疵裁决部分有违效率与公平，进而影响国际投资仲裁机制的合法性。所幸目前已有类似 2006 年 Mitchell v. Congo 这样的案件，由于论证不充分而被专门委员会予以撤销——这已然提示仲裁庭，须严肃对待《ICSID 公约》第 48 条（3）条之规定，在案件中尽可能符合合理与充分的论证要求，达成质地优良的裁决。

四、"优良裁决部分"例析

宏观层面，在同类型实体性或程序性议题下，仲裁庭论证明晰、完整且适当援引既定裁决作出的裁决，被视为"优良裁决"；微观层面，个案裁决书中就该议题说理准确、论证严谨的部分，属"优良裁决部分"，仲裁庭在后续案件中应予以援引。此处谨以 LG&E v. Argentina 案中涉及公平、公正待遇问题的论证以及 Continental v. Argentina 案中关于根本安全例外条款问题的论证为例详加说明。

（一）LG&E v. Argentina 案中关于公平公正待遇问题的论证

尽管 2006 年 LG&E v. Argentina 案裁决书在间接征收、歧视待遇及国家责任例外等方面的论证存在一些漏洞，但有关公平、公正待遇问题的论证与说理，却堪称优良裁决。如前所述，这一部分的论述足以使读者"从一个论点推至下一个论点，并次递推论直至得出结论"。[1] 裁决书该部分的论证十分清晰，包括列举案件事实、法律适用以及事实与法律的结合均较为完整。由于在之前的部分已列举案件事实，在此不赘。以下详析案件的论证部分。

首先，仲裁庭在事实分析部分，将投资者因遭受东道国侵害以致利益受损的事实进行了列举。这些权益在经济危机之前，被东道国颁布的天然气法案所保护，具体内容包括如下四项：一是将美元兑换为阿根廷比索采用之前税率的计算方法；二是每半年根据购买力评价指数调整相关税率；三是享有充分的投资收益以及合理的退税额；四是针对任何冻结或控制价格行为的补偿。[2] 裁决书在涉及"阿根廷保护投资者义务"的内容，明确列举上述四项对于原天然气法案条款的违反情况，为裁决书得出阿根廷政府违反公平、公正待遇原则的结论奠定了坚实基础。

在充分阐明本案的事实依据后，仲裁庭以清晰的思路开始对 BIT 中公平、公正待遇条款的解释进行推理：由于 BIT 中未规定公平公正待遇明确的定义，仲裁庭依据《维也纳条约法公约》第 31 条之规定，查阅 BIT 序言部分的相关内容，参考 ICSID 的相关既定裁决，[3] 并根据条约规定，得出与公平、公正待遇问题有关的三个目标：一是"维护稳定的投资框架，最大限度地利用经济资源"；二是"最大限度地促进经济合作"；三是"推动缔约国私有资本以及经济的发展"。[4] 根据 BIT 的文义，仲裁庭总结出公平、公正待遇的标准："如果并没有对东道国自身的存在构成严重威胁，则东道国既有法律和经济体系的稳定是本案中公平、公正待遇的核心要素。"[5] 推论至此，足以使读者"从一个论点推至下一个论点，次递推导直至得出结论"：仲裁庭从 BIT 中提炼出的公平、公正待遇是一种宽泛的、广义上的标准。

仲裁庭参考一系列 ICSID 和 NAFTA 项下的裁决，旨在归纳公平、公正待遇

---

〔1〕 Maritime International Nominees Establishment v. Republic of Guinea, ICSID Case No. ARB/84/4, Decision on Annulment of 22 December 1989, paras. 6.98 – 6.108.

〔2〕 LG&E Energy Corp., LG&E Capital Corp. and LG&E Int'l Inc. v. Argentine Republic, ICSID Case No. ARB/02/1, Decision on Liability of 3 October 2006, para. 181.

〔3〕 R. Dolzer, "Indirect Expropriations: New Developments?", *New York University Environmental Law Journal*, 11 (2002), p.13. 文中指出："解释双边或多边条约的路径必须建立在条约的目的旨在推进外国投资的基础上，而此目的通常被反映在条约的序言部分。因此，可以得出结论，当条约内容引发争议时，这些条约应当被解释为有利于投资者，强调并扩大投资者的权利。"

〔4〕 LG&E Energy Corp., LG&E Capital Corp. and LG&E Int'l Inc. v. Argentine Republic, ICSID Case No. ARB/02/1, Decision on Liability of 3 October 2006, para. 124.

〔5〕 Id., para. 124.

中的两个国际通行标准——合理期待和透明度。裁决书进而指出，这些标准在 2003 年 Tecmed v. Mexico 的裁决中被首次提出后，[1] "被一系列后续裁决所援引"，[2] 如 2004 年 Occidental v. Ecuador 案以及 2005 年 CMS v. Argentina 案。[3] 仲裁庭在本案裁决书中几乎采取了与 Tecmed v. Mexico 案一致的措辞："公平公正待遇包括东道国前后一致、具备透明度且排除不确定性的行为，这些行为包括承认并维持、满足外国投资者合理期待所必需的稳定性和可预见性法律框架。"[4] 根据仲裁庭的推理，对公平、公正待遇的解释与 BIT 的宗旨及一系列既定裁决相符。裁决书先后通过对 BIT 的条款规定以及一系列既定裁决演进的考察，分析公平、公正待遇之关键要素。实际上，仲裁庭在此还可进一步强化论证，在裁决书中作以下说明：仲裁庭在解释公平、公正待遇问题上应当以 BIT 为依据。若 BIT 此处规定的宽泛标准足以成立的话，仲裁庭可行使自由裁量权对该待遇标准作出更详尽的解释。

　　仲裁庭将有关公平、公正待遇问题的法律分析与特定案件事实结合，对阿根廷违反公平、公正待遇部分的论证也较为出色，"由于先前的法案已经使投资者产生合理的期待，阿根廷方面由此也要承担通过发放许可证以确保投资者投资权利得以实现的义务——在本案中即体现为供气许可证。政府废止这些许可证的行为，已然违反公平、公正待遇所包括的稳定性和可预见性等要求。特别是，通过一部法案确定由美元计算税率兑换到比索的行为，不符合公平、公正待遇的要求。阿根廷政府的措施完全破坏了之前设计用以吸引投资者投资的法律框架，令人无法接受。"[5] 前述分析表明，仲裁庭根据本案事实合理分析后，得出阿根廷的措施违反公平、公正待遇的结论。

　　综上所述，在 LG&E v. Argentina 案涉及公平、公正待遇的分析中，仲裁庭遵循《维也纳条约法公约》对于 BIT 中的相关条款作出的解释，结合既定裁决的

---

　　〔1〕 Técnicas Medioambientales Tecmed, S. A. v. United Mexican States, ICSID Case No. ARB（AF）/00/2, Award of 29 May 2003, para. 154.

　　〔2〕 LG&E Energy Corp. , LG&E Capital Corp. and LG&E Int'l Inc. v. Argentine Republic, ICSID Case No. ARB/02/1, Decision on Liability of 3 October 2006, para. 127.

　　〔3〕 CMS Gas Transmission Co. v. Argentine Republic, ICSID Case No. ARB/01/8, Award of 12 May 2005, para. 268; Occidental Exploration and Production Company v. The Republic of Ecuador, LCIA Case No. UN3467, Final Award of 1 July 2004, para. 185; Waste Management, Inc. v. United Mexican States, ICSID Case No. ARB（AF）/98/2.

　　〔4〕 LG&E Energy Corp. , LG&E Capital Corp. and LG&E Int'l Inc. v. Argentine Republic, ICSID Case No. ARB/02/1, Decision on Liability of 3 October 2006, para. 131.

　　〔5〕 Id. , paras. 134, 139.

相关分析，依照案件事实较宽泛地适用公平、公正待遇。本部分的推理过程完整缜密，结论足以令人信服。

（二）Continental v. Argentina 案中关于根本安全例外条款的论证

2008 年 Continental v. Argentina 一案裁决，是晚近发布的阿根廷仲裁案件中有代表性的既定裁决。[1] 仲裁庭对美国—阿根廷 BIT 第 11 条涉及根本安全例外条款的部分，作出了详尽且严密的论证。就此问题的论证，充分明确、思路清晰，足以作为根本安全例外条款问题下"优良裁决部分"之典型进行分析解读。

1. 基本案情

本案申请方 Continental Casualty 是一家美国公司，在阿根廷全资设立子公司 CNA。CNA 是一家保险公司，其保险业务包括投资证券（政府债券、国库券等）以从中获得收益。在 2001 年阿根廷经济危机发生之前，按照阿根廷彼时的法律，CNA 公司有权依照等值比率将阿根廷比索兑换为美元。且经过数年的运营，CNA 公司资产已达到 1 亿美元左右。

从 2001 年 12 月开始，随着阿根廷政府一系列限制性措施的颁布，比索与美元之间的兑换开始受到限制。Continental 公司认为，阿根廷政府颁布的货币政策严重影响了公司的盈利能力，作为 CNA 公司的全资控股公司，Continental 公司在经济危机期间的损失超过 4600 万美元，由此主张，根据美国—阿根廷 BIT 的规定，CNA 公司资产应受到保护。详言之，阿根廷政府承担的保护投资公司的义务至少包括：BIT 第 2（2）条规定之公正公平和充分保护待遇、最惠国待遇以及第 4 条规定的关于征收补偿的要求。[2]

针对投资者方面的指控，阿根廷政府否认其在经济危机期间的管制措施违反了 BIT 的相关规定，并就这些措施的合法性展开抗辩。其中，一个十分重要且与 LG&E 一案颇为相似的内容在于，阿根廷政府根据 BIT 第 11 条认为其应当免责，提出在习惯国际法上也存在某些特殊情形下国家不法行为得以免责的情形。阿根廷方面主张，根据 BIT 第 11 条的规定，东道国在条约中所承担的针对投资者的

---

〔1〕　在涉及阿根廷经济危机的仲裁案件群中，与根本安全例外条款关联最为紧密且案情相似的最新案件是 El Paso v. Argentina 案（El Paso Energy International Company v. Argentine Republic, ICSID Case No. ARB/03/15），其裁决书于 2011 年发布。该裁决书在此部分的论证基本沿袭了 Continental 案的论证思路，但在论证的篇幅和完整度上均不如 Continental 案。因此在此谨以 Continental 案为例作为分析样本。A. S. Sweet, G. Cananea, "Proportionality, General Principles of Law, and Investor – State Arbitration: A Response to Jose Alvarez. Yale Law School Public Law Research Paper No. 507", http: //ssrn. com/abstract = 2435307, 2014 – 09 – 04/2014 – 12 – 01.

〔2〕　Continental Casualty Company v. Argentine Republic, ICSID Case No. ARB/03/9, Award of 5 September 2008, para. 21.

义务"不排除"东道国方面出于维护三种特别利益所采取必要措施——这三种特别利益包括:"公共秩序"、"为履行维护或恢复国际和平与安全相关的义务"以及"本国根本利益安全"。详言之,按照第 11 条的规定,如果东道国方面是出于保护上述三种特别利益而采取的相应措施,则不受条约内容规定的约束,也不构成对于条约的违反,投资公司的诉求不可能获得支持。故而第 11 条的实质构成了对 BIT 所规定的东道国应当承担的实体义务的减损。

鉴于第 11 条的对象覆盖 BIT 中所规定的东道国的大多数义务,从性质上分析属于"概括性例外",仲裁庭在分析东道国与投资方争议的具体事项之前,须先对第 11 条的性质作出分析与判断。若阿根廷方面就第 11 条之规定内容抗辩成功,则无需再对之后具体违反东道国的责任进行深入探究;若阿根廷就第 11 条之规定内容的抗辩无法通过仲裁庭的审查,则仲裁庭将继续对阿根廷的相关举措是否违反 BIT 的实体内容进行分析与判断。

2. 本案"优良裁决部分"的分析

本案裁决尤其值得一提的是,仲裁庭就阿根廷方面主张涉及第 11 条之适用进行的分析可谓层次清晰,内容全面,论证严密,足以令人信服。尤其是在论证部分,更加彰显了本案仲裁庭的分析水平和功力。

(1) 总体特点。第一,在结构上,本案裁决书对第 11 条的论证共分五部分:一是 BIT 第 11 条与习惯国际法规定之关系;二是阿根廷政府针对 2001 年—2002 年发生经济危机的举措是否符合第 11 条规定的"为了维护公共秩序"或保护阿根廷的"核心利益安全"等目的;三是第 11 条是否属于"自裁性(self - judging)条款";四是阿根廷政府针对 2001 年—2002 年发生经济危机的举措"为了维护公共秩序"或者保护阿根廷的"核心利益安全"是否满足"必要性"要求;五是第 11 条适用的效果。[1] 就一项条款分为五个层次进行分析,在有关阿根廷仲裁案件群中实属罕见。[2]

采取这种分析框架的优点在于,明确了第 11 条规定与习惯国际法上内容的范围分工——对于第 11 条而言,主要是分析条款自身的性质以及经济危机是否符合该条客体的要求;对于习惯国际法上的内容(主要指《国家责任条款草案》第 25 条),则重在分析阿根廷举措的"必要性"。特别需要指出的是,仲裁庭在分析伊始即对 BIT 的规定与习惯国际法的内容效力层级作出判断十分关键——因

---

〔1〕　Continental Casualty Company v. Argentine Republic, ICSID Case No. ARB/03/9, Table of Contents.

〔2〕　在其他几起案件(如 CMS v. Argentina 案、Enron v. Argentina 案以及 LG&E v. Argentina 案)的裁决书中,仲裁庭论及此问题大多只是分成两个层次进行,即美国—阿根廷 BIT 上的规定和习惯国际法上的规定。

为这将决定阿根廷方面能否免责审查标准的宽严程度，对阿根廷政府的抗辩最终是否获得仲裁庭的支持至关重要。

第二，从在内容上，仲裁庭对有关法律问题的分析十分周全。比如在裁决书第169段，仲裁庭全面概括了投资者和东道国在第11条适用问题上的纷争，其内容包括三个方面：一是第11条的性质是否属"自裁性条款"，即援引第11条的当事方（在本案中即为东道国阿根廷政府）是否有权决定该条的适用？如果第11条确属"自裁性条款"，则东道国方面在适用该条款上将获得充分的自由裁量权，而争端解决机构的权力将受到限制；而如果第11条并非"自裁性条款"，则东道国无权擅自援引该条款，争端解决机构可在法律层面和事实层面对东道国援引该条款的合法性作出判断；二是阿根廷出现的"经济危机"是否危害了属于该条款内容规定的"核心利益安全"？如果仲裁庭认定不属于此范围，阿根廷政府措施的合法性将受到质疑，不能为该条款所涵盖；三是如果阿根廷政府的措施旨在保护"核心利益安全"，这些措施的必要性达到了何种程度？如非"绝对必要"，阿根廷政府仍要为这些措施承担国家责任。[1] 又如，第（4）部分有关"必要性"的论证上，仲裁庭在裁决书中分别就适用标准的由来、适用标准的内容、阿根廷政府举措是否存在"可替代措施"、阿根廷政府的行为是否促成经济危机的发生等四方面进行了分析，就第三项即"可替代措施"部分，仲裁庭又进一步详细列举了四种情形进行论证。这样的论证思路使得有关第11条的几乎所有内容都得到考察，无论是投资者还是东道国的诉求都最大限度地得到了分析和比较。

（2）有关BIT第11条与习惯国际法关系的分析。如前所述，在本案中由于阿根廷方面在抗辩的同时，提及BIT第11条与习惯国际法上的规定（《国家责任条款草案》第25条），使得仲裁庭必须首先处理两者之间的关系。从案件的实际裁决看，明确二者的适用顺序与投资者和东道国的诉求能否得到支持有直接联系。在此之前的数起类似案件中，仲裁庭对此问题的论述显得暧昧而模糊，既没有清晰的框架，亦没有十分明晰的结论，使两部分内容的关系无法得以厘清。如在CMS v. Argentina案中，裁决书在论述BIT第11条之时，未经任何论证即认为，该条之适用"应当符合《国家责任条款草案》第25条规定之要件"。[2] 这

---

〔1〕　Continental Casualty Company v. Argentine Republic, ICSID Case No. ARB/03/9, Award of 5 September 2008, para. 169.

〔2〕　CMS Gas Transmission Company v. Republic of Argentina, ICSID Case No. ARB/01/8, Award of 12 May 2005, para. 374.

一部分在后来的撤销裁决中遭到专门委员会的重点批评。[1]

在 Continental v. Argentina 案中，裁决伊始，仲裁庭即对两者进行了区分。仲裁庭认为："首先处理 BIT 第 11 条之内容，原因有两个：一是阿根廷方面抗辩的顺序亦是第 11 条在前而习惯国际法内容在后；二是本案适用 BIT 第 11 条是分析一系列涉及紧急情势的习惯国际法具体规定的前置性内容。"该结论十分清晰地点明了两者之间的适用顺序。[2]

随后，仲裁庭明确指出，BIT 与涉及习惯国际法上的抗辩内容在本质上存在区别：按照 BIT 第 11 条的文义解释及目的解释可知，在该条款规定的特殊情况下，东道国为条款所规定之目的而采取的措施，并不违反条约的相关义务。易言之，东道国方面采取相关措施所带来的后果被排除在 BIT 管辖范围之外，并不必然导致东道国违反条约所规定的义务。投资者在此情形下状告东道国政府，最终获得仲裁庭支持的可能性微乎其微，此时 BIT 的相关条款中的内容已然终止适用。BIT 第 11 条在此起到"安全阀"的作用。对于习惯国际法上的规定（《国家责任条款草案》第 25 条），仲裁庭认为其所针对的并非同类情形。在此，仲裁庭援引联合国国际法委员会就《国家责任条款草案》发布的报告，认为第 25 条的具体规定所涉及的"紧急情势"，是针对"国家已经违反义务（无论是源于条约规定还是源于习惯国际法）而作出不法行为，但有特定目的的情形除外"（按照联合国国际法委员会的报告，这些特定目的可以包括维护公共安全、社会稳定等）。如果这种情形的其他要素符合第 25 条之规定，则该行为的不法性得以免除。

在梳理两者的不同特征后，仲裁庭认为，对于习惯国际法的规定而言，适用《国家责任条款草案》第 25 条的解释之所以相对严格，是由于当事国可依本条款"在任意情况下解除任意不法行为的责任"，属于普适性规定（作为"一般法"，*lex generalis*），事关重大，因此其适用只能"被限定在少数的例外中"。[3] 但与缔约国经过特别谈判而缔结的 BIT 第 11 条（作为"特别法"，*lex specialis*）存在本质差别。仲裁庭指出，旨在限制缔约国承担条约规定义务的第 11 条所适用的判断要件，与习惯国际法上《国家责任条款草案》第 25 条的规定在适用上不同。

---

〔1〕 专门委员会认为，原裁决中对上述结论并未给予直接和明确的证明，即"未陈述其所依据的理由"。CMS Gas Transmission Company v. Republic of Argentina, ICSID Case No. ARB/01/8, Decision of the ad hoc Committee on the Application for Annulment of the Argentine Republic of 25 September 2007, paras. 123 – 124.

〔2〕 Continental Casualty Company v. Argentine Republic, ICSID Case No. ARB/03/9, Award of 5 September 2008, paras. 162 – 168.

〔3〕 Id. , para. 167.

因此，仲裁庭得出结论：不能将《国家责任条款草案》第 25 条规定的要件直接
适用于本案对东道国政府的行为考察。[1]

考虑到对二者的混淆情况普遍存在，仲裁庭又做了进一步的阐释，认为两部
分内容间也存在一定的关联：一是它们都增加了国家承担国际义务的灵活性，且
承认特殊情形下（"紧急情势"发生时）国家的行为并不违反既定义务（或者是
不承担违反义务的责任）；二是仲裁庭亦承认，即使排除适用习惯国际法的规定，
单纯适用条约法的规定，结果也可能一致，即"谅解"国家的不法行为并免除
其应当承担的责任。仲裁庭认为，这种联系使得对于习惯国际法的解释与对于
BIT 第 11 条的解释存在互相参照之可能。综上，仲裁庭将分析的重点放在 BIT 第
11 条及其适用上，而将对习惯国际法上内容的分析仅限于对 BIT 第 11 条的辅助
解释。

仲裁庭的上述分析逻辑严谨且思路清晰：首先，在分析伊始，即明确指出了
条约法规定与习惯国际法上规定的适用顺序，为后续论证张本。继而，按照读者
对裁决结构的合理期待，仲裁庭应当解释照此顺序进行适用的原因。于是，仲裁
庭详述二者之区别：从法理上看，适用 BIT 第 11 条作为条约法上的规定使得国
家行为在 BIT 项下并不违约；但适用习惯国际法上规定的前提是已然承认国家违
约（从事不法行为），只是无需承担相应的责任。从文义上看，由于习惯国际法
的内容针对一般情形，指向所有情形下国家不法行为违约的所有可能，因而只能
被限定在少数的例外中，否则，将存在当事国滥用此规定借以逃避其应尽义务之
可能；而 BIT 第 11 条作为特别法规定，则允许仲裁庭享有一定范围的自由裁量
权。这样的分析使两部分内容的区别一目了然，读者可据此认同仲裁庭分析伊始
所坚持的立场。而仲裁庭在最后部分关于二者联系的分析也点明了可能将二者混
淆的原因所在，明确了本案仲裁庭与其他相关案件仲裁庭分析路径的区别。这样
的论证环环相扣，论据充分，使得当事双方以及读者易于接受，满足了公信力的
要求。

值得一提的是，在此部分裁决书还对前案裁决书和相关法律渊源进行了恰如
其分的援引。首先，在阐释 BIT 第 11 条效力与习惯国际法内容效力的差别时，
裁决书着重援引了前述 CMS v. Argentina 一案中撤销专门委员会的观点。仲裁庭
指出："本仲裁庭参考了 CMS v. Argentina 一案中撤销专门委员会的观点。专门
委员会认定，如果适用 BIT 第 11 条，则条约有关东道国义务方面的规定将不再
适用；如若适用《国家责任条款草案》第 25 条，其前提恰恰是国家作出的不法

---

〔1〕 Id. , para. 168.

行为已经违反了国家的实质义务。"[1] 此外，为了更清楚地解释习惯国际法上规定的内容，仲裁庭还多次援引联合国国际法委员会（《国家责任条款草案》的编纂方）的报告。比如，在辨析习惯国际法上《国家责任条款草案》第 25 条的性质时，裁决书援引国际法委员会特别报告员克劳福德（J. Crawford）的观点："一国援引第 25 条的事实，相当于当事国已经承认其违反了国际义务。"[2] 仲裁庭指出，这与 BIT 第 11 条的适用存在本质区别；而在涉及 BIT 第 11 条与习惯国际法上内容的效力层级界定方面，裁决书援引了国际法委员会就《国家责任条款草案》编写评注中的论点，认为第 25 条内容无意于直接规制受到条约规制的国家义务的内容。[3]

综上所述，在论述 BIT 第 11 条"根本安全例外条款"与习惯国际法上规定的"紧急情势"内容两者间的关系时，Continental 案仲裁庭最大限度地秉承理性逻辑，从本质区别、法理角度和文义角度方面，辨明了两者的差别，结合两者间的联系最终得出结论。论述过程条理清晰且恰当地援引了先前案件中的裁决以及其他国际法理论认可的辅助性渊源，可被认定为优良裁决的典型范例。

（3）有关 BIT 第 11 条"必要性"的分析。如前所述，尽管与 BIT 第 11 条在适用上存在本质性区别，但对于《国家责任条款草案》中第 25 条适用要件的探讨，仍是分析涉及 BIT 第 11 条抗辩的重要组成部分。在阿根廷经济危机的仲裁案件群中，仲裁庭的分析都涉及对第 25 条的文本解释与分析。最终的结果却参差不齐，如在 CMS v. Argentina 以及 Enron v. Argentina 一案中，涉及此部分的分析最终被专门委员会撤销。[4] 究其原因，原仲裁庭对问题的分析语焉不详，论证不充分，而 Continental 案仲裁庭对此问题的分析却足以令人称道。以下谨以第 25 条中的"唯一性要件"为例，对 Continental 案裁决书此部分的分析加以评析。

按照《国家责任条款草案》第 25 条之规定，国家在援用该条予以抗辩时，

---

〔1〕 Continental Casualty Company v. Argentine Republic, ICSID Case No. ARB/03/9, Award of 5 September 2008, para. 164. c. f. CMS Gas Transmission Company v. The Republic of Argentina, ICSID Case No. ARB/01/8, Decision of the ad hoc Committee on the Application for Annulment of the Argentine Republic of 25 September 2007, para. 129.

〔2〕 Continental Casualty Company v. Argentine Republic, ICSID Case No. ARB/03/9, Award of 5 September 2008, para. 164, footnote 241.

〔3〕 Id. , para. 167, footnote 245.

〔4〕 Enron Corporation and Ponderosa Assets, L. P. v. Argentine Republic, ICSID Case No. ARB/01/3, Decision on the Application for Annulment of the Argentine Republic of 30 July 2010, para. 395. Sempra Energy International v. Argentine Republic, ICSID Case No. ARB/02/16, Decision on the Argentine Republic's Application for Annulment of the Award of 29 June 2010, paras. 217 – 218.

其所采取的特别措施应是"该国为保护基本利益，对抗某项严重迫切之威胁的唯一方法"。[1] 本案中，"唯一性要件"的本质，在于检验当事国的举措是否确属"必要"——如果存在其他可行的方案，则当事国在该案所采取的措施就无法满足"必要性"要求。[2] 因此，"唯一性要件"也是对 BIT 第 11 条中"必要性"一词十分重要的解释方法。在相关案件中，投资者方面均提出，作为东道国的阿根廷政府可以采取"其他手段"以应对经济危机且不致损害投资者的利益，故阿根廷方面的举措不符合第 25 条规定的"唯一性要求"。因此，仲裁庭需对阿根廷政府采取手段的可行性和效力进行分析。

就此问题，仲裁庭在分析伊始将 BIT 第 11 条与《国家责任条款草案》第 25 条的内容作出了清晰的界定。仲裁庭明确表示，鉴于之前对于 BIT 第 11 条与《国家责任条款草案》第 25 条不同性质的分析，若将第 25 条的要件直接与 BIT 第 11 条进行"捆绑"适用较为不妥。随后仲裁庭指出："由于第 11 条的内容直接源自于 1947 年《关税贸易总协定》中涉及例外条款的规定，因而考察 WTO 相关案例和条文中的解释比考察习惯国际法上的相关规定更加合适。"[3] 通过考察上述内容，仲裁庭得出的结论认为，评价阿根廷方面措施"必要性"的方法并非机械地考察其是否为政府在处理经济危机时的"唯一方法"，而应分析这些举措在处理经济危机时是否发挥了实质性的作用，如果没有起到这种作用，是否还有其他更有效与合理的手段。易言之，在 2001 年末阿根廷面临经济危机时，阿根廷方面所采取的措施是否是政府处理危机时积极、有效的手段，并足以使国家避免陷入全盘崩溃的境地。[4]

值得一提的是，本案仲裁庭在此基础上还作出了如下说明："在考察阿根廷政府相关举措有效性的同时，仲裁庭充分注意到，这种分析只能基于经济危机的背景展开讨论，且不应涉及任何有损于阿根廷政府主权范围的行为。本庭的职责在于审慎地评判，当紧急情势出现时，阿根廷政府是否的确没有其他合理选择的余地。如果没有其他选择，则阿根廷政府的抗辩成立，得以免除责任；如果存在其他选择，则投资者方面的诉求会得到支持。本庭并非对东道国的行为进行任何

---

〔1〕 此处英文原文为"is **the only way** for the State to safeguard an essential interest against a grave and imminent peril"。International law commission, Draft Articles on Responsibility of Statesfor Internationally Wrongful Acts, Art 25, U. N. GAOR, 56th Sess, Supp. No. 10, U. N. Doc. A/56/10.

〔2〕 J. Crawford, *The International Law Commission's Articles on State Responsibility: Introduction, Text and Commentaries*, Cambridge: Cambridge University Press, 2002, p. 83.

〔3〕 Continental Casualty Company v. Argentine Republic, ICSID Case No. ARB/03/9, Award of 5 September 2008, para. 192.

〔4〕 Id., para. 197.

政治或经济上的评判，也不会基于此而得出阿根廷政府‘不应当’（should not have）采取相关举措的结论。"[1] 仲裁庭这样的表态，亦为以后的论证奠定了基础。易言之，仲裁庭在该案中的立场及评判既与 Sempra v. Argentina 案仲裁庭"事不关己"的态度不同——采取"总是有其他办法处理危机"之类的空泛之论；[2] 亦不会像前述 LG&E v. Argentina 案，论证相对不足且偏于粗陋。[3] 而是通过对阿根廷政府特殊举措进行详尽的考察而得出令人信服的结论，试分述如下：

第一，有关银行的强制停业整顿措施。Continental 公司认为，银行强制停业整顿的行为"表明没有继续进行沟通协调之可能"。[4] 仲裁庭认为，投资者的结论，意在表明其认为"沟通协商"是可替代的方式，实则不然。根据现有的证据以及阿根廷在 2001 年初面临的经济困境，对银行进行停业整顿属于典型的财政机构应对危机的临时性措施，只有这样，方能控制资本大规模外流，挽回民众信心，避免银行接连破产可能导致的国家金融体系崩溃的结果。尤其在 2001 年，面对经济运行极度不利的局面，阿根廷政府采取紧急措施挽救银行体系、限制货币兑换和资本外流的举措是不可避免的选择。[5] 在确认银行停业整顿措施的正当性之后，仲裁庭进一步指出，该紧急措施对于投资者的影响并没有其所宣称的那般严重，政府不久之后即允许保险公司恢复营业，况且"美国投资者持股公司与任何一家阿根廷本地的保险公司受到的损害相差无几"。[6] 投资者一方所提出的"进一步磋商"的意见，仲裁庭认为也几无可能，原因在于，阿根廷政府已出台诸如外汇管制、调整国债等一系列措施。事实表明，这些措施对经济走势并未起到应有的作用。况且，所谓"进一步磋商"最终是否有效也值得怀疑。因此仲裁庭得出结论，尽管投资者的权益受到影响，但该措施符合"必要性"的要求。[7]

---

〔1〕 Continental Casualty Company v. Argentine Republic, ICSID Case No. ARB/03/9, Award of 5 September 2008, para. 199.

〔2〕 Sempra Energy International v. Argentine Republic, ICSID Case No. ARB/02/16, Award of 28 September 2007, paras. 350 – 351.

〔3〕 LG&E Energy Corp., LG&E Capital Corp. and LG&E Int'l Inc. v. Argentine Republic, ICSID Case No. ARB/02/1, Decision on Liability of 3 October 2006, paras. 257.

〔4〕 Continental Casualty Company v. Argentine Republic, ICSID Case No. ARB/03/9, Claimant's Reply, para. 87.

〔5〕 Id., para. 202.

〔6〕 Id., para. 203.

〔7〕 Continental Casualty Company v. Argentine Republic, ICSID Case No. ARB/03/9, Award of 5 September 2008, para. 205.

第二，有关货币贬值措施。投资者方面认为，阿根廷政府宣布官方货币（比索）贬值的举措并非唯一可行的方法，并提出了两项可替代性措施：自主债务交换以及金融业的"全盘美元化"（dollarization）。对此，仲裁庭也展开了详细分析：对于前项措施，仲裁庭认为有证据表明，阿根廷政府已经通过协商实施了相应的举措，然而，有关国债的相应措施并未缓解债务危机，故而2001年年底阿根廷政府已被迫停止这一措施旨在防止更为严重的比索贬值；对于后一项措施，仲裁庭则认为："事实表明它仅是理论上的设想，在事实上并不可行。即使能够推行全盘的美元化，也需要美国政府在财政上的全力支持，这在当时几乎是'天方夜谭'。有评论人士甚至认为，即使推行了全盘美元化，也并不能从根本上解决阿根廷的经济危机。"[1]　因此，仲裁庭得出结论，比索的贬值与银行强制停业整顿都是合理、必要的措施。

第三，有关以美元为基准的合约与存款强制兑换为比索的措施。投资者一方亦提出，很多国家在面对经济危机时，一般允许将本币兑换为美元，只有阿根廷政府采取反向措施，强制将美元兑换为比索。阿根廷方面则认为，在比索汇率剧烈振荡的情形下，采取对美元和比索分别计算的方法对银行储户极为不公。仲裁庭通过分析认为，彼时阿根廷的经济结构与运行极易受汇率波动的影响，因为其与美国签订了大量以美元为基准的工程、交通特许合同以及债务合同，[2]　对于阿根廷政府而言，采取这样的强制措施实属无奈之举，旨在最大限度地保护国内经济稳定，刺激经济复苏。仲裁庭还指出，采取将美元兑换为本币的措施并非没有先例，投资者一方的证据不足。最终仲裁庭认定阿根廷政府采取的措施是必要的。

回顾仲裁庭有关阿根廷政府面对经济危机采取措施"必要性"的分析可知，该部分裁决具有"逻辑清晰"及"内容充实"两大特点。逻辑清晰表现为三方面：一是明确了对BIT第11条与习惯国际法上规定的分析方法并不一致，故而排除了严格适用"唯一性要件"的可能；二是对BIT第11条追根溯源，类比WTO的相关规定，寻找更为适当的解释路径并考察阿根廷政府相关举措的有效性以及可替代性；三是逐一论证阿根廷政府所采取措施的有效性及不可替代性。三步论证，步步递进，论证严密。内容充实方面，仲裁庭分析阿根廷政府采取措施的有效性时，并未作泛泛之论，而是结合阿根廷经济危机的实情，着重从法律规制的角度（而非纯粹从经济学的角度上）进行了较为详尽的论证，对投资者

---

〔1〕　Id. , para. 209.

〔2〕　Id. , para. 213.

一方所提出的其他替代性措施作出了有力的回应。这样的论证思路，使得判决的说服力和公信力得以增强。以此为基础构建的整体论证框架，方具备"优良裁决"之特色。

第二节　国际投资仲裁中优良裁决的初步筛选
——合理裁决原则

在"遵照合理裁决原则初步筛选→归纳法律标准→筛取并解释最优标准→提炼优良裁决"这一裁判法理的生成过程中，遵照合理裁决原则，对显而易见的瑕疵裁决（瑕疵裁决部分）进行筛除，旨在初步筛选既定裁决。该原则可被认为是提炼优良裁决的逻辑起点。

一、合理裁决原则的界定

在国际投资仲裁领域，合理裁决原则旨在初步筛选优良裁决，它是提炼优良裁决的基础和前提要件。合理裁决原则要求仲裁庭在裁决书中，对推理过程作出详尽且合理的说明。易言之，该原则要求裁决理由合理且详尽。作为承担裁决后果的"利益攸关者"，东道国国民有权知晓既定裁决之理由；同时，仲裁裁决的理由合理且详尽，对东道国同样重要。事关东道国政治、经济政策诸方面之利益。若裁决理由不尽合理，东道国国内有关投资政策的发展进程就难以为继，缔结的条约也难以正常履行。不仅如此，由于裁决理由内在的影响力，符合要求的裁决书，应措辞清晰明确，便于公众知悉和理解。

2009 年 Glamis Gold v. United States 案中，仲裁庭具体列明了裁决应遵循合理裁决原则的缘由，指出："与裁决结果同等重要的是，须提供详尽、合理，具有说服力的推理过程，理由有三个：

第一，保障东道国一方对裁决的执行。国家是复杂的组织，它由政府的多个分支机构组成。这些政府的分支机构与东道国国民间相互作用，彼此影响。一旦仲裁员作出不利于东道国一方的裁决时，同样要求东道国必须遵守裁决结果，履行应尽之义务。这种政治上、法律上的承诺，对保证仲裁过程的公正性及公信力，提出了较高要求。

第二，信守缔约国就经济关系的承诺。尽管投资者一方可能退出或拒绝选择运用仲裁这一救济手段解决问题，而采用其他救济途径与方式，甚至终止在某一缔约国已从事的商事活动。但是，缔约国间业已就发展经济关系作出永久性保证。因此，不论是遵循具体个案的裁决，还是长期维持这项承诺的需要，均对缔约国政府保证仲裁过程的公信力提出了较高要求。

第三，降低撤销裁决的各项成本。仲裁体系的公信力由撤销机制兜底保证。即使启动撤销机制，撤销裁决花费的时间成本和金钱成本也应尽可能降低。因此，原裁决推理过程的细化，虽无法阻止撤销程序的启动，但裁决中更为详尽的推理，能够帮助专门委员会高效地解决争议，避免空耗时间与金钱。"[1]

二、合理裁决原则的渊源

《ICSID 公约》第 48（3）条和第 52（1）条 e 项都对合理裁决原则作了规定。《ICSID 公约》第 48（3）条规定："裁决应处理提交仲裁庭的每一问题并说明所根据的理由。"《ICSID 公约》第 52（1）条 e 项规定："任一当事方可以根据'裁决未陈述其所依据的理由'，向秘书长提出书面申请，要求撤销裁决。"专门委员会根据第 48（3）条和第 52（1）条 e 项适用合理裁决原则时，结合《ICSID 公约》和《UNCITRAL 仲裁规则》中其他相关条款一同适用。[2]《ICSID 公约》第 42 条、[3]《ICSID 仲裁规则》第 47（1）条 i 项、《ICSID 仲裁附加规则》第 52（2）条以及《UNCITRAL 仲裁规则》第 34（3）条[4]均要求仲裁庭为其意见提供理由。[5] 有关裁决禁止性规定的惩罚性后果，也在《ICSID 公约》第 52（1）条 e 项中作了规定。

根据《公约》第 52 条的规定，任一当事方均可通过向秘书长提起书面请求，以"裁决未能陈述其所依据的理由"为由申请撤销裁决。《ICSID 公约》起草者观点的改变，可通过研究《ICSID 公约》立法史追溯。裁决理由合理的讨论，自《公约》产生就已有定论。《ICSID 公约》第 52（1）条的草案初稿，几乎照搬

---

〔1〕　Glamis Gold, Ltd. v. United States of America, UNCITRAL, Final Award of 8 June 2009, para. 8.

〔2〕　根据《维也纳条约法公约》的规定，应关注《公约》第 52（1）条 e 项本身的内容，而不是将各国代表在会议上表达的各种意见作为权威参考并进行解读。然而，在具体的撤销裁决中，并不是所有的专门委员会都会依据《维也纳条约法公约》对《公约》第 52 条进行解读。实际上，专门委员会根据该条适用合理裁决原则时，往往结合《ICSID 公约》和《UNCITRAL 仲裁规则》相关规定一并适用。

〔3〕　《ICSID 公约》第 42 条规定："仲裁庭应当依照当事双方可能同意的法律规则对争端作出裁决，如无此种协议，仲裁庭应适用作为争端一方的缔约国法律（包括其冲突法规则）以及可能适用的国际法规则。仲裁庭不得借口法律无明文规定或含义不清而暂不作出裁决。"

〔4〕　《UNCITRAL 仲裁规则》第 34（3）条规定："仲裁庭应说明裁决所依据的理由，各方当事人约定无须说明的例外。"

〔5〕　Convention on the Settlement of Investment Disputes between States and Nationals of Other States, art. 48 (3), ICSID (World Bank), opened for signature Mar. 18, 1965, 575 U. N. T. S. 159. International Centre for Settlement of Investment Disputes Convention, Regulations and Rules art. 47 (i), (Oct. 14, 1966). International Centre for Settlement of Investment Disputes, ICSID Additional Facility Rules, art. 52 (2) (i). UNCITRAL Arbitration Rules of 1976, adopted by the U. N. General Assembly on Dec. 15, 1976 art. 32 (3), 15 I. L. M. 701 (1976).

《联合国国际法协会关于国际商事仲裁的草案》 （International Law Commission's Draft Code on International Commercial Arbitration）有关"在最低限度的程序标准下裁决理由须充分"的规定。《ICSID 公约》草案规定"除非双方事先达成一致"，"未陈述裁决所依据的理由"可作为裁决被撤销的原因外，还就"最低限度的程序标准"予以进一步说明。易言之，起草者足以关切合理裁决的同时，对裁决也有决定性的要求，当事方有权就免除裁决理由达成一致。除非双方事先达成一致，否则裁决理由必须充分。草案后以《公约》第 52 （1）条规定的形式，把对"裁决应当陈述其所依据的理由"的义务诠释为当事方不能通过私下达成一致推翻的义务要求。因此，一般国际法对于合理裁决原则做何解释姑且不论，《ICSID 公约》第 52 条已然确定了该原则。

在分析前述《ICSID 公约》第 48 条的内涵时，施罗德（Christopher Schreuer）曾指出，"《ICSID 公约》第 48 条与裁决的两个要求——'详尽（exhaustiveness）'、'合理（stating reasons）'密切相关。如果仲裁庭未处理所提交的问题，对问题进行清楚的解析几无可能。如果仲裁庭未处理所提交的某个问题，自无可能针对该问题解释清楚理由。"[1] 整体观之，仲裁庭对所提交的问题，应履行详细说明之义务；若将其拆分，则须就每个拆分的问题给出合理解释。因此，"详尽"与"合理"间的紧密性不言而喻，不"详尽"即不可能"合理"。然而，"详尽"与"合理"在特殊情况下也未必能够兼容。仲裁庭对所提交的问题悉数评断的情况下，可能出现仲裁庭作出的裁决并未提供明确且合理解释的情况。此时，从整体性角度看，仲裁庭的解释符合"详尽"要求，但具体到问题的解释，未必与"合理"的要求相符。

在国际投资仲裁实践中，裁决不符合"详尽"、"合理"常被一并提出。[2] 施罗德认为："两个要求本可以拆分适用，只因《ICSID 公约》第 52 （1）条 e 项的规定导致了这种缺憾。"[3] 第 52 （1）条 e 项规定："任何一方可以根据'裁决未陈述其所依据的理由'向秘书长以书面形式提请撤销。"此处《公约》的措辞"裁决未陈述其所依据的理由"，对应第 48 （3）条"合理"要求。"详

---

〔1〕 C. Schreuer, etal. ed. , *The ICSID Convention：A Commentary* (2)，Cambridge：Cambridge University Press, 2009, p. 815.

〔2〕 Klöckner Industrie – Anlagen GmbH and others v. United Republic of Cameron and Société Camerounaise des Engrais, ICSID Case No. ARB/81/2, Decision on Annulment, 3 May 1985, paras. 131 – 164；Maritime International Nominees Establishment v. Republic of Guinea, ICSID Case No. ARB/84/4, Decision on Annulment of 22 December 1989, paras. 6. 98 – 6. 108.

〔3〕 C. Schreuer, etal. ed. , *The ICSID Convention：A Commentary* (2)，Cambridge：Cambridge University Press, 2009, p. 816.

尽"要求并未在第 52（1）条 e 项中得以体现。第 52（1）条 e 项对"详尽"要求缺漏的弥补，在第 49（2）条中予以救济："仲裁庭经一方在作出裁决之日后 45 天内提出请求，可以在通知另一方后对裁决中遗漏的任何问题作出决定并纠正裁决中的任何抄写、计算或类似的错误，本决定应为裁决的一部分，并应按裁决的方式通知双方。"施罗德指出，第 52（1）条 e 项的缺漏应通过补充"裁决未适当处理提交仲裁庭的每个问题"予以弥补。[1] 质言之，尽管在仲裁实践中将这两项要求合二为一，但撤销程序中将"详尽"与"合理"分离的事实足以说明两者的不同，理应区别对待。

三、合理裁决原则的内容

（一）裁决理由应当详尽

按照《ICSID 公约》第 48（3）条规定，"裁决应处理提交仲裁庭的每一问题并说明所根据的理由。"《ICSID 公约》中，多数条款[2] 规定仲裁庭应履行就具体问题作出裁决的义务。"裁决应解决递交给仲裁庭的每个问题"之要求起初未被纳入《ICSID 公约》草案。[3] 工作小组第一次提出此项要求是，就"裁决未适当处理提交仲裁庭的每个问题"引入的救济方案。时任 ICSID 立法委员会主席博罗契斯（Broches）认为："仲裁庭的职责在于就当事方所提交的每个问题进行裁决并作出明确的解释"。[4] 该要求在工作小组投票中被一致通过。但另一项提议——"仲裁庭未履行该职责应作为裁决被撤销的理由之一"则遭到否决。[5]

"裁决应就当事方提交的问题做详尽说明"作为合理裁决原则的内容之一，应得到仲裁庭的遵守。存有未决问题的裁决，不应被仲裁庭留作后续案件之参考。当事方的意愿以及简化程序的要求是"裁决理由应当详尽"产生的基础。

---

〔1〕　Id.

〔2〕　例如，《ICSID 公约》第 41 条规定，仲裁庭应就其本身管辖权范围做出决定；第 44 条规定，仲裁庭应就程序问题作出规定；第 46 条规定，仲裁庭对争端的主要问题直接引起的附带或附加的请求或反请求，应做出决定；第 45（2）条规定，如果一方在程序的任何阶段未出席或陈述案情，另一方可以请求仲裁庭处理向其提出的问题并作出裁决；第 42（2）条规定，仲裁庭不得借法律无明文规定或含义不清而暂不作出裁决；《ICSID 仲裁规则》第 47（1）条详细列举了裁决应该包括的十项内容。其中就包括"仲裁庭对向其提交的每一问题之决定，以及决定所依据之理由"；第 49（2）条规定，仲裁庭经一方在裁决作出之日后 45 天内提出请求，可以在通知对方后对裁决中遗漏的任何问题做出决定并纠正裁决中的任何抄写、计算或类似的错误。

〔3〕　Analysis of Documents Concerning the Origin and the Formulation of the ICSID Convention, 1970, 211/13.

〔4〕　Documents Concerning the Origin and the Formulation of the ICSID Convention, 1968, 664.

〔5〕　C. Schreuer, etal. ed., *The ICSID Convention: A Commentary* (2), Cambridge: Cambridge University Press, 2009, pp. 399 - 400.

与仲裁庭就申请方未涉及事项作出裁判相同，本质上也属于仲裁庭的越权行为。[1]

"裁决理由应当详尽"并非要求裁决就当事方在诉状中的每个论点都竭尽详细说明之义务。在当事方提出的一系列论点中，某一论点可单独成立，仲裁庭无须就其他替代性论点重复予以说明。例如，在撤销裁决程序中，一方提出裁决应被撤销的一系列依据，专门委员会认为，按照当事方提出的依据 A 裁决可得以撤销，则不必（但可以）就 B 和 C 予以解释说明。

（二）裁决理由应当合理

按照《ICSID 公约》第 52（1）条 e 项规定："任一当事方可以根据'裁决未陈述其所依据的理由'，向秘书长提出书面申请，要求撤销裁决。"目前，"裁决应当陈述其所依据的理由"已经成为现代国际投资仲裁裁决的一般特征。[2]本条内容仅从文义上解释，意在说明裁决理由即可。问题在于，何种形式以及何种程度的"理由"足以满足规定的要求。易言之，该条对裁决理由应当满足的程度与方式，未作规定。

在审查联合国行政仲裁庭第 158 号裁决时，国际法院根据《联合国行政仲裁庭规约》第 10（3）条的规定（"裁决应当陈述其所依据的理由"）对相关的义务作出解释："尽管该规约指出'陈述理由'这项要求对裁决的有效性作了规定，但问题在于，何种形式以及何种程度的'理由'足以满足规定的要求。在申请方看来，合理的裁决须对每一项诉求进行讨论后，给出支持或反对的理由，法律原则与法律实践却难以实现这种严格的解释要求。按照《规约》内容，通常意义上的解释规则，足以保证裁决的结论被论证过程所支持。"论证须明确裁决所依据的理由，无须事无巨细尽做说明。理论上，争端解决机构理应对当事方提交的诉求一并考量，但在裁决形成的过程中，审查当事方提交的每项诉求并非陈述理由之必备要件。同样，裁决也无须囿于固定的形式或方法作出。仲裁庭可因直接或间接的理由，详述或概括裁决结果——无论采用何种方式，裁决所依据的理由应一目了然。裁决理由不合理的问题通常因未予聆讯或公平缺失所致。有

---

〔1〕　Arbitral Award of 31 July 1989（Guinea – Bissau v. Senegal），Judgment，I. C. J. Reports 1991，pp. 65 –74. Compañiá de Aguas del Aconquija S. A. and Vivendi Universal S. A. v. Argentine Republic，ICSID Case No. ARB/97/3，Decision on Annulment of 3 July 2002，para. 86.

〔2〕　类似的规定包括，《国际法院规约》第 56（1）条和第 95 条、1958 年《国际法协会关于仲裁程序示范规定》第 29 条以及 1998 年《国际商会仲裁规则》第 25（2）条。即使在当事双方已就裁决理由达成一致的情况下，一些条款仍须通过裁决理由予以限定。这类规定包括：1976 年《UNCITRAL 仲裁规则》第 32（3）条、1985 年《国际商事仲裁 UNCITRAL 示范法》第 31（2）条以及 1996 年《CAMCA 仲裁规则》第 29（1）条。

必要根据具体的案件情况和裁决理由进行甄别，尤其是将案情和裁决结果作为整体，考量裁决所依据的理由是否足够合理。[1]

通常，ICSID 仲裁庭作出的裁决应出具理由，该要求使得裁决理由缺失不可能成为裁决中的主要问题。事实上，裁决理由完全缺失的情况客观上也十分鲜见。通常，ICSID 仲裁庭裁决的主要问题出现在论证的质量（quality）、裁决的一致性（coherence）及其说服力（cogency）等方面。[2] 撤销裁决程序一经启动，专门委员会即依据《ICSID 公约》第52（1）条 e 项的规定，就原裁决的质量、一致性以及说服力等方面存在严重问题的诉求，按照"裁决未陈述其所依据的理由"之情形予以处理，并根据《ICSID 公约》第48（3）条所确定的"裁决应处理提交仲裁庭的每一个问题并说明其所根据的理由"的要求进行评判。国际法院的实践亦表明，裁决应当陈述所依据的理由——早在 1960 年 Honduras v. Nicaragua 一案中，国际法院就对"原裁决缺乏理由或理由不尽合理"这一诉求审查后得出结论，认为该案裁决按照逻辑推导且详细处理了所提交的问题，同时，也包含了足以支持结论的理由与解释。[3]

在《ICSID 公约》起草期间，"裁决理由应当合理"这项要求基本被采纳。[4] 布罗契斯（Broches）指出，这项要求隐喻裁决应当能够促使读者认同仲裁庭就案件事实和法律（包括适用法）的分析、裁判思路及所得出的结论。[5]《公约》草案规定，裁决应当陈述"符合一定措辞规范"的理由，除非当事双方已达成一致。[6]"符合一定措辞规范"的规定引起了广泛热议，起草小组普遍认为，这样的规定施加给当事方过多的限制。经过投票表决，起草小组最终删除了"符合一定措辞规范"这一规定。[7]

《ICSID 公约》第 52（1）条 e 项、《ICSID 仲裁规则》第 42（3）条和第 47

---

〔1〕 Application for Review of Judgment No. 158 of the United Nations Administrative Tribunal, Advisory Opinion, I. C. J. Reports 1973, pp. 210－211.

〔2〕 C. Schreuer, etal. ed., *The ICSID Convention: A Commentary* (2), Cambridge: Cambridge University Press, 2009, p. 821.

〔3〕 Arbitral Award Made by the King of Spain on 23 December 1906 (Honduras v. Nicaragua), Judgment, I. C. J. Reports 1960, p. 216; Judgment in Arbitral Award of 31 July 1989 (Guinea－Bissau v. Senegal), Judgment, I. C. J. Reports 1991, p. 67.

〔4〕 Documents Concerning the Origin and the Formulation of the ICSID Convention, 1968, 269, 330, 331, 421, 572, 654, 817/8.

〔5〕 Documents Concerning the Origin and the Formulation of the ICSID Convention, 1968, p. 515.

〔6〕 Analysis of Documents Concerning the Origin and the Formulation of the ICSID Convention, 1970, p. 213

〔7〕 Documents Concerning the Origin and the Formulation of the ICSID Convention, 1968, p. 664, 816.

（1）条〔1〕的相关规定是 ICSID 裁决应"公允良善"〔2〕的法律基础。根据《IC-SID 仲裁规则》第 42（3）条："缺席一方宽限期满后，仲裁庭应对争议重新考量，缺席不应视为缺席一方对另一方的诉求作出的认可。"按此规定，仲裁庭对争议所作的"重新考量"，意味着仲裁庭经过客观、合理和不专断的分析，清晰、准确的论证，通过行使自由裁量权依据公允良善的要求作出裁决。"公允良善"强调仲裁庭的职责，即在裁决中给出合适的理由。在第 42（3）条的基础上，《规则》第 48（3）条和第 52（1）条 e 项分别就裁决的理由以及违背义务承担的法律后果所作出的规定，〔3〕是对"公允良善"的拓展与补充。

应注意的是，在《ICSID 公约》第 48（3）条框架下，专门委员会处理此类问题时，无权就实体问题重新审查。原因在于撤销裁决程序与上诉程序的职能不同，在撤销裁决程序中，就"裁决是否陈述其所依据的理由"的处理，专门委员会依据《公约》第 48（3）条、第 52（1）条 e 项予以判断。第 52（1）条所指的理由在英语和西班牙文本的《ICSID 公约》里，清晰地表示为"裁决所依据的理由"（reasons on which it is based）或"裁决所基于的理由"（*los motivos en que se funde*）。理由是仲裁庭裁决的基础，裁决理由应"合理"且"详尽"。根据《ICSID 公约》第 52 条，撤销裁决申请与上诉机制不同，根据"裁决理由缺乏其所依据的理由"〔4〕而提出的一系列申请，属于上诉程序之范畴。

在上诉程序中，对案件实体问题的重新审查并作出裁决的权利属于上诉机构的职权范畴。按照《ICSID 公约》第 53（1）条的规定，"裁决对双方具有拘束力，不得进行任何上诉或采取除《公约》规定外的任何其他补救方法"，在 IC-SID 机制中不存在上诉程序。简言之，《公约》通过第 53（1）条的规定排除了在既定 ICSID 机制中设计上诉程序之可能。同时，上诉程序与撤销裁决程序存在的区别，亦使得在撤销裁决程序中，专门委员会不应就原裁决的实体问题重新审

---

〔1〕《ICSID 仲裁规则》第 47（1）条规定，"裁决应以书面形式作成并且应包括仲裁庭对向其提交的每一问题之决定，以及决定所依据之理由"。

〔2〕 C. Schreuer, "Decisions Ex Aequo et Bono Under the ICSID Convention", *ICSID Review – Foreign Investment Law Journal*, 11 (1996), pp. 37, 51. 公允良善（*ex aequo et bono*, priciples of equity）在仲裁领域内，特指仲裁员在裁决作出时，无须考虑适用法律，而仅根据其所认为的"公平合理"（fair and equitable）对个案予以考量。笔者认为，合理裁决原则的要求与公允良善的要求有所不同，前者须建立在适用法律的基础上，并就法律适用作出详尽而合理的说明。此处合理裁决原则下的公允良善要求，并不意味着仲裁庭可以置法律规则于不顾。

〔3〕 Id.

〔4〕 即"因误解引起的理由缺失"（inadequacy of reasons because of misconstruction, *dénaturation*），是法国法中的一个概念。基于"因误解引起的理由缺失"提出的诉讼申请，多属于上诉程序的范畴，而不属于专门委员会的职责范畴。

查，否则，有悖于《ICSID 公约》之精神。

四、合理裁决原则的适用

（一）裁决理由应当详尽

合理裁决原则在具体适用时，按照裁决理由应当详尽的要求，申请方提交的证据应当详细，裁决应涵盖而不应遗漏争点议题，并符合《ICSID 公约》第 52 条的最低要求。

1. 申请方提交的证据应当详细

"详尽说明裁决理由"的义务与当事方提出的论点及所提交的证据紧密相关。在 2002 年 Wena Hotel v. Egypt 案中，专门委员会在撤销程序的最后环节提出："原仲裁庭说明裁决理由的义务，建立在当事方将相关法律及事实、援引的证据提交仲裁庭的基础上。"[1] 若当事方并未提交相关问题或论点，裁决就不能依据《ICSID 公约》第 48（3）条受到质疑。

2. 裁决涵盖争议议题

"详尽说明裁决理由"的义务与仲裁庭就争点议题之处理联系密切。[2] 仲裁庭对当事方提交问题或论点的审慎考虑最终影响裁决的结果。从这个意义上说，当事方提交的问题和论点对案件的结果具有决定性作用。在 1986 年 Klöckner v. Cameroon 案中，专门委员会认为，根据《ICSID 公约》第 48（3）条，该案"问题"既可指当事方提交仲裁庭的论点，也可涉及当事方论证过程的一部分，又可包括当事方得出的最终结论。[3] 据此，专门委员会就原仲裁庭支持当事一方观点[4]且未履行《ICSID 公约》第 48（3）条义务的问题，考察另一方当事人——Klöckner 公司承担义务的范围。在诉诸撤销仲裁庭之前，Klöckner 公司已援引有关具体义务范围的合同条款，认为"'明显证明 Klöckner 公司具体义务范围的合同条款'应被视为当事人'已提交仲裁庭的问题'，且该问题对当事方关系重大——从申请方来说，仲裁庭证成该合同条款的可适用性乃其核心利益所在；就被申请方而言，仲裁庭证成合同条款在本案的不适用性或不相关性，足以使被申请方利益最大化。因此，都强调该问题或论点的重要"[5] 专门委员会认为，对

---

[1] Wena Hotels Ltd. v. Arab Republic of Egypt, ICSID Case No. ARB/98/4, Decision (Annulment Proceeding) of 5 February 2002, para. 82.

[2] Amco Asia Corporation and others v. Republic of Indonesia, ICSID Case No. ARB/81/1, Decision on Annulment of 16 May 1986, para. 16.

[3] Klöckner Industrie - Anlagen GmbH and others v. United Republic of Cameroon and Société Camerounaise des Engrais, ICSID Case No. ARB/81/2, Decision of the ad hoc Committee of 3 May 1985, para. 131.

[4] Id. , paras. 131 – 164.

[5] Id. , para. 148.

此核心问题，原仲裁庭在裁决中既未处理也未尽说明义务，故支持 Klöckner 公司的质疑。[1]

有关"仲裁庭未处理所提交的每一个问题"的救济手段被规定在《ICSID 公约》第 49（2）条。该条规定，仲裁庭经一方在裁决作出之日后 45 天内提出请求，可以在通知另一方后对裁决中遗漏的任何问题作出决定并纠正裁决中的任何抄写、计算或类似的错误。根据该条"可以"之措辞，能够判定第 49（2）条的规定只提供救济的可能，并未必然排除原裁决被撤销的结果。通常，专门委员会考量原仲裁庭"未处理所提交的每一个问题"是否构成"裁决未陈述其所依据的理由"、"严重违背基本程序规则"或"仲裁庭明显越权"[2] 而被撤销的潜在原因。

在 2005 年 CDC v. Seychelles 案中，引起争议的问题为根据《ICSID 公约》第 48（3）条，仲裁庭未处理所提交的每一个问题，是否构成"严重违背基本程序规则"。[3] 专门委员会认为，申请撤销的当事方无权自行解释所提请处理的问题，此问题应由原仲裁庭处理并予以说明。[4] 易言之，即使原仲裁庭未履行"所提交的每一个问题"之义务，也与当事方的理解与解释间并无瓜葛。

3. 裁决应符合《ICSID 公约》第 52 条的"最低要求"

在 2002 年 Wena Hotels v. Egypt 案中，被申请方援引《ICSID 公约》第 52（1）条 e 项"裁决未陈述其所依据的理由"申请撤销原裁决。专门委员会注意到，第 52（1）条 e 项与第 48（3）条所规定的"仲裁庭应处理提交上来的每一个问题"的义务紧密相关。[5] 不仅如此，第 52（1）条 e 项是对裁决的"最低要求"（minimum requirement），它使得本条与有关裁决的救济措施相互混淆。专

---

〔1〕　Id. , para. 151.

〔2〕　Klöckner Industrie – Anlagen GmbH and others v. United Republic of Cameroon and Société Camerounaise des Engrais, ICSID Case No. ARB/81/2, Decision of the ad hoc Committee of 3 May 1985, paras. 114, 115; Amco Asia Corporation, Pan American Development Limited and PT Amco Indonesia v. Republic of Indonesia, ICSID Case No. ARB/81/1, Decision on Annulment, 16 May 1986, paras. 29 – 37; Maritime International Nominees Establishment v. Republic of Guinea, ICSID Case No. ARB/84/4, Decision on Annulment, 22 December 1989, paras. 5. 11 – 5. 13; Compañiá de Aguas del Aconquija S. A. and Vivendi Universal S. A. v. Argentine Republic, ICSID Case No. ARB/97/3, Decision on Annulment, 3 July 2002, paras. 86 – 115.

〔3〕　CDC Group plc v. Republic of Seychelles, ICSID Case No. ARB/02/14, Decision on Annulment of 29 June 2005, paras. 50, 56.

〔4〕　CDC Group plc v. Republic of Seychelles, ICSID Case No. ARB/02/14, Decision on Annulment of 29 June 2005, para. 57.

〔5〕　Wena Hotels Ltd. v. Arab Republic of Egypt, ICSID Case No. ARB/98/4, Decision (Annulment Proceeding) of 5 February 2002, para. 75.

门委员会认为："除《ICSID 公约》第 52（1）条 e 项外，其他任何就撤销裁决的范围予以限定的作法，都会导致救济措施与第 52（1）条 e 项适用上发生错乱。一旦裁决陈述的理由被怀疑，双方当事人都要求仲裁庭就《公约》第 50 条作出解释。当仲裁庭遗漏某一问题、甚或包含抄写、计算这类错误时，当事双方可根据《公约》第 49（2）条请求补正。以上救济措施表明，任何针对"裁决所依据理由的内容"提起的质疑，不足以构成《公约》第 52（1）条 e 项下撤销裁决的法律基础。"[1]

专门委员会的解释旨在表明，当原仲裁庭裁决陈述的理由整体上未达到第 52（1）条 e 项规定的"最低要求"时，专门委员会对未履行《公约》第 48（3）条规定义务的裁决予以撤销，才被认为适当。撤销裁决作为一般性救济措施，是对第 49（2）条的补充。对于第 48（3）条与第 49（2）条的相关性，专门委员会作出如下解释："《公约》第 48（3）条区分'仲裁庭应处理提交上来的每一个问题'与'裁决应陈述其所依据的理由'两者间的关系；第 52（1）条 e 项撤销裁决的法律基础仅限后者。为防止仲裁庭在裁决中遗漏问题，按照第 49（2）条规定的附加性程序，当事双方可请求对裁决中遗漏的事项予以补正。该条规定的附加性程序与第 52 条规定的撤销程序完全不同。"[2]

（二）裁决理由应当合理

按照裁决理由应当合理的要求，合理裁决原则在适用时应当遵循《ICSID 公约》"法律上的纯粹性"，裁决理由不应相互矛盾，并且裁决理由与结果应"足以相关"。

1. 法律上的纯粹性——"合理"的法律基础

在 1985 年 Klöckner v. Cameroon 案中，仲裁庭裁定东道国喀麦隆政府胜诉。Klöckner 一方指定的仲裁员则认为，裁决未陈述其所依据的合理理由，当属无效。本案是 ICSID 处理的第一起撤销裁决案件，专门委员会成立的目的，旨在捍卫《ICSID 公约》"法律上的纯粹性"。

专门委员会认为："原裁决应当提出约定俗成且举足轻重的理由。只有提供的理由'可行'、'不专断'，才不构成越权。为免遭质疑，原裁决的分析应当证明其结论的有效性。专门委员会依据原仲裁庭给出的裁决理由草率决断，显不足取。而要考虑以'适当'的理由替代'不适当'的理由，说明裁决未采纳当事另一方所诉事项的理由，旨在根据《ICSID 公约》第 52 条，确定原裁决应当被

---

〔1〕 Id., para. 80.

〔2〕 Id., para. 100.

撤销的法律依据并据此决断。从此意义上而言，专门委员会意欲追求《ICSID 公约》'法律上的纯粹性'.[1]"

根据"法律上的纯粹性"要求，专门委员会对裁决理由适用高标准审查——包括对原裁决理由缺陷的评估。合理推断，裁决被撤销乃顺理成章。专门委员会认为："《ICSID 公约》第 42 条不应被简单地理解为仲裁庭依照双方认可的法律规则就争端履行裁决义务。普遍被接受的准则——《维也纳条约法公约》第 31 条、《ICSID 公约》第 52 条关于撤销裁决的规定必须在《ICSID 公约》第 42 条和 48 条项下予以解读。《ICSID 公约》起草者在制定第 52 条时，通常联系第 42 条和 48 条一并考量，反之亦然，起草者规定第 42（1）条和 48（3）条时，同样不可能忽略第 52 条有关违背义务行为的惩罚性规定。"[2]

专门委员会通过对第 52 条、第 42（1）条和第 48（3）条间的联系进行解读并阐述以下主张："'仲裁庭应依照双方可能同意的法律规则对争端作出裁决'的规定，考量第 42（1）条是否规定仲裁员的职责，要求仲裁员在使用'缔约国的法律'或参考'法律规则'或者'法律原则'实现仲裁员的职责外，无须做任何其他细致的考量。考虑到'规则'和'原则'，尤其是'基本原则'之间的差别以及作为规则主体在客观意义上的经典定义，上述结论有待考证。第 42（1）条区分了'法律规则'和'法律原则'的概念。""参考'国内法'、'特别适用的规则'以及'诚实守信的一般要求'，表明仲裁庭将'各国所认可的一般法律原则'作为其裁决的法律基础，这是根据《国际法院规约》第 38（3）条[3]得出的结论，并非依据《ICSID 公约》第 42（1）条'当事双方同意的法律规则'作出的结果。'各国所认可的一般法律原则'与'当事双方同意的法律规则'两者间明显不同。"

笔者认为，"参考一般法律原则"作出的解释具有主观推测性，结论值得怀疑。诚然，《ICSID 公约》第 42 条确实规定"仲裁庭应依照双方可能同意的法律规则就争端作出裁决。在没有双方间协议的情况下，理应适用争端一方缔约国的法律，包括冲突法规则以及可能适用的国际法原则"。在争端一方缔约国的法律不符合国际法一般原则的前提下，国际法一般原则被赋予双重作用——补充作用和矫正作用。仲裁员只有了解争端事实，并在当事方对处理争端的法律规定并无

---

[1] Klöckner Industrie - Anlagen GmbH and others v. United Republic of Cameroon and Société Camerounaise des Engrais, ICSID Case No. ARB/81/2, Decision of the ad hoc Committee of 3 May 1985, para. 151.

[2] Id.

[3] 《国际法院规约》第 38 条规定："法院对于陈诉的各项争端，应依国际法裁判之，裁判时应适用：文明各国所承认的一般法律原则。"

异议且适用争端一方缔约国法律的情况下，才能运用"国际法一般原则"。因此，《ICSID 公约》第 42（1）条不允许仲裁员直接参照"一般法律原则"或"国际法原则"就基础权利作出裁决。第 42（1）条的两层作用——补充作用和矫正作用，其中，又以矫正作用为重点，将涉及某一缔约国的法律规则同一般国际法原则结合考量，若有关某一缔约国的法律规则不符合一般国际法原则，那么，仲裁庭不应予以适用。

根据本案专门委员会的分析，认为原裁决即使参考"基本原则"也未达到《ICSID 公约》第 52 条的标准，除非还有其他法律依据。"原裁决未参考'基本原则'——作为制定法、缔约国法律规则的《法国民法典》；裁决中，同样未包括有关对缔约国立法文本、判决或学术观点的引用。"[1]

2. 裁决理由不应彼此矛盾

在 1985 年 Klöckner v. Cameroon 案中，[2] 申请方认为，原裁决并未充分陈述其所依据的理由，论证自相矛盾，缺乏法律依据，故而值得质疑。就申请方提出的"原裁决理由自相矛盾"，专门委员会认为："由于'两个自相矛盾的理由彼此抵消'。原则上，申请方在'原裁决并未陈述其所依据理由'的前提下，提出'裁决理由自相矛盾'的事实足以成立。'裁决理由自相矛盾'导致'裁决未陈述其所依据的理由'，故原案仲裁庭不应陈述'自相矛盾的裁决理由'。"[3]专门委员会还提出："不仅应考量申请方提出的'裁决未陈述其所依据的理由'是否足以导致利益遭受损害，而且，应确定原裁决中陈述的其他理由是否足以支持裁决结果的成立。"

要判定裁决是否出现矛盾的情形，对专门委员会而言的确存在一定困难。如果某一裁决理由是针对主要诉求作出的，另一裁决理由则是针对反诉得出的结论，难以判定裁决理由是否自相矛盾。事实上，主要诉求和反诉之间的差异并不足以导致仲裁庭在对案件裁判过程中采用自相矛盾的裁决理由。当互相矛盾的裁决理由出现，相互抵消，最终导致"裁决未能陈述理由"的结果时，应当考量"裁决未陈述其所依据的理由"这一事实是否可能对撤销裁决的申请方造成损

---

〔1〕　在此方面，该裁决在第二部分（关于"充分披露的义务"）和第三部分（关于同时履行抗辩权，第 109—114 和 118、124、126 等段）之间的对比明显。第三部分包含对学术观点（学说）以及直接或间接的判例法（法学）的解释。Klöckner Industrie – Anlagen GmbH and others v. United Republic of Cameroon and Société Camerounaise des Engrais，ICSID Case No. ARB/81/2，Decision of the ad hoc Committee of 3 May 1985，para. 161.

〔2〕　Id. , para. 114.

〔3〕　Klöckner Industrie – Anlagen GmbH and others v. United Republic of Cameroon and Société Camerou-naise des Engrais，ICSID Case No. ARB/81/2，Decision of the ad hoc Committee of 3 May 1985，para. 116.

害，以及是否存在足以支持裁决结果的其他裁决理由的情况。

专门委员会认为，"假设性理由"当属无效。处理争议的裁决，依据在于支持裁决结论的某一具体论点或其他确定性论点缺乏具体事实或法律依据，仅依据"假设性理由"作出的裁决，应当予以撤销，这是专门委员会的职责之所在。[1]

3. 裁决理由与结果应"足以相关"

因缺乏有关对《ICSID 公约》进行解释的国际惯例和具有参考价值的既定裁决予以参照，导致该案未能从既定裁决或者其他国际习惯法中获得足以清晰或认识一致的参考。这也使得在 Klöckner v. Cameroon 案中，专门委员会对"裁决未能陈述理由"的开创性解释得以适用于后续裁决——"如果裁决的认定过程或结论未说明理由，或未说明'足以相关'、'可适当予以接受'之理由的，有义务对'未能陈述理由'的事实给予说明。"[2] 裁决理由应当与裁决结果"足以相关"，即理由充分且足以证明仲裁庭的主张。[3] 裁决所依据的理由必须清晰，并非要求全然明确或足以明显，而是裁决理由须具有实质内容与价值，使读者通过阅读裁决书所进行的判断能与仲裁庭就事实和法律的合理推论保持基本一致，认同裁决结果。[4]

第三节　国际投资仲裁中优良裁决的提炼方法
——类比"确定性判例"

合理裁决原则是裁判法理生成的逻辑起点。撤销裁决机制作为国际投资仲裁领域的一项特色机制，有必要从中总结和提炼出指导性原则。但是，合理裁决原则仅从专门委员会作出的撤销裁决出发作反向推导，并不足以支撑提炼优良裁决、完成裁判法理的生成过程。因此，合理裁决原则仅作为初步筛选优良裁决之准则。

如前所述，研究优良裁决应限定范畴，并就裁决进行类型化研究，旨在归纳

---

〔1〕 有关裁决理由内容的充分性方面，专门委员会设置了目的论测试（teleological test），而不是定量分析（quantitative test）。目的论测试，旨在阐明得出裁决理由，是以证明事实存在或该事实符合一定法律依据为目的，并非假设性理由。

〔2〕 Klöckner Industrie – Anlagen GmbH and others v. United Republic of Cameroon and Société Camerounaise des Engrais, ICSID Case No. ARB/81/2, Decision of the ad hoc Committee of 3 May 1985, para. 130.

〔3〕 Id. , paras. 118 – 120.

〔4〕 Id. , para. 130.

法律标准、筛取并解释最优标准，从而提炼优良裁决。评判同类型程序性或实体性议题下裁决书的合理性，应将裁决书分为优良裁决部分和瑕疵裁决部分。前者可予援引，后者则应摒弃。如若一概而论或囿于固定模式评判，难免有失公允。究其缘由，在国际投资仲裁中，若不加限定范畴，仅就个案而言，绝对意义上的优良裁决或瑕疵裁决均属罕见，多见论证"厚此薄彼"之情况；就同一法律关系而言，在该范畴项下，优良裁决与瑕疵裁决之分别方初露端倪。该种微观与宏观上的类型化与普通法系中的先例和大陆法系"确定性判例"有一定程度的类似性。因此，可考虑采用类比的方法对先例和"确定性判例"在国际投资仲裁中类比的可能性进行考量。

　　传统普通法系中的判例法之源起（如涉及继承、债权等问题的经典案例）往往通篇集中论证某一法律问题，由此形成先例，表现为某一著名的案例通篇受到后续裁决的多次援引。与先例援引全案的方式不同，大陆法系中的"确定性判例"是在同类型程序性或实体性议题下，就优良裁决部分进行援引。与之类似，国际投资仲裁领域中，仲裁庭在后续个案中援引既定裁决，亦在同类型实体性议题或者程序性议题下，对裁决就该议题的具体论证部分所作的援引。故此，在国际投资仲裁领域提炼优良裁决，采用类比"确定性判例"的方法有其可能。

　　在国际投资仲裁中，通过类比"确定性判例"的方法析炼优良裁决，应在遵照"合理裁决原则"初步筛选既定裁决的基础上，在同类型法律关系范围内，从一系列裁决中抽象归纳出法律标准并在其中筛取最优标准；在同类型程序性或实体性议题范围内，筛取的法律标准项下，涉及的相关裁决可被认为是优良裁决。该过程可表述为："归纳法律标准→筛取并解释最优标准→提炼优良裁决。"

一、类比"先例"方法之排除

　　在国际投资仲裁中，提炼优良裁决采用类比"确定性判例"的方法，首先应排除类比"先例"的方法。尽管有学者指出，在国际投资仲裁领域，类比"先例"有其可能，[1]但"先例"与国际投资仲裁中的优良裁决（优良裁决部分）仍有实质差别，故提炼优良裁决应先排除类比"先例"的方法。

　　（一）"先例"的概念

　　"先例"（precedent），又称判例，"有拘束力的先例"（binding precedent），与之相关的概念还有"先例"制度（stare decisis）。它源于"遵循先例"原则——拉丁语"*stare decisis etnonquietamovere*"（即"遵循先例，不扰乱确立的要

---

〔1〕　G. Kaufmann - Kohler, "Arbitral Precedent: Dream, Necessity or Excuse?", *Arbitration International*, 2007, 23 (3), p. 368.

点")之缩略。通常意义上的"先例",意味着某个法律争议点一经判决确立,即构成以后不应背离的既定判决。换言之,一个与裁判者正在审理的案件直接相关的"先例",通常在之后的案件中得以被遵循。

反观"先例"之源起,盎格鲁—撒克逊时期的法律观念、行为模式和习惯功不可没,其早期习惯法的宗教性、道德性赋予成文法以实质正义。历经数世纪的洗礼,以遵循"先例"为特质的判例法形成,成为英美法的主要渊源。"先例"除发挥判例法作为法源的主要功能外,还发挥着以下四个方面的作用:一是将确定性和预见性引入私人活动及商事活动;二是据以为私人提供咨询服务的律师进行法律推理和法律咨询提供既定依据之参考;三是"先例"具有的法律拘束力有助于对法官专断起到必要的约束;四是有助于实现公平正义的价值追求。

在普通法领域,"先例"的拘束力仅就"判决理由"[1]而言,其拘束力尚未延展至"附带意见"。在普通法中,判例通常由案件事实、"判决理由"(*ratio decidendi*)和"附带意见"(*obiter dicta*)组成。[2]"判决理由"是判决的核心,它构成"先例"——其中内在的法律规则、法律观念和道德因素,对下级法院具有约束力。因此,在判例制度下,法官在受理案件时,寻找该案件与判例相同或相似的事实,以其作为适用于个案的法律规则,将事实与判决有机结合,使判例法规则在适用上具有确定性,实现法律规则与实效的统一。

(二)类比"先例"的可能性考量

按照《国际法院规约》第38条的规定,法院对于各项争端,应依国际法裁判,裁判时适用:"不论普通或特别国际条约,确立诉讼当事国明确承认之规定者;国际习惯,作为通例之证明而经接受为法律者;一般法律原则为文明各国所承认者;在第59条规定之下,司法判例及各国权威最高之公法学家的学说,作为确定法律原则之补充资料者。"裁决间彼此分离,每项裁决也仅公布具体案件仲裁庭的决定。应该看到,由《国际法院规约》确定并被广泛接受的多层次的国际法渊源中,裁决仅为确定法律规则的辅助手段,国际仲裁庭无权像普通法系

---

[1] R. David, Brierly, E. C. John, *Major Legal Systems in the World Today*, London: Stevens & Sons, 1985, p. 379.

[2] 判例法中,"判决理由"是判决内容中具有拘束力的部分,即法官在个案审判中对法律作出的适用解释,对以后的类似案件具有法律约束力。"附带意见"则属于没有拘束力的部分,即在判决中作出的附带意见,是判决中的非必要部分。考虑到它对以后的判决可能产生的影响,因而它并非有约束力的"先例"。

的法院那样创造判例法。[1] 然而，实际情况与《国际法院规约》第38条的规定大相径庭：仲裁庭不仅清楚知悉而且频繁依据或援引先前相似案件的裁决。在相关规则目前没有正式通过"援引先前裁决"的情况下，事实上，[2] 世界贸易组织（World Trade Organization，简称"WTO"）和国际法院都普遍存在援引相似裁决的现象。

尽管《国际法院规约》第38条将裁决置于国际习惯和一般法律原则两项之后，但在实践中，这种顺序上的颠倒显得并非规约所要求得那么重要，仲裁裁决本身仍具有重要的作用，这使得类比"先例"存在可能。首先，即使对该规约进行保守解读，第38条仍被诠释为检验国家的权利义务是否有法律依据保障之指南，并未专门参考其所列明的国际法渊源的层次或顺序。[3] 其次，裁决本身比其他辅助性的法律渊源在实践中起更为重要的作用。实际上，由投资仲裁庭、国际法院裁决的案件都包含有一定的"造法"要素。如果一项裁决，尤其是最高法院的裁决确定法律规则和法律原则，那么，法律确定性便要求其他案件符合裁决确立的法律规则或原则，除非由于不可抗力的影响改变了判例法。[4] 最后，尽管《国际法院规约》规定的法律渊源之一是"司法判例"，但实践中的国际投资仲裁庭的裁决依然可以作为国际法的渊源加以适用。[5]

尽管有学者类比"先例"称裁决为"事实上的先例"，试图阐释裁决在国际投资仲裁实践中的地位，[6] 但不可否认，类比"先例"可能引起一系列问题：

〔1〕 按照《国际法院规约》第38条（1）款的规定，除条约以外，"确立诉讼当事国明白承认之规条者"还包括"（b）国际习惯，作为通例之证明而经接受为法律者；（c）一般法律原则为文明各国所承认者；（d）在第59条规定之下，司法判例及各国权威最高之公法学家学说，作为确定法律原则之补助资料者"。Statute of the International Court of Justice, Art. 38（1）. U. N. T. S. No. 993（1945）.

〔2〕 M. Shahabuddeen, *Precedent in the World Court*, Cambridge: Cambridge University Press, 1996, pp. 107 –110. 国际法院排除"先例"，并不意味着否定裁决具有"事实上的效力"；R. Bhala, "The Myth About Stare Decisis and International Trade Law（Part One of a Trilogy）", *American University International Law Review*, 14（1999）, pp. 845, 849 –932. 该文也讨论了 GATT 专家组、WTO 专家组与上诉机构裁决"事实上的效力"。

〔3〕 S. Rosenne, *The Law and Practice of the International Court* 1920 –2005, Hague: Nijhoff Publishers, 2006, pp. 1550 –1551. 法律规则的辅助手段可以取自《国际法院规约》第38条规定的国际习惯、一般法律原则、司法判例、学说中的任一项。

〔4〕 A. Zimmermann, C. Tomuschat, K. Oellers – Frahm, ed. , *The Statute of the International Court of Justice: A Commentary*, Oxford: Oxford University Press, 2006, p. 785.

〔5〕 Id. , pp. 785 –788. 《国际法院规约》第38条同样可适用于仲裁裁决，虽然仲裁裁决并不像国际法院及其前身常设国际法院（Permanent Court of International Justice）的裁决被当作国际法渊源频繁援引。

〔6〕 G. Kaufmann – Kohler, "Arbitral Precedent: Dream, Necessity or Excuse?", *Arbitration International*, 2007, 23（3）, p. 361.

一是裁决被知悉的程度制约裁决能否行之有效类比"先例"。只有当裁决达到广泛适用，使仲裁员和律师都可能知悉并掌握的程度，裁决的可预见性方能发挥作用。二是仲裁员的判断与考量。仲裁员需要审慎考虑既定裁决，合理解释案件本身同既定裁决的一致与不同。但仲裁员要面对审查、解释、协调、适用条约和习惯等来自国际法各方面正式或非正式规则所形成的压力。学者、政府间组织、市民社会成员、仲裁员、律师甚至仲裁各界都在作出裁决的过程中，发表各自的主张和评价。三是裁决的数量规模。投资仲裁个案的绝对数量使仲裁员审查与案件相关的先前裁决变得困难重重。截至 2014 年年底，国际投资仲裁案件总数达 608 起，[1] 绝对数量仍远小于英美法系国家的国内判例。因此，类比"先例"有实现可能的同时，仍面临诸多的困难。

（三）排除类比"先例"之原因分析

目前，由于国际投资仲裁中形成"先例"几无可能，应排除在探寻裁判法理的问题上采用类比"先例"的手段。质言之，在国际投资仲裁中，建立"先例"的时机尚未成熟，其原因如下：

1. 优良裁决与"先例"的效力不同

国际投资仲裁实践中被频繁援引的优良裁决与普通法系中有拘束力的"先例"的不同之处在于——是否具有严格意义上的拘束力。在国际投资法领域，不存在具有拘束力的"先例"的情况，更使后续裁决不应被强制要求根据特定既定裁决作出。[2] 因此，有别于普通法系中"先例"的拘束力，在国际投资法领域，优良裁决发挥的效力及其对后续裁决的影响仅限于"事实上的效力"。

国际法院的沙哈布登法官（Shahabuddeen）专门论及优良裁决应如何发挥其效力。他提出，优良裁决通过三个层面依次发挥其效力：[3] 第一个层面，裁判者在裁决过程中考虑援引裁决。这是因为，优良裁决整体虽不具有法律拘束力，但裁决书中可供裁判者参考之部分，具有确定法律规则的作用。第二个层面，除非有充分合理的理由，否则裁判者有义务遵照优良裁决进行裁判。第三个层面，即便没有充分、适当的理由，裁判者也"有义务"援引优良裁决，此时的既定裁决实质上发挥同"有拘束力的先例"或"先例"[4] 同等的效用。

---

〔1〕 UNCTAD, Recent Treads in IIAs and ISDS, IIA Issue Note, No. 1 2015, http：//unctad. org/en/Pub-licationsLibrary/webdiaepcb2015d1_ en. pdf, 2015 – 02 – 19/2015 – 03 – 25.

〔2〕 R. David, Brierly, E. C. John, *Major Legal Systems in the World Today*, London：Stevens & Sons, 1985, p. 379.

〔3〕 M. Shahabuddeen, *Precedent in the World Court*, Cambridge：Cambridge University Press, 1996, p. 1.

〔4〕 Id. , p. 9.

上述三个层面，优良裁决可发挥的作用依次递进。优良裁决在第一层面所发挥的作用符合大陆法系裁判者对既定裁决的一贯逻辑，[1] 尽管大陆法系也有裁判者存在沿用既定裁决第二层面"先例"作用的例证。但是，第二层面和第三层面的效力仅由普通法系的裁判者认可的情况居多。[2] 在国际投资仲裁实践中，由于不存在强行性规则，裁决不具有法律约束力，故优良裁决的效力在第二层面和第三层面的效力在当前国际投资仲裁中难以实现。

2. 优良裁决与"先例"的援引方式各异

国际投资仲裁中的优良裁决与普通法中的"先例"并不相同。普通法中，诸如继承法、合同法、侵权法等方面的"先例"，多为国内法案件，此类案件中具有代表性的裁决对后续案件具有约束力，所针对的是"先例"整体所代表的法律关系和法律推理而言。与"先例"不同，国际投资仲裁中的优良裁决往往涵盖多个错综复杂的国际投资法律关系，分析的难度和层次也相对多元化。因此，对于国际投资仲裁裁决而言，并不存在概括意义上的"全案援引"，只能在同类型法律关系范围内，对优良裁决（优良裁决部分）进行借鉴或援引。

3. 国际投资仲裁体系难以形成纵向层级系统

国际投资仲裁庭不存在森严的等级，难以形成纵向层级系统。在遵循"先例"的普通法系国家，有关哪些案件具有拘束力以及哪些仅具有参考价值等问题均由专门规则予以约束。例如，美国联邦地方法院必须服从其巡回区内的上诉法院以及最高法院的判例。[3] 其他地区法院（包括巡回区外的上诉法院）的判例仅具参考作用。国际投资仲裁中，尽管专门委员会有权审查被提请撤销的裁决，但与 WTO 上诉机构不同，专门委员会未被赋予审查原裁决实体内容的权力，[4] 故不属于权威性的司法机构。[5] 因此，由于缺乏森严的纵向层级系统，国际投资仲裁中优良裁决类比"先例"缺乏必要条件。

---

〔1〕 例如，《法国民法典》第 4 条规定："审判员借口没有法律规定或规定不明确、不完备而拒绝受理者，得依拒绝审判罪追诉之。"由此可见，在大陆法系中，裁判者也须通过裁判确定法律标准，用以填补既存法律规则的模糊或空白。这与既定裁决第一层次的效用相符。

〔2〕 M. Shahabuddeen, *Precedent in the World Court*, Cambridge：Cambridge University Press, 1996，p. 9.

〔3〕 美国联邦和多数州的法院系统都采用"三级模式"，即法院建立在三个级别或层次上，包括基层的审判法院、中层的上诉法院和顶层的最高法院。

〔4〕 根据《ICSID 公约》第 52 条规定，任何一方可以根据下列一个或几个理由，向秘书长提出书面申请，要求撤销裁决：①仲裁庭组成不当；②仲裁庭明显越权；③仲裁庭的成员存在受贿行为；④严重违背基本程序规则；⑤裁决未陈述其所依据的理由。

〔5〕 与之类似的情形还存在于《纽约公约》中，美国法院承认执行国际仲裁裁决，审查国际仲裁裁决的权力受到限制。美国不同州的法院隶属不同的法律系统。New York Convention on the Recognition and Enforcement of Arbitral Awards, Art 5, 10 Jun, 1958, 21 UST 2517, 330 UNTS 38.

4. 仲裁庭对类比"先例"的方法持否定态度

尽管"先例"产生的初衷旨在保证法律的一致性和可预见性，"先例"在适用时也有可能被推翻。肯特法官（Judge Kent）即认为："瑕疵裁决应被修正，不应被永久保存，任由其破坏判例法体系之和谐。目前，已有数以千计记录在册的既定判决被质疑、限制适用乃至推翻。"[1]

在国际投资仲裁中，相当一部分仲裁庭在论及优良裁决的效力时，否认类比"先例"之可能。在 2011 年 Kılıç v. Turkmenistan 案中，仲裁庭认为："个案仲裁庭关注的具体情况不同，推理方式不同，设计的投资条约条款也不同。因此，裁决不具有累积并以先例方式适用的司法效果。"[2] 在 2010 年 Liman Caspian Oil v. Kazakhstan 案中，仲裁庭认为："与《国际法院规约》第 38 条要求的国际法律渊源中包括司法判决不同，《欧洲能源宪章》、《华盛顿公约》以及其他形式的国际法并不包括类比"先例"的规则。因此，仲裁庭作出的既定裁决对本庭不具有拘束性。"[3] 在 2013 年 Tulip v. Turkey 案中，仲裁庭认为："对既定裁决提供的信息，仲裁庭应依据投资条约作出解释，尽管可能受到既定裁决以及推理过程的说服或影响，仍应立足于投资条约的解释和适用。"[4] 在 2012 年 Daimler v. Argentina 案中，仲裁庭认为："投资仲裁中不存在'先例'制度，仲裁活动难以将大量的投资条约应用于个案，[5] 每一起既定裁决都是基于实际文本与现实案情综合考量作出的裁判。仲裁员有权改变、澄清、解释或阐述仲裁事项中的法律分析方向。"[6] 在 2012 年 AES v. Hungary 案中，仲裁庭认为："ICSID 仲裁中不存在有拘束力的先例，仲裁庭裁决未在既定裁决基础上遵循现行法律体系的事实，并不意味着其法律适用存在错误。"[7] 在 2010 年 Urbaser v. Argentina 案中，仲裁庭认为："尽管许多 ICSID 裁决要求维持一致，但 ICSID 仲裁中没有这样的先例。

[1] J. Kent, *Commentaries on American Law* (4), Clayton: ES Clayton Printer, 1840, p. 477.

[2] Kılıç İnçaat İthalat İhracat Sanayi ve Ticaret Anonim Şirketi v. Turkmenistan, ICSID Case No. ARB/10/1, Award of 2 July 2011, para. 7.1.3.

[3] Liman Caspian Oil BV and NCL Dutch Investment BV v. Republic of Kazakhstan, ICSID Case No. ARB/07/14, Excerpts of Award of 22 June 2010, para. 172.

[4] Tulip Real Estate and Development Netherlands B. V. v. Republic of Turkey, ICSID Case No. ARB/11/28, Decision on Bifurcated Jurisdictional Issue of 5 March 2013, para. 47.

[5] Daimler Financial Services AG v. Argentine Republic, ICSID Case No. ARB/05/1, Award of 22 August 2012, para. 52.

[6] Daimler Financial Services AG v. Argentine Republic, ICSID Case No. ARB/05/1, Opinion of Professor Domingo Bello Janeiro of 22 August 2012, para. 9.

[7] AES Summit Generation Limited and AES – Tisza Eromii Kft. v. Republic of Hungary, ICSID Case No. ARB/07/22, Decision of the ad hoc Committee on the Application for Annulment of 29 June 2012, para. 99.

仲裁庭的裁断应独立公正。"[1] 在 2008 年 Pey Casado v. Chile 案中，仲裁庭认为："仲裁庭不受先前裁决或 ICSID 既定裁决之约束。"[2] 在 Burlington Resources v. Ecuador 案中，仲裁庭认为："仲裁庭不应受既定裁决约束，应根据具体案情予以裁判。"[3] 在 2009 年 BIVAC v. Paraguay 案中，仲裁庭认为："裁决仅对特定案件的当事双方产生约束，仲裁庭的裁决不会被先例所拘束。"[4] 在 2008 年 Wintershall v. Argentina 案中，仲裁庭认为："由于每个仲裁庭都是特别组建用以裁决特定案件争端，因此，仲裁庭的裁决不适用先例制度。"[5] 在 2006 年 Mytilineos Holdings v. Serbia 案中，仲裁庭认为："既定裁决在任何情况下都不具有约束力，同样，也不能作为法律渊源。"[6] 在 2004 年 Enron v. Argentina 案中，仲裁庭认为："ICSID 及其他仲裁庭的裁决并非主要的法律渊源。"[7] 在 2005 年 AES v. Argentina 案中，仲裁庭认为："一般国际法不存在先例制度，ICSID 仲裁中也如此。"[8]

综上，由于在国际投资仲裁领域类比"先例"存在一定的困难，导致优良裁决难以通过类比"先例"的方式正式确定其效力，当下理性的选择是通过类比大陆法系中的"确定性判例"以研究优良裁决的效力。

二、类比"确定性判例"之可能

在国际投资仲裁中，类比先例的时机尚未成熟，原因如下：一是优良裁决具有的"事实上的效力"与先例具有的拘束力之间边界不同；二是优良裁决本身并非先例，裁判者援引两者的方式各不相同；三是国际投资仲裁体系难以形成层

---

〔1〕 Urbaser S. A. and Consorcio de Aguas Bilbao Biskaia, Bilbao Biskaia Ur Partzuergoa v. Argentine Republic, ICSID Case No. ARB/07/26, Decision on Claimants' Proposal to Disqualify Professor Campbell McLachlan, Arbitrator of 12 August 2010, para. 49.

〔2〕 Victor Pey Casado and President Allende Foundation v. Republic of Chile, ICSID Case No. ARB/98/2, Award of 8 May 2008, para. 19.

〔3〕 Burlington Resources Inc. v. Republic of Ecuador, ICSID Case No. ARB/08/5, Decision on Jurisdiction of 2 June 2010, para. 100.

〔4〕 Bureau Veritas, Inspection, Valuation, Assessment and Control, BIVAC B. V. v. Republic of Paraguay, ICSID Case No. ARB/07/9, Decision on Jurisdiction of 29 May 2009, para. 58.

〔5〕 Wintershall Aktiengesellschaft v. Argentine Republic, ICSID Case No. ARB/04/14, Award of 8 December 2008, paras. 87, 194.

〔6〕 Mytilineos Holdings SA v. The State Union of Serbia & Montenegro and Republic of Serbia, UNCITRAL, Dissenting Opinion from the Arbitral Award on Jurisdiction of 6 September 2006, para. 4.

〔7〕 Enron Creditors Recovery Corporation (formerly Enron Corporation) and Ponderosa Assets, L. P. v. Argentine Republic, ICSID Case No. ARB/01/3, Decision on Jurisdiction of 14 January 2004, para. 40.

〔8〕 AES Corporation v. Argentine Republic, ICSID Case No. ARB/02/17, Decision on Jurisdiction of 26 April 2005, para. 23.

级系统；四是大多仲裁庭对于类比先例持否定态度。由于投资仲裁中形成先例几无可能，应排除在探寻裁判法理的问题上采用类比先例的手段，转而选择类比"确定性判例"以析炼优良裁决。

在国际投资仲裁领域存在通过"去粗取精"提炼优良裁决的可能：在国际投资仲裁实践中，仲裁庭针对同类型法律关系，在后续案件中频繁援引优良裁决；这些优良裁决在被援引的过程中具有"事实上的法律效力"（简称"事实上的效力"或"效力"），该过程类似于大陆法系中的"确定性判例"，并有可能通过制度设计加以确立。欲阐述国际投资仲裁中优良裁决的析炼方法，需在遵照"合理裁决原则"初步筛选裁决的基础上，采用类比"确定性判例"的方法。

（一）"确定性判例"的概念

"确定性判例"（*jurisprudence constante*）是大陆法系所确立的概念，指围绕同一或相似争议议题，由一系列判决形成的对某些法律规则的一贯、确定的适用和解释，旨在追求一致性和可预见性判决结果的统一的法律原则或法律规则体系。[1] 其特点有三个：一是需要大量的一致性裁决方足以作出并得到发展。不同于普通法系的先例，它不是通过个案裁决就可形成，量的积累至关重要；二是仅具有说服力或参考价值，不同于先例具有的法律拘束力；三是在后续案件中可据以成为裁判者正反两方面经验与教训的参考依据；四是在同类型实体性或程序性议题中，就既定裁决某一具体部分的分析过程进行援引，[2] 不同于先例就既定裁决全案进行援引。

"确定性判例"与先例的主要区别体现在以下三方面：

第一，形成基础上，对先例而言，单个判例即可成为裁判者裁决案件的依据；"确定性判例"的基础是裁判者对一系列相似案件事实形成的一贯、确定的既定裁决。[3]"确定性判例"作为成文法的下位法律依据，只有当一系列裁决中

〔1〕　Robert L. Henry, "Jurisprudence Constante and Stare Decisis Contrasted", *American Bar Association Journal*, 1929, 15 (1), pp. 11 - 13. V. Fona, F. Parisi, "Judicial precedents in civil law systems: A dynamic analysis," *International Review of Law and Economics*, 2006, 26 (4).

〔2〕　美国少数州沿袭原宗主国的大陆法系传统，承认判决的部分效力，如路易斯安那州（Louisiana，原系法属殖民地）地方高等法院规定，该州隶属与本国大多数州隶属不同的法系，承认并遵照"确定性判例"进行裁判。JR. A. Tate, "Techniques of Judicial Interpretation in Louisiana", *Louisiana Law Review*, 1962, 22 (4), p. 743.

〔3〕　Willis - Knighton Med. Ctr. v. Caddo - Shreveport Sales & Use Tax Comm'n., 903 So. 2d 1071, at n. 17 (La. 2005), p. 26 (footnote 17). R. Scott Moreno, v. Corkern, "Of Precedent, Jurisprudence Constante, and the Relationship between Louisiana Commercial Laws and Louisiana Pledge Jurisprudence", *The Tulane Law School - The Tulane European and Civil Law Forum*, 10 (1995), p. 31.

已形成对法律规则一贯的、确定的解释和适用的情况下，才可将其作为判决的依据。[1] 当此之时，裁判者将一系列判决作为具有参考价值的法律依据进行考量，并在后续案件中援引并适用。故此，单个判决并不具有法律拘束力。

第二，援引方式上，先例作为有拘束力的判决依据，一般就全案进行援引；对"确定性判例"而言，由于单个判决不具有法律拘束力，使得后续案件不可能对既定判决进行抽象式的"一体性援引"，而只能在同类型法律关系的范围内，对优良裁决进行借鉴或参照。

第三，发挥效力上，"确定性判例"发挥"事实上的效力"[2]；"先例"具有"法律拘束力"，发挥的作用已然在"法律"（de jure）层面得到认可。详言之，"确定性判例"的效力属于"事实"（de facto）层面而非"法律"层面，表现为"事实上的效力"。裁决在"法律"层面的效力大多反映在普通法系——先例中的"判决理由"部分具有法律拘束力。因此，裁判者在后续裁决中有义务遵循先例。

（二）类比"确定性判例"之必要与可能

如前所述，在国际投资仲裁中，类比先例的时机尚未成熟：一是优良裁决具有的"事实上的效力"与先例具有的拘束力之间存在边界；二是优良裁决本身并非先例，裁判者援引两者的方式各不相同；三是国际投资仲裁体系难以形成层级系统；四是大多数仲裁庭对于类比先例持否定态度。由于投资仲裁中形成先例几无可能，应排除在探寻裁判法理的问题上采用类比先例的手段，转而类比"确定性判例"以正式确立优良裁决的效力。

国际投资仲裁中优良裁决与"确定性判例"具有类似之处：一是在形成基础上，单个的优良裁决或单独的"确定性判例"均不具有法律拘束力；二是在援引方式上，后续案件不能就既定裁决或判决进行全案援引；三是在发挥效力上，两者的效力均属于事实层面，具有"事实上的效力"；四是在裁断依据上，大陆法系法官释法的依据与国际投资仲裁庭裁判依据均为成文法；五是在机构设

---

〔1〕　G. Kaufmann‐Kohler, "Arbitral Precedent: Dream, Necessity or Excuse?", *Arbitration International*, 2007, 23 (3), p. 358. 与之相似的情况还包括，国际司法实践、国际投资仲裁实践在《国际法院规约》框架下，对习惯国际法的形成所起到的作用。体现在：一方面，国际法中的习惯建立在裁判者适用法律原则的重复性与一贯性基础上；另一方面，《国际法院规约》的规则不可能就国际投资条约内容作出一致性解释的事实，使得裁决结果不同的情况屡屡发生。

〔2〕　如美国路易斯安那州地方高等法院规定，"确定性判例"仅发挥"参考性渊源"（persuasive authority）的说服力或参考价值。R. Scott Moreno, v. Corkern: "Of Precedent, Jurisprudence Constante, and the Relationship between Louisiana Commercial Laws and Louisiana Pledge Jurisprudence", *The Tulane Law School - The Tulane European and Civil Law Forum*, 10 (1995), p. 62.

计上，大陆法系国家中同一层级法院相互参考判决的情况与国际投资仲裁庭分散化、平层化的设计相符合。[1] 故在国际投资仲裁中类比"确定性判例"有其必要性与可能性。

1. 类比"确定性判例"的制约因素

由于大陆法系中的"确定性判例"与国际投资仲裁案中的仲裁庭可能援引的既定裁决彼此间存在差异，导致在投资仲裁领域中，类比"确定性判例"的方法并非完美无瑕。因此，在国际投资仲裁案中的仲裁庭类比"确定性判例"存在制约因素：

（1）国际投资条约的内容各异。不同于大陆法系法院依据法典裁决的情况，专司国际投资争端问题解决的仲裁庭在作出裁决时，不仅要以不同的国际投资条约为法律基础，而且，要对特定案件实体与程序方面的事实作出解析。尽管许多投资条约都规定相似或一致的条款，仍有为数众多的条约在具体内容上有所不同。通常，不同仲裁庭的解释并非根据同一条约作出。各个投资条约在内容和语言上的差异，通常导致不同的裁决结果。[2] 诚然，在单个投资条约中，发展一贯的线索有现实可能性，但将线索联系并形成"先例"的机会则不大。例如，很多仲裁庭在 NAFTA 第十一章的框架之下就同一条约所规定的同一项权利所作的解释却迥然不同。[3] 类似的情况如阿根廷发生经济危机后，基于同一投资条约提起的投资争端，最终也未达成一致的裁决结果。[4]

（2）国际投资仲裁机制不存在层级区分。在大陆法系的法律系统中，法院彼此间存在层级高低的差异。某些个案的裁决产生于该法系尚未构建遵循"先例"

---

〔1〕　在大陆法系国家，判决虽不具有拘束力，但在司法实务中，低层级法院裁判时通常会遵循高层级法院作出的判决；同一层级法院作出的既定判决，相互间也具有参考价值。M. Troper, C. Grzegorczyk, "Precedent in France", in D. N. Maccormick, R. S. Summers, *Interpreting Precedents*, Dartmouth: Ashgate, 1997, p. 111.

〔2〕　晚近，国际投资仲裁中出现了不少基于相似案件的事实，作出较大差异性结论的裁决。裁决结果的不一致，反映出仲裁庭对投资条约细微差别的语境理解间的差异。例如，对"最惠国待遇"条款的解释上，有些仲裁庭认为，它只适用于实体性权利；另有仲裁庭则认为，"最惠国待遇"同样可以适用于程序中。M. Kinnear, A. Bjorklund, John F. G. Hannaford, *Investment Disputes under NAFTA: An Annotated Guide to NAFTA Chapter* 11, Alphen aan den Rijn: Kluwer Law International, 2006, pp. 1103 - 1112.

〔3〕　Id. 其中讨论了在北美自由贸易协议（NAFTA）框架下，仲裁庭就同一条约所规定的各项义务的不同解释方法，包括 NAFTA 第 1102、1105 及 1110 条。

〔4〕　A. Bjorklund, "Emergency Exceptions and Safeguards: State of Necessity and Force Majeure as Circumstances Precluding Wrongfulness", in P. Muchlinski, F. Ortino, C. Schreuer ed., *Oxford Handbook of International Investment Law*, Oxford: Oxford University Press, 2008. 其中，比较了仲裁庭在 LG& E v Argentina 案与 CMS v Argentina 案中观点的不同。

制度的情况下，导致高层级法院对低层级法院的相关裁决结果产生直接影响。有
的学者甚至提出，低层级法院法官职位晋升主要取决于他们是否与高层级法院裁
决结果保持一致。[1] 与之不同，国际投资仲裁机构不存在层级上的区分，国际
投资仲裁案中的仲裁庭所参考的过往裁决不具有"纵向"的判例效力。

（3）优良裁决不具有拘束力。国际投资仲裁中不存在有拘束力的先例。即便
在"确定性判例"已然确认的情况下，由于国际法领域的既定裁决不具有"先
例"的法律拘束力，故仲裁员不承担遵循先例予以裁判之义务。优良裁决也只具
有"事实上的效力"，导致同类案情可能出现不同的裁决，无法进行有效的约
束。更何况，实践中的"确定性判例"往往由一系列既定裁决以某种特定方
式[2]将概括的条约规定予以具体化，这样的适用仅具有类似"附带意见"的参
考性价值，并不具有"判决理由"的法律拘束力。

在国际投资仲裁中，"确定性判例"尚未形成体系，[3] 加之优良裁决的正式
效力尚未确立，使个案仲裁员在对违背同类型优良裁决进行裁判时，无义务解释
违反之理由。[4] 因此，仲裁庭就同类型案件作出不一致裁决的现象频现。[5] 对
此，笔者认为，仲裁员在后续案件的裁判过程中应参考优良裁决进行，即使仲裁
庭与优良裁决持相反论点，也应阐明理由。否则，既不符合既定裁决作为国际法
辅助性渊源的规定，也有违"确定性判例"在大陆法系率先确定的基本精
神。[6]

（4）优良裁决与"确定性判例"功能有别。在大陆法系中，"确定性判例"
的功能在于，在保证成文法作为主要法律依据的前提下，通过构建统一性法律体
系推进法律解释的发展。大陆法系中的"确定性判例"并非根据单一裁决形成，
而是一系列裁决发展演进产生的、具有确定性的判例。一旦"确定性判例"原
则被普遍接受，最高法院便开始制定一系列的法律规则以契合这类共同形成的一

---

〔1〕 仲裁员也存在与法官相似的职业压力。只要仲裁员希望被重复任命，就不得不参考过往的一致
性裁决，尤其是由那些受人尊敬的仲裁员作出的裁决。

〔2〕 C. Kessedjian, "To Give or Not to Give Precedential Value to Investment Arbitration Awards", in Cath-
erine A. Rogers, Roger P. Alford ed., *The Future of Investment Arbitration*, Oxford: Oxford University Press, 2009,
p. 49.

〔3〕 I. Rorive, *Le revirement de jurisprudence*, Brussels: Bruylant, 2003.

〔4〕 David R. & Brierly John E. C., *Major Legal Systems in the World Today*, London: Stevens & Sons,
1985, 136.

〔5〕 T. Gazzini, E. D. Brabandere ed., *International Investment Law: The Sources of Rights and Obligations*,
Leiden/Boston: Martinus Nijhoff Publishers, 2012, p. 251.

〔6〕 Id., p. 252.

贯、确定的法理，此可谓推进判例法形成之步骤。[1]

国际投资仲裁机制是现代国际投资法律体系建立过程中不可或缺的一部分，由于国家间缔结的投资条约规定不够细致且措辞相对模糊，这就要求仲裁裁决对条约中所确立的法律依据做进一步的解释说明。国际投资法律体系的发展是一个持续累积、循序渐进的过程，这就要求仲裁庭作出的裁决能够通过学者、政府间国际组织、缔约国甚至后续仲裁庭的多重检验。因此，国际投资仲裁体系的发展呼唤确定及一贯的裁判法理。

2. 类比"确定性判例"的必要性

类比"确定性判例"之必要主要包括三个方面：

(1) 国际投资裁决具有内在统一性。类比"确定性判例"的必要性，在于国际投资裁决固有的内在统一性，它在一系列裁决中都有所体现。尽管仲裁庭不受先例的约束。但是，在实践中，仲裁庭认为应重点考虑既定裁决经过长期发展达成一致的原则或适用标准，这些法律原则、法律标准虽然以无形的方式存在，但是，仲裁庭在很大程度上受其影响与制约。

在 2009 年 Bayindir v. Pakistan 案中，仲裁庭认为："仲裁庭不受既定裁决作为先例的约束，并不表示不应遵循同类案件一致性裁决所确定的规则，以及受到具体投资条约和案情实际的必要限制。"[2] 在 2006 年 Metalpar v. Argentina 案中，仲裁庭认为："虽然既定裁决没有拘束力，但其中的部分推理具有说服力，有必要参考某一特定类型案件中适用的法律标准。"[3] 在 2004 年 Mitchell v. Congo 案中，仲裁庭认为："本庭主要依据个案事实予以裁断，ICSID 既定裁决构成仲裁庭可供参考的法律实践样本，当事人也会依照这类样本判断。因此，既定裁决具有说服力，或者在案情类似的情况下，足以影响仲裁庭与专门委员会的裁决。"[4] 在 2010 年 Suez v. Argentina 案中，仲裁庭认为："对基本正义之追求，使得仲裁庭遵从同案同判这一基本司法原则，除非存在充分的理由足以说明本案与既定裁决间的差异。完善国际投资仲裁机制的主要目标，旨在为国际投资建立一个可供预测且稳定发展的司法体系，这就需要仲裁庭对既定裁决与个案中的相

〔1〕 M. Troper, C. Grzegorczyk, "Precedent in France", in D. N. Maccormick, R. S. Summers, *Interpreting Precedents*, Dartmouth: Ashgate, 1997, pp. 137 – 138.

〔2〕 Bayindir Insaat Turizm Ticaret Ve Sanayi A. S. v. Islamic Republic of Pakistan, ICSID Case No. ARB/03/29, Award of 27 August 2009, para. 145.

〔3〕 Metalpar S. A. and Buen Aire S. A. v. Argentine Republic, ICSID Case No. ARB/03/5, Decision on Jurisdiction of 27 April 2006, para. 20.

〔4〕 Mr. Patrick Mitchell v. Democratic Republic of Congo, ICSID Case No. ARB/99/7, Decision on the Stay of Enforcement of the Award of 30 November 2004, para. 23.

似事实尽可能作出一致性的处理。因此，在有充分的理由支持时，仲裁庭应尝试通过一系列裁决发展出一致性规则。"[1]在2013年KT Asia v. Kazakhstan案中，首席仲裁员考夫曼科勒认为："应给予既定裁决足够的重视，特别是在没有显著相异案情的情况下，仲裁庭有义务适用一系列一致性的既定裁决以发展法律原则，在参考投资条约文本以及有关公约的基础上，考查每一案件的特定案情，满足投资者与东道国对于公平正义法治实现的合理期待，为促进国际投资法和谐发展作出贡献。"[2]考夫曼科勒在2007年Saipem v. Bangladesh案、2008年Duke v. Ecuador案[3]、2008年Noble Energy v. Ecuador案[4]、2013年Metal - Tech v. Uzbekistan案[5]以及2014年Churchill and Planet v. Indonesia案等一系列案件中[6]担任首席仲裁员，他通过援引既定裁决表达了与上述观点相似的见解，即仲裁庭应考虑国际投资法制和谐发展和对国际投资法制合理期待等因素，援引既定裁决。在2006年SAUR v. Argentina案中，仲裁庭认为："应将基于个案的发现与类似程序相比较，通过实务中实现的一致性提升仲裁的可预测性。"[7]在2010年Saba Fakes v. Turkey案中，仲裁庭认为："除非存在相反情形，否则，仲裁庭应该适用一系列一致性案件裁决发展出的与本案具有相关性的法律解决方法，并适当考虑条约特殊性与个案案情。"[8]在2006年ADC v. Hungary案中，仲裁庭认为："可以谨慎地依赖既定裁决发展出的法律原则，将其作为具有说服力的依据，促进法治发展，提高投资者与东道国对于裁决结果的可预测性。"[9]

〔1〕 Suez, Sociedad General de Aguas de Barcelona, S. A. and Vivendi Universal, S. A. v. Argentine Republic, ICSID Case No. ARB/03/19, Decision on Liability of 30 July 2010, para 189.

〔2〕 KT Asia Investment Group v. Republic of Kazakhstan, ICSID Case No. ARB/09/8, Award of 17 October 2013, para. 83.

〔3〕 Saipem S. p. A. v. People's Republic of Bangladesh, ICSID Case No. ARB/05/07, Decision on Jurisdiction and Recommendation on Provisional Measures of 21 March 2007, para. 67. Duke Energy Electroquil Partners and Electroquil S. A. v. Republic of Ecuador, ICSID Case No. ARB/04/19, Award of 18 August 2008, para. 17.

〔4〕 Noble Energy Inc. and Machala Power Cia. Ltd. v. Republic of Ecuador and Consejo Nacional de Electricidad, ICSID Case No. ARB/05/12, Decision on Jurisdiction of 5 March 2008, para. 50.

〔5〕 Metal - Tech Ltd. v. Republic of Uzbekistan, ICSID Case No. ARB/10/3, Award of 4 October 2013, para. 16.

〔6〕 Churchill Mining PLC and Planet Mining Pty Ltd v. Republic of Indonesia, ICSID Case No. ARB/12/14 and 12/40, Decision on Jurisdiction of 24 February 2014, para. 85.

〔7〕 SAUR International SA v. Republic of Argentina, ICSID Case No. ARB/04/4, Decision on Objections to Jurisdiction of Feb 27, 2006, para. 96.

〔8〕 Saba Fakes v. Republic of Turkey, ICSID Case No. ARB/07/20, Award of 14 July 2010, para. 96.

〔9〕 ADC Affiliate Limited and ADC & ADMC Management Limited v. The Republic of Hungary, ICSID Case No. ARB/03/16, Award of 2 October 2006, para. 293.

在 2011 年 Impregilo v. Argentina 案中，仲裁庭认为："若总是根据仲裁员的个人观点对每起案件的事实进行决断将非常不幸，避免此现象发生的最好方式是，在判例法客观存在之际，以该判例法作为分析案情的立足点。"[1]

（2）促进国际投资法律体系的发展与和谐。在国际投资仲裁中，通过类比"确定性判例"的方法可促进国际投资法律体系的发展与和谐。具体而言：

一方面，促进国际投资法律体系的发展。为使国际投资条约中的国家义务得以清晰展现，亟需优良裁决对投资条约概括模糊的措辞予以补充。从而，仲裁庭在阐释国家应该承担义务的同时，援引优良裁决以证明该理由的充分、有效，在解决个案争议的同时，也使法律规则的适用趋于完善，旨在确立具有可预见性、普遍适用性的裁判法理。国际投资法律体系的发展不能一蹴而就，需要一系列案件的累积、沉淀以及对相关解释的审查与适用。通常，当涉及弹性标准的适用或仲裁庭行使更大的自由裁量权的情况发生时，仲裁案件的争议相对就容易解决。考夫曼科勒认为，相比那些涉及"保护伞条款"适用范围[2]的案件，仲裁庭在公平、公正待遇案件中的解释易于发展出一贯的、确定的裁判法理。[3] 这是因为，前一类案件要求仲裁庭在裁判案件并适用投资条约时，持"全部肯定"或者"悉数否定"的态度；后一类案件涉及更多实体内容，仲裁庭在诠释公平、公正待遇时的自由裁量权更大，解释也更为详细，从而更有可能发展出一贯的、确定的裁判法理。

另一方面，促进国际投资法律体系的整体和谐。通常，国际投资仲裁裁决要得到广泛认可，须将案件中的争议尽最大义务和谐化。沃尔德（Thomas Wälde）认为："国际投资仲裁如同自由竞争的市场，各类推陈出新的仲裁裁决不停地角逐关注度与认可度。在形形色色的仲裁裁决中，最具说服力的就是类比'确定性判例'，它是促进投资法整体和谐之原动力。"[4]

国际投资裁决的不一致无可避免，但这种不一致并不足以对国际投资法的发展以及整体和谐带来破坏。即使在以美国为代表的普通法系国家，在同一层级的

[1] Impregilo S. p. A. v. Argentine Republic, ICSID Case No. ARB/07/17, Award of 21 June 2011, para. 108.

[2] 丁夏："国际投资仲裁适用保护伞条款之冲突与解决"，载《西北大学学报》2014 年第 2 期，第 24—27 页。

[3] G. Kaufmann – Kohler, "Arbitral Precedent: Dream, Necessity or Excuse?", *Arbitration International*, 2007, 23 (3), pp. 369 – 370.

[4] T. Wälae, "The Present State of Research Carried Out By the English – Speaking Section of the Centre for Studies and Resaerch", in P. Kahn, T. Wälde, ed., *New Aspects of International Investment Law*, Hague: Martinus Nijhoff, 2004, p. 66.

法院间，裁决不一致问题时有发生。[1] 但该现象并非司空见惯，美国法院已建立起一套完整的判例制度，一定程度上解决了裁决不一致问题。相比之下，由于缺乏更高层级的仲裁庭和有拘束力的优良裁决，国际投资仲裁更像集合仲裁庭各类裁决的松散市场。只有那些被频繁援引、采纳的优良裁决，才可能作为解决各仲裁庭之间同类型案件实体与程序问题分歧的参考依据。

因此，从合法性和可预见性的角度出发，在国际投资仲裁中类比"确定性判例"，符合投资裁决的内在统一性，乃促进投资法律体系整体和谐与发展之良策。

（3）确定优良裁决"事实上的效力"。优良裁决作为国际法的事实上的渊源，具有"事实上的效力"，这也是类比"确定性判例"的必要条件。按照《国际法院规约》的规定，"一般法律原则"和"既定裁决"都是国际法的辅助性渊源。路透（Paul Reuter）认为，尽管《国际法院规约》对于裁决辅助性渊源地位的界定较为模糊，但不可否认，实践中优良裁决发挥着重要的影响。[2] 作为一种平衡救济手段，优良裁决发展成为"事实上的渊源"，具有"事实上的效力"，自有其依据：

第一，几乎所有的优良裁决都隐喻着对所适用法律规则的深化发展。[3] 国际投资仲裁庭、国际法院及国际常设法院等争端解决机构作出的优良裁决，都在不同程度上推进了国际投资法的发展。[4] 虽然从严格意义上说，国际投资仲裁庭作出的优良裁决只对争议的当事方具有法律上的拘束力。但实际上，这些优良裁决的理由在当事方之外也同样产生了"事实上的效力"。

优良裁决之所以能够具有这种"事实上的效力"，原因有四个：一是国际投资仲裁庭解释和适用法律规则的过程能够反映某一法律标准的一贯状态；二是裁判过程亦可反映某一法律标准的例外情形；三是仲裁庭解释并适用法律规则并非"输入案件事实→适用法律条款→最终生产裁决结果"的机械过程，而是明确、澄清继而发展出法律规则的过程；四是优良裁决的理由可被视作仲裁庭对条约作出的合理解释，该理由可能导致其在后续裁决中被不断援引的结果。综上，优良裁决作为国际法"事实上的渊源"，具有"事实上的法律效力"。因此，"确定法律原则辅助性手段"只是《国际法院规约》对裁决这一角色的确认，"事实上的

---

〔1〕 例如"巡回区分歧"（circuit split），即不同巡回区的上诉法院对联邦法律的解释发生分歧的情况客观存在，"巡回区分歧"只有在召集全体法官并撤销陪审员的决议或是最高法院同意听证的情况下才得以解决。

〔2〕 P. Reuter, *Droit International Public*, Paris: Presses Universitaires de France, 1958, p. 84.

〔3〕 Id. , 85.

〔4〕 I. Brownlie, *Principles of Public International Law*, Oxford: Oxford University Press, 2003, p. 19.

渊源"应是优良裁决的最终定位。

第二,优良裁决在国际投资仲裁实践中发挥着指导性作用。按照《国际法院规约》的规定,作为辅助性法律渊源,优良裁决缺乏严格意义上的拘束力,仅对特定争议中的当事双方有拘束力。从实践角度出发,国际投资仲裁庭和国际法院[1]通常援引优良裁决进行裁判。[2]在 2013 年 Franck Charles v. Moldavia 案中,仲裁庭指出:"鉴于《ICSID 公约》对该问题未作规定,根据 ICSID 法理,本庭认为无形资产也可用以出资。"[3]在 2002 年 Mondev v. United States 案中,仲裁庭也认为:"大多数国际投资条约不约而同地提出公平、公正待遇以及充分安全和保护标准,国际投资条约在缔约国内发挥作用,承认并适用这类待遇标准。据此合理推断,这种大量的普遍性实践必对条约内容中的待遇标准产生影响。"[4]

上述裁决的解释反映的矛盾之处在于——当前,国际投资仲裁中的优良裁决不具备法律拘束力;但与此同时,国际投资仲裁庭在实践中却不断援引其先前作出的既定裁决。有学者将这种纠结的现象谓之为"事实上的先例现象"。[5]研究优良裁决的效力,须从类比"先例"与"确定性判例"的考量入手。

综上,国际投资仲裁领域存在通过类比"确定性判例"的方法析炼、筛选优良裁决之必要。

---

〔1〕 如国际法院在 Cameroon v. Nigeria 案的裁决中提出,裁判者虽没有遵循既定裁决进行裁判的义务,除特殊情形外,一般不脱离裁决所秉持一贯的法理并据此裁断。不仅于此,国家也有遵守既定裁决所确定义务之必要。尽管优良裁决不具有法律拘束力,但在国际法院裁决证实"国家应当遵循既定裁决所确定义务"的情形下,从逻辑反证需要考虑的问题,即"是否有理由不遵循裁判机构在优良裁决中给出的解释和结论"。Land and Maritime Boundary between Cameroon and Nigeria (Cameroon v. Nigeria: Equatorial Guineu intervening), Judgment, I. C. J. Reports 2002, p. 303; Application of the Convention on the Prevention and Punishment of the Crime of Genocide (Croatia v. Serbia), Preliminary Objections, Judgment, I. C. J. Reports 2008, p. 412.

〔2〕 G. Guillaume, "The Use of Precedent by International Judges and Arbitrator", *Journal of International Dispute Settlement*, 2011, 2 (1), pp. 5 – 23.

〔3〕 Mr Franck Charles Arif v. Republic of Moldavia, ICSID Case No. ARB/11/23, Award of 8 April 2013, paras. 383, 630. 遗憾的是,该案未就"ICSID 法理"做进一步说明和注释。对这种作法,可以有两种解释:一是仲裁庭认为这种相似情况在既定裁决中经常出现,ICSID 法理不言而自明;二是仲裁庭并未充分说明理由。笔者认为前者的可能性较大。此外,艾伦派雷特(Alain Pellet)认为,"ICSID 法理"(ICSID Jurisprudence) 这种说法极具冒险精神。A. Pellet, "The Case Law of the ICJ in Investment Arbitration", *ICSID Review – Foreign Investment Law Journal*, 2013, 28 (2), pp. 223 –240. 但这从侧面也说明在国际投资裁决中归纳法律标准确有必要及可能。

〔4〕 Mondev International Ltd v. United State of America, ICSID Case No ARB (AF) /99/2, Award of 11 October 2002, para. 117.

〔5〕 G. Kaufmann – Kohler, "Arbitral Precedent: Dream, Necessity or Excuse?", *Arbitration International*, 2007, 23 (3), p. 361.

3. 类比"确定性判例"之可能

类比"确定性判例"有其实现之可能,具体包括:

(1)"去粗取精"提炼优良裁决。随着国际投资仲裁机制透明度的进一步提高,学者对于国际投资仲裁的持续关注与日俱增,使得类比"确定性判例"的可能性增强。优良裁决的内在影响力使其为后续案件提供指引的同时,也增强了投资裁决结果的可预测性。由于国际投资条约措辞模糊以及仲裁裁决数量的激增,在国家与投资者间的关系受条约管辖的情况下,国际投资仲裁中的优良裁决充实了国家一方的义务内容,满足了投资者一方的合理期待,故存在类比"确定性判例"之可能。

相反,瑕疵裁决不具备发挥效力的基本条件。因此,仲裁庭不仅要参照具有相似案件事实的优良裁决进行决断,以保证裁判的确定性、一致性与稳定性;同时,还要对瑕疵裁决予以纠错,以免既定裁决中的错误持续化、永久化存在。这要求仲裁庭在灵活性与裁决稳定性的博弈中做出适当的选择。因此,类比"确定性判例"须"去粗取精"选取优良裁决,在稳定性和灵活性之间达到平衡。

(2)频繁援引优良裁决。国际投资仲裁中不存在绝对意义的先例。这是因为,在国际投资仲裁中,"法官造法"是一个敏感的问题,但这并不妨碍大量裁决书在关于实体性待遇的经典问题上(如投资者国民待遇、公平公正待遇的义务以及间接征收)援引优良裁决作为裁判依据。尤其当重复性问题出现时,优良裁决可为仲裁庭后续案件提供更多有价值的指导。此外,仲裁庭裁判时,投资条约中未包括的事项也可在优良裁决中得以明确。因此,仲裁庭在后续案件中频繁援引优良裁决,使优良裁决具有"事实上的效力",类比"确定性判例"有其可能。

4. 类比"确定性判例"之步骤

类比"确定性判例"包括以下步骤:一是在同类型法律关系范围内,从一系列裁决中归纳法律标准;二是在归纳出的法律标准中筛取最优标准;三是在同一类型的程序性或实体性议题范围内,筛取的法律标准项下,涉及的论证丰富、完整的裁决可被认为是优良裁决。在此基础上,仲裁庭在后续案件中援引优良裁决,使其具有"事实上的效力",可将其视为类比"确定性判例"的过程。围绕裁判法理的生成,类比"确定性判例"可表述为"归纳法律标准→筛取并解释最优标准→提炼优良裁决"这一过程。综上,无论归纳法律标准、筛取最优标准,旨在"去粗取精"提炼优良裁决、生成裁判法理。经过以上步骤,在国际投资仲裁领域,裁判法理之生成指日可待。

本章小结

本章通过类比"确定性判例"的方法，以优良裁决的初步筛选——"合理裁决原则"为逻辑起点，以提炼优良裁决为目标，从三个方面阐述了裁判法理的生成过程：一是从专门委员会作出的撤销裁决反向推导，抽象出"合理裁决原则"，适用该原则初步筛选既定裁决，排除瑕疵裁决；二是通过类比"确定性判例"的方法，在同类型法律关系范围内，从一系列裁决中抽象归纳出法律标准并在其中筛取最优标准；三是提炼优良裁决——即在同一类型程序性或实体性议题范围内，筛取的法律标准项下，涉及的相关裁决可被认为是优良裁决。

在确保仲裁员独立性和公正性资格的前提下，只有优良裁决才能作为裁判法理生成的载体。作为裁判法理生成的载体，优良裁决与裁判法理的生成过程密切相关。实践中，优良裁决本属于国际投资仲裁裁决自然生发的结果。要从学理上探讨优良裁决，需通过"抽丝剥茧"式的分析，探讨优良裁决在国际投资仲裁中的适用轨迹，推导可作为优良裁决之必备要件，旨在归纳法律标准、提炼优良裁决。

类型化研究优良裁决应限定范畴——就同类型程序性或实体性议题下的一系列裁决，或者个案裁决书中就特定议题论证的程序性或实体性内容进行分析，可分微观上的类型化与宏观上的类型化两类。微观上的类型化，指就判断单个裁决书的合理性而言，不应笼统归为"优良裁决"或"瑕疵裁决"，而应将裁决书内容分为"优良裁决部分"和"瑕疵裁决部分"。前者具有援引价值，后者则应予摒弃。在同类型实体性议题或者程序性议题中，仲裁庭就裁决某一具体部分的分析过程所作的援引，并非援引裁决全案。宏观上的类型化，应通过比较不同案件在同类型议题下，完全相同与截然相反的事实裁决结果的论证过程，总结并归纳在同一法律关系范围内，哪些裁决属于优良裁决，哪些裁决属于瑕疵裁决。

优良裁决的特点有两个：一是仲裁庭在合理行使广泛自由裁量权的同时，推理论证应当详细、严密。仲裁庭的解释，可有效填补有关国家投资条约义务规定的空白。论证详细、严密的既定裁决对国际投资仲裁案件的审理提供了有价值的参考。只有高质量、无异议的裁决不断涌现，国际投资法律体系的发展才有希望。二是适当援引既定裁决。在合理论证的基础上，只有适当援引既定裁决，才能使后续裁决更具说服力，继而被广泛认可。依此路径，仲裁庭在后续的裁判中，主动与既定裁决保持一致，所作出的裁决才容易被当事方理解与接受，有利于国际投资仲裁活动的和谐推进。优良裁决应符合以下四点要求：一是按照当事双方公认的条约适用法律并作出裁决；二是按照当事双方确定的仲裁规则适用法律并作出裁决；三是合理详述裁决从而得出最终结论的推理过程；四是适当引用既定裁决。其中，尤以合理进行法律推理及适当援引既定裁决为重要。

通过实证分析 LG&E v. Argentina 案的相关裁决部分以及 Continental v. Argentina 案就根本安全例外条款问题的裁决部分，旨在进一步确定优良裁决的固有特质。通过对裁决书的剖析可知，瑕疵裁决的论证往往论据不足、推理不当、出现跳跃性论证等问题，难以服众；而优良裁决在论证中更加注重逻辑线索的完整性以及论证的层次性，能够结合案件具体事实予以充分及严密的论证。

合理裁决原则是优良裁决的初筛阶段。适用合理裁决原则，就裁决书中显而易见的瑕疵部分进行筛除，是提炼优良裁决的逻辑起点。在此基础上，裁判法理的生成过程——归纳法律标准、筛取最优标准、提炼优良裁决的步骤可有效运行。合理裁决原则要求仲裁庭在裁决书中，对推理过程作出详尽且合理的说明。通过对专门委员会的撤销裁决进行研究，结合《ICSID 公约》第 52 条、第 42 条与第 48 条的规定以及一系列典型的撤销裁决案件在程序方面存在的问题，阐释初步筛选既定裁决、筛除瑕疵裁决所应具备的要件和共性认定标准，即合理裁决原则。

提炼优良裁决应采用类比"确定性判例"的方法。传统普通法系中的判例法之源起（如涉及继承、合同等问题的经典案例）往往通篇集中论证某一个法律问题，由此形成先例，表现为某一个著名的案例通篇受到后续裁决的多次援引。与先例援引既定裁决全案的方式不同，大陆法系中的"确定性判例"，指围绕同一或相似争议议题，由一系列判决形成的对某些法律规则的一贯、确定的适用和解释，旨在追求一致性和可预见性判决结果的统一的法律原则或法律规则体系。[1] 其特点有三个：一是需要大量的一致性裁决方足以作出并得到发展。不同于普通法系的先例，它不是通过个案裁决就可形成，量的积累至关重要。二是仅具有说服力或参考价值，不同于先例具有的法律拘束力。三是在后续案件中可据以成为裁判者正反两方面经验与教训的参考依据。四是在同类型实体性或程序

---

〔1〕 L. Robert Henry, "Jurisprudence Constante and Stare Decisis Contrasted", *American Bar Association Journal*, 1929, 15 (1), pp. 11–13; V. Fona, F. Parisi, "Judicial precedents in civil law systems: A dynamic analysis", *International Review of Law and Economics*, 2006, 26 (4).

性议题中，就既定裁决某一具体部分的分析过程进行援引，[1] 不同于先例就既定裁决全案进行援引。

国际投资仲裁中优良裁决与"确定性判例"具有类似之处：一是在形成基础上，单个的优良裁决或单独的"确定性判例"均不具有法律拘束力；二是在援引方式上，后续案件不能就既定裁决或判决进行全案援引；三是在发挥效力上，两者的效力均属于事实层面，具有"事实上的效力"；四是在裁断依据上，大陆法系法官释法的依据与国际投资仲裁庭裁判的依据均为成文法；五是在机构设计上，大陆法系国家中同一层级法院相互参考判决的情况与国际投资仲裁庭分散化、平层化的设计相符合。[2] 故在国际投资仲裁中类比"确定性判例"有其必要性与可能性。

在国际投资仲裁中，通过类比"确定性判例"的方法提炼优良裁决，应在遵照"合理裁决原则"初步筛选既定裁决的基础上，在同类型法律关系范围内，从一系列裁决中抽象归纳法律标准并筛取最优标准；在同类型程序性或实体性议题范围内，筛取的法律标准项下，涉及的相关裁决可被认为是优良裁决。

综上，国际投资仲裁中裁判法理的生成可表述为："确保仲裁员的独立性和公正性→遵照合理裁决原则初步筛选→归纳法律标准→筛取并解释最优标准→提炼优良裁决"这一动态过程。在依"合理裁决原则"初筛裁决的基础上，采用类比"确定性判例"方法的步骤可表述为："归纳法律标准→筛取并解释最优标准→提炼优良裁决"。在由"归纳法律标准"及"提炼优良裁决"的线索中，通过对一系列同类型裁决的实证分析以及抽象归纳，终将使国际投资仲裁中裁判法理的载体显山露水，现出真容。

---

〔1〕 美国少数州沿袭原宗主国的大陆法系传统，承认判决的部分效力，如路易斯安那州（Louisiana，原系法属殖民地）地方高等法院规定，该州隶属与本国大多数州隶属不同的法系，承认并遵照"确定性判例"进行裁判。JR. A. Tate，"Techniques of Judicial Interpretation in Louisiana"，*Louisiana Law Review*，1962，22 (4)，p. 743.

〔2〕 在大陆法系国家，判决虽不具有拘束力，但在司法实务中，低层级法院裁判时通常会遵循高层级法院作出的判决；同一层级法院作出的既定判决，相互间也具有参考价值。M. Troper，C. Grzegorczyk，"Precedent in France"，in D. N. Maccormick，R. S. Summers，*Interpreting Precedents*，Dartmouth：Ashgate，1997，p. 111.

第四章　国际投资仲裁中裁判法理的样态
——程序性裁判法理与实体性裁判法理

第三章对于国际投资仲裁中裁判法理生成载体的分析，多从静态对优良裁决之要义、初步筛选、提炼方法进行阐释。本章就裁判法理样态的论证，侧重动态层面通过对程序性和实体性议题下裁判法理之具体样态的研究，抽象并总结既定裁决的适用法律标准及演变趋势。

国际投资仲裁中裁判法理的样态，即既定裁决中具有参考价值的法律标准，具体包括程序性裁判法理和实体性裁判法理两部分内容。程序性裁判法理，是指仲裁庭适用程序规则，针对案件程序问题予以裁决时所依据的法律标准。本章主要探讨从质疑仲裁员资格的裁决中所抽象的审查标准。实体性裁判法理，是涉及国际投资条约中有关国家义务的实体性规定及仲裁庭就案件实体问题裁决时所依据的法律标准。本章以根本安全例外条款的审查标准为例进行研讨。

国际投资仲裁中裁判法理的生成过程可被诠释为："确保仲裁员的独立性和公正性→遵照合理裁决原则初步筛选→归纳法律标准→筛取并解释最优标准→提炼优良裁决"。其中，在确保仲裁员的独立性和公正性之资格的前提下，以遵照合理裁决原则初筛裁决为基础，类比"确定性判例"步骤有三个：一是在同类型法律关系范围内，从一系列裁决中抽象归纳出法律标准；二是在归纳出的法律标准中筛取最优标准并解释；三是在同一类型的程序性或实体性议题范围内，筛取的法律标准项下，涉及的相关裁决可被认为是优良裁决。在此基础上，仲裁庭在后续案件中援引优良裁决，使其具有"事实上的效力"，该过程可被认为是类比"确定性判例"。本章对于裁判法理样态的分析，类比"确定性判例"的方法贯穿始终，可表述为："归纳法律标准→筛取并解释最优标准→提炼优良裁决。"

本章从国际投资仲裁案件出发，通过类型化研究，用动态、发展、联系的视角归纳同类型实体性和程序性议题范围内仲裁庭在案件中适用的审查标准及其演进趋势，强调优良裁决间的关联性和承继性，旨在达成裁决的一致性和系统化。

第一节　程序性裁判法理
——以质疑仲裁员资格的审查标准为例

程序性裁判法理，是指仲裁庭适用程序规则，针对案件程序问题进行裁决时所依据的法律标准，包括质疑仲裁员资格案件中的审查标准以及仲裁地点、费用分配等。由于仲裁地点、费用分配等问题难以形成体系，本节主要探讨从质疑仲裁员资格的裁决中抽象出的审查标准。

一、质疑仲裁员资格审查标准的渊源和含义

（一）质疑仲裁员资格审查标准的渊源

在国际投资仲裁领域，质疑仲裁员资格所适用的审查标准，其渊源主要包括《ICSID 公约》、《ICSID 仲裁规则》以及《UNCITRAL 仲裁规则》。

1. 《ICSID 公约》和《ICSID 仲裁规则》

质疑仲裁员资格之诉求，应当依据《ICSID 公约》以及《ICSID 仲裁规则》予以审查。如 2001 年 Amco v. Indonesia 一案适用标准的法律渊源就是《ICSID 公约》以及 ICSID 行政理事会依照该公约第 6（1）条 c 项适用的《ICSID 仲裁规则》。除此以外，国际条约的条款、特殊先例（specific precedent）、国际机构确立的国际仲裁规则、国家法律（national statutes）或者司法判例等，不得作为解决类似问题的法律渊源。同时，就质疑仲裁员资格问题之审查，国际条约的条款、特殊先例、国际机构确立的国际仲裁规则、国家法律或者司法判例等不构成传统意义上法律渊源的事实，并不表示这些规则、法律和先例已然失去内在价值，无采信必要，仍可以类比对象的形式存在，影响国际投资仲裁的一般原则。为防矫枉过正，前述条约、仲裁规则等应按文义、目的，依据东道国签订、批准公约时的条件，作出与内容、宗旨不生歧义的解释，[1] 说明后再加以援用。

2010 年 Urbaser v. Argentin 一案裁决就是依照《ICSID 公约》作出的，该案合议庭认为，有关仲裁员独立性和公正性资格的标准，申诉方和应诉方都存在援引有利于一方解释的倾向。申诉方列举的依据在《国际律师协会指南》中已被"普遍接受"——"这类法律文件具有启发性且具有学理价值"的事实，不足以

---

〔1〕 Amco Asia Corporation and Others v. Republic of Indonesia, Challenge Decision of 24 June, 1982; Compañiá de Aguas del Aconquija S. A. and Vivendi Universal S. A. v. Argentine Republic, Challenge Decision of 3 October 2001, para. 14.

成为质疑其具有法律效力的理由，裁决的依据只能是《ICSID 公约》。广义上运用《国际律师协会指南》对《ICSID 公约》予以诠释是被允许的，前提是应在《ICSID 公约》法律体系框架内全面展开。[1] 2011 年 Nations Energy v. Panama 案的专门委员会也认为，质疑仲裁员资格审查的依据惟有《ICSID 公约》和《ICSID 仲裁规则》。[2]

2001 年 Vivendi v. Argentina I 案中，专门委员会采取宽松的分析进路——参考《ICSID 公约》第 57 条立法史，认为在对理解"审查标准"收效甚微的情况下，应转向国际仲裁领域的参考性文件寻求指引。[3] 在 2010 年 Alpha v. Ukraine 案中，合议庭认同 Vivendi v. Argentina I 案的裁判思路，认为应关注《ICSID 公约》目的与宗旨的说明部分，"《ICSID 公约》及《ICSID 仲裁规则》未作规定或规定模糊之处，可从起草文件、既定裁决中寻找指引。"[4]

几乎所有质疑仲裁员独立性和公正性资格的裁决，都援引既定裁决，依据《ICSID 公约》或《ICSID 仲裁规则》作出裁断。已公布的案件裁决更是如此，如 1982 年 Amco v. Argentina 案、2001 年 Vivendi v. Argentina I 案、2002 年 SGS v. Pakistan 案、2008 年 Suez v. Argentina II 案以及 2009 年 PIP v. Gabon 案等。

此外，对质疑仲裁员资格案件的审理，合议庭也有援引《国际律师协会指南》的倾向，通常援引前预先说明：本庭对《国际律师协会指南》的运用并不足以表示《指南》必然具有法律拘束力。[5]

在 2008 年 Saba Fakes v. Turkey 案中，质疑方认为，仲裁员的行为属于《国

〔1〕　Urbaser S. A. and Consorcio de Aguas Bilbao Bizkaia, Bilbao Biskaia Ur Partzuergoa v. The Argentine Republic, Challenge Decision of 12 August, 2010, para. 37.

〔2〕　Nations Energy Corporation, Electric Machinery Enterprises Inc. , and Jamie Jurado v. The Republic of Panama, Challenge Decision of 7 September, 2011, para. 58.

〔3〕　Compañiá de Aguas del Aconquija S. A. and Vivendi Universal S. A. v. Argentine Republic, Challenge Decision of 3 October, 2001, para. 24.

〔4〕　Alpha Projektholding GmbH v. Ukraine, ICSID Case No. ARB/07/16, Challenge Decision of 19 March, 2010, para. 33.

〔5〕　不过，也有一部分评论者对《国际律师协会指南》在国际仲裁中涉及仲裁员独立性和公正性资格问题上的可适用性提出怀疑。例如，"绿色清单"中第 4.1.1 部分规定："仲裁员可以在先前就仲裁中同样出现的问题公开发表过一般性的观点，如在法律评论或公开演讲中。"这些观点在商事仲裁中可能并不重要，因为在商事仲裁中，有争议的商事合同通常反映其国内法的适用。然而，在国际投资仲裁中，仲裁员通常需频繁处理国际法事务，且经常被要求凭借初步印象（as a matter of first impression）对法律原则作出裁断。有鉴于此，国际投资仲裁中的仲裁员对某一法律问题的观点——即便是一般性的观点——都可能引发对其独立性和公正性的合理怀疑。N. Rubins, B. Lauterburg, "Independence, Impartiality and Duty of Disclosure in Investment Arbitration", in C. Knahr, C. Koller, W. Rechberger, A. Reinisch, eds. , *Investment and Commercial Arbitration – Similarities and Divergences*, Hague：Eleven International Publishing, 2010, p. 196.

际律师协会指南》"橙色清单"规定的情形。被质疑的仲裁员则以"援用《指南》并不适当"予以反驳。合议庭认为,对于仲裁员独立性和公正性资格审查的标准是出自《ICSID 公约》及《ICSID 仲裁规则》的事实,不妨碍本庭参考不具有法律拘束力的其他条款、规则、法律、先例的权利。以《国际律师协会指南》为例,"有权机构(包括合议庭、仲裁员指定机构、专门委员会等)可遵循审慎的分析路径,对《国际律师协会指南》中存在的情形进行合理分析。本案中,《国际律师协会指南》'红色清单'和'橙色清单'对特定情形未穷尽式列举之事实,使围绕特定情形存有异议的情况频现。本庭在审查时,应将特定情形与案件的实际情况相结合,此乃判断仲裁员独立性和公正性的前提。"[1]

在 2009 年 PIP v. Gabon 案中,被诉方 Gabon 就仲裁庭依据《国际律师协会指南》"橙色清单"作出的裁决提出质疑,处理此问题的 ICSID 行政理事会主席认为,质疑仲裁员独立性和公正性资格的案件,应当依据《ICSID 公约》、《ICSID 仲裁规则》予以裁断,《国际律师协会指南》虽可资提供有价值的指引,也仅限于参考而已。[2]

在 2010 年 Alpha v. Ukraine 案中,合议庭依据《ICSID 仲裁规则》第 6(2)条 b 项(仲裁员应就与利益关联的信息履行披露义务),并在参考《国际律师协会指南》的基础上认为,《指南》在有关仲裁员资格的判断方面具有启示意义:正因《ICSID 仲裁规则》的讨论稿和最终版本均对《国际律师协会指南》与《UNCITRAL 仲裁规则》中的"合理怀疑"标准有所提及,促使《ICSID 仲裁规则》第 6(2)条 b 项采纳了该标准。进言之,《国际律师协会指南》自 2004 年颁布后,被广为采信,成为质疑仲裁员资格并规制披露义务的指引和参考。事实上,为数众多的合议庭在适用《ICSID 公约》的同时,也承认《国际律师协会指南》的参考价值。[3]据此认为"《国际律师协会指南》的起草者并无必要将本案质疑的情形纳入'绿色清单',因其并不具备'橙色清单'或者'红色清单'所规定的标准"。本案质疑的事项与"绿色清单"规定情形间的关联微乎其微。[4]最终,合议庭驳回质疑。

在 2010 年 Tidewater v. Venezuela 案中,投资者一方提出对仲裁员资格质疑

---

〔1〕 Saba Fakes v. Republic of Turkey, Challenge Decision of 26 April, 2008, para. 18.

〔2〕 Participaciones Inversiones Portuarias SARL v. Gabonese Republic, ICSID Case No. ARB/08/17, Challenge Decision of 12 November, 2009, para. 24.

〔3〕 Alpha Projektholding Gmb H v. Ukraine, ICSID Case No. ARB/07/16, Challenge Decision of 19 March 2010, para. 56.

〔4〕 Id., para. 61.

的事由与《国际律师协会指南》"橙色清单"规定的三种情形悉数吻合。委内瑞拉政府则从两点予以反驳：一是《国际律师协会指南》适用于商事仲裁而非投资仲裁领域；二是本案仲裁员的行为并不具有"橙色清单"所列举的情形。

合议庭根据当事双方都以《国际律师协会指南》为论证标准的事实，接受并采纳了《国际律师协会指南》的规定，指出东道国一方依据《指南》质疑IC-SID仲裁员的独立性和公正性资格；投资者一方却指出，《指南》在序言部分已清楚表明，包括投资仲裁在内，为各类仲裁形式而设计。正如标题所呈现的，《指南》并非是具有拘束力的法律文本。ICSID秘书长认为，质疑仲裁员资格的问题，《指南》具有指导意义并可作为有价值的参考。在确认《指南》价值的同时，指出《国际律师协会指南》与《ICSID公约》在本质上的不同，强调质疑仲裁员资格问题的解决，也应考虑此类因素。

合议庭认为，对仲裁员资格质疑的审查依据是《ICSID公约》以及《ICSID仲裁规则》。《国际律师协会指南》在注释中说明："本《指南》并非法律条款，不具有高于国内法或仲裁当事方指定的仲裁规则适用之效力。'《指南》指定工作组'相信《指南》是基于常识加以适用，而非过度解读。"有别于《指南》对"合理怀疑"标准的详细阐释，《ICSID公约》规定了质疑仲裁员资格的一般标准，《指南》所列举的"合理怀疑"标准中的限制性条款在本案中较为重要。详言之，本案质疑申诉书所罗列的情形，已然包含在《国际律师协会指南》"橙色清单"中，可能导致对仲裁员独立性和公正性的客观怀疑；但与"红色清单"规定的内容不符。因此，本案的情形不足以客观上推断出仲裁员存在利益冲突。

在2011年OPIC Karimum v. Venezuela案中，根据仲裁员为东道国一方指定、且由反复代理东道国的一家律师事务所多次指派的事实，投资者一方质疑仲裁员的资格，认为其行为构成《国际律师协会指南》"橙色清单"中所列举的两类情形。认为《国际律师协会指南》虽不具有法律约束力，但属于"参考性法律渊源"，足以规范不当行为。

合议庭在裁决书中指出，在质疑仲裁员独立性和公正性资格是否成立的问题上，《国际律师协会指南》并非决定性依据，即使所列举之情形存在，也不足以对"仲裁员独立性和公正性资格的审查结果起决定性作用"。

合议庭认为，该案质疑方针对的情形为《国际律师协会指南》的内容所包括，该事实重要的原因在于，它足以使本庭确信，"仲裁员被某一当事方或代理机构反复指派"的行为，并非属于中立范畴，此乃判断仲裁员独立性和公正性资格存在的重要因素。《国际律师协会指南》要求在国际商事仲裁中，质疑仲裁员资格应当考虑这些因素。进而合理推断，与国际商事仲裁中"仲裁员的独立性和公正性标准至少同等重要"的国际投资仲裁领域，理应考虑上述事实。[1]

在 2011 年 Universal Compression v. Venezuela 一案中，投资者一方质疑委内瑞拉政府指派的仲裁员资格。因为仲裁员被指定的同时，还被其国内多次代理指定方的一家律师事务所数次委派。投资者一方在质疑理由中，强调《国际律师协会指南》的作用。委内瑞拉政府则持不同意见，认为《国际律师协会指南》主要适用于国际商事仲裁而非国际投资仲裁。ICSID 行政理事会主席并未单纯强调《国际律师协会指南》的作用，而是指出："重要的问题在于，本案是依据《ICSID 公约》所进行的裁断，必须遵循《ICSID 公约》确立的审查标准。在国际投资仲裁中，《国际律师协会指南》作为卓有成效用以解决和处理仲裁员利益冲突问题的标准，公认其具有指导意义——《指南》的标准无论在国际商事仲裁领域还是在国际投资仲裁中都同样适用。"[2]

在 2011 年 Nations Energy v. Panama 案中，投资者一方对专门委员会主席的任职资格提出质疑，认为他没有公开披露曾经与东道国方律师存在关联的事实。依据《国际律师协会指南》"橙色清单"第 3.3.3 条之内容——即"仲裁员在过去 3 年中作为本案另一方指定仲裁员的合伙人，与同一仲裁案件中的一方法律顾问存在不当关联"。此外，《国际律师协会指南》属于"国际法上的规则"，根据《ICSID 公约》第 42 条规定，仲裁员应当以"可适用的国际法规则"裁决此案。专门委员会为裁决此案组成合议庭，合议庭的两名成员并不认同这一主张，认为《国际律师协会指南》仅具有指导性意义，仲裁庭没有义务根据《国际律师协会指南》予以裁决。[3]

在 2011 年 Siemens v. Argentina 一案中，合议庭在适用《国际律师协会指南》时，就本案的质疑是否"及时"（promptly）这一议题，参考《维也纳条约法公约》第 31（3）条规定——"结合上下文一并考虑并进行解释，包括当事国嗣后所订关于条约的解释或规约适用的协定"，[4] 认为"本案当事方基于《国际律师协会指南》提出的诉求与主张，至少表明当事双方就《维也纳条约法公约》第

---

〔1〕 Universal Compression International Holdings, S. L. U. v. The Bolivarian Republic of Venezuela Challenge Decision of 5 May 2011, paras. 48 – 49.

〔2〕 Nations Energy Corporation, Electric Machinery Enterprises Inc. , and Jamie Jurado v. The Republic of Panama, Challenge Decision of 20 May 2011, para. 74.

〔3〕 Siemens A. G. v. Argentine Republic, ICSID Case No. ARB/02/18, Challenge Decision of 7 September 2011, para. 57.

〔4〕《维也纳条约法公约》第 31（3）条规定，应与上下文一并考虑者尚有：一是当事国嗣后所订关于条约之解释或其规定之适用之任何协定；二是嗣后在条约适用方面确定各当事国对条约解释之协定之任何惯例；三是适用于当事国间关系之任何有关国际法规则。

31 条的内容能够达成默契。同时，考虑到《国际律师协会指南》与本案所具有的相关性，故而选择对《国际律师协会指南》予以采信"。[1]

此外，ICSID 仲裁庭确定质疑仲裁员资格的审查标准，也有参考东道国国内法的情况。[2] 但 2010 年 Alpha v. Ukraine 案则例外，该案合议庭认为，参考东道国国内判例法的做法并不足取。本案东道国一方根据仲裁员未履行披露义务的事实而提出质疑申请，援引相当数量美国及加拿大的国内法裁决，论证仲裁员应当尽可能披露信息以消除对其主体资格即便最轻微的怀疑。但是，合议庭不支持东道国一方参照国内法裁决所推导的结论，指出："东道国一方提及的一系列加拿大、美国国内法上的裁决，观点与《国际律师协会指南》规定的内容存有差异。通过援引这类案件，主张为防止产生对仲裁员独立性和公正性资格'即便最轻微的怀疑'，应尽可能披露信息，意在论证仲裁员积极主动地恪守并履行'充分披露义务'之必要，旨在避免仲裁员的正直品质（integrity）受到当事另一方的质疑。"合议庭对此观点不以为然，认为援引国内法裁决处理本案的问题并不适当。因为，东道国所援引的国内法上的裁决，内容与《ICSID 公约》以及《ICSID 仲裁规则》的情形存在实质性差别，且裁决所阐释的所谓'不当关联'限于专业领域或商事范畴的关联，非本案纯粹的'同学关系'。合议庭进而强调："本案适用的审查标准必须被国际法承认，并非异议方所说的国内法。当然，本庭可以在一定程度上参考东道国一方所提及的国内法进行裁决。但是，仲裁员披露义务的依据是《国际律师协会指南》，而非东道国所提及的美国、加拿大的国内法判决。"[3]

2.《UNCITRAL 仲裁规则》

《UNCITRAL 仲裁规则》全称为《联合国国际贸易法委员会仲裁规则》（UN-CITRAL Arbitration Rules），由联合国第 31 次大会正式通过，适用于国家与私人间的投资争议仲裁、多方仲裁、第三人加入仲裁程序、仲裁员的指定、仲裁员责

---

〔1〕 Siemens A. G. v. The Argentine Republic, ICSID Case No. ARB/02/18, Challenge Decision of Judge Brower of 11 February 2011, para. 25. 合议庭在对《ICSID 公约》第 57 条"明显"这一用词的解释时，参考《国际律师协会指南》的规定。质疑仲裁员资格的当事方认为其所提出质疑的依据已经属于《国际律师协会指南》中的"不可弃权红色清单"。但合议庭却回应称，如果本案事实如此，则根据《ICSID 公约》第 57 条的规定，仲裁员所缺乏的相应品质应当达到"明显"的程度。故而驳回该质疑，称未出现《国际律师协会指南》"不可弃权红色清单"的情形。

〔2〕 Nations Energy Corporation, Electric Machinery Enterprises Inc., Jaime Jurado v. Republic of Panama, ICSID Case No. ARB/06/19, Challenge Decision of 20 May 2011, para. 74.

〔3〕 Siemens A. G. v. The Argentine Republic, ICSID Case No. ARB/02/18, Challenge Decision of 19 March 2010, para. 62.

任黜免、仲裁费用的控制等问题。《规则》对所有国家不具有普遍的拘束力，供缔约方自愿选择并以书面方式缔约。同时，各缔约国也可在书面协议中指定一个常设仲裁机构，由委员会负责有关仲裁的行政管理工作。

与《UNCITRAL 仲裁规则》不同，基于《ICSID 公约》作出的仲裁裁决在缔约国管辖权范围内具有强制力。裁决一经生效，不得被缔约国国内法院再行审查或撤销，使依照《ICSID 公约》的裁决与根据其他国际性仲裁规则作出的仲裁裁决在法律效力上迥然不同。ICSID 裁决相当于缔约国法院的终审判决，各缔约国法院不得对它行使任何形式的审查，包括程序上的审查，也不得以违背当地的社会公共秩序为由拒绝承认与执行。任何当事方不得对裁决提起上诉或采取任何除《ICSID 公约》规定以外的救济途径。除依《ICSID 公约》有关停止执行所规定的事宜外，当事方及各缔约国法院均应遵守和履行 ICSID 的裁决。如《ICSID 公约》第 53 (1) 条规定，裁决对双方具有约束力，不得进行任何上诉或采取除本《公约》规定外的任何其他补救措施。《ICSID 公约》第 54 (1) 条规定："各缔约国应承认依照本《公约》作出的裁决具有约束力，并在其领土内履行该裁决所附加的财政义务。"裁决的效力等同于各国法院的终审判决。

与 ICSID 裁决不同，根据其他国际性仲裁规则作出的裁决，可依据《承认及执行外国仲裁裁决公约》重新审查或交由国内法院依据国内仲裁法予以撤销。正因存在国内法"审查"（scrutiny）之情形，合议庭在审查仲裁员独立性和公正性资格的议题上，较多关注国内法的相关制度和规定，以供裁决时决断。

例如，适用《UNCITRAL 仲裁规则》成立专门委员会处理的一起仲裁案件，仲裁员指定机构指出，"对仲裁员资格质疑事项的审查应依据本规则，对其适用也理当依此作文义解释"，且在适用和解释的同时，适当参考其他有权机构处理案件依据的标准。如法院地法（本案中专指美国法）就与本案事实关联较大。这是因为司法程序与仲裁程序密切相关，如当事一方认为仲裁员出现偏私而申请撤销裁决，即使在仲裁裁决已经下达的情况下，美国法院也有权受理并裁判此类诉求。尽管美国的仲裁程序不同于司法程序，具有更多的国际性特征，但仲裁程序在一定程度上仍需服从司法管辖。[1] 进言之，美国法院的司法管辖和裁决依据不可适用于本案并主导裁决结果，但具有指导意义，合议庭可据以作为参考。

在适用《UNCITRAL 仲裁规则》处理有关质疑仲裁员资格的案件中，《国际律师协会指南》也同被关注。例如，2007 年 National Grid v. Argentina 案当事双方援引《国际律师协会指南》"一般标准 2"（General Standard 2）b 项规定以及

---

[1] X v. Q, Challenge Decision of 11 January 1995, Vol. 11 XXII *YBCA* (1997), 227, paras. 13 – 15.

"橙色清单"中的情形。[1] 在 2007 年 Grand River v. United States 案中，美国政府一方援引两类"橙色清单"中所出现的相似情形，认为"橙色清单"所列举的情形，都无法比拟该案的实际。[2] 在 2009 年 Vito Gallo v. Canada 案中，ICSID 副秘书长行使仲裁员指定机构之职责，就质疑决断，在参考《国际律师协会指南》"一般标准 2"的基础上，认为对仲裁员的质疑应从理性第三人视角予以判断。[3]

在 2009 年 ICS Inspection v. Argentina 案中，仲裁员指定机构认为："当事方都以《国际律师协会指南》论证的事实，表明《国际律师协会指南》虽不具有拘束力，但通过客观列举对仲裁员独立性和公正性合理怀疑的具体情形，足以反映出其在国际法领域最佳实践的成果。"指定机构由是援引"橙色清单"中的两类情形——它们都与本案的实际情况密切关联。最终，裁定本案仲裁员的利益冲突严重足以导致对仲裁员的资格产生客观上的合理怀疑。[4]

（二）质疑仲裁员资格审查标准的内涵

质疑仲裁员资格作为一项严肃的议题，即便有理有据，仲裁实务中的当事方也须对此慎重考虑、谨慎选择。毕竟，它可能空耗仲裁的时间及资源成本，影响被取消资格的仲裁员的声誉，甚或损害（因为牵涉到对仲裁员的指定）仲裁机构的声望。同时，合议庭或专门委员会就质疑予以审查时，因规定概括所致的分歧时有发生。即便取消对仲裁员资格的裁决，被当事另一方或社会公众接受的程度也褒贬不一。质疑仲裁员的审查，如何维系质疑方与被质疑方之间博弈的均衡？怎样保证当事方享有的合法权益付诸实现？如何确保仲裁案件由具有专业水准的仲裁员公正独立地作出？怎样评判撤销仲裁员资格的法律后果？这一系列问题都需要进行专业的甄别。笔者认为，质疑程序理应保障未提质疑的当事一方合法利益的实现。众所周知，利益的实现有赖于规范、有效且稳定的仲裁程序作为支持。在仲裁活动中，一旦提出的质疑被事实证明，仲裁员与当事人必然存在利

〔1〕 National Grid plc v. The Argentine Republic, UNCITRAL, Decision on the Challenge to Mr Judd L. Kessler of 3 December 2007.

〔2〕 Grand River Enterprises Six Nations, Ltd. , et al. v. United States of America, UNCITRAL, Challenge Decision of 28 November 2007.

〔3〕 Vito G. Gallo v. The Government of Canada, UNCITRAL, Challenge Decision of 14 October 2009, para. 36.

〔4〕 ICS Inspection and Control Services Limited (United Kingdom) v. Republic of Argentina, UNCITRAL, Challenge Decision of 17 December 2009.

益的关联。按照"零和博弈"原理,[1] 相对方的合法权益必将受到侵蚀。在质疑仲裁员资格的正当理由业已充分的情况下,任由违规的仲裁员继续裁断,必将导致不公正的结果;反之,在质疑仲裁员的正当理由未经证实的情况下,合议庭或专门委员会任意剥夺仲裁员的资格,同样会造成事实的不公,由此引起的不良后果足以动摇仲裁庭的合法地位。

对质疑仲裁员实行宽松的审查标准,使仲裁员的资格更容易被取消。反之,严格的审查要求,则导致质疑仲裁员资格的实现变得困难。[2] 除此以外,尚待解决的问题还包括在国际投资仲裁中,质疑仲裁员应当确立怎样的审查标准?审查标准一经确立,仲裁程序是适用完全一致的审查标准,还是不同阶段适用不同的审查标准?若适用于仲裁程序整个过程且始终一致的审查标准客观存在,此标准是否适用于各类仲裁员?即当事方指定的仲裁员与首席仲裁员是否适用统一的标准?规则的制定总是有利于制定规则的人。不同的规则往往催生不同的审查标准,一系列的问题,笔者将通过下文的分析得出结论。

《ICSID 公约》第 57 条以及《ICSID 附加便利规则》第 15(1)条规定:"一方可以根据明显缺乏《ICSID 公约》第 14 条(《ICSID 附加便利规则》第 8 条)规定有关品质的任一事实向原仲裁庭或专门委员会提议撤销其任一成员的资格。"《ICSID 公约》第 58 条也规定:"对任何取消调解员或仲裁员资格建议的决定应视情况由委员会或仲裁庭的其他成员作出,如若成员中双方人数相等,或遇到建议取消独任调解员或仲裁员的资格,或取消大多数调解员或仲裁员的资格时,应由主席作出决定。如决定认为该建议理由充分,则该决定所指的调解员或仲裁员应依规定予以更换。"结合上文不难发现,如欲质疑并取消仲裁员资格,申请方必须提供"明显缺乏有关品质"的证据。因此,质疑仲裁员审查标准的内涵,涉及"明显"一词在相关条文中的解释。

1. "明显"在《ICSID 公约》立法史中的解释

"明显"一词既未出现在《ICSID 公约》的工作报告,也未被其后一系列草案所提及。在《公约》的内部版本中,仲裁员可因任何事由而被质疑资格且事

---

〔1〕 零和博弈(Zero – Sum Game)属于博弈论中的非合作博弈,指参与博弈的双方,在严格竞争的条件下,一方的收益必然意味着另一方的损失,彼此不存在合作的可能,双方的收益和损失相加的总和永远为"零"。其结果是一方吃掉另一方,一方的所得正是另一方的所失,整个社会的利益并不会因此而增加一分。用公式表示即:1 +(–1)=0。该理论认为,世界是一个封闭的系统,财富、资源、机遇都有限,个别人、地区或者国家财富的增加必将意味着对其他人、地区或国家的掠夺。

〔2〕 须注意的是,审查标准是宽松还是严格,仅针对当事方质疑仲裁员而言。因此,若质疑仲裁员的审查标准宽松,当事方质疑仲裁员更为容易,仲裁员资格更有可能被取消。反之,当事方质疑仲裁员则更为困难,仲裁员资格被取消的概率就较低。

由不受限制。[1] 不受限制的质疑权在讨论条约草案的 4 次区域会议上几乎没有受到批评。继此之后，一位来自黎巴嫩的代表提出："质疑权'不受任何限制'的规定，不仅使质疑理由不清晰，而且也未明确质疑方是否有权对当事双方指定的仲裁员一并提起质疑，"建议"有关质疑仲裁员资格的条款应'更加具体'，以免仲裁期限因质疑程序导致无休止地拖延。"针对黎巴嫩代表的提议，会议主席博罗契斯（Broches）认为："该问题值得研讨，它事关质疑程序法律基础的确定。"[2]

通过对一系列区域会议所提交议题的汇总，博罗契斯及其工作小组起草出新版公约草案，即正式的《ICSID 公约草案》。《草案》中，先前不受限制的质疑权被赋予"明显缺乏相关品质"的限制，与通行的 2006 年版《ICSID 公约》中第 14（1）条的规定相差无几。

1964 年 11 月 23 日到 12 月 11 日，ICSID 法律委员会历经 3 周讨论，共召集 22 次全体会议。但讨论的时间参差不齐——20 次全体会议讨论前四章，其余的两次会议讨论后五章（其中包括关于取消仲裁员资格的内容），[3] 每章讨论的议题及通过的程序也略有差异。起初，与会代表认为对有关"定义、进一步修改条文的思路及其改进建议"方面的修订须一致通过方可有效，且"每项修改应当经过自由而充分的讨论，并通过质询程序"作出。[4] 前四章按此进度，讨论记录几近 180 页。由于进展缓慢，全会不得不限定讨论的时间。[5] 最终，有关后五章的讨论仅有 5 页记载。

讨论后五章之际，ICSID 法律委员会的代表接到通告："应部分代表的提议，对议题讨论的方式、方法做出限定。如有修改意见，可书面呈交；代表的发言应当围绕修改方案进行，除有必要可另加说明。"[6] 由于审议其他章节的内容也要同期进行，[7] 使得有关质疑仲裁员资格的议题只有一页半的记载。其中，一条模棱两可的评注涉及质疑仲裁员资格的法律依据。这条评注由德国代表多纳

---

〔1〕 除非质疑仲裁员的一方当事人申请质疑的对象是自己指定的仲裁员，且理由是质疑方与其指定的仲裁员之前彼此已经认识这类理由。

〔2〕 Documents Concerning the Origin and the Formulation of the ICSID Convention, 1968, p. 529.

〔3〕 除全体会议外，不少工作组还召开专门会议，讨论第一章关于建立 ICSID 机制的内容、第二章有关管辖权的内容以及第四章涉及仲裁的内容等。

〔4〕 Documents Concerning the Origin and the Formulation of the ICSID Convention, 1968, pp. 674 – 675.

〔5〕 Id., 768. 例如，有关第六章仲裁程序的花费时，主席博罗契斯（Broches）先生提议更改讨论方式，并建议代表如有修改意见应在周五下午之前提交——最终委员会并未讨论条款内容，而是采用表决的方式通过本章的内容。

〔6〕 Id., 868.

〔7〕 包括有关仲裁花费的第六章、有关国家间仲裁的第八章以及条约修正案的第九章。

（Donner）提交，认为："由于证据不充分，《ICSID 公约草案》第 57 条前半句的表述不应提及第 14 条有关仲裁员个人品质的内容，而应参照《国际法委员会程序规则》第 6 条的表述。"[1] 并提请会议主席博罗契斯（Broches）："德国有关第 57 条行文的意见并未在之前的 ICSID 法律委员会得以充分讨论。现正是提出该议题的适当时机。"博罗契斯（Broches）回应道："德国方面在 ICSID 法律委员会和随后的讨论中已经阐明，关于仲裁员资格取消问题的规定应当遵循《国际法委员会示范规则》（Model Rules of the International Law Commission）之立场。根据《示范规则》的规定，当事方在对仲裁员资格提出质疑时，无需阐明当事方的法律依据。"通过进一步沟通，博罗契斯了解到德国代表担心之所在："现行文本之中，缺乏独立性和公正性成为质疑仲裁员的依据。"博罗契斯解释道："如果仲裁员缺乏独立性，毫无疑问不符合《ICSID 公约草案》第 14（1）条对仲裁员品质的要求。"该条本意旨在要求仲裁员具备独立仲裁的品质。

德国代表的提案除会议主席博罗契斯回应外，并未引起更多回应。至此，再无关于质疑仲裁员资格及其有关法律依据的讨论，《ICSID 公约》立法史对"明显缺乏所需品质"这一用语的讨论付之阙如。根据法律委员会的讨论，博罗契斯及其工作组起草的修正案于 1965 年 2 月提交全体委员会讨论通过。在修正案付诸表决之际，时任世界银行行长的伍兹（Woods）询问道："本部是 ICSID 法律委员会分否已经讨论完毕？各议题与会代表的意见是否一致？"博罗契斯回应称："该部分的内容已然讨论完毕，德国方面提出将部分条款替换为其所修改内容的提案，并未得到大多数与会代表的支持。"基于全票通过之事实，伍兹作出第 57 条无需改动的决定。[2] 1965 年 3 月 18 日，《ICSID 公约草案》被世界银行通过，开放给各国政府签字批准，第 57 条即行生效，适用至今。

纵观《ICSID 公约》立法史可知，部分案件的合议庭将"明显"解释为仲裁员相关品质缺乏的严重程度（如 Amco v. Indonesia 一案），偏离了该公约起草者之本意。原因如下：

第一，《ICSID 公约》立法史表明，仲裁员只有"完全及整体"具备相关品质的，方属适格。例如，荷兰代表曾经提议："在对仲裁员品质的要求方面，应加入'愿意及有能力进行独立裁决'的要件。具有独立性仲裁员作出的裁决将对在《ICSID 公约》基础上建立的国际投资仲裁机制的有效性的发挥起决定作

---

〔1〕 Documents Concerning the Origin and the Formulation of the ICSID Convention, 1968, p. 872.

〔2〕 Documents Concerning the Origin and the Formulation of the ICSID Convention, 1968, pp. 992 – 993.

用。"[1] 葡萄牙代表也提议："条款若能直接表明仲裁员作出的裁决必须符合
'完全意义上'的独立性要求，将有助于确立仲裁裁决的权威，从而增强《IC-
SID 公约》的国际声望",[2] 进一步促使后续裁决实现足以信赖的合理预期，督
促仲裁员秉承独立公正原则，不偏不倚作出裁决。[3] 不仅如此，博罗契斯也提
出："应当在仲裁员有可能产生偏见的情形下，给予当事方更多的保护。"究其缘
由，博罗契斯在与一位参与国家间争端解决仲裁案件的法律顾问探讨此类问题
时，该顾问曾经建议："当事双方签署的协议应该对东道国一方指定仲裁员的独
立性作出更加严格的要求。"[4] 博罗契斯对此大加赞赏，指出："在仲裁程序中，
东道国一方指定仲裁员的事实，通常被认为不可避免地会使该仲裁员受到来自东
道国的干扰，存在较大弊端，容易影响仲裁员独立性和公正性。尤其在 3 人组成
的仲裁庭中，两名仲裁员的国籍都与东道国存在关联的情况下，更是如此。"[5]
对此，博罗契斯强调："很多专家在早期的会议上曾建言，让东道国了解其所提
名的仲裁员应当在相当程度上具备仲裁员的'三大基础性品质'[6] 确有必要。"

　　第二，结合上述《ICSID 公约》立法史，以"明显缺乏"替代草案初期"无
限制"的质疑标准。"明显缺乏"这一措辞是初期草案的修改结果，这种修改并
不构成对当事方利益的损害。当事方利益之所以如此重要的原因，在于通过对当
事方利益的保护，足以使其免受仲裁员不公正的损害。德国代表正是担心当事方
的利益遭受仲裁员侵害的事实可能存在，故而认为："在《公约》现行文本中
'明显缺乏相关品质'的表述容易导致不同的审查标准，对法律基础'更具概括
性或广义规范'足以产生更好的效果。"因此，在全体委员会成员对草案终稿进
行讨论时，德国代表进言"'缺乏独立性和公正性'对于质疑仲裁员资格业已足
够"的观点。笔者认为，ICSID 法律委员会主席博罗契斯为消除德国代表的担
心，明确指出："部分或完全缺乏公正性，就是缺乏第 14（1）条所要求的品
质。"因此，在《ICSID 公约》现有规定中加入"更具概括性或广义规范"的内
容实无必要。这是因为"缺乏独立性和公正性"同"明显缺乏相关品质"在实
质上并无分别。

---

〔1〕　Id. , 56.

〔2〕　Id. , 387.

〔3〕　Id. , 388.

〔4〕　Id. , 387.

〔5〕　Documents Concerning the Origin and the Formulation of the ICSID Convention, 1968, 569.

〔6〕　根据《ICSID 公约》第 14（1）条，"三大基础性品质"是指"那些被指派得以在仲裁员小组服务
的人员应具有高尚的道德品质；在法律、商务、工业和金融方面有公认的能力；可被信赖作出独立的判断"。

2. "明显"在《ICSID 公约》条款中的解释

《ICSID 公约》就请求仲裁、审前异议、撤销裁决等事项的规定中都出现了"明显"一词。通常，合议庭在审查仲裁员主体资格时，也将对"明显"一词的解释作为决断的基本线索。因此，除明确仲裁员主体资格审查标准外，同样，有必要对《ICSID 公约》条款中"明显"一词进行释义。

（1）请求仲裁。关于"请求仲裁"的问题，《ICSID 公约》第 36（3）条规定："ICSID 秘书长应载明此项请求，除非他根据请求的内容认为，此项争端'明显'在中心的管辖范围之外，应立即将受理登记与否的结论通知双方。"该规定中的"明显"指"容易被辨别"。这是因为，假如当事方既不属于《ICSID 公约》的缔约国也不属于缔约国国民，那么，该项仲裁请求就被"明显"排除在 ICSID 管辖范围之外。当然，在可能发生争议的情况下，ICSID 秘书长应当妥善处理该项请求。[1]

（2）审前异议。关于"审前异议"的问题，《ICSID 仲裁规则》第 41（5）条规定："除非仲裁当事方同意以简易程序提出审前异议，当事一方得在合议庭组成 30 天以内对'明显'缺乏法律依据的案件提出异议。"在 2010 年 Trans – Global v. Jordan 案中，合议庭考察该条款"明显"一词的通常含义，即"要求异议方应当证明'仲裁请求缺乏法律依据'是'清楚、明显'的，处理应当'相对容易且迅速'。"合议庭此处对于"明显"的解释适用较严格的标准。[2] "提出异议的当事方要证明异议'清楚'而'明显'并不容易。本案中，审前异议是否达到'明显'的标准，需要通过一系列书面和口头的程序且要求合议庭必须进行解释。这项工作较为复杂，但并不困难。"[3] 合议庭最终得出结论，涉及"明显"含义的解释，异议应当"符合上述讨论所确定的清楚、明显、确定的标准。"[4]

---

〔1〕　C. Schreuer, et al. ed. , *The ICSID Convention: A Commentary* (2), Cambridge: Cambridge University Press, 2009, p. 470.

〔2〕　这一论断后来又被以下案例所确认：Rachel S. Greenberg et al. v. Grenada, ICSID Case No. ARB/10/6, Decision of 10 December 2010, paras. 6. 1. 1 – 6. 1. 2.

〔3〕　Trans – Global Petroleum, Inc. v. The Hashemite Kingdom of Jordan, ICSID Case No. ARB/07/25, Decision of 12 May 2008, paras. 88. 这一论断后来又被如下个案予以确认：Brandes Investment Partners, LP v. Bolivarian Republic of Venezuela, ICSID Case No. ARB/08/3, Decision of 2 February 2009, paras. 63; Global Trading Resource Corp. and Globex International, Inc. v. Ukraine, ICSID Case No. ARB/09/11, Decision of 1 December 2010, paras. 35.

〔4〕　Trans – Global Petroleum, Inc. v. Hashemite Kingdom of Jordan, ICSID Case No. ARB/07/25, Decision of 12 May 2008 , para. 108.

（3）因"仲裁庭越权"而提起的撤销裁决。有关"因仲裁庭越权而提起的撤销裁决"的问题，《ICSID 公约》第 52（1）条第 2 项规定，仲裁当事方可依据仲裁庭"明显越权"申请撤销。在 2002 年 Wena Hotels v. Egypt 案中，专门委员会认为："仲裁庭'越权'的表现不言而自明，无须解释和论证。如果'越权'的行为尚须解释，原仲裁庭的越权就不属于'明显'之范畴。"[1] 在 2005 年 CDC v. Seychelles 案中，"明显"被解释为"清晰"以及"不言而自明"。专门委员会认为："即使原仲裁庭在事实上越权，也需达到相当明显以致需要启动撤销程序予以救济的程度。倘若越权本身明显，但仲裁庭能够对其有理有据地作出合理解释，则不能谓之为'明显'。"[2]

在 2007 年 Soufraki v. UAE 案中，专门委员会认为，"显然"的措辞表达出对显著性的强调，效力等同于清晰（clear）、直白（plain）、显著（obvious）以及确定（evident）。进言之，"是否存在明显的越权不需要长篇累牍的论证"[3]。关于"明显"表示严重程度还是强调显著性的争论，实无必要，因为一项"明显"的越权理应同时满足"文义上的显著性和实质上的严重性"[4]。

在 2010 年 Sempra v. Argentina 案中，专门委员会分析仲裁庭是否越权时指出，只有越权属实，才有进一步分析越权是否"明显"之必要。为证成"明显"的越权，专门委员会认为越权必须"十分确定且无需详加论证"。以"显然"作为"定性标准"。最终，根据"只需简阅原文就会发现其在适用法律上的错误"之理由，撤销原裁决。[5]

2010 年 Fraport v. Philippines 案就"明显越权"进一步予以分析，反映出专门委员会就原裁决进行审查的特点。具体表现为，专门委员会的审查不涉及"原仲裁庭就管辖权问题予以论证的合理性"，旨在判断"裁判方法的合理性"。专门委员会强调："投资者一方应当承担严格的举证责任。判断仲裁庭的行为是否'越权'，即原仲裁庭裁定无管辖权的行为是否属于'明显超越权力'，应着眼于

---

〔1〕　Wena Hotels Ltd. v. Arab Republic of Egypt, ICSID Case No. ARB/98/4, Decision（Annulment Proceeding）of 5 February 2002, para. 25.

〔2〕　CDC Group plc v. Republic of the Seychelles, ICSID Case No. ARB /02/14, Annulment Decision of 29 June 2005, para. 41.

〔3〕　Hussein Nuaman Soufraki v. United Arab Emirates, ICSID Case No. ARB/02/7, Annulment Decision of 5 June 2007, para. 39.

〔4〕　Id. , para. 40.

〔5〕　Sempra Energy International v. Argentine Republic, ICSID Case No. ARB/02/16, Annulment Decision of 29 June 2010, paras. 213, 218.

该行为'在形式上和实质上是否确凿无疑'。"[1]

在 2011 年 Togo Electricité GDF – Suez Energie Services v. Togo 案中，专门委员会认为"明显"一词要求对诉称越权的行为进行"表面分析"（prima facie），使理性第三人得以"感同身受且合理推断"。[2]

上述诸项条款的共同特征，在于合议庭或专门委员会对于当事方的某项基础性权利的合理限制：首先，当事方原则上有权向 ICSID 提请仲裁并登记。在例外情形下，ICSID 秘书长有权拒绝对案件予以登记立案，例如，该案件申请是明显在中心的管辖范围之外的情形。其次，当事方原则上享有使案件得以正常并按程序审理的权利，只有个别例外，如当事方的申请是明显缺乏法律依据，或案件被分解为若干简化程序或快速程序的情形。再次，当事方有义务服从仲裁裁决，当事方有权要求另一方执行仲裁庭的裁决。在例外情形下，请求权丧失，如仲裁裁决存在根本上的漏洞，有足够理由申请撤销裁决等。在上述案件中，当事双方的基础性权利都不同程度地受到限制。因此，适用这些限制的标准应当足以严格，而"明显"的要求即是适用这些限制的前提。

《ICSID 公约》第 57 条就质疑仲裁员资格的规定，有别于上述条款。并非限制当事方的基础性权利，而是保障当事方的权利，尤其是确保当事方享有指定具备独立性和公正性资格的仲裁员的权利。权利不应被滥用，质疑仲裁员资格的权利同样如此。

二、质疑仲裁员资格审查标准的主体和时间范畴

（一）质疑仲裁员资格审查标准的主体范畴

按照《ICSID 公约》第 14（1）条的规定，合议庭组成人员"均应"具备高尚的职业操守，在法律、商务、工业和金融方面具有公认的专业能力，可被信赖并据以作出独立的裁断。该条款未对以不同方式被指派的仲裁员分别规定，即仲裁员的条件几乎适用于所有仲裁庭的组成人员。《ICSID 公约》第 40（2）条规定，从仲裁小组以外任命的仲裁员，应具备与第 40（2）条所述"在仲裁小组内服务"的仲裁员相同的品质。由此，审查标准应一视同仁。《ICSID 仲裁规则》第 6 条以及《ICSID 附加便利规则》第 13（2）条也规定，仲裁庭开庭前或第一次开庭时，各仲裁员应签署接受仲裁员指派的声明。在共同签署的格式声明中，每位仲裁员的信息披露、保密义务、秉持独立性和公正性义务是统一的。换言

---

〔1〕 Fraport AG Frankfurt Airport Services Worldwide v. Republic of the Philippines, ICSID Case No. ARB/03/25, Annulment Decision of 23 December 2010, paras. 44 – 45.

〔2〕 Togo Electricité and GDF – Suez Energie Services v. Republic of Togo, ICSID Case No. ARB/06/07, Annulment Decision of 6 September 2011, paras. 55 – 56.

之，无论是当事方指定的仲裁员、独立仲裁员抑或首席仲裁员，还是 ICSID 合议庭的仲裁员都适用一致且无差别的审查标准。

在 1982 年 Amco v. Indonesia 案中，东道国以投资者 Amco 指定仲裁员与该方律师间存在不当关联为由，对该仲裁员资格提出质疑。Amco 一方则反驳道，《ICSID 公约》允许当事方指定仲裁员，Amco 指定的仲裁员与 Amco 本身存在专业或社交上的关系属于正常工作范围的关联，该仲裁员与 Amco 间存在的所谓"关联事实"并不影响其所做仲裁决断的可信度。在质疑仲裁员资格的问题上，Amco 一方坚持应对因指定方式不同而产生的仲裁员适用不同的审查标准。然而，这项提议被合议庭驳回。合议庭认为："有关仲裁员独立性和公正性资格的判断，ICSID 合议庭中的所有成员应当适用统一的审查标准。换言之，无论仲裁员以何种方式被指定，本庭对各类仲裁员的独立性和公正性的要求一致且无分别。"[1]

在 2010 年 Urbaser v. Argentina 案中，合议庭重申了 Amco v. Indonesia 案裁决的主张，结合《ICSID 公约》第 57 条和第 14 条的规定，认为第 57 条将第 14（1）条的范围扩展到"全体"ICSID 合议庭的仲裁员，即使是仲裁小组成员，也概莫例外。[2] 同时，根据明显缺乏相应品质的事实，"当事方有权对合议庭任一组成人员提出质疑"。《ICSID 公约》第 57 条赋予当事方质疑合议庭"任何"成员的权限。[3] 因此，对本案合议庭中的 3 位仲裁员而言，就任一成员质疑的审查标准和适用规则理应一致。

《UNCITRAL 仲裁规则》规定，首席仲裁员与当事方指定的仲裁员均适用统一的独立性和公正性的审查标准。例如，詹宁斯（Robert Jennings）在裁定质疑美伊合议庭（Iran - US Claims Tribunal）布洛姆斯法官（Judge Broms）资格一案时，指出："总有人坚持认为，在涉及独立性和公正性的问题上，那些由一方当事人指定的裁判者与首席裁判员在裁案的司法属性上有所不同。[4] 然而，依据《UNCITRAL 仲裁规则》，各类仲裁员在适用独立性和公正性的审查标准方面，事

---

〔1〕 Amco Asia Corporation and others v. Republic of Indonesia, ICSID Case No. ARB/81/1, Decision Made by Professor Berthold Goldman and Professor Isi Foighel on the Proposal to Disqualify an Arbitrator of 24 June 1982.

〔2〕《ICSID 公约》第 57 条规定，一方可以根据明显缺乏第 14（1）条规定品质的任何事实，向委员会或合议庭提议取消其任一成员的资格。参加仲裁程序的一方还可根据第四章第二节以某一仲裁员无资格在合议庭任职为理由，建议取消该仲裁员的资格。

〔3〕 Urbaser S. A. and Consorcio de Aguas Bilbao Biskaia, Bilbao Biskaia Ur Partzuergoa v. Argentine Republic, ICSID Case No. ARB/07/26, Decision on Claimants' Proposal to Disqualify Professor Campbell McLachlan, Arbitrator of 12 August 2010, para. 34.

〔4〕 Islamic Republic of Iran and United States of America Claims Tribunal (IUSCT), Decision of 7 May 2001 of the Appointing Authority on the Challenge of Judge Bengt Thomas to the Iran - U. S. Claims Tribunal, 7.

实上并无二致。"

在一项就质疑仲裁员资格进行专门审查的决议中，仲裁员指定机构[1]作出如下说明："所谓'当事方指定仲裁员'的提法，在于强调仲裁员通过当事方指定的方式进入仲裁庭，除此之外别无他义。仲裁员不因受当事人指定的事实，在独立性和公正性标准的要求上与其他仲裁员有所出入。按照《UNCITRAL 仲裁规则》第 10（1）条的规定，如果对仲裁员的独立性和公正性引起正当怀疑的事实存在，足以对任何方式产生的仲裁员提出异议。可见，无论仲裁员的选任方式和仲裁庭的组成方式如何不同，仲裁员的独立性和公正性的审查标准均须一致。"[2]

另一项专就仲裁员的资格进行审查的决议中，仲裁员指定机构的立场更加明确——就独立性和公正性审查标准的议题，以不同方式指定的仲裁员理应适用相同的审查标准。[3]就此，《UNCITRAL 仲裁规则》所确定的质疑仲裁员的审查标准平等适用于全体仲裁员。尽管"中立仲裁员"[4]通常被认为具有更强的独立性和公正性。但事实上，质疑"中立仲裁员"资格的审查标准，并不比质疑当事一方指定仲裁员的审查标准更加严格。

---

〔1〕　仲裁员指定机构（appointing authority）的功能根据《UNCITRAL 仲裁规则》的发展有所扩大。1976 年《UNCITRAL 仲裁规则》规定该机构的作用仅限于指定仲裁员。2010 年《UNCITRAL 仲裁规则》明确仲裁员指定机构的职能除指定仲裁员外，又扩展了以下三种职能：一是在当事方申请撤销仲裁员的情况下，仲裁员指定机构有权就仲裁员替代人选作出决议；二是在原仲裁员人选被替代的情况下，仲裁员指定机构有赋予仲裁程序继续进行的权利；三是当事人对仲裁员回避持有异议的，仲裁员指定机构有权决定仲裁员的回避。

〔2〕　Challenge Decision of 15 April 1993, Vol. XXII *YBCA* (1997), 222, para. 1.

〔3〕　Challenge Decision of 11 January 1995, Vol. XXII *YBCA* (1997), 227, para. 8.

〔4〕　针对仲裁员倾向于指定他们的当事人的情形，将"中立仲裁员"与"当事人一方指定的仲裁员"之间作此区别。美国仲裁协会（American Arbitration Association）在其《商事仲裁规则》中，对"当事人一方指定的仲裁员"和"中立仲裁员"与当事人之间的关系，作出不同权利义务的规定。该规则第 12 条规定："除非当事人另有约定，由一方当事人单方面选择的仲裁员属单方指定的仲裁员'，并不适用于第 19 条关于取消仲裁员资格的规定。"而第 19 条的内容是关于对"中立仲裁员"所须承担的"披露"义务和异议的程序："任何被指定为'中立仲裁员'的人士，须向美国仲裁协会披露任何可能影响其公正性的情况，包括任何与仲裁结果有关的倾向性、经济或个人利益，任何与当事人或其代表过去和现在的关系。美国仲裁协会在收到仲裁员提供的或从其他来源获得的上述信息后，如认为有必要，则应将其转送给当事人和其他有关人士。一旦当事人对'中立仲裁员'继续履行职务提出异议，美国仲裁协会应作出是否撤销该仲裁员职务的决定，并通知各方当事人。"该决定为终局决定，显然，"单方指定的仲裁员"不受上述"清规戒律"的限制。因为该仲裁员已经被假定，对指定他们的当事人具有倾向性，如果他们与当事人之间存在某种商业或私人关系，也被认为可以接受。两相对照，"中立仲裁员"被赋予同法官相似的特性，必须具备完全的独立性。这种对仲裁员独立性采用双重标准的观念在美国尤其根深蒂固，裁决中被一再肯定。参见郭晓文："商事仲裁中仲裁员的独立性"，载陈安：《国际经济法论丛（2）》，法律出版社 1999 年版。

（二）质疑仲裁员资格审查标准的时间范畴

明晰主体范畴后的另一个议题——整个仲裁过程所适用的质疑仲裁员资格的审查标准是否始终如一且维持不变？笔者认为，应当在仲裁程序的不同阶段适用不同的标准：仲裁程序启动阶段，适用较宽松的审查标准；随着仲裁程序的深入，采用更加严格的审查标准。这是因为，在仲裁程序开始时，当事方对合议庭成员的情况未必心知肚明，强化其质疑权的保障，较为公平合理。加之，此阶段撤销仲裁员的仲裁风险与成本相对较小。但是，到仲裁程序即将结束时提出异议，就可能从根本上终止仲裁，导致费用和仲裁资源的空耗，甚或出现利用此手段，规避仲裁裁决风险的现象发生。

尽管在现有 ICSID 仲裁案例中，尚未出现按照仲裁程序不同的阶段适用不同的审查标准的情况。但在一些个案中，时间范畴已然成为质疑仲裁员资格审查标准的影响因素，表现为因仲裁程序阶段不同，合议庭支持或否决当事方质疑出现不同的结果。例如，在 2010 年 Vivendi v. Argentina II 案中，东道国一方没有在合议庭作出裁决前及时提起对仲裁员资格的质疑，为事后补救，遂以《ICSID 公约》第 52（1）条 a 项规定"合议庭组成不当"为由，提议撤销已然下达的仲裁决定。专门委员会在对其行为表示理解的同时，为维护裁决效力，防止滥用诉权，坚持"既判力"（Res Judicata）原则。[1] 如果东道国一方在"仲裁程序终结之前"提起仲裁员存在"利益冲突"之异议且获合议庭支持的，被质疑仲裁员的资格必将被取消。[2] 然而，本案的受理历时 13 年，裁决不能一味地延期，合议庭力克干扰裁决结案的做法无可挑剔。当然，东道国一方也有权阐述"利益冲突"的诉求与主张，[3] 尽管本案东道国一方并未就此详尽说明。专门委员会最终驳回东道国的撤销裁决申请。

时间范畴这一因素的影响在当事方提出质疑的案件事实中也有所体现。如在

---

〔1〕"既判力"一词源于罗马法。在大陆法系称之为"实质上的确定力"，指确定的终局裁决的诉讼标的对当事人和合议庭的强制性适用力。英美法在判决的约束力方面使用一系列术语。其中与大陆法系"既判力"概念接近的是"Res judicata"，意指"已裁决的事项或案件，其效力规则是有完全事务管辖权的机构作出的终局裁决，对当事人的权利具有决定作用。同时，该判决绝对地阻止就同一请求和诉因再行起诉"。仲裁裁决至少在以下情况下涉及既判力：一是部分裁决和最终裁决之间；二是两个仲裁庭之间；三是仲裁庭和法庭之间。仲裁裁决应当具有既判力在国外仲裁立法和实践中已被广为接受。国际商会仲裁院在很多仲裁案件中都采用既判力理论，不少国家也以法律明确规定仲裁裁决的既判力问题。大陆法系国家关于仲裁裁决既判力大多以法典的形式直接规定于民事诉讼法中，其中以法国法最具代表。美国法中的既判力和英国的规定总体上比较一致，但美国在一些情况下允许既判力效力及于第三人。

〔2〕 Compañiá de Aguas del Aconquija S. A. and Vivendi Universal S. A. v. Argentine Republic, ICSID Case No. ARB/97/3, Annulment Decision of 10 August 2010, para. 232.

〔3〕 Id., paras. 241–242.

2007 年 Suez v. Argentina 案中，东道国一方对仲裁员资格提出质疑，认为她同时在另一起控告阿根廷政府的仲裁案件中担任仲裁员。合议庭认为，尚未发现该仲裁员存在违反独立性和公正性之情形，最终驳回质疑。裁决书写道："本庭自组成以来，质疑方在历时 4 年的时间里，并未提出异议。在此期间，本庭与当事双方也进行诸多沟通，根据条约规定和程序性要求履行仲裁庭的职责，业已召集当事方召开过 3 次庭审会议，并就诸多提请和诉愿作出裁断。阿根廷政府一方未在此期间就该仲裁员的不当行为提出质疑且提供确有价值的证据。事实上，也许根本不存在'所谓的'证据。换言之，作为本庭成立之初即以书面形式保证具有专业水准且行为规范堪当裁决重任的仲裁员，她（受质疑的仲裁员）始终具有较高的专业水准，并一贯秉持独立性和公正性标准。"[1]

　　由于《UNCITRAL 仲裁规则》对审查标准的时间范畴未予限定，使得仲裁案件在审理中，合议庭也认可在仲裁进程的不同阶段，有关仲裁员独立性和公正性的评判可以适用不同标准。[2]

　　在一起质疑仲裁员资格的案件中，仲裁员指定机构需要裁定"仲裁员独立性和公正性资格的审查标准是否在仲裁程序的不同阶段发生不同的改变"这一问题，结论如下："理论上，无论仲裁程序进行到何种阶段，仲裁员独立性和公正性资格的审查标准及其论证依据理应一成不变。实践中，出于程序便捷之考量，对仲裁员资格的异议可能在仲裁程序伊始更易被合议庭理解和接受。若在仲裁程序行将结束之际提起对仲裁员的质疑，则整个仲裁过程都有被颠覆之风险。"仲裁员指定机构就此认为，申诉方在异议中提出的，仲裁程序伊始也应适用更加灵活的审查标准的意见确有其合理性。本案中，最多只能认定申请方所提出的异议有部分事实依据，被质疑的仲裁员存在被撤销资格的风险与可能。但是，上述依据、风险与可能性因素，均未达到确定新标准，从而取消仲裁员资格的程度。

　　在与本案同时提起的另一项诉求中，申诉方强调，仲裁程序若想如期进行，就要撤销被申请方提名的仲裁员资格，在取代此人的仲裁员绰绰有余的情况下，理应如此。仲裁员指定机构的决议表明，"本案申诉方提出了偏主观性质的判断

---

[1]　Suez, Sociedad General de Aguas de Barcelona S. A. , and InterAguas Servicios Integrales del Agua S. A. v. The Argentine Republic, ICSID Case No. ARB/03/17, Challenge Decision of 22 October 2007, para. 33.

[2]　D. Caron, M. Caplan, M. Pellonpii, *The UNCITRAL Arbitration Rules: A Commentary*, New York: Oxford University Press, 2006, p. 225. 书中指出："有一种观点认为，仲裁程序伊始，一家审慎的仲裁机构可能较为倾向支持对于仲裁员资格提出异议，用以确保仲裁程序的顺利进行，避免延迟和中断。但在仲裁程序行将结束之际，基于同样的事实提出的异议可能不会得到支持。另有观点则认为，该标准实际上混淆了有关仲裁员公正性与独立性的审查标准。如果仲裁员出现有偏私的行为，无论在仲裁程序的任何阶段，一经发现，都应当被取消资格。"

标准，且具有一定的说服力，但《UNCITRAL 仲裁规则》所确立的审查标准不能因此而改变"。决议强调"不能仅凭貌似合理的主观原因，就轻率适用《UNCI-TRAL 规则》所确立的审查标准对仲裁员的资格进行质疑，若真如此，当事方的异议权可能被滥用的同时，质疑机制固有的警示性功能也将遭到扭曲"。[1]

在另一起仲裁案件中，仲裁员的指定机构——伦敦国际仲裁院（London Court of International Arbitration）在分支机构咨询"仲裁程序阶段的不同是否可能影响异议事实"时回复道："程序逆转无疑是异议成立导致的遗憾后果。但是，相比公正机构丧失公平解决纠纷的声誉，该问题无足轻重。"[2]

（三）质疑仲裁员资格审查标准的"累积效应"

有关对仲裁员资格的质疑并非无中生有，而是由一系列确定性信息综合作用的结果。通常，裁决某项针对仲裁员资格的质疑是否成立，存在两条逻辑进路：一是每项信息的依据是"决定性"的，必须"逐项审查"；二是单一信息虽不足以导致质疑成立，累积叠加的结果则可能使质疑成立。后者可被认为是质疑仲裁员资格审查标准的"累积效应"。

在 ICSID 裁决的案件中，合议庭多采用上述第二种逻辑进路。例如，在 1982年 Amco v. Indonesia 案中，东道国一方明确提出："不应孤立对待质疑的事实，而是应将其视为一条线索，这条线索上的每一个独立事实彼此印证，最终影响结果。"本案东道国一方的质疑主要是该仲裁员曾为本案投资公司一方的股东提供过法律咨询，且该仲裁员供职的律师事务所在本案仲裁程序启动的数年前，就与该投资公司一方的律师事务所保持业务上的关系。合议庭指出："印度尼西亚政府一方认为，考察仲裁员独立性和公正性的审查标准，应将所有异议事实结合，以期产生更大的影响。本庭支持这种观点——那种认为异议的每个单一事实需达到最低要求的看法是有缺陷的。"[3]

又如，在 2002 年 SGS v. Pakistan 案中，投资者一方对仲裁员的质疑基于两方面提出：一是该仲裁员所属的律师事务所介入了另一起正在审理的、由巴基斯坦政府一方律师主张适用《ICSID 附加便利规则》的案件；二是在一起业已审结的巴基斯坦政府一方胜诉的案件中，该仲裁员曾作为巴基斯坦政府一方的代理律

[1] Challenge Decision of 11 January 1995, Vol. XXI *YBCA* (1997), 230–231, paras. 9–12.

[2] Challenge Decision of 24 December 2003，裁决未刊印。G. Nicholas, C. Partasides, "LCIA Court Decisions on Challenges to Arbitrators: A Proposal to Publish", *The Journal of International Arbitration*, 23 (2007), p. 15.

[3] Amco Asia Corporation and Others v. Republic of Indonesia , Challenge Decision of 24 June 1982, para. 5.

师参与该案的审理。合议庭认为，如果把该仲裁员和东道国律师间的私人交情、涉及前案的裁决情况以及本案正在审理的事实这些线索一并考虑，申请方的质疑合情合理。合议庭在裁决书中尽管没有直言采纳申请方的观点，但事实上，按照申请方的推理逻辑，综合考虑本案事实并适用法律，可以得出结论认为仲裁员在公正性与独立性上的确存在严重的瑕疵。[1]

当然，也有案件的裁决与上述情形不同。在这些案件中，合议庭适用"逐项审查"原则。如在2005年Azurix v. Argentina I 案中，阿根廷政府一方提出异议的根据包括仲裁员与律师之间的关联——仲裁员未及时披露与律师关联的信息。在取消仲裁员资格的审查中，有关仲裁员供职的律师事务所与该案投资者一方存有关联的信息被对方逐一揭露。据此认为，新披露的信息更加佐证异议的正当。但该案最终合议庭并未支持阿根廷政府一方的主张。[2]

在2005年OPIC Karimum v. Venezuela 一案中，投资者一方质疑东道国政府一方指定的仲裁员不仅在数起有关东道国的仲裁案件中被指定为仲裁员，而且被东道国一方的代理律师事务所频繁指派。合议庭认为，单独分析指派本身，就已违反《国际律师协会指南》；如果将两类指派结合考虑，情况更加严重。[3] 合议庭最终没有采纳投资者一方的观点。裁决书中写道："除特殊情况外，被法律服务机构或者当事方多次指派的事实，应当具体问题具体分析，予以区别对待，不能一并处理。"[4]

2011年Universal Compression v. Venezuela 案也持上述立场。该案投资者一方提出对东道国一方指定仲裁员资格异议的四大依据中三项出现在《国际律师协会指南》的"橙色清单"中。投资者认为"既然橙色清单中的每类情形足以对当事方指派仲裁员的资格提出质疑，那么，三种情形叠加的情况更加导致仲裁员资格被取消"。[5] 由于第四项依据从"橙色清单"中仲裁员违反披露义务转化而来，投资者一方确信这项证据使对仲裁员资格的质疑"更加合理"。[6] 但是，

---

〔1〕 SGS Société Générale de Surveillance S. A. v. Islamic Republic of Pakistan, Challenge Decision of 19 December 2002.

〔2〕 Azurix Corp. v. Argentine Republic, ICSID Case No. ARB/01/12, Challenge Decision of 25 February 2005.

〔3〕 OPIC Karimum Corporation v. Bolivarian Republic of Venezuela, ICSID Case No. ARB/10/14, Challenge Decision of 5 May 2011, para. 19.

〔4〕 Id. , paras. 51 – 53.

〔5〕 Universal Compression International Holdings, S. L. U. v. Bolivarian Republic of Venezuela, ICSID Case No. ARB/10/9, Challenge Decision of 20 May 2011, para. 22.

〔6〕 Id. , para. 27.

ICSID 行政理事会主席并未认同投资者一方"累积效应"的逻辑分析，而是在分别检查每项依据是否成立的基础后，驳回异议。

在 2009 年 ICS v. Argentina 案中，根据《UNCITRAL 规则》成立专门委员会进行仲裁，国际常设仲裁院（Permanent Court of Arbitration）[1] 秘书长履行仲裁员指定机构的职责。本案是阿根廷政府针对投资者 ICS Inspection 一方指派的仲裁员所提出的撤销资格诉请。阿根廷政府一方认为，仲裁员及其所供职的律师事务所近期已代表投资者一方参与另一起有关阿根廷政府的撤销裁决。为进一步论证对仲裁员资格的质疑，阿根廷政府一方特别提出，投资者一方的行为违反《国际律师协会指南》"橙色清单"中的两类情形。秘书长在对该质疑的提请表示理解后指出："仲裁员违反基本披露义务的行为，同时违反'橙色清单'中的两类情形，可以认定仲裁员的利益冲突足够严重，阿根廷政府一方对仲裁员的公正性与独立性资格的合理怀疑正当。"[2] 最终，本案裁定书采纳阿根廷政府一方所阐述之主张。

在另一起 UNCITRAL 仲裁案件中，被申请方提请对合议庭首席仲裁员资格的质疑，理由是该首席仲裁员在此前另一起有关质疑仲裁员资格的审查程序中，对该案被诉方质疑申请方所指定的仲裁员，采取偏私立场；且提供证据表明，该首席仲裁员曾私下与仲裁员指定机构沟通，敦促该机构驳回被诉方的质疑，声称被诉方的代理律师"为主观热情蒙蔽"，试图敦促仲裁员指定机构支付已辞职仲裁员的原定酬劳。作为本案处理质疑仲裁员资格问题的指定机构——斯德哥尔摩国际仲裁院在综合考虑上述诉求的情况下，驳回质疑称："本案被诉方所提出的依据，无论逐项考察还是综合判断，都不足以对仲裁员独立性和公正性资格提出合理质疑。"[3]

---

〔1〕　国际常设仲裁法院根据 1899 年第一次海牙和平会议通过的《关于和平解决国际争端的公约》于 1900 年成立，是第一个普遍性的国际司法机构。但它只有一份由成员国提出的仲裁员名单，并非真正意义上的常设法院。如果成员国将其争端诉诸仲裁，便可在名单中选定仲裁员，再由选定的仲裁员推选首席仲裁员组成合议庭。在国际常设法院和国际法院建立后，因长期缺乏案源，其作用和影响力日益减小。但成员国提名的仲裁员组成的国家团体（National Group）一直负责推选国际常设法院和国际法院法官候选人。20 世纪 80 年代以后，法院进行改革，先后组织制定了一系列选择仲裁议定书，增加了程序的灵活性，允许非国家实体和个人在该院进行仲裁。除处理仲裁案件外，法院还可从事和解与调查。1976 年《联合国贸易法委员会仲裁规则》第 6 条还赋予法院秘书长为该机构的争端当事方指定委派仲裁员机关（Appointing Authority）的职能。

〔2〕　ICS Inspection and Control Services Limited（United Kingdom）v. Republic of Argentina, UNCITRAL, PCA Case No. 2010–9 Challenge Decision of 17 December 2009, para. 2.

〔3〕　M. Öhrström, "Decisions by the SCC Institute Regarding Challenge of Arbitrators", in S. Jarvin, ed., *Stockhom Arbitration Report* 2002, Stockholm: Stockholm Chamber of Commerce Arbitration Inst, 2002, p. 57.

在另一起由伦敦国际仲裁院作为仲裁员指定机构的 UNCITRAL 仲裁案件中，被申请方基于一系列事实，对伦敦国际仲裁院指定的独任仲裁员[1]资格提请撤销。裁决此案的 3 名仲裁员组成合议庭[2]认为："如果所提出的某项依据足以满足撤销仲裁员独立性和公正性资格的条件，那么，对其他依据自无审查之必要。"这也意味着，当一系列依据足以证明对仲裁员独立性和公正性的资格产生合理怀疑之际，逐项审查可能难以达到"合理怀疑"标准的结果。

三、质疑仲裁员资格审查标准的适用

（一）质疑仲裁员资格审查标准适用的法律基础

在国际投资仲裁领域，质疑仲裁员资格审查标准的法律基础，主要包括《ICSID 公约》、《ICSID 仲裁规则》、《UNCITRAL 仲裁规则》以及《国际律师协会指南》。

1. 《ICSID 公约》和《ICSID 仲裁规则》的审查标准

事实上，《ICSID 公约》第 14（1）条（规定仲裁员在仲裁程序中应当秉持何种品质）与第 57 条（质疑仲裁员资格的法律依据）并不匹配。一方面，《公约》第 14 条列举的"品质"主要限于义务性方面。第 14（1）条规定："指派在仲裁员小组的人员应具有高尚的道德品质，并在法律、商务、工业和金融方面有公认的能力，可以被信赖作出独立的判断。"与之类似，第 40（3）条也规定"从仲裁员小组以外任命的仲裁员应具备第 14（1）条所述的品质"；另一方面，第 57 条规定当事方可以对"根据'明显'缺乏第 14 条规定的有关品质的任何事实"提出质疑。那么，究竟应当如何解读此处"明显"的含义？

（1）第一代标准——"几乎确定"或"高度盖然性"。最早试图解读"明显"一词的尝试，来自 1982 年 Amco v. Indonesia 案的裁决，该案要求相关品质的缺乏应当是"几乎确定"或符合"高度盖然性"标准。[3] 笔者不赞成这种审查标准，因其缺乏理论支持，也未在实践中得以广泛运用。

〔1〕 独任仲裁庭和合议仲裁庭是根据仲裁庭仲裁员人数所做的分类。独任仲裁庭是指仲裁庭由一人组成，独任审理；独任仲裁员的产生，可由双方共同协商指定，也可共同委托仲裁机构代为指定；合议仲裁庭一般由两名仲裁员和一名首席仲裁员组成。其产生办法为由双方当事人各选一名仲裁员，第三名仲裁员由当事人共同选定或共同委托仲裁委员会主任指定，首席仲裁员是合议仲裁庭的主持者，与仲裁员享有同等的权利。

〔2〕 根据 1998 年《伦敦国际仲裁院仲裁规则》第 5（5）条规定，3 人组成合议庭的，合议庭的主席（不是当事人提名的仲裁员）应由仲裁院指定。

〔3〕 当然，还有少数学者认为，应当就"几乎确定"标准和"高度盖然性"标准进行反复考量，这是因为该标准是就质疑仲裁员资格最早提出的标准。S. Luttrell, *Bias Challenges in International Arbitration: The Need for a "Real Danger" Test*, Alphen aan den Rijn: Kluwer Law International, 2009, p. 247.

第一，独立性和公正性资格作为仲裁员品质，属于仲裁员主观方面之事项。确定被质疑的仲裁员是否达到"几乎确定"意义上的存在偏见或不符合独立性和公正性之资格，对当事双方和仲裁庭的其他成员而言皆难实现。对质疑方而言，由于独立性和公正性资格具有强烈的主观性和模糊性，要求质疑方承担举证责任于理不公。因为，在仲裁程序开始阶段，质疑方不可能对仲裁员的行为和态度作出准确判断，此时要求质疑方证明仲裁员"几乎肯定"存在偏见或不符合独立性和公正性资格，不可能达到事实上的公平。

第二，即使当事方足以证明仲裁员在主观方面"几乎确定"存在偏见或不符合独立性和公正性资格，那么，也须同时证明仲裁员存在仲裁过程中基于"案件事实以外的因素"进行裁判的事实。[1]但实践中，裁判者被证明"确定"或"几乎确定"存在偏见导致资格被取消的情况甚为少见。[2]在1999年Locabail v. Bayfield Properties案中，英格兰及威尔士上诉法庭就"明显偏见"（apparent bias）作出如下解释："'明显偏见'与'事实偏见'（actual bias）含义相同，是指当事方以'出自外部毫无关联的因素影响法官意见'为由，质疑法官的独立性和公正性之资格。在英美法系的先例中，因'明显偏见'而提出的反对或质疑诉求极为罕见，由此可以合理推断，实践中'明显偏见'的情况为数不多，加之证明该'明显偏见'的难度颇大，故不支持当事方根据该理由质疑裁判者的独立性和公正性之资格。不仅如此，普通法的原则之一在于保护诉讼当事方。因此，当事方举证责任难度较低，仅列举偏见的危险性，而无需证明'明显偏见'或'事实偏见'的存在。"[3]

第三，坚持质疑仲裁员资格的"几乎确定"或"高度盖然性"的标准，意味着一旦达不到"几乎确定"的程度，仅达到"一般确定"程度，仲裁员的资格也无法被质疑，这显然荒谬。进言之，在当事方对仲裁员独立性和公正性程度的怀疑未达标的情况下，要求必须符合"几乎确定"的标准，必将增大质疑仲裁员资格的难度。当事方选择适格仲裁员的权利难以实现。因此，该标准不可能得到投资者和东道国的认同。

第四，"几乎确定"的程度如何区分？"高度盖然性"又做何理解？标准的模糊导致裁判的困难。实际上，在采用"几乎"以及"高度"这样措辞的条件

---

〔1〕 L. Markert, "Challenging Arbitrators in Investment Arbitration: The Challenging Search For Relevant Standards and Ethical Guidelines", *Contemporary Asia Arbitral Journal*, 2010, 3 (2), pp. 237 – 238.

〔2〕 G. Van Harten, "Investment Treaty Arbitration, Procedural Fairness and the Rule of Law", in S. Schill, *International Investment Law and Comparative Public Law*, Oxford: Oxford University Press, 2010, p. 651.

〔3〕 ［UK］Locabail (U. K) Ltd. v. Bayfield Properties Ltd., High Court, ［2000］Q. B. .

下，即便勉为其难将其量化，也易生歧义，难以得到当事方的认同。

第五，适用"几乎确定"或"高度盖然性"的标准，意味着只有出现切实而极为严重的偏见，仲裁员的独立性和公正性方可被质疑。[1] 毫无疑问，仲裁员只有出现"几乎确定"的偏见，才可被质疑资格，足以表明仲裁程序赋予仲裁员过多的信赖。然而，事实正好相反，在当事方指定仲裁员的情况下，这种对于仲裁员独立性、公正性的过度信赖在实证检验的结果中，被证明未必如此。德瑞斯（Yves Derains）指出："当事方指定的仲裁员往往持较片面的观点，可称其为'病态自由裁量'（pathological deliberations）现象。当较为诚实的仲裁员加入仲裁庭，且未与其他仲裁庭成员事先沟通的情况下，通常行事偏于谨慎，表现为主动减少发言。该情况一直持续到仲裁庭内的其他仲裁员处事方式存在偏私时，这种谨言慎行才得以改观。"[2] 另有学者，包括持当事方指定仲裁员制度具有合理性观点的学者，也不得不承认当事方指定的仲裁员并不容易保持公正与独立，经常不自觉且程度不同地偏袒指定自己的当事方。[3]

---

〔1〕 此处的例证可参见欧洲人权法委员会以及欧洲人权法院的早期案例，其中提及"仲裁员应当被假定为是公正无私的，除非有事实证明其并非如此"。Applications Nos. 5888/79 and 8589/79, Lars Bramelid and Anne Marie Malmström v. Sweden, Report on the European Commission of Human Rights of 12 December 1983, para. 34; Case Le Compte, Van Leuven and De Meyere, Report on the European Commission of Human Rights of 23 June 1981, para. 58.

〔2〕 D. Branson, "Sympathetic Party – Appointed Arbitrators: Sophisticated Strangers and Governments Demand Them", *ICSID Review – Foreign Investment Law Journal*, 2010, 25 (2), pp. 369, 387 – 388.

〔3〕 Y. Shany, "Squaring the Circle? Independent and Impartiality of Party – Appointed Adjudicators in International Legal Proceedings", *Loyola of Los Angeles International and Comparative Law Review*, (30) 2008, pp. 473, 488. 该文认为"由于当事方指定的仲裁员通常被认为是易对指定方产生同情，因而从传统的司法公正角度出发，当事方指定的裁判者这一概念往往不被接受"。同时认为"鉴于当事方指定的仲裁员可能偏向当事方的倾向而被频繁指定（这也至少会让他们的倾向性变得更加明显），因而哪怕对当事方指定的裁判者适用更严格的审查标准也是徒劳的"。A. Mourre, "Are Unilateral Appointments defensible? On Jan. Paulsson's Moral Hazard in International Arbitration", http://kluwerarbitrationblog.com/blog/2010/10/05/are – unilateral – appointments – defensible – on – jan – paulsson% E2%80%99s – moral – hazard – in – international – arbitration/, 2010 – 10 – 05/2014 – 07 – 09. 文章指出"不少当事方指定的仲裁员或多或少地偏向于当事方"；H. Smit, "Columbia FDI Perspectives — in more or less subtle manner — to favor the appointing issues, No. 33", http://www.vcc.cloumbia.edu/flies/vale/print/Perspective_ 33_ Smit_ 0. pdf. 2010 – 12 – 14/2014 – 07 – 09. 还可参见如下案例：[US] In the Matter of the Arbitration between Astoria Medical Group and Health Ins. Plan of Greater New York, 182 N. E. 2d 85, 87 – 88 (N. Y. 1962), 该判例认为"如果把'当事方指定自己的仲裁员'理解为一种中立的选择，那么该机制就无足轻重……只有当这种选择会使被选中仲裁员的立场产生一定的倾向性时，当事方之间才会最大限度地维护自己的权利"；[US] Johnson v. Jahncke Services Inc., 147 So. 2d 247, 248 (La. Ct. App. 1962), 认为："如果当事一方在有选择仲裁员权利的情况下，却选出一个反对自己的仲裁员，才是咄咄怪事。"

（2）第二代标准——"合理怀疑"。第二代涉及质疑仲裁员资格的审查标准，源于 2001 年 Vivendi v. Argentina I 案。该案裁决的过程并未将分析的重点放在质疑必须"明显"的问题上。"明显"这一措辞被解释为要求质疑程序必须基于事实而不是猜测。如果质疑仲裁员资格所依据的事实已被证明且无疑议，合议庭或专门委员会将适用"合理怀疑"作为审查标准。"合理怀疑"标准貌似与《ICSID 公约》字面规定存在出入，但更符合客观实际且顺应《ICSID 公约》立法史的发展要求。纵观《ICSID 公约》立法史，起草者希望仲裁员在仲裁过程中能够符合完全意义上的独立与公正，而保证这种完全意义上的独立与公正最合适的方法即适用"合理怀疑"原则。

这在其他质疑仲裁员资格的案件中也得以确认，如 1985 年 Klöckner v. Cameroon 案的专门委员会指出："仲裁员的公正性是对仲裁员最为基础与核心的要求。任何在公正性问题上的纰漏，或者说一丝一毫的偏见行为，应被认为在'广义的程序'[1] 范畴违背《ICSID 公约》第 52（1）条第 4 项的要求，属于"严重背离基本程序规则的情况"，也即严重背离《ICSID 公约》下国际投资仲裁体系和《公约》的基本规则。"[2]

在 2008 年 Harvaska v. Slovenia 案中，[3] 合议庭认为："《ICSID 公约》第 14 条要求仲裁员'可据以信赖作出独立的判断'。《ICSID 仲裁规则》第 6 条也要求仲裁员'能够公平裁断'。本案中，投资者一方对于仲裁员的质疑并非基于实际缺乏独立性和公正性，而是由于该仲裁员存在不当的行为迹象。"从仲裁程序的合法性出发，笔者认为，投资者一方有权提出合理的质疑，合议庭也应当保护仲裁程序的完整性并最终保障裁决结果的实现。《ICSID 公约》第 52 条所规定的"基本程序规则"之一，便是"仲裁程序不应为个别仲裁员独立性和公正性的缺乏所玷污"。在本案中，当事方都同意，质疑仲裁员资格确认与否的关键在于理性第三人能否认同。

在 2010 年 Rompetrol v. Romania 案中，合议庭援引 2002 年 Porter v. Magill 案，分析并审查仲裁双方所提及的意见，即仲裁员与一方当事人的利益冲突，认

---

[1]　通常意义上的仲裁"程序"，一般包括仲裁庭开庭、中止、结案等程序性事项，而仲裁员是否符合独立性公正性资格并不在程序的范畴之内。但从本质上说，仲裁员符合独立性与公正性标准，是仲裁庭合法成立并合理审案的前提。因此，若从广义上解释"程序"，其也应包含仲裁员符合独立性与公正性资格。一旦仲裁员没有达到该要求，也即背离了程序规则。

[2]　Klöckner Industrie – Anlagen GmbH and others v. United Republic of Cameroon and Societe Camerounaise des Engrais, ICSID Case No. ARB/81/2, Annulment Decision of 3 May 1985, para. 92.

[3]　Hrvatska Elektroprivreda d. d. v. Republic of Slovenia, ICSID Case No. ARB/05/24, Order Concerning the Participation of a Counsel of 6 May 2008.

为："在 Porter v. Magill 一案中，英国上议院确立了'合理怀疑'的标准，即'法庭可能产生偏见的真实可能性'，该标准有助于结合本案事实得到对《ICSID公约》第 14 条及《ICSID 仲裁规则》第 6 条关于质疑仲裁员资格问题的进一步理解，以便本庭成员更好地符合独立性的要求并公平裁决。"[1] 合议庭采用"合理怀疑"标准审理是基于"仲裁员与当事一方律师存在利益冲突"而被质疑资格的问题。最终，合议庭驳回了东道国一方的质疑。

（3）第三代标准——"客观证据"。第三代对于质疑仲裁员资格的审查标准是"客观证据"。该标准"明显"被解读为"清晰"、"显著"和"确实"。这些表述表明"明显"应当与"易于理解"、"易于察觉"以及"毫不费力地发现"等特征联系在一起。相比"合理怀疑"标准，该审查标准更为严格。按照"客观证据"标准的要求，质疑方仅仅列举可能引起怀疑仲裁员独立性和公正性的事实还不足够，必须加以"客观证据"佐证。同时，该标准对于已证事实和仲裁员可能缺乏相应品质之间的关联也提出了进一步的要求，即"容易理解"、"清晰"、"直白"以及"无须深刻或复杂的分析推断"。质疑程序的基础应当是：依据质疑提出的事实，作为理性第三人有理由认为，仲裁员不具备相应的道德素质、不具备相应责任能力、不值得信赖，不可能作出具备独立性和公正性要求的裁决。

2. 《UNCITRAL 仲裁规则》的审查标准

《UNCITRAL 仲裁规则》第 12（1）条规定："若足以使人对任何仲裁员的独立性和公正性引起正当怀疑的情况存在，可对该仲裁员提出异议。"[2]

该条规定使用"合理"或"正当"的措辞，旨在确立一种"客观的独立性和公正性"标准。当事方对于仲裁员偏见的主观性怀疑有可能成为提出质疑的推动力，只有依照客观证据，才能最终证明资格是否存在。[3] 该解释在一系列案件中都得到适用。

如在 2007 年 Gallo v. Canada 案中，ICSID 副秘书长作为异议的裁断者，在裁决书中写到："《UNCITRAL 仲裁规则》第 12（1）条的规定属客观标准，要求不仅可能产生怀疑，该怀疑还必须'合理'或'正当'。因为，在《UNCITRAL 仲

---

〔1〕　［UK］Porter v Magill［2001］UKHL 67,［2002］2 AC 357, Disqualification of Counsel Decision of 14 January 2010, para. 26.

〔2〕　可供参考的还有：埃及开罗《国际商事仲裁区域中心仲裁规则》第 10 款、《中国贸仲仲裁规则》第 26 第（2）条等。

〔3〕　D. Caron, M. Caplan, M. Pellonpii, *The UNCITRAL Arbitration Rules: A Commentary*, New York: Oxford University Press, 2006, p. 210.

裁规则》下，只有在怀疑'合理'或'正当'的前提下，从理性第三人的角度看，质疑才有依据。依此审查标准，只有综合考虑所有发生的事实和客观情形后，方能得出最终的结论。"[1]

在 2007 年 National Grid v. Argentina 案中，伦敦国际仲裁院作出的裁决如下："当事双方原则上同意且本院也认为，有关'引起正当或合理怀疑情况'的审查标准应当客观。换言之，应当以'一个理性、公平和明智的第三人是否足以产生正当或合理的怀疑'为标准。本院将适用客观标准，即'理性第三人标准'解决仲裁员在交叉盘问卡萨基博士（Dr. Cassagne）时的干涉，是否足以令人产生在《UNCITRAL 仲裁规则》第 10（1）条范畴内对其公正性的合理怀疑。"[2]

值得一提的是，《UNCITRAL 仲裁规则》对于质疑仲裁员资格和仲裁员披露义务所要求的法律依据并不相同。根据第 11 条的规定，可能被指定为仲裁员的人选，应在与此指定有关的洽谈中披露"可能存在"对其独立性和公正性产生正当理由怀疑的任何情况。第 12 条规定的质疑必须基于"客观上"可能对任何仲裁员的独立性和公正性产生正当理由怀疑的情况。

3.《国际律师协会指南》的审查标准

国际律师协会《关于国际仲裁中利益冲突问题指南》（以下简称"国际律师协会指南"）所规定的"一般标准 1"是指："从接受仲裁庭任命开始，贯穿整个仲裁程序，直到仲裁裁决生效或仲裁程序终止，所有仲裁员都应该秉承独立与公正的精神。"然而，"一般标准 1"并未给出针对仲裁员品质所提要求的具体情形。这些具体情形是在"一般标准 2"中解决的，其包括主观标准与客观标准。

第一部分（第 1 款）是主观标准。其内容是：如果仲裁员怀疑自己不能独立或秉持公平作出裁断，应当拒绝接受指定；如果仲裁已经开始，应当辞去职务。这里所指的怀疑与是否正当或合理无关。一旦仲裁员开始怀疑其自身的独立性和公正性难以得到保证，则应当拒绝指定，选择辞职。

第二部分（第 2 款）是客观标准。其内容是：上述原则（仲裁员应当拒绝或不再接受指定）同样适用于以下情形：如果有事实表明（或已经能够引起理性第三人的正当怀疑）仲裁员不能独立或秉持公平予以裁断。除非依据"一般

〔1〕　Vito G. Gallo v. The Government of Canada, UNCITRAL, PCA Case No. 55798, Decision on the Challenge to Mr J. Christopher Thomas QC of 14 October 2009 of the Secretary – General of ICSID, para. 19. Grand River Enterprises Six Nations, Ltd. , et al. v. United States of America, UNCITRAL, Challenge Decision of 28 November 2007.

〔2〕　National Grid plc v. Argentine Republic, UNCITRAL, Decision of the LCIA Court on the Challenge to Mr Judd L. Kessler of 3 December 2007, paras. 80, 86 – 87.

标准 4"的要求，否则当事方对仲裁员仍予以接受。

第 3 款对上述标准做了补充解释。所谓"正当"的怀疑系指：在理性第三人看来，仲裁员有可能根据案件所展示事实以外的干扰性因素而作出裁决。

第 4 款又继续解释：对于仲裁员不符合独立性和正当性要求的"正当"怀疑还有一种情形，即当事方和仲裁员的身份出现了混同，或者仲裁员本身是当事方的法务代表，或者仲裁员与争议事项存在明显的财产或个人利益纠葛。

有关上述提及标准的细则在随后以四种清单的形式详细呈现。这四种清单详细列举仲裁实践中出现的情形，分别导致仲裁员资格必然被取消、有可能被取消、不会被取消的几种可能。具体参见表 4.1（下页）。

诚然，如果出现没有被包括在以上四类清单中的事实，并不意味着不能基于这些事实对仲裁员的资格提出异议。因为，清单本身并不是穷尽式列举[1]。在这种情况下，得以适用原则性的规定。

同《UNCITRAL 规则》一样，《国际律师协会指南》中关于质疑仲裁员资格和仲裁员披露义务的法律依据也不相同。"一般标准 3"（General Standard 3）规定，如果"在仲裁相关当事方看来"，可能对仲裁员的独立性和公正性产生"怀疑"，仲裁员应当披露相关事实或信息；对仲裁员资格的异议则要求"正当怀疑"。两相比较，披露信息上原属主观的审查标准在资格异议时，则转变为客观性标准。

表 4.1　《国际律师协会指南》有关仲裁员利益冲突的四种清单

清单类型	清单内容
不可弃权的红色清单	包括正当怀疑的事实已经出现，如果仲裁员不主动辞职，就应当被取消资格的情形。这类情形相当严重，且不可协商。当事方甚至不能主动放弃这种利益冲突而允许仲裁员在合议庭内继续履行其职能

---

[1] "一般标准 4"第 3 条规定，仲裁员可以继续履行其职能，如果（1）所有仲裁当事方、仲裁员以及仲裁机构或指定仲裁员的有权机关都已经知道存在利益冲突的情形，以及（2）所有当事方都表示同意仲裁员继续履行其职能。例如，在 187 起提交国际商会仲裁的关于仲裁员资格异议的案件中，就有 81 起出现的情形没有被列举在上述任一列表之内，也被认为与该议题相关联。S. Greenberg, J. R. Feris, "References to the IBA Guidelines on Conflicts of Interest in International Arbitration when Deciding on Arbitrator Independence in ICC Cases", *ICC International Court of Arbitration Bulletin*, 2009, 20 (2), p. 33.

续表

清单类型	清单内容
可弃权的红色清单[1]	包括正当怀疑的事实已经出现，仲裁员应当被取消资格的情形。与上述清单不同的是，如出现本清单所规定的情形，仲裁当事方可在极为有限的例外情况下，放弃利益冲突而允许该仲裁员继续在合议庭内履行职责
橙色清单	包括的情形可能导致仲裁员被取消资格（也可能未必被取消），需要视案件具体情况而定。这些情形需要客观证据辅助，即从理性第三人角度观察，如果结合相关事实，有可能存在对仲裁员不符合独立性和公正性要求的正当怀疑，且这种正当性怀疑成立，则仲裁员资格应当被取消。如果这种正当怀疑不成立或者当事方没有提出对仲裁员资格的异议，则仲裁员可以继续履行其职责
绿色清单	包括的情形基本不会导致产生正当怀疑。在这种情形下，仲裁员不会被取消资格

（二）类比"确定性判例"方法下质疑仲裁员资格审查标准之适用

裁判法理之样态——程序性裁判法理和实体性裁判法理的分析，类比"确定性判例"的方法贯穿始终，可将其表述为："归纳法律标准→筛取并解释最优标准→提炼优良裁决"这一系列过程。以此为基础，后续案件仲裁庭主动援引优良裁决的事实，足以使优良裁决具有"事实上的效力"。

在确保仲裁员的独立性和公正性之资格的前提下，遵照合理裁决原则初筛裁决，类比"确定性判例"的做法分以下步骤：一是在同类型法律关系范围内，从一系列裁决中抽象法律标准；二是在归纳的法律标准中筛取并解释最优标准；三是在同类型程序性或实体性议题范围内，筛取法律标准项下，论证完整、丰富的裁决可被视为的优良裁决。以此为基础，仲裁庭在后续案件中不断援引优良裁决，使其具有"事实上效力"。

在质疑仲裁员资格标准这一议题下，采用类比"确定性判例"方法应遵循

---

〔1〕"一般标准4"第3条规定，仲裁员可以继续履行其职能，如果（1）所有仲裁当事方、仲裁员以及仲裁机构或指定仲裁员的有权机关都已经知道存在利益冲突的情形，以及（2）所有当事方都表示同意仲裁员继续履行其职能。

如下步骤：首先，在质疑仲裁员资格范围内，从一系列围绕该议题论证的裁决中归纳出"几乎确定"、"合理怀疑"以及"客观证据"三项审查标准；其次，从归纳出的审查标准中筛取最优——"合理怀疑"标准，当后续案件中出现同类型问题时，"合理怀疑"标准可为仲裁庭提供指引；最后，在质疑仲裁员资格这一议题范围内，"合理怀疑"标准项下，论证丰富、明晰的裁决可被视为优良裁决。

以下有关质疑仲裁员资格的审查标准历经"几乎确定→合理怀疑→客观证据"的嬗变过程。

1. "几乎确定"标准与"高度盖然性"标准

《ICSID 公约》第 57 条以及《ICSID 附加便利规则》第 15 （1） 条规定："一方可以根据明显缺乏《ICSID 公约》第 14 条、《ICSID 附加便利规则》第 8 条规定有关品质的任一事实向原仲裁庭或专门委员会提议撤销任一成员的资格。"《ICSID 公约》第 58 条也规定："对任何取消调解员或仲裁员资格的建议或决定应视情况，由委员会或仲裁庭的其他成员作出，如成员中双方人数相等，或遇到建议取消独任调解员或仲裁员的资格，或取消大多数调解员或仲裁员的资格时，则应由主席做出决定。如该建议理由充分，则该决定所指的调解员或仲裁员应依规定予以更换。"结合上文得出结论：如果质疑并取消仲裁员资格，申请方必须提供"明显缺乏有关品质"的证据。纵观合议庭和专门委员会就取消仲裁员资格所确立的各项审查标准，笔者发现，各项标准对"明显"的适用易生歧义。

（1） Amco v. Indonesia 案。在质疑仲裁员资格"第一案"——1982 年 Amco v. Indonesia 案中，印度尼西亚政府一方提出应当适用"合理怀疑"标准，即证明仲裁员没有违反《ICSID 公约》第 14 条之独立性规定，只要举证从理性第三人的视角出发，该仲裁员的不当行为并未导致相应的客观后果即可。根据《ICSID 公约》第 57 条，认为无需论证该仲裁员表现在仲裁过程中的主观意图（即仲裁员是否有意而为），只要出现任一情形足以证明仲裁员"表面上"并未达到第 14 条规定之品质即可。

然而，该案合议庭对此并不认可，就同一条文作出与印度尼西亚政府一方迥然不同的解释，根据《ICSID 公约》第 57 条的要求，质疑的前提是"出现质疑方提出的仲裁员缺乏第 14 （1） 条规定的相应品质的事实"，如有必要，该事实应由质疑方提供的相关证据加以佐证。合议庭认为，印度尼西亚政府一方仅凭有关"不可靠的主观感觉"，且提供的证据也并不充分，所谓的"感觉"必得为事实佐证方可有效。质疑方所列举的事实还须足以证明该仲裁员必备品质的"明显"缺乏。考虑到投资者一方对"明显"作出的语义上的解释,[1] 第57条所指的"明显"不仅描述一种可能的"盖然性",而且是"几乎确定"(quasi-certain),亦可称之为最大程度的"高度盖然性"(highly probable)要求[2]。自此,该案确立了撤销仲裁员资格最为苛严的审查标准——"几乎确定"标准("高度盖然性"标准)。最终,印度尼西亚政府一方提出的"合理怀疑"标准被驳回。

笔者认为,尽管该案的裁定——仲裁员品质缺失的"可能性"并不必然导致取消仲裁员资格——值得肯定,但本案合议庭确立的"几乎确定"标准与其提出的"绝对意义上的公正"之间并不吻合。该案的裁判人员认为《ICSID公约》的适用应当与其文义、宗旨以及缔约国签订该条约时的目标一致。投资条约的目标通过对当事双方具有拘束力的裁决实现,这是对合法性、公平性和公正性最有力的保障,也给东道国与投资者国际争端解决机制提供了可供参考和借鉴的范本。该目标必然要求仲裁庭的组成人员在"绝对意义"上不偏不倚。这种"绝对意义"上的仲裁员公正,意味着任何对于公正性出现偏离或偏差的行为都有损其"绝对性",不存在程度上的差别。因而,不能望文生义,这种"有损"难以达到"几乎确定"的程度,不应作为判断"明显"的合理标准。

(2)Suez v. Argentina II 案。"几乎确定"标准的适用在 Amco v. Indonesia 案中昙花一现之后便销声匿迹,由其衍化的"高度盖然性"标准在2008年卷土重来。在 Suez v. Argentina II 案中,合议庭认定,如果质疑方质疑仲裁员资格,就必须证明相关事实可以从理性第三人角度得出合理结论:仲裁员已经明显且清楚地出现品质上的缺失,且不足以作出独立公正的裁断。不难看出,《ICSID公约》第57条对质疑方附加了较重的举证责任,证明仲裁员不能公正独立裁决案件的事实,不属于一般意义上的可能,而符合"高度盖然性"标准。[3]

与上述 Suez v. Argentina II 案强调仲裁员品质缺失的事实符合"高度盖然

---

〔1〕 投资者一方根据《兰登书屋词典》对"明显"一词作出解释,其认为"明显"(manifest)有4个同义词,其中的3个是"显然"(manifest)、"显著"(obvious)和"直白"(plain)。

〔2〕 所谓"高度盖然性"的证明标准,是将盖然性占优势的认识手段运用于裁判中,在证据对待证事实的证明无法达到确实充分的情况下,如果一方当事人提出的证据已经证明该事实发生具有高度的盖然性,裁判者即可对该案件事实予以确定。若双方当事人对同一事实分别举出相反的证据,但没有足够的依据否定对方证据的,合议庭应当结合案件情况,判断一方提供证据的证明力是否明显大于另一方提供证据的证明力,并对证明力较大的证据予以确认。Amco Asia Corporation and others v. Republic of Indonesia, ICSID Case No. ARB/81/1, Decision Made by Professor Berthold Goldman and Professor Isi Foighel on the Proposal to Disqualify an Arbitrator of 24 June 1982.

〔3〕 Suez, Sociedad General de Aguas de Barcelona, S. A. and Vivendi Universal, S. A. v. Argentine Republic, ICSID Case No. ARB/03/19, Decision on a Second Proposal for the Disqualification of a Member of the Arbitral Tribunal of 12 May 2008, Challenge Decision of 12, para. 29.

性"标准的做法迥然不同，在 2007 年 Suez v. Argentina I 案中，[1] 合议庭并未涉及"高度盖然性"标准，而是认定："《公约》第 57 条所指代的含义，从质疑仲裁员明显缺失第 14 条所要求的相应品质出发，要求证明这种缺失应当存在'客观证据'，仅凭质疑方对仲裁员品质的怀疑不足以达成对该仲裁员缺乏独立性和公正性之证明。"由此可见，该案合议庭认为，当事人在质疑仲裁员时应当出具证据，并未按照"高度盖然性"标准对客观证据的证明力提出进一步的要求。相似案件中合议庭适用标准上的反差，无疑加大同类案件审查标准的确定难度。

2. "合理怀疑"标准。

"合理怀疑"标准肇始于 2001 年，由 Vivendi v. Argentina I 案专门委员会率先采纳，之后的十余年被频繁引用。由于在 ICSID 仲裁过程中，当事方有权根据《ICSID 公约》第 14 (1) 条的规定选择可据以信赖的仲裁员，"合理怀疑"旨在放宽当事方质疑仲裁员的审查标准，更好地保护当事人免受仲裁员的不法侵害。

(1) Vivendi v. Argentina I 案。Amco v. Indonesia 案"几乎确定"的审查标准一经确立，广遭诟病。2001 年 Vivendi v. Argentina I 案中，[2] 专门委员会拒绝适用"几乎确定"的标准，认为以"表面偏见"[3] 作为参照据以说明"几乎确定"标准的作法不适用于本案。与《ICSID 公约》第 57 条中的"明显缺乏"的措辞相比，"表面偏见"对仲裁员的独立性和公正性提出更为严格的要求，相对放宽当事人质疑仲裁员的审查标准。按照"表面偏见"，当事人质疑仲裁员更加简单，仲裁员的资格也更容易被取消。以《国际律师协会国际仲裁员道德准则》第 3 (2) 条中提到的"表面偏见"为例，按照 Amco v. Indonesia 案"几乎确定"的标准，"明显"一词意味着可能出现这样一种情况——尽管从理性第三人角度，已经出现表面意义上的偏见或缺乏独立性，因未达到"明显"程度，仲裁员即使可能存有偏见，却因偏见并不"明显"，仍可继续参与仲裁。显然，这与第 57 条的目的和宗旨并不相符。

专门委员会分析了案件事实是否存有争议对解释"明显缺乏"含义的影响。对于相关事实存有争议的案件以及相关事实已经确定并无其他衍生争议的案件，

---

〔1〕 Suez, Sociedad General de Aguas de Barcelona S. A. and Interagua Servicios Integrales de Agua S. A. v. Argentine Republic, ICSID Case No. ARB/03/17, Decision on the Proposal for the Disqualification of a Member of the Arbitral Tribunal of 22 October 2007, para. 40.

〔2〕 Compañía de Aguas del Aconquija S. A. and Vivendi Universal S. A. v. Argentine Republic, ICSID Case No. ARB/97/3, Decision on the Challenge to the President of the Committee of 3 October 2001 Challenge Decision of 3, October 2001, para. 20.

〔3〕 "明显偏见"强调仲裁员应披露"任何"可能对案件带来偏见印象的事项。只要仲裁员没有披露的事项表面上给人以偏见的印象，就应当撤销裁决，即使仲裁员实际上并不存在偏袒行为。

在解释《ICSID 公约》第 57 条所规定的"明显缺乏"的影响方面略有不同。在那些相关事实存有争议的案件中，所谓的"明显"应当排除"猜测"之可能。究其缘由，如果在事实部分就存在争议，自无讨论"明显"含义之必要；而在相关事实确定且无争议的情形下，正如本案之情形，专门委员会认为，一方面，若存有争议的相关事实在裁决作出之际已经确定，相关案件事实就不再是"猜测"得出的未知情况，已转变为客观存在的事实。此时，专门委员会对于"明显"的解释就不足以推翻客观事实；另一方面，专门委员会必须排除猜测、臆断以及在此基础上的推理或假设，如当事一方指定的仲裁员在接受指派前，曾与当事另一方无伤大雅的接触从而产生的无端猜测就属于这种情况。

在此基础上，该案率先提出质疑仲裁员资格的"合理怀疑"标准。专门委员会认为，在事实不存在争议的情况下，所谓的"明显"应当符合"合理怀疑"标准。由于本案事实已经确定，且无其他衍生争议或不当行为，质疑仲裁员资格应适用"合理怀疑"的审查标准。该标准可做这样的表述——即"基于已经确定的客观事实而不是猜测或臆断，由任一当事方提出并举证该事实可能引发仲裁员缺乏相应品质的风险是否真实存在。"只有"风险"真实存在，专门委员会才能因仲裁员违反独立性和公正性标准而取消其资格。换言之，客观事实（而不仅仅是猜测或臆断）必须足以证明存在违反独立性和公正性之可能的存在。[1] 如果对仲裁员或仲裁委员会成员独立性和公正性资格的"合理怀疑"客观存在，将取消仲裁员资格。否则，未指定仲裁员当事一方的合法利益将无从保障。通常，当事方都有权提起对仲裁员的"合理怀疑"。质疑一经确认，仲裁员独立性和公正性之资格的缺乏必然"明显"。[2]

由此，专门委员会采纳"合理怀疑"标准。令人疑惑的是，引文中出现"任一当事方识别"（apprehension by either party）这样的措辞，似乎意味着所提出的是项"主观标准"。但从要求当事方列举的相关事实必须"合理"来看，无疑又属于"客观标准"。对此，专门委员会最终得出结论：任何情况下，判断仲裁员的独立性和公正性问题都要考量被质疑的仲裁员与他人的关系是否正当，且这种关系须达到"足够重要"，容易使人产生合理怀疑的程度。本案涉及的关

---

〔1〕 "合理怀疑"标准强调的是"基于客观事实"，该真实存在的"客观事实"对应的是"猜测或臆断"。至于该客观事实的"客观"程度并不是重点讨论的内容。

〔2〕 Compañía de Aguas del Aconquija S. A. and Vivendi Universal S. A. v. Argentine Republic, ICSID Case No. ARB/97/3, Decision on the Challenge to the President of the Committee of 3 October 2001 Challenge Decision of 3, October 2001, para. 25.

系，不能满足"足够重要"的条件。因此，专门委员会驳回了质疑。[1]

（2）SGS v. Pakistan 案和 Azurix v. Argentina 案。在 2002 年 SGS v. Pakistan 案中，[2] 合议庭遵循 Vivendi v. Argentina I 案合议庭的推理逻辑，采纳"合理怀疑"标准。该标准在本案中具体表述为"支持《公约》第 57 条所确立的质疑标准"，即"质疑仲裁员的当事方必须证成事实，并在论证质疑的过程中表明本案中的仲裁员已明显不足以信赖。"

合议庭提出当事方质疑仲裁员资格的两项前提性要求：一是客观的"证成事实"。实际上，它意味着主观的"猜测"或在此基础上的推断不能替代客观事实的证成。二是"明显"或"清晰"的"论证"。当事方可从"证成事实"出发进行推演，但对"证成事实"的推理必须符合"明显"或者"清晰"的要求。进言之，该"论证"表明仲裁员缺乏对于独立性和公正性相关事实的合理解释，诸如论证被质疑的仲裁员已不足以信赖并据以作出符合独立性的裁决；论证仲裁员的独立性已受到明显而合理的质疑等。这种关键性的"论证"应当基于事实，且与相关领域仲裁员及律师的共同经验与判断相吻合。

根据上述两项前提性要求，合议庭最终驳回对仲裁员的质疑申诉，认为："尽管投资者一方作为质疑方，其论证对象是已证事实，但在质疑过程中，该方的论证未达到足够引起'合理怀疑'的程度。"虽然其质疑申请符合第一项"证成事实"前提性的要求，但不符合第二项"明显清晰的推理过程"。据此，合议庭得出"质疑方的论证未能足以'令人信服'"的结论。

三年之后的 Azurix v. Argentina 案，[3] 合议庭也采纳"合理怀疑"标准。在引用 Vivendi v. Argentina I 案的裁决后，得出结论，"本案中的事实不足以支持其对仲裁员有关独立性和公正性资格问题的合理怀疑。"

（3）Simens v. Argentina 案。在 2005 年 Simens v. Argentina 一案中，[4] 合议庭内部对质疑仲裁员审查标准的意见一致。通过阐明其对于 Amco v. Indonesia 案与 Vivendi v. Argentina I 案之间"可能潜在矛盾"的看法，将这种矛盾总结为一种"演绎路径"（tracing an evolution）。为分析对《ICSID 公约》第 57 条"明显

〔1〕 Id. , para. 28.

〔2〕 SGS Société Generale de Surveillance SA v. Islamic Republic of Pakistan, ICSID Case No. ARB/01/13, Decisionon Claimant's Proposal to Disqualify Arbitrator of 19 December 2002, para. 405.

〔3〕 Azurix Corp. v. Argentine Republic, ICSID Case No. ARB/01/12, Decision on the Challenge to the President of the Tribunalof 25 February 2005.

〔4〕 Siemens A. G. v. Argentine Republic, ICSID Case No. ARB/02/18, Challenge Decision of Judge Bro-wer of 11, February 2005, para. 33.

缺乏"的理解，合议庭在国际律师协会《关于国际仲裁中利益冲突指导原则》中寻找依据。该《冲突指导原则》中的"概要标准"第 2 条 b 项规定"合理怀疑"的标准，而第 2 条 d 项列举适用"合理怀疑"标准的一系列具体情形。[1]

在审查标准达成一致的前提下，合议庭两名成员就当事方质疑仲裁员的事实是否成立存有异议。投资者一方指定的仲裁员根据上述合议庭达成一致的"合理怀疑"标准，结合本案事实分析后认为，被质疑的仲裁员"无论在事实上还是在表面上都没有出现'明显'的利益冲突"。[2]东道国一方指定的仲裁员则认为："《ICSID 公约》所适用的标准并未脱离国际习惯法上'合理怀疑'的标准。"[3]"明显"的表述只能说明对仲裁员不信任的心理预期，必须根据客观事实判断，该标准的适用有助于防止出现"因'思想上的不信任'对仲裁员资格提出质疑"的情况。合议庭最终采纳后一种观点，认为"根据当事方提起质疑的事实，被质疑的仲裁员不能达到'无争议的公正'以及'绝对公正'的要求"。因此，根据"合理怀疑"标准，合议庭最终取消该仲裁员的仲裁资格。[4]

（4）EDF v. Argentina 案。在 2008 年的 EDF v. Argentina 案中，东道国质疑投资者一方提名的仲裁员与某商业银行间存在关联，而该商业银行同时又与投资者一方存在利益联系。对此，合议庭依旧适用"合理怀疑"标准，[5]认为："被质疑仲裁员的品质问题在本案中属于违反'独立性'的范畴。判断的标准在于，被质疑的仲裁员是否足以被信赖并据以作出独立的裁决。若对此问题出现'合理怀疑'，则该仲裁员应当停止履行其职责。"[6]

此外，通过援引施罗德（Schreuer）的观点，合议庭对"明显"的含义予以分析："根据《公约》第57条的规定，缺乏独立裁决的品质必须'明显'。东道国一方所提到的'明显'应足以达到'可被轻易理解与识别'的程度。"合议庭注意到，施罗德是在论及《ICSID 公约》第 52（2）条"任何一方当事人可以根据'仲裁庭显然超越其权力'向 ICSID 秘书长提出书面申请要求撤销裁决"之规

---

〔1〕　Id., para. 38.

〔2〕　Id., para. 52.

〔3〕　Siemens A. G. v. Argentine Republic, ICSID Case No. ARB/02/18, Challenge Decision of Professor Bello Janeiro of 11, February 2005, para. 57.

〔4〕　Siemens A. G. v. Argentine Republic, ICSID Case No. ARB/02/18, Challenge Decision of Professor Bello Janeiro of 11, February 2005, para. 59.

〔5〕　合议庭认为没有理由不适用东道国一方所提出的审查标准。

〔6〕　EDF International S. A., SAUR International S. A. and Leon Participaciones Argen‐tinas S. A. v. Argentine Republic, ICSID Case No. ARB/03/23, Challenge Decision Regarding Professor Gabrielle Kaufmann‐Kohler of 25 June 2008, para. 64.

定时提及此观点。由于施罗德的评注及其著述均没有认为"明显"不能与"越权"和"缺乏独立性"同时发生关联。因此,施罗德对于《公约》第52 (2)条的评注同样适用于第57条"明显缺乏"的释义中。具体到本案,合议庭认为,此处提及的"明显"并不足以与所指控的严重性相关,而应从令理性第三人"易于理解与识别"的程度入手,判断某件事足够"明显"可被理解为"毫不费力或不需要深层分析就可发现"。[1] 基于本案事实,合议庭得出结论,"此案所争议的事项,不足以使理性第三人'轻易识别'仲裁员的独立性据此可能受到影响",质疑申请最终被驳回。[2]

(5) Urbaser v. Argentina案。在2010年Urbaser v. Argentina案中,[3] 投资者一方质疑东道国一方指定的仲裁员资格,认为该仲裁员在与他人合著的书籍中所阐述的观点,可能会对本案仲裁过程所涉及的两处法律争点存有偏见。合议庭肯定了投资者一方提出的"合理怀疑"标准,认为:"解决仲裁员独立性和公正性资格问题的关键,是评判该仲裁员的实际表现和值得信赖的程度。投资者一方提出的问题,符合质疑仲裁员资格之要件,即仲裁员的独立性和公正性标准,应当服务于'保护当事双方的利益免受存有偏见的仲裁员影响'。从有效性角度出发,这种保护并非要求仲裁员一定要产生实际意义上的偏见方能昭显缺乏独立性与公正性。从'理性第三人'视角就可以看出此偏见之端倪,对判断仲裁员是否缺乏独立性与公正性业已足够。"[4]

在肯定上述"合理怀疑"标准后,合议庭裁定被质疑的仲裁员并不足以引起"合理怀疑"的程度,认为达到"合理怀疑"的情形应当是:"在相关法律争点上,被质疑的仲裁员观点明确、态度鲜明,以至于理性第三人合理推断该仲裁员仅凭己之观点,罔顾仲裁案情或相关的陈述影响裁决案件的事实成立。"本案中,质疑方并未提供足以证明"合理怀疑"的事实。据此,合议庭认为:"'学术观点'不足以妨碍受质疑仲裁员最大限度以独立公正的姿态听取仲裁双方当事人的意见,结合案情作出综合判断,被质疑的仲裁员并未达到被撤销资格的严重程度。"由此可见,被质疑的仲裁员过往学术著作所反映的观点,不足以构成

---

〔1〕 Id. , paras. 65 – 68.

〔2〕 EDF International S. A. , SAUR International S. A. and Leon Participaciones Argen – tinas S. A. v. Argentine Republic, ICSID Case No. ARB/03/23, Challenge Decision Regarding Professor Gabrielle Kaufmann – Kohler of 25 June 2008, para. 74.

〔3〕 Urbaser S. A. and Consorcio de Aguas Bilbao Bizkaia, Bilbao Biskaia Ur Partzuergoa v. Argentine Republic, ICSID Case No. ARB/07/26, Decision on Claimants' Proposal to Disqualify Professor Campbell McLachlan, Arbitrator of 12 August 2010.

〔4〕 Id. , para. 43.

《ICSID 公约》第 57 条所要求的仲裁员独立性和公正性的"明显缺乏"。[1]

3. "客观证据"标准

前所述及的多起案例中,对仲裁员资格的质疑主要基于已确定且无争议的事实。在这些案件中,"明显"的定义取决于当事方或者理性第三人的判断。但是,在为数不少的其他类型的案件中,"明显"的判断并非严格意义上取决于已确定且无争议的事实,大多根据这些因素引发对仲裁员不适格的合理推断。在这些案件中,"明显"的含义应当由当事方所提供的客观证据予以证明。

(1) Suez v. Argentina I 案。在 2007 年 Suez v. Argentina I 案中,[2] 东道国一方对仲裁员提出质疑,质疑并未就仲裁员曾在另一起案件中对东道国作出不利裁决而提出,而是针对该名仲裁员所做的"漏洞百出的裁决",尤其是在案件事实和证据部分,因分析论证的缺陷所暴露出的不公。对此,合议庭适用"客观证据"标准,依据程序上的理由,最终驳回质疑方的申请。

合议庭阐明对质疑仲裁员审查标准的主张:"依照《ICSID 公约》第 14 (1) 条仲裁员资格的规定,有关仲裁员资格和品质的特性并非'亲眼看见',而仅存于'精神世界'。"换言之,在仲裁员明显缺乏独立性和公正性的判断中,"明显"一词应做如下理解:若将独立性和公正性视作一种思想状态,那么,无论东道国一方还是合议庭或者其他任何人,都无法进入仲裁员的大脑一窥究竟,从而使仲裁员是否符合独立性和公正性之资格的判断难以为继。因此,仲裁员是否适格,应通过被质疑的行为以及与他人间的关系合理推断。这也是《ICSID 公约》第 57 条要求"质疑方须明示任何足以表明仲裁员可能明显缺乏《公约》第 14 条所规定的资格"的理由。[3]

根据合议庭的意见,"明显"主要是指"显然"、"显而易见"。若要得出被质疑的仲裁员缺乏独立性和公正性的结果,就必须找到足以明显证明仲裁员出现该类情形的事实依据。事实上,东道国一方并没有提供此类"明显证明"。合议庭也注意到,东道国一方坚称即使"客观证据并不足以支持"的情况下,凭借有争议裁决中被宣称的不当行为也足以"证明"该仲裁员缺乏独立性和公正性。[4]

---

〔1〕 Id. , para. 58.

〔2〕 Suez, Sociedad General de Aguas de Barcelona S. A. and Interagua Servicios Integrales de Agua S. A. v. Argentine Republic, ICSID Case No. ARB/03/17, Decision on the Proposal for the Disqualification of a Member of the Arbitral Tribunal of 22 October 2007.

〔3〕 Id. , para. 30.

〔4〕 Id. , paras. 34 - 38.

　　就"明显"的释义使合议庭涉猎到更为根本性的问题：在质疑程序中适用《ICSID 公约》第 14 条时，究竟应适用基于质疑方确信的主观标准，还是由理性第三人就合理证据所进行判断的客观标准？换言之，在具体考察《公约》第 14 条内容时，[1] 是否应当考量质疑方主观上对仲裁员品质的信赖？抑或进一步要求出示客观的证据，从而使理性第三人足以认定仲裁员缺乏第 14 条所要求的品质？[2] 对此，合议庭认为，《ICSID 公约》要求的是客观标准。进言之，按照《公约》第 57 条规定，质疑仲裁员"明显缺乏"第 14 条所要求的资格必须具备客观事实佐证，这就暗喻质疑要经得起客观检验，仅凭质疑方主观怀疑仲裁员缺乏独立性可能作出存有偏见的裁决，不足以达到取消仲裁员资格的结果。[3] 合议庭认为，如果适用主观、具有自裁性的标准而非客观标准，无疑事实上赋予当事方依据自身好恶在仲裁程序各阶段基于任一理由质疑仲裁员资格的权利。在这种情况下，质疑仲裁员只需提起仲裁员不符合独立性和公正性的诉求即可。这种不被约束的权利一经滥用，势必毁坏《ICSID 公约》构建的国际投资争端仲裁机制。[4]

　　（2）Saba Fakes v. Turkey 案和 PIP v. Gabon 案。在 2008 年 Saba Fakes v. Turkey 一案中，[5] 质疑仲裁员的情形与 Suez v. Argentina I 案相似。质疑并非源于东道国一方在本案同时进行的另一桩 ICSID 案件中也指定与本案相同的仲裁员这一事实，而是质疑两起仲裁案件相互关联的问题存在，足以导致该仲裁员的独立性受另一起仲裁案件裁决的影响。

　　合议庭援引并适用 Vivendi v. Argentina I 案、SGS v. Pakistan 案以及 Suez v. Argentina I 案所适用的标准，并在此基础上阐释其主张："投资者一方并未基于本案双方公认的事实，依据相关法律，证明任何可能涉及该仲裁员独立仲裁信赖之阻碍。"[6] 在分析案件事实的基础上，合议庭驳回东道国一方对仲裁员资格的质疑："考察本案，仲裁员同时担任两个合议庭（两案中东道国一方相同）仲裁

---

〔1〕　英文版本要求仲裁员"被信赖且作出符合独立性之裁决"，西班牙文版本要求仲裁员"因其无偏见之裁决且被充分信赖"。

〔2〕　Suez, Sociedad General de Aguas de Barcelona S. A. and Interagua Servicios Integrales de Agua S. A. v. Argentine Republic, ICSID Case No. ARB/03/17, Decision on the Proposal for the Disqualification of a Member of the Arbitral Tribunal of 22 October 2007, para. 39.

〔3〕　Id. , para. 40.

〔4〕　Id. , para. 41.

〔5〕　Saba Fakes v. Republic of Turkey, ICSID Case No. ARB/07/20, Decision on the Claimant's Proposal for Disqualification of a Member of the Arbitral Tribunal of 26 April 2008.

〔6〕　Id. , para. 24.

员的事实，不足以得出'该仲裁员缺乏《ICSID 公约》第 57 条提及的相应品质'的结论。毕竟，没有任何证据表明，该仲裁员在其中一起案件中的裁决必然影响其在另一仲裁庭中独立裁决此类问题的判断。"[1]

在 2009 年 PIP v. Gabon 案中，[2] 因合议庭内部对有关质疑仲裁员的议题意见不一，案件被提交由 ICSID 秘书长推荐的行政理事会主席予以定夺。ICSID 行政理事会主席认为，当事双方都认可《ICSID 公约》第 14（1）条规定的"独立性"含义应当包括独立性和公正性两个方面的内容，对后者应当客观判断。在对《公约》第 57 条中"明显缺乏"的诠释上，ICSID 行政理事会主席援引 Suez v. Argentina I 案，认为"明显"主要指"显然"以及"显而易见"。同时，参考施罗德的论述，认为此概念的引入，导致客观上质疑方举证责任的加重。在援引 Suez v. Argentina I 案裁决的基础上，ICSID 行政理事会主席得出结论，质疑的事实应当以客观证据佐证。依据 Vivendi v. Argentina I 案以及 SGS v. Pakistan 案的裁决，行政理事会主席最终认定，本案中的质疑方仅凭简单的猜测、推理，并未提供确凿的证据，这种质疑仲裁员资格的做法有欠适当。[3]

（3）Alpha v. Ukraine 案。在 2010 年 Alpha v. Ukraine 案中，[4] 东道国一方质疑投资者一方选任的仲裁员资格，并未从"两年前该仲裁员曾与投资者一方的律师为大学同学"这一信息入手，而是质疑该仲裁员有可能在仲裁过程中对投资者一方的律师产生同情。合议庭认为，《ICSID 公约》第 57 条所确立的审查标准应当属于客观证据标准，在认定《公约》第 14 条规定的内容时应采纳严格标准。[5] 根据《维也纳条约法公约》的解释原则，必须结合第 57 条的上下文讨论"明显"这一措辞的含义。根据《韦氏词典》的解释，"明显"主要指在人的理解范围内"显著"的事项，具体表现为"容易为感观所觉察"或者"容易被识别或理解"；根据《简明牛津英语词典》的解释，"明显"意为"能被眼睛、感觉或理性清楚地捕获；容易理解"。总之，"明显"应被理解为"显然"。因此，合议庭在本案中适用"客观证据"标准。[6] 就质疑的事实，合议庭强调："为满

---

〔1〕 Id. , para. 27.

〔2〕 Participaciones Inversiones Portuarias SARL v. Gabonese Republic, ICSID Case No. ARB/08/17, Decision on Proposal for Disqualification of an Arbitrator of 12 November 2009.

〔3〕 Participaciones Inversiones Portuarias SARL v. Gabonese Republic, ICSID Case No. ARB/08/17, Decision on Proposal for Disqualification of an Arbitrator of 12 November 2009, para. 22.

〔4〕 Alpha Project holding GmbH v. Ukraine, ICSID Case No. ARB/07/16, Decision on Respondent's Proposal to Disqualify Arbitrator Dr. Yoram Turbowicz of 19 March 2010.

〔5〕 Id. , para. 34.

〔6〕 Id. , para. 37.

足《ICSID 公约》第 57 条及第 14 条的内容，应当提供有针对性和说服力的证据。""本案质疑仲裁员的依据稍显不足"，因为"要在《ICSID 公约》框架下确认一项真实、显著的冲突事实，这种质疑所要求的推测应当并且超越'明显'一词通常所涵盖的范围"。[1]

（4）OPIC Karimum v. Venezuela 案。在 2011 年 OPIC Karimum v. Venezuela 一案中，[2] 投资者一方质疑东道国一方指定的仲裁员资格，理由是该名仲裁员曾被委内瑞拉政府及其国内的律师事务所反复指定且多次委派，从而导致不断受到激励的仲裁员在裁决中偏袒东道国一方，意图得到更多的指定和委派。对此，投资者一方认为，无需提供"事实上的"偏见或利益关联，"任何理性第三人只要站在投资者一方的立场上，都会认为该仲裁员已经出现偏私且存在利益冲突的迹象"。因此，基于"合理怀疑"标准，投资者一方认为该仲裁员已经"明显"不符合独立性和公正性的要求。[3]

委内瑞拉政府一方对此却持异议，坚称对仲裁员资格的质疑"必须基于客观事实"，即使从理性第三人的角度，质疑的相关事实"应当足以清晰地证明该仲裁员缺乏相应品质"。[4] 合议庭最终驳回投资者一方的质疑："在 ICSID 体系内，质疑仲裁员的资格应承担较重的举证责任。按照《ICSID 公约》第 57 条'明显'的要求，仲裁员品质上的缺失必须显著而且客观。也就是说，仅凭缺乏独立性和公正性的迹象不足以得出仲裁员'明显'缺乏独立性和公正性之资格的结论。"[5]

（5）Universal Compression v. Venezuela 案和 Nations Energy v. Panama 案。在 2011 年 Universal Compression v. Venezuela 一案中，[6] 当事双方都质疑对方指定的仲裁员资格。在仲裁庭中的多数成员都被质疑的情况下，本案提交至 ICSID 秘书长推荐的行政理事会主席予以裁断。ICSID 行政理事会主席在援引 Suez v. Ar-

---

〔1〕 Alpha Project holding GmbH v. Ukraine, ICSID Case No. ARB/07/16, Decision on Respondent's Proposal to Disqualify Arbitrator Dr. Yoram Turbowicz of 19 March 2010, para. 44. 在随后的部分（第 55 段），合议庭认为："《ICSID 公约》的起草者，从第 6（2）条第 2 项出发，选择了'正当怀疑'标准，正如《UNCITRAL 仲裁规则》第 9 条一样；并没有遵循更高的后来在《ICSID 公约》中明确规定必须遵循的'明显'标准。"

〔2〕 OPIC Karimum Corporation v. Bolivarian Republic of Venezuela, ICSID Case No. ARB/10/14, Decision on the Proposal to Disqualify Professor Philippe Sands, Arbitrator of 7 May 2011.

〔3〕 Id. , para. 16.

〔4〕 Id. , para. 26.

〔5〕 Id. , para. 45.

〔6〕 Universal Compression v. Bolivar Republic of Venezuela, ICSID Case No. ARB/10/9, Decision on the Proposal to Disqualify Prof. Brigitte Stern and Prof. Guido Santiago Tawil, Arbitrators, of 20 May 2011.

gentina I 案以及 SGS v. Pakistan 案裁决后认为:"《ICSID 公约》第57 条要求仲裁员'明显缺乏有关品质'。这里的'明显'一词指'显著'或'明晰',即'对质疑方的举证责任提出更高要求'。明显缺乏有关品质意味着该品质必须为客观证据所证实。因此,仅怀疑仲裁员缺乏独立性和公正性,不足以导致取消仲裁员资格之结果。"[1]

在 2011 年 Nations Energy v. Panama 案中,[2] 投资者一方质疑专门委员会的首席仲裁员资格,理由是其并未将自己与东道国一方律师在专业方面有私人交情的事实公开披露。当事双方在《ICSID 公约》第 57 条的标准如何适用的问题上也发生分歧。合议庭认为,这种"明显缺乏"应当被客观事实所充分证明,质疑方还应承担更高的举证责任。[3]

综上,对一系列涉及质疑仲裁员资格案件(包括两起最终由 ICSID 秘书长推荐至 ICSID 行政理事会主席裁决的案件)的分析和比较可以得出结论,仲裁员缺乏相关品质的"表象"不符合"明显"的要求。质疑方应当承担严格的举证责任,依照"客观证据"推断仲裁员是否"明显缺乏"《ICSID 公约》第 14 条规定的相关品质。此处的"客观证据",是指理性第三人可接纳的、无需深入分析便不假思索得出结论的证据。

(三) 简评

自国际投资仲裁机制建立以来,有关取消仲裁员资格的审查标准历经发展:从初期的"几乎确定",到 2000 年至 2008 年间所采取的"合理怀疑",再至 2010 年至 2012 年间的"客观证据"。笔者认为,在质疑仲裁员资格的审查标准中,"合理怀疑"标准乃最优标准,适用该审查标准论证详尽、合理的裁决可被认为是优良裁决。与"几乎确定"与"客观证据"标准相比,"合理怀疑"更为合理的原因如下:

第一,国际投资仲裁案件的争点事关公共利益。投资者一方基于 BIT 所提出的投资仲裁诉求,本质反映的是对东道国公共立法及行政措施合法性的质疑。一旦不利于东道国一方的仲裁裁决被执行,终将导致东道国纳税人的财产蒙受损失。尽管貌似东道国政府作为一方与作为另一方的投资者间进行博弈,事实上,东道国国民才是其中的利益攸关者。因此,不论东道国的国民还是其组成机构,

---

[1] Universal Compression v. Bolivar Republic of Venezuela, ICSID Case No. ARB/10/9, Decision on the Proposal to Disqualify Prof. Brigitte Stern and Prof. Guido Santiago Tawil, Arbitrators, of 20 May 2011, para. 71.

[2] Nations Energy Corporation, Electric Machinery Enterprises Inc., and Jamie Jurado v. The Republic of Panama, ICSID Case No. ARB/06/19, Challenge to Dr. Stanimir A. Alexandrov of 7 September 2011.

[3] Id., para. 56.

不约而同倾向于选择一个完全意义上独立与公正的裁判机构以保证自己利益的实现。而东道国一方则趋于选择更为严格的审查标准。与之不同，国际仲裁实务界的专业人员（包括各仲裁机构的成员），出于明哲保身、顾全自身信誉之需要，在固守独立性和公正性的同时，偏于采信较为宽松的审查标准。上述原因导致不同群体对质疑仲裁员的审查标准秉持不同的主张。[1] 一旦东道国国民对仲裁机构的信任发生危机，"合理怀疑"标准更容易得以适用。

在 1969 年 Metropolitan Properties Co. v. Lannon 案中，审理上诉案件的法官丹宁勋爵（Lord Denning）指出："是否存有偏见性行为的真实可能性，其标准在于，不必判断法官、首席法官或者任何拥有司法裁判权的行为人的思想状态，也不必考虑是否存在裁判者本人'意欲'或'实际'以损害一方利益而偏袒另一方行为的真实可能性，而应考量裁判者留给'理性第三人'的印象。即使裁判者自认为足以公平，但理性的第三人认为裁判者存在偏私之可能，裁判者自当丧失裁判资格。这样做的理由十分简单——正义根植于信赖，一旦理性第三人认定'法官存有偏私'，信赖将不复存在。"[2] 比尔根塔尔法官（Judge Buergenthal）也指出："所谓司法道德，并非严格而精确的标准。或许此标准本不存在，只能说，它涉及理性第三人对法庭的观感。因此，法庭更要注重并顾及自身的合法性。"[3]

第二，《ICSID 公约》和《ICSID 仲裁规则》质疑仲裁员的审查标准与多数仲裁规则、国内法和优良裁决中的审查标准具有一致性。[4] 与《UNCITRAL 仲

---

〔1〕　N. Rubins, B. Lauterburg, "Independence, Impartiality and Duty of Disclosure in Investment Arbitration", in C. Knahr, C. Koller, W. Rechberger, A. Reinisch, ed., *Investment and Commercial Arbitration - Similarities and Divergences*, Hague: Eleven International Publishing, 2010, pp. 171 – 172; G. Van Harten, "Investment Treaty Arbitration, Procedural Fairness and the Rule of Law", in S. Schill, *International Investment Law and Comparative Public Law*, Oxford: Oxford University Press, 2010, p. 637.

〔2〕　该案中，上诉方承认，尽管审理原讼案件的法官担任被上诉方公司中的"出租评估委员会"主席一职，但不存在事实上的偏私，也没有违反诚信原则。但上诉方坚持认为："尽管原讼案件的法官主观上或许并未意识到倾向性的存在，但客观上存在偏私行为的真实可能性。"[UK] Metropolitan Properties Co. v. Lannon, [1969] 1 Q. B. 577, 598.

〔3〕　Legal Consequences of the Construction of a Wall in the Occupied Palestinian Territory, Advisory Proceedings, Order of 30 January 2004, Dissenting Opinion of Judge Buergenthal, I. C. J. Reports 2004, para. 10.

〔4〕　A. Sheppard, "Arbitrator Independence in ICSID Arbitration", in C. Binder, U. Kriebaum, A. Reinishch, S. Wittich, *International Investment Law for the 21st Century: Essays in Honour of Christoph Schreuer*, Oxford: Oxford University Press, 2009, p. 155. C. Harris, "Arbitrator Challenges in International Investment Arbitration", *Transnational Dispute Management*, 2008, 5 (4), p. 3. 文中指出，"更多的观点认为，ICSID 仲裁案件和《UNCITRAL 仲裁规则》案件中适用的审查标准是一致的，这点已为 Vivendi v. Argentina I 案的合议庭所阐明"。

裁规则》等非 ICSID 投资仲裁规定的审查标准相比，《ICSID 公约》和《ICSID 仲裁规则》规定的质疑仲裁员的审查标准并没有想象中的复杂。换言之，即使对投资仲裁中仲裁员资格质疑与对商事仲裁中仲裁员资格质疑采取不同的审查标准，与商事仲裁中的仲裁员相比，投资仲裁中的仲裁员也应适用更为严苛的道德标准。这是因为，投资仲裁员处理的是有关公共利益的事项，而商事仲裁中的仲裁员所解决的纯粹是私人利益方面的纠纷。[1]

根据国际商事仲裁中的强制性规则，[2] 商事仲裁的裁决可能被国内法院依仲裁地法撤销，执行也可能被外国法院以仲裁员缺乏独立性和公正性资格之理由被拒绝。而 ICSID 仲裁裁决既不能被国内法院撤销，也不能被拒绝执行；基于 ICSID 仲裁裁决的"一裁终局"特性，ICSID 合议庭对仲裁员独立性和公正性资格有较高的标准乃顺理成章。

第三，关于应当适用何种审查标准的讨论实际上涉及的核心问题是，为什么允许当事方对仲裁员资格提出质疑？仲裁的终极目标是什么？就质疑仲裁员资格的程序而言，其目的究竟在于剔除那些已被"确证"对某当事一方存有偏私的仲裁员，还是清除那些"几乎确定"对某当事一方确有偏私行为的仲裁员？一方面，质疑仲裁员资格的程序，旨在确保当事方对仲裁员的指定得以顺利进行并保持在可控范围内，足以达到普遍接受的公平正义之水准；另一方面，该程序为确保争议以公平的方式作出裁断，要求合议庭成员务须满足独立性和公正性资格的要求。[3] 令人无法容忍的是，若指定仲裁员的当事一方享有指定仲裁员的绝对自由，在可能牟取自身利益的同时，未指定仲裁员的当事另一方，在对仲裁员的独立性和公正性资格已产生合理怀疑的情况下，却以承担极高的举证责任为由，无法行使质疑该仲裁员资格的权利。这必将打破当事双方间的利益平衡，使

---

〔1〕 N. Rubins, B. Lauterburg, "Independence, Impartiality and Duty of Disclosure in Investment Arbitration", C. Knahr, C. Koller, W. Rechberger, A. Reinisch, ed., *Investment and Commercial Arbitration – Similarities and Divergences*, Hague: Eleven International Publishing, 2010, p. 174; C. Harris, "Arbitrator Challenges in International Investment Arbitration", *Transnational Dispute Management*, 2008, 5 (4), pp. 3 – 5.

〔2〕 国际商事仲裁中的强制性规则，是指某项国际商事争议，主权国家要求必须适用的规则，被称为"直接适用的法"；这类规则不能通过当事人"意思自治"而排除，也不可因传统的冲突规范的指引而排除。这类强制性规则服从于各国的国家利益，构成对私人之间的国际商事关系之调整，通常以对合同关系的限制形式表现出来。进言之，这种强制性规则的目的通常在于通过对私人行为的干预，体现特定的国家政策。这方面的典型例子是各国涉外的各项经济管理法规：如外汇管制、出口限制、进口管制以及市场管理等。

〔3〕 T. Cole, "Arbitrator Appointments in Investment Arbitration", http://www.iisd.org/itn/2010/09/23/arbitrator – appointments – in – investment – arbitration – why – expressed – views – on – points – of – law – should – be – challengeable – 2/, 2010 – 09 – 23/2014 – 07 – 09.

公平正义岌岌可危。

有学者认为，"合理怀疑"标准是降低当事一方质疑仲裁员独立性和公正性资格的审查标准，可能在纵容仲裁员的同时，开启"潘多拉之盒"[1]。笔者认为该观点有理论价值，但失之偏颇，原因如下：

第一，数据显示质疑请求未出现明显增长。目前，在提交仲裁的相当一部分投资争端案件中，有关仲裁员独立性和公正性资格的审查大多采用"合理怀疑"的审查标准，该标准历经数年实践的检验。在此过程，其中质疑仲裁员资格的案件并未明显增长。例如，2005 年共有 100 起适用《斯德哥尔摩国际仲裁院仲裁规则》的仲裁案件，其中对仲裁员资格提起质疑的，共计 11 起；[2] 2006 年，案件数量增长至 141 起，质疑共计 6 起；2007 年，案件数量达到 170 起，质疑也仅有 7 起而已；2008 年，案件数量为 176 起，质疑共计 4 起；2009 年，案件数量为 215 起，质疑共计 3 起；2010 年，案件数量为 197 起，质疑共计 7 起。[3] 国际商会的秘书长也证实，在国际商会的仲裁实践中，质疑出现的次数与案件总量与往年相比并未出现明显的增长。[4]

第二，"恶意"提出质疑的结果不利于质疑方。当事一方出自阻挠仲裁程序之目的，"恶意"质疑仲裁员资格的，无论质疑仲裁员资格的审查标准严格抑或宽松，都无法阻止这类"恶意"质疑的提出。所幸的是，从目前绝大多数 ICSID 仲裁案件质疑申请的提出情况来看，当事方多基于"善意"提出质疑。可以合理推断，这种"善意"也有望延展至以后。即使对宽松的审查标准持批判态度的学者，也并未意识到——在审查标准宽松的情况下，当事一方申请取消仲裁员资格可能耗费大量的人力、物力与财力。更何况，一旦申请被驳回，受质疑的仲裁员继续承担仲裁职责，容易使提起质疑的当事一方心存芥蒂。事实上，大多数取消仲裁员资格的申请都以失败告终。从此意义上看，即使存在以"恶意"之

〔1〕 S. Luttrell, *Bias Challenges in International Arbitration: The Need for a "Real Danger" Test*, Alphen aan den Rijn: Kluwer Law International, 2009, pp. 246 – 247.

〔2〕 其中，有 3 次源于同一起案件，另有 4 次是在 4 起同期审理的仲裁案件中，基于同样理由质疑同一名仲裁员。因此，可就此认为，质疑的实际有效数量为 6 次而非 11 次。H. Jung, "SCC practice: Challenges to Arbitrators SCC Board decisions 2005 – 2007", *Stockholm International Arbitration Review*, 1 (2008), p. 17.

〔3〕 N. Lindström, "Challenges to Arbitrators – Decisions by the SCC Board during 2008 – 2010", http://www. xn – – skiljedomsfreningen – 06b. se/MYM2/file/challenges – to – arbitrators – decisions – by – the – scc – board – during –20081. pdf, 2012 – 01 – 30/2014 – 09 – 27.

〔4〕 S. Greenberg, "Tackling guerilla challenges against arbitrators: Institutional perspective", *Transnational Dispute Management*, 2008, 7 (2). 该文指出，质疑出现的频率并未"依据经验而出现增长"。

目的具有滥用诉权的主观愿望，将其付诸实施的可能性微乎其微——从"恶意"一方行为的结果来看，于己无利，属不智之举。

第三，以默示方式就"善意"达成一致确有必要。在国际投资仲裁中，当事方以默示的方式就"善意"达成一致，与裁决的作出同等重要。[1] 依此逻辑，任何当事方在享有期待仲裁过程出于"善意"目的有序进行这一资格的同时，也同样拥有期待当事另一方按照默示的"善意"原则行事的权利。在当事双方对"善意"达成共识的情况下，双方认同的"善意仲裁"无疑等效于双方认同"基于双方合意而合法成立的合议庭对案件进行裁断"。根据《ICSID 公约》以及《ICSID 仲裁规则》的规定，所有仲裁员都应符合独立性和公正性资格的要求，在当事双方之间秉公决断。这种"善意一致"也就意味着，当事双方所指定的仲裁员，不得做出违反独立性和公正性原则的行为。[2] 若质疑仲裁员的请求最终得到合议庭的支持，则指定该仲裁员的当事方无权继续指定其履行仲裁程序。当然，该方仍享有根据需要指定其他仲裁员替代原仲裁员履职的权利。

第四，对宽松审查标准的质疑并无必要。有一种担心是，更加宽松的审查标准可能剥夺当事方根据其意愿选择仲裁员的权利。这是因为质疑仲裁员的审查标准过于宽松，容易导致仲裁员的资格受到质疑，这种现象扩大后可能导致的不良后果就是当事方选择仲裁员的权利被剥夺。笔者认为，此观点不足虑，合议庭在审理案件时，当事方指定仲裁员的权利理应受到合议庭全体成员符合独立性和公正性资格要求的限制。这就意味着，宽松的审查标准是有条件限制的，指定仲裁员的当事一方对未指定仲裁员的一方负有相对义务，避免引起"合理怀疑"的仲裁员被任命。如果不负责任地做出不合理的指派，指派方在遭谴责的同时，还将面对自己指派的仲裁员被取消资格的不利后果。

---

〔1〕 Libananco Holding Co. Limited v. Republic of Turkey, ICSID Case No. ARB/06/8, Decision on preliminary issues of 23 June 2008, para. 78. 该案裁决指出："本合议庭阐明了如下原则：仲裁当事方有义务使仲裁的进程秉持公正与善意，合议庭为确保此义务遵守享有固有的管辖权。该原则适用于所有形式的仲裁，包括投资仲裁，其效力涵盖所有当事方，也包括国家在内（即使是行使主权权力时的国家）。"

〔2〕 J. Waincymer, "Reconciling Conflicting Rights in International Arbitration: The Right to Choice of Counsel and the Right to an Independent and Impartial Tribunal", *Arbitration International*, 2010, 26 (4), pp. 616 - 617. 其与商事仲裁的关系，也可参见 V. Veeder, "The 2001 Goff Lecture - The Lawyer's Duty to Arbitrate in Good Faith", *Arbitration International*, 2010, 26 (4), pp. 413, 419. 该文认为："对于国际商事仲裁的当事方而言，公平正义乃最高目标，当事方法律代理人所掌控的仲裁程序上的公平也被包括在内。"该文还指出："仲裁程序中，当事方之间法律上的关联往往来源于仲裁协议……当事一方必须遵循公平仲裁的义务，其法律渊源肇始于仲裁协议，秉持善意仲裁本属合同法上的一般义务。"

第二节　实体性裁判法理
——以根本安全例外条款的审查标准为例

实体性裁判法理，是涉及国际投资条约中有关国家义务的实体性规定及仲裁庭就案件实体问题裁决时，所依据的法律框架或标准。本节以根本安全例外条款的审查标准为例进行研讨。

一、根本安全例外条款的释义与溯源

2001 年年底，阿根廷出现严重的经济危机。为应对危机，2002 年 1 月阿根廷国会颁布了《公共紧急状态法》，用以废除"私有化"改革过程中政府给予外国投资者的一系列优惠条件与保护措施。利益受损的投资者们不约而同地选择将阿根廷政府诉至 ICSID。据统计，自 2001 年开始，ICSID 秘书处即收到大量以阿根廷政府为被告的投资仲裁申请，截至 2006 年，仍有 37 起以阿根廷政府作为被告的未决案件。[1] 在几乎每起案件中，阿根廷都以根本安全例外条款为由进行了抗辩。[2] 其中有代表性的有 2005 年 CMS v. Argentina 案、2007 年 Enron v. Argentina 案、Sempra v. Argentina 案、2006 年 LG&E v. Argentina 案以及 2008 年的 Continental v. Argentina 案。在上述裁决中，仲裁庭对根本安全例外条款的诠释起了关键性的作用。[3]

（一）根本安全例外条款之含义

根本安全例外条款，也称"例外条款"、"逃避条款"或"免责条款"，是指在一定条件下排除缔约国行为违法性的条款。换言之，在一定条件下，为保护国家的"核心利益安全"（essential security），维持"公共秩序"（public order）抑或应对突发的公共卫生紧急状况，东道国可以采取一系列不符合 BIT 规范的措施，牺牲投资者的利益，却不构成违约。这意味着，该条款在一定条件下，排除了缔约国行为的违法性。根本安全例外条款是一种保险机制，发挥着"安全阀"的作用，对 BIT 的存在与运作起着至关重要的作用。

---

〔1〕　蔡从燕："不慎放权、如潮官司——阿根廷轻率对待投资争端管辖权的惨痛教训"，载《国际经济法学刊》2006 年第 1 期，第 208—209 页。

〔2〕　CMS Gas Transmission Co. v. Argentine Republic, ICSID Case No. ARB/01/8, Award of 12 May 2005, paras. 332 – 355.

〔3〕　阿根廷方面的抗辩只在后两起案件中得到仲裁庭的支持。

（二）根本安全例外条款之溯源

根本安全例外条款的历史可追溯到 20 世纪上半叶。早在二战结束时，美国对外所签订的一系列"友好航海通商条约"（Friendship Commerce and Navigation Treaty）中，已现该内容之雏形。[1] 1984 年，在国际法院审理的"对尼加拉瓜进行军事和准军事行动案"中，美国与尼加拉瓜所缔结的"友好航海通商条约"中的类似条款发挥了举足轻重的作用。[2] 之后，此条款为德式的 BIT 所吸纳，首次正式出现在德国与巴基斯坦所签订的 BIT 中。20 世纪 80 年代初，美式的 BIT 也规定了类似条款。尽管在日益增多的双边投资协定中，都规定了根本安全例外条款，但在当时其并未引起学界更多的关注。

随着适用根本安全例外条款的阿根廷仲裁裁决的出炉，根本安全例外条款的重要性浮出水面，对它的诠释与适用直接关乎东道国在仲裁案件中的胜败。裁决书中对该条款的解释与分析，涉及以下基本问题：国家在适用该条款时，其自由裁量权的边界以及适用该条款所应承担的举证责任等。解决这些问题并对案件具体情形作出准确的判断，应从条款的构成要件出发详加分析。

二、根本安全例外条款审查标准的构成要件分析

通过对相关裁决书的分析与比较可知，仲裁庭在对涉及根本安全例外条款争议进行剖析时，该条款的适用至关重要。合理适用根本安全例外条款，必须满足该条款本身包含的各项要件。从结构上分析，根本安全例外条款的构成要件主要包括联结点、适用范围、免责事项三部分，其中，对免责事项以及联结点的解释可谓要害与核心。同时，审查该条款适用的其他法律渊源（即《国家责任条款草案》的条款内容）及其构成要件也是仲裁庭分析的重要组成部分。

（一）条款结构分析

与前述所涉及的案件直接相关，1991 年阿根廷与美国签订的 BIT[3] 中规定：本条约不应该限制任一缔约方实施必要的措施维护公共秩序，为维持或者恢复国际和平与安全应履行的义务，或者保护其本身最基本的安全利益。[4] 从上述规定的内容，可归纳根本安全例外条款的基本结构，共分三部分：联结点、适用范

〔1〕 U. S. – China FCN treaty, reprinted in American Journal of International Law（Supplement），43（1949），p. 47.

〔2〕 Military and Paramilitary Activities in and against Nicaragua（Nicaragua v. United States of America），Judgment, I. C. J. Reports 1986, p. 15.

〔3〕 本节下文所称的 BIT，均指美国—阿根廷双边投资条约。

〔4〕 英文原文为：This treaty shall not preclude the application by either party of measures necessary for the maintenance of public order, the fulfillment of its obligations with respect to the maintenance or restoration of international peace of security, or the protection of its own essential security interests.

围和免责事项。试析如下：

1. 联结点

联结点是根本安全例外条款中最重要的部分。行文大多表述为"必要的"（necessary）或"旨在"（in the interest of）等。根本安全例外条款要求国家在实施相应措施时得与"特定情形"（即适用范围）紧密关联。在条款中表明这种紧密关联程度的词即联结点。在大多数 BITs 中，最常见的联结点表述为"必要的"，有的使用"旨在"或"为了"等措辞。联结点作为"适用范围"与"免责事由"之间的媒介，是适用本条款之"关键"，也体现风险在东道国与投资者之间的配置。

2. 适用范围

在投资条约中，根本安全例外条款涵盖的范围各不相同，不能一概予以适用，可分限定适用和全面适用两种类型。前者表现为条款中明确说明所适用的范围，如规定该条款仅适用于"国民待遇标准"和"最惠国待遇标准"；而全面适用则无须规定适用范围，对整个条约项下的内容可"一并适用"。从而使得在特殊情况下，缔约方可对条约规定的全部义务不予履行。目前，对适用范围采用"概括式"立法模式的国家，在国际上占主流地位。

3. 免责事项

免责事项是根本安全例外条款所指向的、需要避险的对象或"特殊状况"。这些"特殊状况"也是东道国采取相应举措时，所需保护的对象。比如"公共安全"、"公共秩序"、"公共道德"等。

综上，根本安全例外条款本身的结构并不繁杂，但是，简约的条款在东道国应对各种突发的复杂局势面前，却需要承担起免除或减轻国家责任的使命，即赋予东道国紧急情况下采取必要措施用以维护本国民众健康、保护自然资源以及保护国家安全的权利。客观上，该条款在保护投资者的财产权利与维护东道国的公共利益之间的利益博弈平衡间作出了高度抽象的总结。因此，厘清条款的内部结构，对其构成要件进行解析，是仲裁庭审查东道国是否足够有权适用该条款的重要参照指标。

（二）解释路径

对于根本安全例外条款的解释直接关系到阿根廷能否在 ICSID 的仲裁程序中获得支持，也被普遍认为是决定阿根廷被诉案件成败之关键，即最为有力的抗辩理由。因此，仲裁庭审查阿根廷政府对该条款的适用极其关键。

根据现行国际法之规则，任何对于条约的解释都应遵循 1969 年《维也纳条约公约》第 31 条和第 32 条之规定。但争议点在于，第 31 条规定所适用的文义解释的方法[1]与第 32 条规定适用广泛参考补充资料以进行目的解释的方法[2]之间存在区别，且两种方法本身都不足以有效地解决适用不统一的问题。

第一，按照第 31（1）条的规定理解。"条约应依其用语按其上下文并参照条约之目的及宗旨所具有之通常意义，善意解释之。"此处对"通常意义"的解释就存有争议：以免责事项中的"公共道德"为例，由于各东道国文化背景、经济发展差距甚大，"通常意义"一词概难实行且不容易把握。而依据第 31（4）条的规定："倘经确定当事国有此原本意图，条约用语应使其具有特殊意义。"此所谓"特殊含义"的具体内涵如何界定，当事国就其内容的解释往往语焉不详。由是，仲裁庭在适用第 31（4）条的内容时，多有障碍。

第二，按照第 32 条的规定理解。可以"广泛地参考众多的其他材料"以辅助解释工作。由于当事方具有选择有利于己方解释的条款并出具有利于佐证观点的事实材料这种倾向（如"公共秩序"一词，在普通法系国家和大陆法系国家可能出现互不相同的解释)[3]，如此规定，可能带来更多争议。

因此，在《维也纳条约法公约》对其未予解释的情形下，转而采用考察东道国仲裁案件裁决实践的路径，可能是颇具实用性的选择。正如有学者指出："考察某一条款内容，必须先基于其字面含义从而推导其解释体系，继而考察其背后之立法目的。由于国家也往往通过不同的仲裁实践履行作为缔约国的义务，在对有关条款进行目的解释的同时，应当将国家的嗣后实践也一并考虑。"[4] 因此，本节分别从东道国的法律规定及其国际实践两方面，考察根本安全例外条款的两个关键要件，最有代表性的免责事项（"核心利益安全"、"公共秩序"）以及联结点（"有必要"）的相关解释路径和审查标准。

1. 免责事项

根本安全例外条款审查标准的免责事项，具体包括"核心利益安全"和"公共秩序"两方面内容。一般而言，"核心利益安全"是仲裁庭重点考察的对象，通常还需要参考其他国际争端解决结构的意见进行分析判断。而"公共秩序"通常作为强调和补充"核心利益安全"的要素存在。

（1）"核心利益安全"。所谓"核心利益安全"（Essential Security Interests）

---

〔1〕 C. Mahoney, "Treaties as Contracts: Textualism, Contract Theory, and the Interpretation of Treaties", *Yale Law Journal*, 116 (2007), p. 824.

〔2〕 A. Fachiri, "Interpretation of Treaties", *American Journal of International Law*, 23 (1929), p. 475.

〔3〕 P. Jessup, "Diversity and Uniformity in the Law of Nations", *American Journal of International Law*, 58 (1964), p. 341.

〔4〕 Report of the International Law Commission to the General Assembly. YILC (1966), Vol. II, p. 223.

或 "公共安全"（Pubilc Security），是根本安全例外条款中最具代表性的免责事项之一。然而，各争端解决机构对 "核心利益安全"（或 "公共安全"）的内涵，是否仅指传统意义上的 "遭到军事侵略"，抑或具有更为宽泛的解释，用以涵盖当今可能发生的多种多样的国家危机（例如经济危机、公共政策甚或公共健康危机）等问题上则莫衷一是。试分别列举如下：

　　第一，国际法院的立场。国际法院在 1984 年 "尼加拉瓜军事行动案" 以及 2003 年 "伊朗诉美国石油平台案" 中，对该问题都有所涉及。前案美国与尼加拉瓜签订的《友好通商航海条约》以及后案美国与伊朗签订的《友好、经济关系与领事权条约》中，都提及 "核心利益安全" 这个措辞。且国际法院在审查该问题上的立场基本一致：前起案件中，国际法院认为："'核心利益'的内涵，应当超越军事攻击的范畴，涉及更为宽泛的区域。"[1] 法院需要考察的，乃是引发这些 "核心利益" 风险的原因是否合理。[2] 美国作为被告在该案中没有通过联结点的审查（国际法院认为其行动不符合 "必要性" 的要求，对此结论并未深入论述）；[3] 而在后一案件中，国际法院支持了美国提及的部分利益，"保证在波斯湾海上实施贸易的权利及其经济利益，也应当被认为是美国的'核心利益安全'之组成"。[4] 从上述国际法院的观点可以看出，国际法院对于 "核心利益安全" 的解释比较宽泛，已然突破传统 "军事侵略" 的固有范畴。

　　第二，GATT 中的解释。根据 GATT 第 21 条的规定，基于 "国家基本安全利益"，允许违反 GATT 所确立原则及规定的例外。但第 21 条并没有明确界定 "国家基本安全利益" 的内涵。根据学界对该条的诠释可知，GATT 对此持较宽泛的态度。比如有学者就指出："在 GATT 体系下对'国家基本安全利益'进行较宽泛的解释顺理成章，实际上，各国旨在保护公共重大利益的措施，应当给予尊重并通过本条（第 21 条）宽泛诠释的方式在法律上给予支持。这个概念本身也是现代国家主权的一种表现形式。因而，作为国际争端解决机构，专家组应当为国家重大权利的实现预留更多的空间。"[5] 可见，在 GATT 体系之下，也对此概念的解释持较宽松的意见。

---

　　[1]　Military and Paramilitary Activities in and against Nicaragua（Nicaragua v. United States of America），Judgment, I. C. J. Reports 1986, p. 141.

　　[2]　Id.

　　[3]　Id.

　　[4]　Oil Platforms（Islamic Republic of Iran v. United States of America），Judgment, I. C. J. Reports 2003, p. 196.

　　[5]　H. Schloemann, S. Ohlhoff, "'Constitutionalization' and Dispute Settlement in the WTO: National Security as an Issue of Competence", *American Journal of International Law*, 93（1999），pp. 444, 450.

第三，国内法上的实践。结合其他有关东道国的国内法实践，亦有助于对"核心利益安全"进行更深入地理解。如美国一直以来对"国家基本安全利益"的理解较宽泛，从上述的 2003 年国际法院审理的"伊朗诉美国石油平台案"中可见一斑；而德国的理解更有过之而无不及，德国联邦最高宪法法院认为："'公共安全'所包括的内容十分广泛，它所保护的是法律上的核心利益，比如生命权、财产权、自由权、尊严权等。无论是对于单独的个体，还是对于整个国家的法律体系都同等重要。"[1] 根据上述结论可以合理推断，"核心利益安全"甚至可能包括私人的一些权利——在某种特殊情况下也可作为"公共安全"范畴之内的事项予以审查。

综上所述，对"核心利益安全"历来存在两种解释路径，即传统的重点适用于军事领域这种较为严格的解释方式，以及不限于军事领域更为宽泛的解释方法。虽然坚持适用传统解释方法的观点仍大行其道，但随着国际社会生活的日益复杂化，经济形势的变化同样对一国的根本利益产生重要影响。因此，有理由相信，当前国际争端解决机构在该问题上的态度已然超越传统的"军事入侵"而进入涉及经济问题和社会稳定之层面，这种转变，必将深刻影响嗣后 ICSID 仲裁庭的相关实践。

（2）"公共秩序"。在大陆法系国家和普通法系国家对于"公共秩序"（public order）的解读尚存争议的情况下，参考国际组织的解释路径，不失为解决问题之良策，如 OECD 的立场就较具代表性——按照 OECD 起草的《保护外国人财产公约草案》第 6 条规定，如果发生"诸如战争，或由于不可抗力以及无法事先预见的严重灾难而导致的威胁国家核心利益的紧急事态"，则国家可以在一定程度上对侵犯外国人财产的行为免责。[2] 典型的情况包括"内战、暴乱或者全国性的动乱"以及自然灾害（诸如"风暴、地震、火山等"）。

在国家实践的层面，"公共秩序"经常受制于国内法以及来自判例法方面深层次的影响。[3] 但作为国际争端解决机构，在面对同一概念的多种解释发生冲突时，直接将国内法加以引用并依此裁决显属不当。应当从国际法层面出发，方

---

〔1〕 Brokdorf Judgment, Bundesverfassungsgericht〔BVerfG〕〔Federal Constitutional Court〕May 14, 1985, 69 BVerfGE 315, 352（F. R. G.），Translated at http：//www. utexas. edu/law/academics/centers/transnational/work_ new/german/case. php? id = 656, 2010 – 06 – 20/2014 – 07 – 08.

〔2〕 英文原文为："A Party may take measures in derogation of this convention only if：（i）involved in war, hostilities or other grave national emergency due to force majeure or provoked by unforeseen circumstances or threatening its essential security interests."

〔3〕 Ignaz Seidl – Hohenveldern, "Ordre Public（Public Order）", in R. Bernhardt ed. , *III Encyclopedia of Public International Law*, Amsterdam：Elsevier BV, 1997, pp. 788 – 789.

能构建仲裁庭内合理、一致的解释体系。

2. 联结点——"有必要"

作为根本例外条款中的关键点，对于"有必要"（necessary for）的考察无疑是适用根本安全例外条款的前提。根据国家的相关实践，对"必要性抗辩"存在 3 种不同的解释路径，得出的结论也大相径庭。

（1）国际法院的解释。1986 年，国际法院在"尼加拉瓜军事行动案"裁决中指出，尽管美国与尼加拉瓜所缔结之《友好通商航海条约》第 21 条规定，"本条约不得阻止缔约方采取必要的措施和职责以维持和恢复国际和平与安全，或保护本国的核心利益安全"，但该条规定并不能排除国际法院对本案的管辖权。[1] 且美国不得以其行为旨在保护本国的重大利益为由提出抗辩，证明其事前行为的"必要性"。[2] 数年后，在 2003 年"伊朗诉美国石油平台案"中，国际法院也采取了相似的立场。[3] 由此看来，国际法院实际上是把"必要性抗辩"与国际法上的"自卫权"的适用条件相结合。[4] 从本质上看，这种解释方法较为严格，采取这种标准留给东道国的回旋余地很小，就"经济危机"几无适用"自卫权"之可能，东道国承担较高的风险。但是，国际法院明确指出，该类条款在实质上与"习惯国际法上的免责"仍有区别。

（2）ICSID 仲裁案件中的解释。ICSID 对此问题的态度耐人寻味。尤其在阿根廷败诉的 3 起案件的裁决中，对"必要"一词进行的解释路径惊人地一致。以 CMS v. Argentina 案为例[5]，仲裁庭将对该条款"必要"的解释等同于习惯国际法上国家责任免责的"必要性抗辩"。根据《国家责任条款草案》第 25 条"必要性"的规定，阿根廷的举证责任骤然加重，适用此条款的概率明显降低，国家采取行动的空间也被限制在狭小范围。而另一相关法理上的问题在于，如果根本安全例外条款的作用与习惯国际法上国家责任免责的作用一致，且习惯国际法又可适用于国际投资仲裁领域的话，则根本安全例外条款在国际投资仲裁中无存在的价值与必要。由此看来，仲裁庭解释过于严苛的事实，实际在客观上限制了该条款在 BIT 中的存在价值。仲裁庭就此问题在立场上的变化，下文将详细分析，

---

〔1〕 Military and Paramilitary Activities in and against Nicaragua（Nicaragua v. United States of America），Judgment, I. C. J. Reports 1986, pp. 141, 221 – 282.

〔2〕 Id., p. 141.

〔3〕 Oil Platforms（Islamic Republic of Iran v. United States of America），Judgment, I. C. J. Reports 2003 I. C. J, p. 183.

〔4〕 Id.

〔5〕 CMS Gas Transmission Company v. The Argentine Republic, ICSID Case No. ARB/01/8, Award of 12 May 2005, paras. 317, 354 – 355.

此不赘述。

（三）审查标准的法律渊源——《国家责任条款草案》

由于 BIT 第 11 条的规定较为简单，使得仲裁庭对投资者诉求、阿根廷方面抗辩的审查及第 11 条的适用进行分析时，必须对"有必要"一词和阿根廷方面基于"核心利益安全"受到威胁之情形作更进一步的解释，《国家责任条款草案》第 25 条遂成为争端双方的争议焦点。而对根本安全例外条款的分析，本质上与该条规定的内容存在千丝万缕的联系。以下从第 25 条的文意及构成要件出发，并结合其与第 11 条之关系展开论述。

1. 条款内容

在习惯国际法上，一直存在着条约适用之例外。在例外规定的情形下，国家可以不遵守条约的义务规定。其中，与前述美国—阿根廷 BIT 第 11 条最为相似的是关于紧急情势的规定，其内容经过长期发展和演变。目前，已被联合国国际法编纂在《国家对国际不法行为的责任条款草案》（简称《国家责任条款草案》）第 25 条之中[1]。其具体规定如下：

第一，一国不得援引"紧急情势"为理由解除其不遵守该国某项国际义务行为的不法性，除非：a. 该行为是该国为保护基本利益，对抗某项严重迫切之威胁的唯一方法；而且 b. 该行为并不严重损害作为所负义务对象的一国或数国或整个国际社会的基本利益。

第二，一国不得在以下情况援引"紧急情势"作为解除其行为不法性的理由：a. 有关国际义务排除援引"紧急情势"的可能性；或 b. 该国本身促成了该"紧急情势"[2]。

2. 构成要件分析

就上述条款内容进行分析，可将该条内容所涵盖的构成要件分为"支持要件"和"否定要件"两部分。其中第 25（1）条的规定属于"支持要件"，即在符合规定情形时，国家可以援用该条件免除其不法行为的责任；而第 25（2）条的规定则属于"否定要件"，即符合规定情形时，国家无法援用该条款免除其不法行为的责任。

（1）支持要件。按照条文内容分析，支持要件共计四项——"基本利益"、"严重迫切之威胁"、"唯一方法"以及平衡原则。其中"基本利益"这项几乎与

---

〔1〕　International Law Commission, Draft Articles on Responsibility of States for Internationally Wrongful Acts, Art. 25, U. N. GAOR, 56th Sess, Supp. No. 10, U. N. Doc. A/56/10（Dec. 12, 2001）.

〔2〕　本条内容的中文翻译参考了贺其治教授的著作。贺其治：《国家责任法及案例浅析》，法律出版社 2003 年版，第 182 页。

前述 BIT 第 11 条之"核心利益安全"相同，此不赘述；而其余三要件中，争议较大的是第二项"严重迫切之威胁"（迫切性要求）与第三项之"唯一方法"（唯一性要求）。

所谓"严重迫切之威胁"，按照文义解释主要涵盖两层含义，即程度上的"严重性"与时间上的"迫切性"，相当于国家援引"紧急情势"的程度要件和实践要件。有关该要件的解释路径，学者们的解释大多依据国际法院在 1997 年 Hungary v. Slovakia 案中所采取的立场。[1] 对何种情形才足以构成"迫切"或者"严重"，制定《国家责任条款草案》的国际法委员会的解释理由有两个：一是不能仅限于援引第 25 条的当事国之主张，[2] 兼听则明，偏信则暗；二是如果对经济情势进行考量后，判定国家援引第 25 条的时点属实，即构成"迫切"之范畴，至于此后的发展情况，则不在考察的范围内。由此推断，国际法委员专家对构成要件的解释标准较为宽松。值得一提的是，国际法委员会认为，一旦紧急情势不再属于"迫切"或者"严重"的范围甚或消失的，国家的行为不被排除不法性，易言之，适用第 25 条的时间范围被明确予以限定。

所谓"唯一方法"，则对当事国做出应对紧急情势的行为予以限制，换言之，当事国万不得已只能实施不法行为的，方能采取紧急情势予以化解。有关该构成要件的解释，国际法委员会倾向于采取较为严格的标准——只要有其他方法，即使实施更加困难，当事国的行为也被视为不具备"唯一性"之要求，不得援引"紧急情势原则"。[3] 克劳福德（James Crawford）认为，当事国必须证明是在不可能采取其他措施保护本国基本利益的情形下实施了违反国际法的行为。如果确有其他方法，即使代价再高，也不得援引第 25 条的内容。[4] 如在 1997 年 Hungary v. Slovakia 案中，国际法院认为，匈牙利政府在证明其"单方面暂停修理水坝是处理危机唯一方法"问题上的论证不够充分。[5] 国际法院在探讨其他解决问题方法客观存在的可能性之后，最终认定匈牙利的措施并非是唯一解决问题的方法。

---

〔1〕 Case Concerning the Gabčíkovo – Nagymaros Project（Hungary v. Slovakia），1997 I. C. J. Report, para. 57.

〔2〕 Id. , paras. 55, 57.

〔3〕 Second Report on State Responsibility by James Crawford（Special Raporteur），International Law Commission, 51st Sess. , p. 184.

〔4〕 J. Crawford, *The International Law Commission's Articles on State Responsibility: Introduction, Text and Commentaries*, Cambridge: Cambridge University Press, 2002, p. 184.

〔5〕 Case concerning the Gabčíkovo – Nagymaros Project（Hungary v. Slovakia），1997 I. C. J. Report, para. 55.

（2）否定要件。根据条文内容的规定，"否定要件"共分两项，包括"为相关法律所禁止"或者"由于本国原因而造成"。其中争议较大的是第二项。

理论上，如果当事国由于自身的原因引起紧急情势的发生，再依照该项规定逃避国际法义务的做法，显失公平。如在前述的"多瑙河水坝案"中，国际法院最终裁定匈牙利政府"在一定程度上促成了危险状态的发生"，无权依据第25条排除其行为的不法性。[1] 但是，有关这种"促成"的证明，国际法委员会指出，其关联性应当切实存在且足够充分，如果当事国的行为对于危机的结果仅具偶然性或属次要因素的，则不属于"促成"之范畴。国际法委员会认为，基于第23条"不可抗力"与第24条"危难"都没有规定否定要件的事实，足以推定两条对于"紧急状态"规定的适用更加严格。[2]

综上所述，当事国援引《国家责任条款草案》第25条为其不法行为免责，必须符合条款规定的"支持要件"，即同时保证未出现"否定要件"中的行为；而对支持要件中"迫切性要求"和"唯一性要求"的解释宽严之别，则直接决定当事国能否藉此条款为其不法行为免责。一般而言，东道国触犯"否定要件"之内容的，极有可能带来不利后果。

3. 与 BIT 规定之关联

由于该条的规定与 BIT 中根本安全例外的规定存在相似之处，无论学者还是仲裁庭均对二者之间的关联进行了探讨。本质上，BIT 通常是以具体谈判中对投资保护的标准取代习惯国际法的最低待遇标准，因而，习惯国际法中可能涉及减损当事国义务的规定也一并被涵盖。但习惯国际法仍应作为国际条约的补充，为BIT 中根本安全例外条款提供补充并拓展其解释空间。两者之间的差别显而易见，具体表现在以下三个层面：

第一，两者在根本性质上存在差别。《国家责任条款草案》第25条内容在本质上属于习惯国际法范畴，是习惯国际法的主要组成部分。而 BIT 第11条所规定的根本安全例外则属于条约法的范畴，属于双边投资条约中对条约双方产生法律效力的组成部分。因而，在具体案件中，应当将 BIT 第11条作为《国家责任条款草案》第25条之特别法来对待。

第二，两者在适用的范围上存在区别。习惯国际法一俟得到承认，则适用于所有国家，而根本安全例外条款的适用范围只及于签订条约的缔约国范围内，是

---

〔1〕 Id., para. 57.

〔2〕 International Law Commission, Draft Articles on Responsibility of States for Internationally Wrongful Acts, with commentaries, U. N. GAOR, 56th Sess, Supp. No. 10, U. N. Doc. A/56/10（Dec. 12, 2001）, p. 84.

缔约国具体商讨谈判的结果。易言之，根本安全例外条款的具体内容和规定可以遵照当事双方（或多方）的意愿进行调整，但习惯国际法上的规定则相对单一且固定。因而，就双边投资条约中根本安全例外条款的解释应当将缔约国在谈判过程中的意见考虑在内，而非直接将习惯国际法上的解释作为替代方法。

第三，两类条款所规定的当事国"抗辩"的性质存在差别。因为习惯国际法上的抗辩本质上属于违反条约义务之"借口"，其功用在于免除国家事后在国际法上的责任。相反，根本安全例外条款是根据具体条约的规定，使得国家无需履行其本应承担的对于投资者一方的义务。因而从时间顺序上看，习惯国际法的规定属于"事后"救济手段；而条约中的规定在符合相应情形的前提下，东道国在采取相应举措之前即免除其对投资者的保护责任。

综上所述，由于对根本安全例外的解释在很大程度上事关风险的承担，如果对其进行较为严格的解释，必然限制国家在此方面所采取的措施和行动的自由，国家承担违约的风险随之增大；相反，如果对其进行宽泛的解释，则使得在这种情形之下更多的风险转移到投资者一方。对于《国家责任条款草案》的解释，同样存在宽松抑或严格的标准，如果对其进行较为严格的解释，仲裁庭的审查越多，则东道国采取相应措施得以免责的机会就越小；如果进行较为宽泛的解释，则投资者可能遭受到的风险就会加大。由于《国家责任条款草案》的规定比 BIT 中的规定更加详细，若将两者等同视之，实质上将使得仲裁庭对东道国的审查变得更为严格。

简言之，无论是美国—阿根廷 BIT 第 11 条还是《国家责任条款草案》第 25 条，都蕴含着对于东道国和投资者之间风险分配的事实博弈。因而，不同的审查标准势必导致不同的审查结果，而不同的审查结果，又将直接决定投资者损害责任的承担。这也是阿根廷经济危机仲裁案件呈现"同案不同判"结果的原因之所在。

三、根本安全例外条款审查标准之理性反思

如前所述，在与阿根廷经济危机有关的裁决中，阿根廷政府均提出以根本安全例外为基础的抗辩。譬如在 CMS v. Argentina 案中，阿根廷政府认为，尽管本国应对经济危机的措施在一定程度上违反了其作为 BIT 缔约国的义务，但是，由于采取措施旨在维护国家的重大安全利益，故得以免责。[1] 在 LG&E v. Argentina 案中，阿根廷政府亦主张，即使违反了条约义务，但因政治、经济和社会危

---

[1] CMS Gas Transmission Co. v. Argentine Republic, ICSID Case No. ARB/01/8, Award of 12 May 2005, para. 304.

机也可使该义务得以豁免。[1] 然而，面对阿根廷政府相同的抗辩理由，各案仲裁庭却作出了彼此矛盾的裁决结果——在 CMS v. Argentina 案和 Sempra v. Argentina 案中，仲裁庭并未区分美国—阿根廷 BIT 第 11 条和《国家责任条款草案》第 25 条性质上的差别，采取互为解释依据的方法，导致对东道国行为适用的审查标准过于严格，阿根廷方因此而败诉；而在 LG&E v. Argentina 案以及 Continental v. Argentina 案中，仲裁庭明确指出，条款的适用以 BIT 第 11 条为主，而《国家责任条款草案》第 25 条只作为参考单向辅助解释 BIT 第 11 条，最终得出结论认为阿根廷的行为可以免责。以前述各构成要件为突破口，仲裁庭在阿根廷经济危机仲裁案件中适用"根本安全例外条款"的审查标准，经历了由"双向印证"到"单向印证"的演变。

（一）"双向印证"审查标准

在根本安全例外条款问题上适用"双向印证"的审查标准，系指仲裁庭适用条款时将美国—阿根廷 BIT 第 11 条与《国家责任条款草案》第 25 条的内容混为一谈。具体表现为，以 BIT 第 11 条的构成要件作为适用《国家责任条款草案》第 25 条的前提；又以《国家责任条款草案》第 25 条的要件对 BIT 第 11 条进行解释。通常，适用这样的审查标准会导致仲裁庭对东道国规制行为的审查异常严格。

1. 涉及美国—阿根廷 BIT 第 11 条之解释

对美国—阿根廷 BIT 第 11 条解释适用"双向印证"审查标准的特点在于：在联结点上，将"必要性"的解释与《国家责任条款草案》中的解释等同视之，提高了审查标准，使得东道国难以具备相应的抗辩条件；而在免责事项上，对"核心利益安全"的范围做限制性解释，不包括经济利益在内。在此问题上，2005 年的 CMS v. Argentina 案与 2007 年的 Enron v. Argentina 案均是典型范例。详述如下：

第一，在"必要性"的解释上，是否直接适用《国家责任条款草案》，CMS v. Argentina 案与 Enron v. Argentina 案的仲裁庭作出了较为一致的判断，认为应该采纳《国家责任条款草案》中的内容对"必要性"加以解释，甚至可优先适用《国家责任条款草案》进行解释。如在 CMS v. Argentina 案裁决书中，仲裁庭认为 BIT 第 11 条的规定可视作对于《国家责任条款草案》第 25 条规定内容的重申，因此，须结合第 25 条的规定审查必要性的要求。然而，对为何要采纳第 25

---

[1] LG&E Energy Corp., LG&E Capital Corp. and LG&E Int'l Inc. v. Argentine Republic, ICSID Case No. ARB/02/1, Decision on Liability of 3 October 2006, para. 201.

条的解释以及该解释可否与 BIT 规定内容 "嫁接" 这一问题，裁决书却语焉不详[1]。而在 Enron v. Argentina 一案中，裁决书指出，没有具体的解释规则用以诠释美国—阿根廷 BIT 第 11 条的内容，由此得出 "关于此条中的特定概念和名词的解释方法必须在其他法律渊源中进行寻找，继而使借助于《国家责任条款草案》第 25 条的内容成为必然选择，其有助于分析和把握本案出现的特殊情形"[2]。同样，仲裁庭并未进一步解释这样做的原因。两份裁决书在本质上，将 BIT 第 11 条的内容视为对于习惯国际法上内容的确认，试图直接依据《国家责任条款草案》第 25 条之标准对东道国的行为予以审查。

第二，在 "免责事项" 上，CMS v. Argentina 案与 Enron v. Argentina 案的仲裁庭都对 "核心利益安全" 是否包括经济利益在内持审慎的态度，前案对 "核心利益安全" 的解释总体上稍有宽松，而后案则比较严格。在 CMS v. Argentina 案的裁决书中，仲裁庭认为：对特定条约适用范围的解释，应当顾及当事双方的特别利益。因此，如果把 "核心利益安全" 局限在政治和国家安全方面而罔顾其他利益，容易导致对第 11 条的片面理解，不符合条约的解释规则[3]。而在 Enron v. Argentina 一案中，仲裁庭指出，BIT 的规定本身并未明确指出 "核心利益安全" 的具体范畴，因而，必须借助其他法律渊源以确定其具体范围；应当借助于《国家责任条款草案》中的规定用以解决此问题[4]。仲裁庭最终得出结论，"东道国方面藉由 BIT 第 11 条采取的相应措施严重损害了投资者的利益"，将原本讨论的东道国国内出现的情形是否符合第 11 条的援引条件未深入探究甚至弃之不顾[5]。从裁决结论可知，该案仲裁庭在有关 "核心利益安全" 的审查标准上采取 "双向印证" 审查标准，将《国家责任条款草案》第 25 条的构成要件机械套用在 BIT 第 11 条的适用之上。

2. 涉及《国家责任条款草案》第 25 条之解释

《国家责任条款草案》第 25 条内共包含三项构成要件，其中前两项 "迫切性要求"、"唯一性要求" 属 "支持要件"，最后一项 "当事国自身造成紧急情

[1] CMS Gas Transmission Co. v. Argentine Republic, ICSID Case No. ARB/01/8, Award of 12 May 2005, paras. 357 – 358.

[2] Enron Corp. Ponderosa Asset, L. P. v. Argentine Republic, ICSID Case No. Arb/01/3, Award of 22 May 2007, para. 333.

[3] CMS Gas Transmission Co. v. Argentine Republic, ICSID Case No. ARB/01/8, Award of 12 May 2005, para. 360.

[4] Enron Corp. Ponderosa Asset, L. P. v. Argentine Republic, ICSID Case No. Arb/01/3, Award of 22 May 2007, para. 333.

[5] Id., para. 342.

势"则属"否定要件"。通常，仲裁庭采用"双向印证"审查标准对《国家责任条款草案》进行解释，会直接借鉴国际法院等其他国际争端解决机构的解释方法。由于国际公法下对于《国家责任条款草案》的解释较为严格，将该方法用于国际投资法领域，会导致仲裁庭对根本安全例外条款的构成要件的适用相当严格。而且，在否定性要件上也会出现对东道国求全责备的倾向。

第一，在"迫切性要求"方面，阿根廷境内所发生的经济危机是否足以严重到对于"核心利益安全构成威胁"的程度，CMS v. Argentina 案与 Enron v. Argentina 案都做出了否定性的回答。如在 CMS v. Argentina 案裁决书中，仲裁庭认为："东道国应当证明自己的举措是为了避免经济社会的全面的崩溃，其带来的社会与政治影响足以使国家援用《国家责任条款草案》第 25 条做出一些非常规的举措和行为。"这等同于认为，经济危机必须严重到使得社会经济崩溃这种灾难性的境地，方得以援引第 25 条的内容进行抗辩；而在 Enron v. Argentina 案的裁决书中，仲裁庭轻描淡写地指出："第 25 条要求东道国采取的举措用以'对抗某项严重迫切之威胁'。但政府自身即拥有抵御严重迫切之威胁并使其不加恶化的责任。在本案中，并不存在确实可信的事实证明经济危机已然失控。"然而，仲裁庭作出的论断，未得到相关事实与法律标准的佐证。

第二，在"唯一性要求"方面，关键在于对"没有其他合适方法"的解释。该问题的本质，在于仲裁庭赋予东道国何种程度与多大范围的自主裁量权。CMS v. Argentina 案与 Enron v. Argentina 案都依照前述国际法院 Hungary v. Slovakia 案之既定裁决，采取了较为严苛的立场，并以联合国国际法委员会解释《国家责任条款草案》第 25 条的内容为依据，认为只要存在采用其他措施之可能，即便措施的代价再大或极不便利，也不得援引第 25 条的内容得以免责。详言之，在 CMS v. Argentina 案中，仲裁庭申明是否有可供替代的方法及其可行性措施"并非仲裁庭之职责"，但笔锋一转即开始援引国际法委员会的意见，认为本案中的阿根廷所采取之举措并不符合"唯一性要件"的要求。[1] 而在 Enron v. Argentina 案的裁决书中，仲裁庭则明确指出，"把阿根廷政府与其他处理经济危机的政府相比就会发现，存在许多解决经济危机的方法与途径，本庭难以认同阿根廷的做法是其中唯一可行的"。遗憾的是，仲裁庭的论证至此戛然而止，并未针对该观点进一步地解释或说明。[2]

---

〔1〕 CMS Gas Transmission Co. v. Argentine Republic, ICSID Case No. ARB/01/8, Award of 12 May 2005, paras. 324 – 325.

〔2〕 Enron Corp. Ponderosa Asset, L. P. v. Argentine Republic, ICSID Case No. Arb/01/3, Award of 22 May 2007, paras. 308.

第三，对否定性要件的论证，CMS v. Argentina 案与 Enron v. Argentina 案的裁决书都不同程度地对阿根廷政府的事前行为展开了充分的"联想"，得出阿根廷政府由于自身的行为失当，导致了经济危机的发生。如在 CMS v. Argentina 案裁决书中，仲裁庭认为："当前的经济危机显然不是某一特定的行为造成的，而是根植于 20 世纪 80 年代的一系列政策，这些政策经过数十年的推行到 2002 年前后，量变导致质变，引发了经济危机。因此，本庭认为，阿根廷政府的经济政策是造成经济危机的重要原因。"随后，理所当然地适用国际法院在 1997 年 Hungary v. Slovakia 中的立场，认为阿根廷政府不得免责。[1] 综上所述，在 CMS v. Argentina 案与 Enron v. Argentina 案中，由于仲裁庭采用"双向印证"的解释方法，对 BIT 第 11 条与《国家责任条款草案》第 25 条的解释趋于严格，阿根廷政府最终都被裁定不得援引该条内容，抗辩最终未能得到支持。

（二）"单向印证"审查标准

与"双向印证"审查标准不同，在根本安全例外条款问题上适用"单向印证"审查标准，系指论证伊始仲裁庭即确定美国—阿根廷 BIT 第 11 条与《国家责任条款草案》第 25 条的适用顺序；并参考后者对前者进行解释，区别于"双向印证"审查标准中将《国家责任条款草案》第 25 条的构成要件机械套用于 BIT 第 11 条的做法。采取"单向印证"的分析路径，仲裁庭的解释不拘于《国家责任条款草案》第 25 条的字面含义，而是在适用 BIT 第 11 条的基础上，参考和借鉴《国家责任条款草案》第 25 条的核心内容。由是，仲裁庭享有更大的自由裁量权，有利于从动态层面结合案件事实对于东道国行为作出客观判断。

1. 涉及 BIT 第 11 条之解释

与"双向印证"审查标准对应，"单向印证"审查标准对 BIT 第 11 条的解释表现为：在联结点上，把必要性的解释与《国家责任条款草案》中的解释区别对待，只将《国家责任条款草案》作为 BIT 第 11 条规定的辅助性解释；而在免责事项上，从广义上理解"核心利益安全"且将经济利益包括在内。在此问题上，LG&E v. Argentina 案与 Continental v. Argentina 案可作例证。

第一，在必要性的解释上，与前述 CMS v. Argentina 案以及 Enron v. Argentina 案不同，LG&E v. Argentina 案与 Continental v. Argentina 案的仲裁庭都先行考量 BIT 第 11 条的规定，在确定阿根廷出现的经济危机构成紧急情势的前提下，依据《国家责任条款草案》第 25 条的规定对其进一步分析和论证，继而得出结

---

[1] CMS Gas Transmission Co. v. Argentine Republic, ICSID Case No. ARB/01/8, Award of 12 May 2005, paras. 329 – 330.

论。这种论证方式是将《国家责任条款草案》第 25 条的内容作为 BIT 规定的补充，并非将其作为与 BIT 第 11 条同等效力的内容进行解释。具体而言，在 LG&E v. Argentina 案中，仲裁庭指出 BIT 第 11 条所涉及的法律渊源与习惯国际法上的内容不可混为一谈。在条约中，由当事双方特别约定"根本安全例外"条款的情形表明，缔约国可以获得比传统的习惯国际法更为明确的保护。[1]

第二，在"免责事项"上，LG&E v. Argentina 案的裁决书中明确指出，如果一国的经济基础遭到动摇，其严重性与遭受军事打击相差无几，这种论断在本质上肯定了经济危机属于免责事项的基本立场。[2] 而在 Continental v. Argentina 案的裁决书中，仲裁庭认为，投资者方所提出的严格限制"核心利益安全"的解释显得"过于狭隘"。仲裁庭指出，应当对本案的具体情形具体分析。按照"历史解释"的方法，追溯美国签订投资保护协定的历史，得出结论认为美国签订此类条约的目的，旨在促进经济的发展与稳定，经济利益从根本上属于缔约国的核心利益之一，也是缔约国签订投资协定的原动力。因此"严重的经济危机"势必危及缔约国的"核心利益安全"。[3]

2. 涉及《国家责任条款草案》第 25 条之解释

在"迫切性要求"、"唯一性要求"与"否定性要件"中的"当事国自身造成紧急情势"等构成要件的解释方面，LG&E v. Argentina 案首开"单向印证"解释方法之先河，这种解释方法在 Continental v. Argentina 一案中，也得以全面贯彻，被选择援引。

第一，在"迫切性要求"的论证上，LG&E v. Argentina 案以及 Continental v. Argentina 案的仲裁庭都认为阿根廷的经济危机已经足够严重，构成了对于核心利益安全的威胁。在 LG&E v. Argentina 案当中，仲裁庭并未局限于对"迫切"作严格的文义解释，而是结合案件具体情形认为："根据当事方所提交的证据分析，本庭认为，经济运行的变化与遭受到的危机关乎国家的稳定，与国家的根本利益息息相关。"[4] 而在 Continental v. Argentina 案的裁决书中，则更是详细梳理了阿根廷经济危机的表现和来龙去脉，认为阿根廷政府不得不动用宪法的相关

---

〔1〕　LG&E Energy Corp. , LG&E Capital Corp. and LG&E Int'l Inc. v. Argentine Republic, ICSID Case No. ARB/02/1, Decision on Liability of 3 October 2006, para. 257.

〔2〕　Id. , para. 238.

〔3〕　Continental Casualty Company v. The Argentine Republic, ICSID Case No. ARB/03/9, Award of 5 September 2008, paras. 177 – 178.

〔4〕　LG&E Energy Corp. , LG&E Capital Corp. and LG&E Int'l Inc. v. Argentine Republic, ICSID Case No. ARB/02/1, Decision on Liability of 3 October 2006, para. 251.

条款并实施特别的"公共紧急状态法"这一事实本身，足以说明此次经济危机非比寻常。因而，东道国不必等到国家经济"完全崩溃"或者社会形势陷入完全"灾难"状态时，才能行使保护自身的权利。[1]

第二，在"唯一性要求"层面，LG&E v. Argentina 案在论述上与其他同类案件的风格迥然不同，仲裁庭承认，的确可能存在其他手段使得国家形势从经济危机中得以复苏，但就仲裁庭所获得的证据而言，阿根廷政府目前采取的促进经济恢复的手段确有必要。[2] 不同于其他同类型案件主要运用"排除法"进行论证的做法，该案仲裁庭改变分析思路，从更积极的层面考察东道国面对危机的举措。而在 Continental v. Argentina 案中，仲裁庭逐条批驳了投资者一方所提出的关于阿根廷政府可以采取其他替代性措施的立场。[3] 仲裁庭认为，类似比索贬值的救济方法对于阿根廷政府来说实属无奈之举，如果存在其他可行性的方案，阿根廷政府也不会采取如此极端的措施。

第三，在否定性要件的论证上，LG&E v. Argentina 案与 Continental v. Argentina 案的仲裁庭一致认为，投资者诉称的阿根廷政府由于自身的行为导致经济危机的主张论证不充分：一方面，应当由投资者而非东道国证明是阿根廷的政策导致了经济危机的发生。另一方面，从阿根廷政府事后的措施也足以推断，阿根廷政府已在竭尽全力减少经济危机带来的负面影响。特别是在 Continental v. Argentina 案中，仲裁庭指出，一国无法准确预测经济危机的发生，一国政府也并不希望国内发生经济危机。因此，在制定经济政策本属一国政府权限范围的情况下，无论政府还是民众都会倾向于相信其所选择的经济政策有利于一国经济的发展。更为重要的是，从20世纪80年代到90年代中期，阿根廷政府所采取的一系列自由化的经济政策始终得到国际货币基金组织的大力支持。如果说阿根廷政府的所作所为导致其陷入经济危机的困局，那么，国际货币基金组织也同样难辞其咎。

（三）发展趋势分析

在上述提及的4起案件中，CMS 案的裁决书最早公布，为2005年5月，而 Continental 案的裁决书公布最晚，为2008年9月。从2005年到2008年，仲裁庭

〔1〕 Continental Casualty Company v. Argentine Republic, ICSID Case No. ARB/03/9, Award of 5 September 2008, para. 180.

〔2〕 LG&E Energy Corp., LG&E Capital Corp. and LG&E Int'l Inc. v. Argentine Republic, ICSID Case No. ARB/02/1, Decision on Liability of 3 October 2006, para. 250.

〔3〕 Continental Casualty Company v. Argentine Republic, ICSID Case No. ARB/03/9, Award of 5 September 2008, paras. 200–214.

对于国家援引"根本安全例外"条款的立场上发生了较为明显的变化：从较为严格的"双向印证"审查标准转变为较为宽松的"单向印证"审查标准。详言之：首先，对"必要性"的解释上，从以习惯国际法上较为严苛的解释方法为主，转变为以 BIT 中的特别规定为主而以习惯国际法上的规定为辅；其次，在对 BIT 第 11 条的分析上，将"免责事项"的范围从政治军事领域扩大到涵盖经济安全在内；最后，在对习惯国际法的规定进行分析时，分别在具体要件的解释上出现了相对松动的迹象。试分析如下：

1. 转化的具体表现

（1）"必要性"的分析。"必要性"的解释是根本安全例外的关键所在，对于"必要性"的解释牵涉 BIT 中的条款规定与习惯国际法规定的适用次序。该问题的实质在于：若适用以 BIT 条款规定为基础的"单向印证"审查标准，则仲裁庭需要运用《维也纳条约法公约》规定的解释方法对于该条款内容作出解释，其自由度更高；若采取"双向印证"的审查标准——将《国家责任条款草案》第 25 条的要件与 BIT 第 11 条的要件进行"绑定"解释，由于前者规定已较为完整，其在解释上受到限制的可能性更高。通过分析前述 4 起裁决，可明显发现仲裁庭在早期偏向于"双向印证"解释路径，晚近则趋于合理化，向"单向印证"审查标准过渡。

如前所述，由于 BIT 本身并未对法律适用问题作出十分详尽的规定，且东道国通常援引 BIT 以及习惯国际法上的内容，因此仲裁庭在裁决书中都对此问题展开了分析。但在早期的两起案件中，仲裁庭以"BIT 中未做详细规定"为由自然地过渡到对于习惯国际法规定的分析之中，将其"合二为一"且未给出具体理由。在 LG&E v. Argentina 案的裁决书中，仲裁庭却清楚地点明，对此问题的分析"应要分层进行——先是条约的规定，再是习惯国际法的规定"。仲裁庭还认为"所有的诉求和抗辩都源于条约规定，为了解释条文及适用，也需要借助于习惯国际法"。[1] 明确了习惯国际法的功能仅在于就条款解释及适用作辅助解释，也意味着仲裁庭分析此问题的逻辑顺序——先根据 BIT 第 11 条规定判断该危机是否构成紧急状态，尔后，依据习惯国际法的规定进一步辅助说明。采用这种分析路径，表明《国家责任条款草案》第 25 条的规定不能对当事双方的诉求和抗辩产生约束力，仲裁庭无权单独依据该条款对东道国的规制行为进行裁断，这就为对政府规制行为的宽松解释留出了余地。仲裁庭就此问题上的审查标准发生了

〔1〕 LG&E Energy Corp., LG&E Capital Corp. and LG&E Int'l Inc. v. Argentine Republic, ICSID Case No. ARB/02/1, Decision on Liability of 3 October 2006, para. 206.

明显的转变。

（2）"免责事项"的范围。如前所述，"免责事项"框定了例外条款的适用范围，属于分析例外条款适用的前提性要件之一。在上述裁决中，当事双方对此几乎都提出了不同的看法。作为投资者的申请方往往主张限制对于"免责范围"的解释。在 CMS v. Argentina 案以及 Enron v. Argentina 案中，投资者均提出，"根本安全例外"条款应当仅限于战争、军事入侵及自然灾害等情形。

在此问题上，仲裁庭在裁决中均着重指出，就 BIT 条款本身而言，其并没有对于"免责事项"的范围作出明确的规定。如前所述，在 CMS v. Argentina 案和 Enron v. Argentina 案中，投资者的意见对仲裁庭的判断造成了一定的影响，仲裁庭都采取了谨慎的立场。尤其是在 Enron 案中，仲裁员判断此问题时采用了十分暧昧的说辞，裁决书指出："尽管对于经济危机是否对阿根廷政府的'核心利益安全'造成了影响，专家意见颇有分歧，本庭认为，将此情形的严重程度类比至关乎国家独立生存程度的观点，仍值得商榷。"这实质上认同投资者一方的诉求而驳回了东道国的抗辩。[1]

晚近，仲裁庭的立场出现了松动——不再以"BIT 未明文规定"为由虚与委蛇，而是主动分析东道国面临的困境。例如，在 Continental v. Argentina 案中，仲裁庭强调："在二战之后的国际秩序中，'国家安全'一词的内涵绝不仅限于政治上和军事上的安全，经济安全亦应当被包括在内。"仲裁庭甚至援引二战期间罗斯福总统关于"四大自由"的演讲以及《联合国宪章》序言。[2] 从模棱两可转变为确定性的语言和引证，旨在确定一国的经济安全属于"核心利益安全"的范畴。

（3）"迫切性要求"的论证。从本质上看，"迫切性要求"的论证紧随"免责事项"其后。一俟确定经济安全被包括在"免责事项"之内，即需判断经济安全的严重程度，从而确定是否能够依据习惯国际法使国家得以免责。根据仲裁庭是否结合具体情形加以评判，可形成不同的裁判思路。实践中，评判经济危机的危害性是否足够"迫切"，的确存在一定的困难。在仲裁庭支持投资者一方的立场，认为经济安全在不属于核心利益安全的前提下，更可能进而持较为消极的立场，认为经济危机不足以满足"迫切性要件"。如在 Enron v. Argentina 案中，仲裁庭的分析异常简单，"政府有保护经济正常运行而使之免于恶化的责任，且

---

　〔1〕　LG & E Energy Corp., LG&E Capital Corp. and LG&E Int'l Inc. v. Argentine Republic, ICSID Case No. ARB/02/1, Decision on Liability of 3 October 2006, paras. 306 – 308.

　〔2〕　Id., para. 175, footnote No. 253, 254.

没有证据证明经济危机已然失控。"寥寥数语否定东道国方面的诉求,[1] 该论证有欠说服力。

在 LG&E v. Argentina 案和 Continental v. Argentina 案中,仲裁庭对该问题的分析呈现个性化、具象化的特点。尤其在 Continental v. Argentina 案中,裁决书以两页篇幅对此问题详加分析,结合阿根廷经济危机的实际情形进行了综合判断。仲裁庭认为:"阿根廷议会通过紧急状态法的事实已经有力地说明,当时经济危机的情势已无可能为普通的方法所解决。"仲裁庭还明确指出,"BIT 第 11 条的内容并不要求政府只能在经济'全盘崩溃'或者'陷于灾难性境地'的情形下才能采取行动"。在该段论证的脚注中,仲裁庭援用了《国家责任条款草案》特别报告中的内容。该报告指出:"在分析'核心利益'是否受到威胁之时,应当结合东道国的具体情形开展论证,而不应囿于某个抽象的概念。"[2] 由此可知,在分析该问题的立场上,仲裁庭的分析思路趋于具象化,不再拘泥于《国家责任条款草案》有关"迫切"表述的文义解释,而是针对国家特殊情形的具体问题开展分析。这种论证思路可避免僵化、抽象的原则适用于东道国,足以结合具体情形,全面客观地分析东道国采取相应措施的理由。由此可见,仲裁庭的审查标准从"双向印证"向"单向印证"的转变,致使"迫切性要求"的论证方面亦出现了松动。

(4)"唯一性要求"的论证。有关"唯一性要求"的论证是涉及根本安全例外条款中复杂且具备技术含量的论证部分。在此问题上,仲裁庭在分析伊始采取何种态度至关重要。在早期两起案件中,仲裁庭照搬习惯国际法的内容认为,只要有其他可行措施,哪怕代价更大,也不得援引例外条款。但对于东道国政府现有措施的合理性程度,以及其他方法的可行性问题,仲裁庭语焉不详。该分析思路,本质上为要件的适用设置了双重门槛:即首先,对是否有其他方法和措施进行判断,其次,在此基础上对措施进行具体分析。由于东道国的抗辩在第一关即被否决,仲裁庭自无进一步分析之必要。

在 LG&E v. Argentina 案中,仲裁庭转换了论证思路:从东道国采取措施的有效性出发,先分析东道国现有政策是否对经济危机产生了良好的效果。这样的分析思路与上一要件类似——将"唯一性要求"字面表述进行具象化、特殊化处理,使仲裁员从一系列数字中判断经济运行的总体趋势及规律,在此基础上判

[1] Enron Corp. Ponderosa Asset, L. P. v. Argentine Republic, ICSID Case No. Arb/01/3, Award of 22 May 2007, para. 307.

[2] Enron Corp. Ponderosa Asset, L. P. v. Argentine Republic, ICSID Case No. Arb/01/3, Award of 22 May 2007, para. 180, footnote No. 264.

断东道国政府措施的有效性，既有据可查，亦符合常理。在 Continental v. Argentina 一案中，仲裁庭更是将所有可能采取的替代性措施一一排除，采取层层递进的分析路径得出结论，只要东道国政府采取的措施是彼时解决经济危机的唯一方法即可。综上，LG&E v. Argentina 案以及 Continental v. Argentina 案的仲裁庭就东道国措施的认定采取较为宽松的方式，标志着审查标准由严格转向宽松。

2. 仲裁庭解释方法转换的合理性

笔者认为，有关根本安全例外条款的审查标准中，"单向印证"审查标准乃最优标准，适用该标准且论证明晰、完整的裁决可被认为是优良裁决。仲裁庭适用根本安全例外条款采用"单向印证"审查标准明显优于"双向印证"审查标准，原因如下：

第一，从 BIT 第 11 条与《国家责任条款草案》的适用顺序与关系上看，将二者等同视之或混为一谈的"双向印证"审查标准并不足取。尚且不论此二者在法律性质、适用范围上存在本质区别，运用此类解释路径的 CMS v. Argentina 案和 Enron v. Argentina 案均未从理论上进行充分合理的论证。因而，仲裁庭采取逐一分析的方式，并将业已存在的习惯国际法内容作为对条约规定的补充的"单向印证"审查标准较为可行。唯此，方能彰显"根本安全例外"条款的特别价值。否则，该条款即沦为对现有的习惯国际法内容的补充，从而在法律上丧失独立存在的意义。值得一提的是，专门委员会后来撤销了 CMS v. Argentina 案的原裁决，在撤销裁决书中，专门委员会特别强调了两项条款的不同之处。[1] 由是，从法律分析的角度出发，采取"单向印证"审查标准更为合理。

第二，由 BIT 第 11 条的解释路径观之，在"免责事项"上，经济危机严重影响一国社会秩序乃不争之事实。从 2008 年的全球金融危机所带来的影响即可见一斑。若依照国际法院的解释路径，对于"免责事项"采取较为严格、高门槛的解释方法，在当前总体和平的世界局势下，几乎杜绝了东道国援引此条予以免责的可能——与本条制定的初衷明显不符。在 Enron v. Argentina 案的撤销裁决中，专门委员会一针见血地指出，"原裁决在不承认阿根廷的整体利益受损的情况下，也不得不承认阿根廷的'核心利益安全'受到影响。适用例外条款的实践表明，阿根廷政府的经济危机已经满足'核心利益安全'要件的要求"。[2] 因此，从事实分析角度出发，具有较大灵活性的"单向印证"审查标准远比机械

---

〔1〕 CMS Gas Transmission Co. v. Argentine Republic, ICSID Case No. ARB 01/8, Decision of the ad hoc Committee on the Application for Annulment of 25 September 2007, paras. 129 – 136.

〔2〕 Enron Corp. Ponderosa Asset, L. P. v. Argentine Republic, ICSID Case No. Arb/01/3, Award of 22 May 2007, para. 359.

适用文义解释的"双向印证"审查标准更加合理。

第三，在适用《国家责任条款草案》第25条的问题上，采取较为宽松"单向印证"审查标准比严格的"双向印证"审查标准更加符合实际情况。"程度性要求"方面，要求东道国必须等到社会形势"陷于崩溃"方能免除其举措的不法性未免过于苛刻。毕竟，任何政府都不可能选择在危机中"坐以待毙"，都会采取一些积极而有作为的立场；"唯一性要求"方面，正如Continental v. Argentina一案裁决书中所指出的，如果按照投资者方面雇佣的经济学家的事后分析，似乎总能够找出其他的解决方案。[1] 但政府在紧急状态下的分析与这种"事后分析"间存在本质区别。类似CMS v. Argentina案只是运用简单推理得出阿根廷政府存在其他解决方案的论证，显得过于草率且缺乏针对性；"否定要件"方面，仲裁庭的分析反而抛弃了前述国际法委员会对于第25条的合理解释（东道国先前行为与紧急情势之间的关联应当是"实际存在且充分"），仅通过理论上的推演与猜测性的推论，即得出结论认为东道国自身的行为促成了紧急情势产生的论证，不能令人信服，且这种论证方式极大地限制了"根本安全例外条款"的适用空间。

本章小结

国际投资仲裁中裁判法理的样态，即裁决中具有参考价值的法律标准，具体包括程序性和实体性裁判法理两部分内容。程序性裁判法理，是仲裁庭适用程序规则，针对案件程序问题予以裁决时所依据的法律标准。本章以质疑仲裁员资格的审查标准为例进行研讨，归纳质疑仲裁员资格的审查标准的演化趋势。实体性裁判法理，是涉及国际投资条约中有关国家义务的实体性规定及仲裁庭就案件实体问题裁决时，所依据的法律框架或标准。本章以根本安全例外条款的审查标准为例进行研讨。

本章对于裁判法理样态的论证，侧重结合国际投资仲裁具体案件，从动态层面归纳出既定裁决中具体的法律标准及演化趋势。在裁判法理样态的分析上，类比"确定性判例"的方法贯穿始终，该方法可表述为："归纳法律标准→筛取并解释最优标准→提炼优良裁决"这一动态过程。在此基础上，仲裁庭频繁援引优

---

〔1〕　CMS Gas Transmission Co. v. Argentine Republic, ICSID Case No. ARB/01/8, Award of 12 May 2005, para. 224.

良裁决，使优良裁决具有"事实上的效力"。易言之，在确保仲裁员的独立性和公正性的前提下，以遵照合理裁决原则初筛裁决为基础，类比"确定性判例"包括以下步骤：一是在同类型法律关系范围内，从一系列裁决中抽象出法律标准；二是在归纳出的法律标准中筛取最优，并对其作出解释；三是在同类型程序性或实体性议题范围内筛取的法律标准项下，涉及的论证明晰、完整的裁决可被认为是优良裁决。在此基础上，仲裁庭在后续案件中援引优良裁决，使其具有"事实上的效力"，该过程可被视为类比"确定性判例"。

在质疑仲裁员资格标准这一议题下，采用类比"确定性判例"的方法应遵循如下步骤：首先，在质疑仲裁员资格范围内，从一系列围绕该议题论证的裁决中归纳出"几乎确定"、"合理怀疑"以及"客观证据"三项审查标准（详见表4.2）；其次，从归纳出的审查标准中筛取最优——"合理怀疑"标准，当后续案件中出现同类型问题时，"合理怀疑"标准可为仲裁庭提供指引；最后，在质疑仲裁员资格这一议题范围内，"合理怀疑"标准项下，论证丰富、明晰的裁决可被视为优良裁决。

按类比"确定性判例"的方法，归纳质疑仲裁员资格的审查标准，其历经"几乎确定→合理怀疑→客观证据"的嬗变过程。其中，"合理怀疑"标准较为合理。故此，在质疑仲裁员资格这一程序性问题范围内，合议庭采纳"合理怀疑"标准作出的裁决可被视为优良裁决。

表 4.2 质疑仲裁员资格审查标准相关案例一览表

几乎确定标准	合理怀疑标准	客观证据标准
Amco v. Indonesia Suez v. Argentina II	Vivendi v. Argentina I SGS v. Pakistan Azurix v. Argentina Simens v. Argentina EDF v. Argentina Urbaser v. Argentina Klöckner v. Cameroon Harvaska v. Slovenia Rompetrol v. Romania	Suez v. Argentina I Saba Fakes v. Turkey PIP v. Gabon Alpha v. Ukraine OPIC v. Venezuela Universal Compression v. Venezuela Nations Energy v. Panama

在根本安全例外条款这一议题下，采用类比"确定性判例"的方法应遵循如下步骤：首先，在根本安全例外条款这一范围内，从一系列有关阿根廷经济危

机的裁决中归纳出"双向印证"和"单向印证"审查标准；其次，从两项审查标准中筛取最优——"单向印证"审查标准，当后续案件中出现相同或相似问题时，该标准可为仲裁庭提供指引；再次，在根本安全例外条款这一议题范围内，"单向印证"审查标准项下涉及的论证详尽、合理的裁决可被认为是优良裁决。

在仲裁庭考察根本安全例外条款适用的议题下，按类比"确定性判例"的方法，归纳出涉及根本安全例外条款的审查标准，可知其历经从"双向印证→单向印证"的演变过程。其中，"单向印证"标准被认为是较合理的标准。

根本安全例外条款作为一种保险机制，发挥着"安全阀"的作用，对 BITs 的存在与运作的作用举足轻重。本章以根本安全例外条款的审查标准为例，在其释义之基础上，就审查标准的构成要件，以 1991 年阿根廷与美国签订的 BIT 为参照，从条款结构、解释路径、隐藏的审查标准等方面归总。通过分析 2005 年到 2008 年间的裁决书可知，仲裁庭对国家援引根本安全例外条款的认定标准发生了微妙的转变——从早期的 CMS 案以及 Enron 案的裁决，到晚近 LG&E 案以及 Continental 案的裁决，反映了仲裁庭在适用根本安全例外条款的审查标准上，出现了从"双向印证"向"单向印证"的过渡。而基于两项标准的对比分析可知，"单向印证"标准合理区分了 BIT 第 11 条作为条约法内容与《国家责任条款草案》第 25 条作为习惯国际法内容上的区别，其所采取的较为宽松的审查方式更加具体化，也更加符合案件实情，被认为是属于较合理的标准。另外，前者从事实分析到法律分析层面存在一定程度的缺漏，后者可得到晚近裁决书的支持，体现出根本安全例外条款议题上审查标准最新的发展趋势。由是，在根本安全例外条款这一实体性议题中，合议庭采"单向印证"标准作出的论证完整、明晰的裁决可被认为是优良裁决。

本章通过类比"确定性判例"，探讨程序性裁判法理和实体性裁判法理在具体案件中的适用，旨在用动态、发展、联系的视角归纳出质疑仲裁员资格的审查标准、根本安全例外条款的审查标准在仲裁案件中的演进趋势。换言之，通过类比"确定性判例"的方法归纳出同类型程序性和实体性议题中仲裁庭适用的审查标准，并将其系统化，以便提取其中所蕴含的经验和参考性价值，将优良裁决予以传承，使仲裁庭的后续裁决在此基础上发展深化，形成良性循环。这种普适性的方式，在当今世界多样化思潮和多种利益交锋的背景下，兼具包容性。

第五章　国际投资仲裁中裁判法理的实现
——裁判法理的体系化

　　国际投资仲裁中的裁判法理，是正在形成并实际存在于国际投资仲裁既定裁决中具有参考价值的法律依据和法律标准的集合。国际投资仲裁中的裁判法理，对国际投资仲裁机制的发展至关重要。由于既定裁决中探讨的程序性和实体性问题繁杂多样，在"确保仲裁员的独立性和公正性→遵照合理裁决原则初步筛选→归纳法律标准→筛取并解释最优标准→提炼优良裁决"这一裁判法理的生成过程中，诸多法律标准显山露水，优良裁决得以提炼且效力有升至法律层面之趋势。这些系统化的法律标准、优良裁决及其对后续案件产生的效力均为建构完整的裁判法理体系服务。通过制度设计，使法律标准、优良裁决间产生互动，最终形成完整的裁判法理体系的过程，谓之为"裁判法理的体系化"。

　　国际投资仲裁中裁判法理体系化的最终目标，是将优良裁决的效力由事实层面上升至法律层面，该过程并非一蹴而就：首先，需设立特定机构就裁决中适用的法律标准进行解释；其次，该法律标准下的优良裁决，应通过编纂及发布指导性案例加以确定，使其具有事实上的参考效力；最后，须设立纵向层级机构确定正式效力，进一步在法律层面确定优良裁决的正式效力。该过程可表述为："构建多边法律解释机构以解释法律标准→确立指导性案例制度以提炼优良裁决→设立上诉机制使优良裁决具有法律效力"。

第一节　国际投资仲裁中裁判法理体系化之可能

　　国际投资仲裁中裁判法理体系化之可能，主要包括如下三点：一是援引既定裁决有利于满足对仲裁员独立性和公正性的合理期待；二是第三方参与有助于归纳出法律标准；三是裁决公开、透明有益于提炼优良裁决。

一、援引既定裁决有利于满足对仲裁员独立性和公正性的合理期待

就仲裁员援引既定裁决而言，公众的合理期待既是压力又是动力：一方面，援引既定裁决并阐释援引理由，使仲裁庭在后续案件中遵照最优法律标准、援引优良裁决作出裁决，方能满足公众对仲裁员独立性和公正性资格的合理期待；另一方面，仲裁员的独立性和公正性是裁判法理生成的前提，满足公众对仲裁员资格的合理期待，也是裁判法理体系化的内在动力。当前，公众对仲裁员公正性和独立性资格的合理期待有增无减，各主客观因素均使国际投资仲裁中裁判法理的体系化具备实现之可能。

（一）仲裁员主观方面道德素养所必需

主观方面，仲裁员援引既定裁决的动力源自职业习惯和根深蒂固的道德素养。考夫曼科勒指出，为"提供一个规范性、可预见性的法律框架"，仲裁员有义务遵从"一致的裁判法理"，这是其职业道德决定的。[1] 随着"国际投资仲裁案件由初步、松散的特定裁断向涵盖各项规则统一的'裁判法理'制度化发展"，[2] 仲裁员肩负的职责任重而道远。一直以来，在国际投资的仲裁实践中，仲裁员都在援引既定裁决，这种做法容易产生"棘轮效应"——使当事人或第三方对援引既定裁决怀有期待，进而激励仲裁员在裁判时给予既定裁决更多关注。事实上，在 WTO 争端解决机制处理中已然出现这种"棘轮效应"，[3] 即公众的合理期待推动新的裁决趋于一致地援引法律渊源。依照"路径依赖"理论，[4] 国际投资仲裁中裁判法理生成指日可待，裁判法理的体系化也有实现之可能。同时，国际投资仲裁中裁判法理的体系化一定程度上也是对仲裁员主观自由的一种合理约束，毕竟，确定性和可预见性的提高必然意味着任意性的降低，国际投资仲裁机制的发展与完善终归需要裁判法理的体系化予以保证。

（二）仲裁员客观方面的专业要求

客观上，仲裁员援引既定裁决的压力主要来自其维护自身专业性及公信力，以满足其连任的心理预期。同时，当事双方也对仲裁员怀有合理期待——要求仲

---

〔1〕　G. Kaufmann - Kohler, "Arbitral Precedent: Dream, Necessity or Excuse?", *Arbitration International*, 2007, 23 (3), p. 31.

〔2〕　C. Schreuer, "Diversity and Harmonization of Treaty Interpretation in Investment Arbitration", *Transnational Dispute Management*, 2006, 3 (2), pp. 32 – 33.

〔3〕　D. Palmeter, PC. Mavroidis, "The WTO Legal System: Sources of Law", *American Journal of International Law*, 92 (1998), pp. 398, 402 – 407.

〔4〕　路径依赖（Path Dependence），又译为"路径依赖性"，是指人类社会中的技术演进或制度变迁均类似于物理学中的惯性，一旦进入某一路径（无论是"好"还是"坏"）就可能对这种路径产生依赖。一旦做出某种选择，犹如走上一条不归之路，惯性的力量会使该选择不断自我强化，难以脱离原轨迹。

裁员知悉既定裁决中相同或相似的案件事实、适用法律规则及其论证、推理过程。对当事双方而言，唯一可能区别当前案件与类似既定裁决的关键因素，在于仲裁庭援引的法律渊源。由于诸多国际投资条约中有关国家义务的条款都较为概括，加之，除既定裁决外可供参考的法律渊源为数寥寥，因此，要解释仲裁庭为何就相同或相似的条约内容作出不同以往的裁决结果，难度可想而知。

诚然，对仲裁员来说，展示其充分知悉既定裁决最直接的方法即是在裁决书中引用相似的裁决内容。即使单纯援引既定裁决且未予解释的，当事双方一般也认可仲裁员的专业水准、断案能力并信任裁决结果；在既定裁决存有瑕疵的情况下，仲裁庭有权否定同类型既定裁决及其就类似事由得出的结论，作出迥然不同的裁决。国际仲裁司法权威的价值来源不是国家强制力，而是公众的信赖与认同。[1] 因此，仲裁员只有充分解释援引的理由，才能有效保证裁决的公信力与认可度。因此，仲裁庭援引既定裁决时，理应充分说明理由；若仲裁员否定既定裁决的论证，更有必要解释当前案件与既定裁决在相关事实及对法律条款理解方面不同的原因，并阐明其主张。

援引既定裁决却不做任何附加性解释，弊端有三个：一是使当事双方及裁决书的其他读者怀疑仲裁员在裁决过程中受到案件事实以外因素的干扰和影响；二是解释理由对得出合理结论至关重要，不作附加性解释难以证明仲裁员的结论合理；三是若最早的既定裁决未说明理由，则对其进行承袭并援引的后续裁决更难以阐明其援引依据。援引既定裁决并阐明其理由，仲裁员才可能具有权威性与可信度，国际投资仲裁中的合法性危机才有望化解。

（三）仲裁员的仲裁水平与能力

根据相关仲裁规则的规定，仲裁员满足当事方的合理诉求，[2] 要做好两方面的工作：一是在当事方的代理人援引既定裁决阐明一方观点的同时，有义务对其正确考量并作出判断。在普通法系的先例制度中，援引判例的现象普遍存

---

〔1〕　TM. Franck, *Fairness in International Law and Institutions*, Oxford: Oxford University Press, 1995, pp. 26 – 46; D. Palmeter, PC. Mavroidis, "The WTO Legal System: Sources of Law", *American Journal of International Law*, 92（1998）, pp. 398, 402; J. Commission, "Precedent in Investment Treaty Arbitration: A Citation Analysis of a Developing Jurisprudence", *Journal of International Arbitration*, 24（2007）, p. 31.

〔2〕　例如，《ICSID 公约》第 48 条规定："裁决应考虑提交仲裁庭的每一个问题并说明所根据的理由。" Convention on the Settlement of Investment Disputes Between States and Nationals of Other States, Art 53 (1), 18 Mar, 1965, 17 UST 1270, 575 UNTS 159 [ICSID Convention].

在。[1] 在国际投资的仲裁实践中，通过裁判法理的体系化赋予优良裁决更高的权威性，要求当事方在说明观点时援引优良裁决，保证仲裁程序的公信力。事实上，优良裁决通过制度设计得以确立的过程中，其范围和数量势必有所限定。仲裁员裁判后续案件时须参考的既定裁决数量减少，有利于其高效援引优良裁决，作出正确考量；二是按照《UNCITRAL 仲裁规则》的规定，[2] 仲裁员需充分说明裁决的理由。一个未援引既定裁决作出的论断，往往被认为未列明理由，可导致裁决面临无效或可撤销的风险。[3]

裁决伊始，仲裁员应当考量既定裁决对国际投资条约中国家义务和实体性待遇内容的适用。多数投资条约在有关国家义务的条款中，措辞较为模糊，因此，在同类型程序性或实体性议题上，仲裁员适用投资条约作出裁决时参考优良裁决中已对国家义务作出具体说明的部分，有助于厘清投资条约中国家义务的内涵与外延。仲裁员在后续案件中若不考虑援引同类型优良裁决或遵照相应的法律标准得出裁决结论，难以保证裁决的公信力、树立仲裁庭的权威。由此可见，国际投资仲裁中优良裁决的影响力意义深远，不仅作为国际法的辅助性渊源，[4] 更是国际投资仲裁中裁判法理的载体和基石。在国际投资仲裁中能否归纳法律标准并提炼优良裁决，关乎国际投资仲裁一系列个案处理的具体问题，亦影响着国际投资法律体系发展的未来。

二、第三方参与有助于归纳法律标准

国际投资仲裁机制的完善是国际投资法律体系发展过程中的关键因素。由于国家间缔结的投资条约内容宏观抽象，措辞也较为概括，围绕条约内容中的实体

---

〔1〕 例如，英国国会上议院已经颁布了一份判例指导意见用以限制当事人在诉状中援引案件数量。The Lord Chief Justice of England and Wales, "Practice Direction on the Citation of Authorities", http: // www. hmcourts – service. gov. uk/cms/814. htm, 2013 – 05 – 01/2014 – 11 – 10.

〔2〕 例如《UNCITRAL 仲裁规则》第 32 (3) 条规定，"除当事人各方同意无须说明理由外，仲裁庭应阐明裁决所根据的理由。" UNCITRAL Arbitration Rules of 1976, Art 32 (3), adopted by the U. N. General Assembly on Dec. 15, 1976, 15 I. L. M. 701. 又如英国国会上议院已经颁布了一份判例指导意见，用以限制当事人在诉状中援引的案件数量。The Lord Chief Justice of England and Wales, "Practice Direction on the Citation of Authorities", http: //www. hmcourts – service. gov. uk/cms/814. htm, 2013 – 05 – 01/2014 – 11 – 11.

〔3〕 例如，尽管英国仲裁案件被撤销通常是由程序性原因引起的结果，但《英国仲裁法案》明确规定仲裁员必须充分说明裁决理由。Thomas H. Webster, "Review of Substantive Reasoning of International Arbitral Awards by National Courts: Ensuring One – Stop Adjudication", *Arbitration International*, 22 (2006), p. 31. 又如，澳大利亚最高法院就因未充分说明裁决理由的原因而撤销一起仲裁案件。[AUS] BHP Billiton Ltdv Oil Basins Ltd. , 2006 VS. Ct 402.

〔4〕 科勒 (Kaufman Kohler) 认为，国际投资仲裁中那些反复出现的问题，需要一贯、确定的裁判法理予以解决。G. Kaufmann – Kohler, "Arbitral Precedent: Dream, Necessity or Excuse", *Arbitration International*, 2007, 23 (3), p. 35.

性待遇议题从裁决中归纳适用法律标准、筛取最优标准并作进一步解释与说明，对国际投资仲裁中裁判法理的生成和实现确有必要。鼓励第三方，如政府间国际组织、权威学者的参与，是国际投资仲裁中裁判法理生成的辅助性因素，有助于仲裁裁决的合理化、科学化。

（一）政府间国际组织

促成国际投资仲裁中裁判法理体系化的动力源泉，来自政府间国际组织的立项课题和对既定裁决的研究报告。这些项目及报告通常由权威人士领衔作出，内容多根据国际投资条约和各项规则，对既定裁决作规律性审查。例如国际法委员会发布的有关国家责任的报告，[1] 国际法协会外国投资法委员会发布的有关外国投资法现状的报告，[2] UNCTAD 发布的针对公平公正待遇及最惠国待遇的报告[3]以及 OECD 有关实体待遇的一系列工作报告[4]。众多的课题、项目与裁决的研究报告在对仲裁裁决进行系统化梳理的同时，亦可作为法律渊源，促使仲裁庭在后续案件中加以参考。

（二）权威学者

目前，相当一部分权威学者在国际投资仲裁案件中担任仲裁员，这类人员具有较高的学术修养。权威学者针对国际投资中的仲裁案件公开发表的观点，是推动裁判法理体系化的动力。《国际法院规约》规定的辅助性法律渊源和仲裁裁决中包含的一些观点均如此。[5] 学者对裁决所进行的汇总、评论，有助于促进裁判法理的生成。波尔森（Paulsson）认为，权威学者关注国际投资仲裁裁决的研究，对产生"优良裁决驱逐瑕疵裁决"的效应影响重大，有助于归纳一致的法律标准并依此提炼优良裁决。[6]

国际投资仲裁中裁判法理的生成，是一个循序渐进的过程，这要求仲裁庭发布的裁决不仅满足当事方的诉求，可供后续案件参考，也能通过学者、政府间国

---

〔1〕　即《国家责任条款草案》。Report of the International Law Commission on the Work of its Fifty – third Session. UN GAOR 56th Sess. , Supp. No. 10, at 43, U. N. Doc. A/56/10 (2001).

〔2〕　Finale Report of the International Law on Foreign Investment Commitee, International Law Association, 2008.

〔3〕　Fair and Equitable Treatment. UNCTAD, UN Doc UNCTAD/ITE/IIT/11 (Vol Ⅲ) UN Sales No E. 99. Ⅱ. D. 15, 1999; Most – Favoured – Nation Treatment. UNCATD, UN Doc UNCTAD/ITE/IIT/10 (Vol Ⅲ), UN Sales No E. 99. Ⅱ. D. 11, 1999.

〔4〕　Most – Favoured – Nation Treatment in International Investment Law, OECD, 2004.

〔5〕　Statute of the International Court of Justice, Art. 38 (1) (d) T. S. No. 993 (1945).

〔6〕　J. Paulsson, "International Arbitration and the Generation of Legal Norms: Treaty Arbitration and International Law", *Transnational Dispute Management*, 2006, 3 (5), p. 13.

际组织、缔约国乃至后续案件仲裁庭的多重检验。国际投资仲裁正以优良裁决为载体，通过一系列的归纳与抽象，促使这种确定、一贯的裁判法理生成并实现。藉此形成的裁判法理，反向鼓励更多的机构以多手段、多渠道、多路径的形式，对其科学性进行不断的考证与检验，从而在国际投资仲裁领域形成良性循环。

三、裁决公开、透明有益于提炼优良裁决

既定裁决持续公开、透明，是提炼优良裁决、生成和实现裁判法理的有效保障。为促进国际投资法律体系进一步发展，提升裁决的公开性和透明度至关重要。如果无法保证既定裁决应有的公开、透明品质，则在仲裁庭公信力受到影响的同时，裁判法理也难以生成和实现。提炼优良裁决需要对一系列公开发布的同类型程序性或实体性议题下裁决作合理归纳为前提，以此为基础，仲裁庭在后续案件中援引优良裁决，裁判法理才有望生成并实现。若裁决没有持续公开透明的制度保证，裁判法理的实现终将化为泡影。

（一）裁决公开透明的现状

2013 年 7 月 11 日，UNCITRAL 通过《透明度规则》，并于 2014 年 4 月 1 日起生效。全文共 8 条，通过制定程序规则，实现投资者与国家间就投资仲裁内容透明度的共享以及面向公众开放之可能。[1] 这种前所未有的赋予公众对信息的可访问权以及争议解决的透明度倾向，不仅在个案中保障当事双方可在公开透明的仲裁环境下，享有实体和程序问题的知情权，更为重要的是，其他公众与投资者也可通过公开渠道，参与旁听，获悉已发生的国际投资仲裁案件的具体信息，为后续出现的类似投资争议提供可资借鉴的参考。

对投资仲裁的公开性和透明度问题的日趋重视，也表现在投资仲裁裁决得以在电子数据库中频繁公示等方面，使国际投资仲裁中的各类裁决，能够得到来自各方面的有效监督。不仅为促进仲裁庭在分析同类型实体性和程序性议题时合理援引

---

〔1〕　UNCITRAL Rules on Transparency in Treaty – based Investor – State Arbitration (Effective Date: 1 April 2014)．《透明度规则》第 2 条规定，一旦被申请人收到仲裁通知，争议各方即应迅速将仲裁通知副本发送给联合国秘书长或贸易法委员会指定的一个信息存储处。存储从被申请人处收到仲裁通知，或者存储处收到仲裁通知及该通知已发给被申请人的记录，即应迅速向公众提供关于争议各方名称、所涉经济部门以及提出有关申请所依据的条约的信息。《透明度规则》第 3 条规定，除有例外规定（涉及机密信息或受保护信息），应向公众公布的文件包括：仲裁通知、对仲裁通知的答复、申请书、答辩书以及任何争议方提交的任何进一步书面陈述或书面材料；上述文件的所有证物以及专家报告和证人陈述的证物的清单；非争议方条约缔约方以及第三人提交的任何书面材料、审理笔录（如果有）以及仲裁庭的命令、决定和裁决。《透明度规则》第 6 条规定，除有例外规定（涉及机密信息或受保护信息），为出示证据或进行口头辩论而进行的审理应公开举行。此外，仲裁庭还可酌情作出包括通过视频链接或其认为适当的其他手段安排列席，以便利公众列席审理。

既定裁决提供极大便利，也为总结既定裁决的经验和缺陷及对其进行深入研究铺就便捷之途。消除因裁决未能公开可能造成的不公，解决了裁判法理生成之障碍。

（二）裁决公开透明的功效

按照国际投资仲裁中裁判法理的生成过程，归纳并筛取的最优法律标准应成为同类型后续案件的裁判依据。从分散、不具有正式约束力的既定裁决中归纳法律标准，提炼优良裁决以推进裁判法理体系化的过程不能一蹴而就。随着既定裁决持续不断的积累，国际投资仲裁中有望生成裁判法理并实现裁判法理的体系化，以保证裁判活动的统一性和稳定性，形成国际投资仲裁中一致的规则。优良裁决得以提炼之前提，在于有效提升国际投资仲裁案件的透明度，通过研究公开透明的既定裁决，实现国际社会对仲裁程序、裁决过程与结果的有效监督。

1. 对国际投资仲裁机制本身的作用

在东道国与投资者的博弈中，提炼优良裁决、归纳法律标准能有效实现利益均衡。在国际投资仲裁中，东道国通过签署一系列条约，对缔约国投资者履行充分安全与保护、公平公正待遇等义务的同时，有权知悉既定裁决中东道国承担义务的范畴与程度。作为相对方的投资者，同样关心投资条约提供保护的范围和效力，希望了解仲裁庭在既定裁决中，对同类情形的态度以及就关键问题所进行的诠释。

仲裁程序一经启动，双方须就案件事实，参照公开、透明的既定裁决，提出支持性论据。仲裁庭最终援引既定裁决，在澄清案件事实并就当前案件与既定裁决相符与否予以判断的基础上作出裁决。投资仲裁裁决的持续公开与透明，使仲裁员不仅要承担更多来自各方的压力，增强责任感；也有助于提升仲裁水平，持续关注裁决书的论证和推理。以此为前提，方可以优良裁决为基础，促成国际投资仲裁中裁判法理的生成和实现。

2. 对中国的作用

国际投资仲裁中的公开裁决在中国被认识、研究，是"走出去"发展战略的一部分。中国是外资流入的大国，提高国际投资的公开性和透明度，不仅对外以负责的形象承担主权国家义务，而且有利于维护中国作为东道国的国家利益。十八大以来，中国注重发挥立法在深化改革进程中的引领和推动作用。古人云："明法者强，慢法者弱。"在改革进入攻坚区和深水区的历史新阶段，如何更好地发挥立法的引领和推动作用，不仅关系改革能否顺利推进，更关系改革的成果能否巩固和持久。现阶段，我国亟需增强国际投资活动的主动参与意识，了解、学习和研究国际投资仲裁的裁判法理，有效利用相关规则，主动推进国际投资领域透明度的改革。有选择、有意识、有目的地参与到国际投资活动中，充分表达自己的立场和观点，提高话语权，保障自己的切身利益。笔者建议，中国企业在进行海外投资时，也应关注国际投资仲裁领域已公开发布的既定裁决，为海外投资决策的选择提供必要的风险预判。在全球范围内，由于国际投资的风险普遍存在，中国企业在进行海外投资时，应谨慎对待，采取必要的预防性措施。一旦投资争议发生，应该根据个案的具体情况，准确运用 BITs 提供的多项保护性条款，维护自身的合法权益。

第二节　国际投资仲裁中裁判法理体系化的制度设计

在国际投资仲裁领域，推进裁判法理的体系化，应类比"确定性判例"进行制度设计，使优良裁决由"事实上的效力"向"法律上的效力"过渡，得以使仲裁庭在后续案件中遵循法律标准、频繁援引优良裁决。详言之，在国际投资仲裁中，实现裁判法理的体系化，需通过制度设计加以构建：随频繁援引优良裁决情形的增多，需设立多边法律解释委员会（ICSID 法律解释委员会）就裁决中的法律标准进行解释；该法律标准下的优良裁决，可通过编纂及发布指导性案例加以确定，至此，优良裁决仅具有"事实上的效力"；欲进一步将优良裁决的效力由事实层面过渡至法律层面，须设立纵向层级机构（ICSID 上诉机构）确定正式效力。该过程可表述为："构建多边法律解释机构以归纳并解释法律标准→确立指导性案例制度以提炼优良裁决→设立上诉机制使优良裁决具有法律效力"。构建多边法律解释机构、确立指导性案例制度以及设立 ICSID 上诉机制，旨在为实现裁判法理的体系化服务。

一、构建多边法律解释机构以归纳并解释法律标准

在现有条件不够成熟的情况下，为保留 ICSID 仲裁的便利性以及一裁终局等各种优势，诸多学者建议，应率先考虑组建其他先期程序而非上诉机构。[1] 因

---

〔1〕 科勒（Gabrielle Kaufmann - Kohler）认为，在 ICSID 中建立类似一国国内法院的具有层级的法庭制度来贯彻裁判法理生成的法治较为困难，可采取通过既定裁决明确相关法律与事实问题来保持裁决一致性，促进国际投资法和谐发展。参见 G. Kaufmann - Kohler, "Arbitral Precedent: Dream, Necessity or Excuse?", *Arbitration International*, 2007, 23 (3), pp. 357 – 378. 法比安（Fabien Gelinas）认为通过既定裁决明确投资法的一致性不失为良策，此外，可适当选择内在质地优良的既定裁决进行援引，赋予其参考价值甚至权威地位，扩大其影响，利用这类既定裁决的推理理由，从而建立类似"确定性判例"制度这种有约束力的裁判法理，在此基础上推动仲裁员公平合理行使自由裁量权。参见 F. Gélinas, "Investment Tribunals and the Commercial Arbitration Mode: Mixed Procedures and Creeping Institutionalisation", in Markus W. Gehring, M. Segger eds. , *Sustainable Development through Process in World Trade Law*, Alphen aan den Rijn: Kluwer Law International, 2005, p. 583.

此，为促成国际投资仲裁中裁判法理的实现，应当优先寻求构建其他路径。在鼓励第三方（如政府间国际组织、权威学者）参与的基础上，为归纳并解释法律标准，应专门成立多边法律解释机构。构建多边法律解释机构，就国际投资条约作一致的适用与解读，有利于在同类型程序性或实体性议题下归纳并解释法律标准，旨在推进国际投资仲裁机制的系统化以及裁判法理的体系化。

目前，在 NAFTA 争端解决机制下已现多边法律解释机构之雏形。该协定第十一章赋予 NAFTA 体系下自由贸易委员会（Free Trade Commission）行使对 NAFTA 条款的解释权[1] 自由贸易委员会以 NAFTA 为基础建立，是由来自各缔约国的部长级官员组成的机构。它有权发布有关 NAFTA 的解释，该解释对依 NAFTA 第十一章组成的仲裁庭产生拘束力[2] NAFTA 体系下的自由贸易委员会可被认为是多边法律解释机构的雏形。迄今为止，该机构仅于 2001 年 7 月发布了对 NAFTA 第 1105（1）条有关最低待遇标准的解释[3] 在该解释中，自由贸易委员会明确指出，公平公正待遇与习惯国际法上最低待遇标准有关，且公平公正待遇与充分安全与保护（full protection and security）并不强制要求东道国提供比习惯国际法上最低待遇标准更高的实体性待遇。

在最低待遇标准这一实体性议题下，仲裁庭在一系列后续案件中依照该标准进行了解释。例如，2000 年 ADF v. United States 案[4] 2000 年 Pope & Talbot v. Canada 案[5] 2002 年 Mondev v. United States 案[6] 2003 年 Loewen v. United

---

〔1〕 这项权利在 2002 年 Pope & Talbot v. Canada 和 1997 年 Metalclad v. Mexico 案中得到了实现——自由贸易委员会发布了它对 NAFTA 第 1105 条的解释。NAFTA Free Trade Commission, "Note of Interpretation of Certain Chapter 11 Provisions", http: //www. state. gov/documents/organization/38790. pdf, 2001 - 07 - 31. NAFTA 自由贸易委员会发布其对 NAFTA 第 1105 条解释的全过程并非毫无瑕疵。实际上，该解释引起轩然大波——称其影响深远，是因为大多数观点认为，该解释是对 NAFTA 的修订，而不是对于先前文本的诠释。C. H. Brower, "Why the FTC Notes of Interpretation Constitute a Partial Amendment of Article 1105", *Virginia Journal of International Law*, 46 (2006), p. 367.

〔2〕 NAFTA 关于"适用法律"第 1131 条规定："仲裁庭应根据协定和国际法的适用规则，处理争端问题，自由贸易委员会对本协定条款的解释，对仲裁庭应具有约束力"。可见，NAFTA 自由贸易委员会的解释对投资仲裁庭均具有约束力，这是在国际投资仲裁中成立多边法律解释机构的基础保证。NAFTA, Arts. 1131 (2), 2001 (1) & 2 (c).

〔3〕 NAFTA Free Trade Commission, "Notes of Interpretation of Certain Chap. 11 Provisions (31 July 2001)", http: //www. state. gov/documents/organization/38790. pdf, 2001 - 07 - 31.

〔4〕 ADF Group Inc. v. United States of America, ICSID Case No. ARB (AF) /00/1, Award of 9 January 2003.

〔5〕 Pope & Talbot Inc. v. The Government of Canada, UNCITRAL, Interim Award of 26 June 2000.

〔6〕 Mondev International Ltd. v. United States of America, ICSID Case No. ARB (AF) /99/2, Award of 11 October 2002, paras. 100 - 125.

States 案〔1〕以及 2005 年 Methanex v. United States 案。〔2〕

在 2000 年 Pope & Talbot v. Canada 案中，自由贸易委员会发布解释前，仲裁庭就实体议题作出临时裁决。由于该解释的追溯力及于既定裁决，仲裁庭裁决涉及对正当程序的考虑，遂向 NAFTA 各缔约方发函，寻求自由贸易委员会的解释是否符合一般意义上的公正。尽管仲裁庭认同申请方提出的诉求——即自由贸易委员会的解释一定程度上构成对 NAFTA 事实上的修订，最终裁决仍遵循该解释。〔3〕在裁决结果上，由于仲裁庭仍坚持认为被申请方加拿大政府的行为构成对 NAFTA 的违反，因此无需确认自由贸易委员会的解释是否具有溯及既往的效力。

在 2000 年 ADF v. United States 案中，仲裁庭承认，"缔约方欲解释 NAFTA 特定条款，没有比自由贸易委员会更真实可信、具有权威性的机构"。关于该解释是否构成事实上对 NAFTA 的修订，仲裁庭明确指出，"若解释构成对 NAFTA 事实上的修订，则 NAFTA 缔约方和本案被申请方不可能接受自由贸易委员会提交该解释"，〔4〕故最终遵循该解释作出裁决。

以 ADF v. United States 案和 Pope & Talbot v. Canada 案为例分析仲裁庭在具体案件中对自由贸易委员会解释的适用，可以看出，仲裁庭妥善地解决了 NAFTA 自由贸易委员会以发布解释的方式介入仲裁程序产生的问题，尤其是关于正当程序以及这些解释是否事实上已经构成对 NAFTA 的修订。上述两案中，仲裁庭处理的具体议题虽不同，但就自由贸易委员会解释的界定却达成了一致——自由贸易委员会的解释具有拘束力，且不构成对 NAFTA 的正式修订。在一系列后续案件中，仲裁庭均遵循该解释。

尽管对于自由贸易委员会作出的就公平、公正待遇与最低待遇标准之间关系的解释是否完全合理，学界仍有争议，此处姑且不论。但从机构设置上看，自由贸易委员会发布的解释明确了公平、公正待遇的范围，使得投资者和东道国的权利和义务有了准确的界定和划分，有利于后续案件在处理涉及公平、公正待遇的争议时能够保持一致。需注意的是，由于习惯国际法范围下的不确定性仍然存

〔1〕 Loewen Group, Inc. and Raymond L. Loewen v. United States, ICSID Case No. ARB（AF）/98/3, Award on Merits of 26 June 2003, paras. 125 – 128.

〔2〕 Methanex Corporation v. United States of America, UNCITRAL, Final Award of the Tribunal on Jurisdiction and Merits of 3 August 2005.

〔3〕 Pope & Talbot Inc. v. The Government of Canada, UNCITRAL, Interim Award of 26 June 2000.

〔4〕 ADF Group Inc. v. United States of America, ICSID Case No. ARB（AF）/00/1, Award of 9 January 2003.

在，该解释的作用仅在于对裁决的作出提供有限的指导。

　　笔者认为，可考虑在国际投资仲裁中构建类似于 NAFTA 自由贸易委员会的多边法律解释机构，如 ICSID 法律解释委员会。该委员会旨在归纳出仲裁庭在案件中适用的法律标准并筛取最优标准，围绕应适用的标准作出解释。由于多边法律解释机构具有解释权，可通过发布解释的方式赋予法律标准以效力。随着这一现象的逐渐增多，越来越多的法律标准通过机构发布解释的方式确定下来，使得这些标准的效力从事实层面过渡至法律层面，推动裁判法理的体系化。

　　就实体性裁判法理而言，多边法律解释机构可对根本安全例外条款等实体性议题的适用作出解释，确定最优法律标准（"单向印证"审查标准）并使之生效，以使仲裁庭在适用 BITs 规定的具体议题时作出的裁决与多边法律机构确立的法律标准达成一致。就程序性裁判法理而言，通过多边法律解释机构发布的解释，质疑仲裁员主体资格议题下适用的法律标准（"合理怀疑"审查标准）和参考性渊源（如《国际律师协会指南》）的效力亦可逐渐从事实层面过渡至法律层面。

二、确立指导性案例制度以提炼优良裁决

　　以筛取合理的法律标准为新起点，提炼优良裁决，是裁判法理在生成过程中由应然走向实然的重要转折，终将决定裁判法理的体系化能否实现。国际投资仲裁中的裁判法理，系指存在于既定裁决中具有参考价值的法律标准。按此定义，至"归纳法律标准"以及"筛取最优标准"，法律标准之抽象归纳步骤业已完成。然而，若不通过制度设计从抽象的法律标准中提炼优良裁决，法律标准易陷曲高和寡之窠臼。编纂及发布指导性案例、确立指导性案例制度，是提炼、总结并发布优良裁决的必由之路，旨在构建裁判法理的体系化，属立法模式的法律适用。

　　与之类似的司法模式包括中国 2005 年《人民法院第二个五年改革纲要》确立的指导性案例制度[1]以及欧洲法院拥有的先决裁定权。按照指导性案例制度通过将最高人民法院编发的指导性案例作为具有权威性的典型案例，对各地各级法院原有和将有的司法案例编选实践构成技术上的示范指引。该制度通过最高人民法院案例指导工作办公室这一特定机关的筛选程序，以"裁判摘要"附加

---

　　〔1〕　指导性案例制度，是指中国各级人民法院对于特定案件中的事实认定和法律适用所表示的见解，经最高人民法院审判委员会决议后编辑公布的、对全国各级人民法院审判工作具有指导作用的典型案例。马荣、葛文："指导性案例裁判要点的类型与运用研究——以《最高人民法院公报》案例裁判摘要为原型的借鉴"，载《南京大学学报（哲社版）》2012 年第 3 期，第 141—148 页。

"裁判文书内容"的形式呈现，发挥法律解释的作用。[1] 该机制具有解释、细化相关法律，弥补法律疏漏，明确模糊性法律条文，发挥指导性案例的作用。另外，欧洲法院拥有的先决裁定权——根据《欧共体条约》第 234 条，[2] 欧洲法院在面临争议事项或法律争端关乎条约解读或成员国法律的解读时，有权启动先期程序，对有关问题给出先期裁决，并将该裁决应用于其后的实体性问题的解决。

类似上述法律应用模式，为进一步促成裁判法理的实现，ICSID（或 UNCTAD）也可总结其自身的指导性案例，这些指导性裁决应符合优良裁决的要求，具有实用性以及参考价值。优良裁决对于仲裁案件当事方甚至未来国际投资条约的起草都会产生深远的影响。随着国际投资仲裁案件的增加和彼此援引次数的增多，优良裁决脱颖而出，后续案件频繁援引优良裁决，渐趋形成贯穿于同类型案件中的法律标准，足以构成一以贯之的裁判法理。顺应裁判法理生成之必要，编纂 ICSID 案例也愈加必要。

ICSID 出版指导性案例，应重在研讨同类案件的实体性或程序性内容，归纳出法律标准并提炼优良裁决。以确立并发布优良裁决为目标，围绕裁判法理生成和实现开展一系列的研究与编纂工作。因此，以最优法律标准为依据，以优良裁决为指导，仲裁庭可在后续案件中依优良裁决指导嗣后的实践。质言之，应考虑以优良裁决作为指导性案例。根据 ICSID 仲裁的司法特性赋予其"事实上的效力"，推动后续裁决与指导性案例保持一致，为裁判法理体系化的一致性、可预测性服务。

机构设置方面，在国际投资仲裁领域构建指导性案例制度，实施机构仍为 ICSID 法律解释委员会。ICSID 法律解释委员会应具有两方面功能，一是归纳出法律标准并予以解释，该法律解释对仲裁庭有拘束力；二是提炼优良裁决，以此作为 ICSID 指导性案例。ICSID 法律解释委员会既是国际投资仲裁中的多边法律解释机构，又是指导性案例的编纂及发布机构，在国际投资仲裁中裁判法理的体系化过程中将发挥至关重要的作用。

ICSID 法律解释委员会应重视程序的公开、透明。正如仲裁员的独立性和公正性是裁判法理生成的前提一样，委员会的成员组成理应按一定要求严格甄选，

---

〔1〕《最高人民法院关于案例指导工作的规定》第 2 条、第 3 条。

〔2〕 Treaty establishing the European Community（Nice consolidated version）Official Journal C 325 , 24 December 2002, Part Five：Institutions of the Community – Title I：Provisions governing the institutions – Chapter 1：The institutions – Section 4：The Court of justice – Article 234.

如通过一系列任前的筛选步骤（*pre* – appoint interview）[1] 对委员会组成人员作出一系列关于专业背景、语言能力等相关素质方面的评判。

三、设立上诉机制以确立优良裁决的法律效力

在推进裁判法理体系化的过程中，建立 ICSID 法律解释委员会应先行于设立 ICSID 上诉机构。按照当前国际投资仲裁的实际情况，前者更能为缔约国所接受，有利于该制度的推行，可以此作为裁判法理生成与体系化之间的过渡。通过构建 ICSID 法律委员会解释法律标准、发布优良裁决，仅赋予优良裁决以"事实上的效力"。全面实现裁判法理的体系化，还应将优良裁决的效力由事实层面上升至法律层面。ICSID 法律解释委员会作为指导性案例的发布和编纂机构，无权将优良裁决由"事实上的效力"上升为法律效力。因此，欲在法律层面确立优良裁决的效力，应设立上诉机构，这是达成裁判法理体系化的最终目标。

（一）设立上诉机制的利弊考量

基于 WTO 上诉机构的成功经验，[2] 国际投资仲裁领域的有些专家强烈呼吁在 ICSID 仲裁中移植该制度，[3] 并在 ICSID 仲裁中设立高级的常设司法机构。究其缘由，ICSID 撤销机制并未赋予专门委员会对实体裁决的改判权。

由于国际投资仲裁分散化的特性，构建系统化的投资仲裁机制存在一定困难。国际投资仲裁机制存在缺乏上诉机构、投资条约规定概括（可能导致其规定的国家义务难以履行）等问题，也使 WTO 上诉机构中采纳"先例"的模式难以适用于国际投资仲裁领域。ICSID 秘书处曾于 2004 年修订规则时提出，建立上诉

---

〔1〕 Carlos A. López, "Practical Criteria for Selecting International Arbitrators", *Journal of International Arbitration*, 2014, 31（6）, p. 805.

〔2〕 GATT 缔约国于 1994 年 4 月 15 日在摩洛哥马拉喀什城签署的《关于争端解决规则与程序的谅解》正式在 WTO 中设立了上诉机构，将 WTO 这一诞生于传统国际法领域的贸易纠纷裁判机构转变为具有"类似两审终审制度的一国国内司法体制"。上诉机构的成立对于规范 WTO 专家组裁决意义重大，作为常设且组成人员恒定的上级裁判机构，上诉机构在 WTO 中充当类似一国最高法院在该国法院体系中的角色，符合"确定性判例"制度确立需要的"不同法律层级"的要求。其在维护 WTO 法律稳定、提高法律预期以及促进 WTO 法治中的作用使得其被认为是 GATT 向 WTO 转型获得巨大成功的典型代表。参见朱榄叶："WTO 争端解决机制上诉机构的发回重审权浅议"，载《国际经济法学刊》2012 年第 1 期，第 1—5 页。

〔3〕 弗兰克（Susan D. Frank）认为建立一个小型且稳固的上诉机构的功能在于，发展一个明确且同一的法制体系，逐步纠正具体案件中的法律错误。促使仲裁庭充分发挥特长并提高其竞争力，将有意义的法律适用过程、争端解决中的特定事项以及逐步完善的法律原则通过裁决书的形式确定下来。因此，上诉机构能够提高 ICSID 公信力、确保法律一致性与可预期性，降低该体制的违法风险。甘茨（David Gantz）也认为上诉机构具有消除法律冲突的功能。S. D. Franck, "The Legitimacy Crisis in Investment Treaty Arbitration: Privatizing Public International Law Through Inconsistent Decisions", *Fordham Law Review*, 2005（73）, p. 1607; David A. Gantz, "The Evolution of FTA Investment Provisions: From NAFTA to the United States – Chile Free Trade Agreement", *American University International Law Review*, 2003, 19, pp. 708 –740.

机构以形成统一的国际投资法律体系。然而，这项提议的反对方占多数，提议终被否决，使得建立上诉机构的主张未能实现。

然而，该提议有卷土重来之可能。可通过构建 ICSID 法律解释委员会，归纳并解释法律标准、提炼并发布优良裁决；在此基础上，逐渐将优良裁决"事实上的效力"转变为法律效力。建立纵向层级结构——上诉机构，乃裁判法理生成之基础上进行制度设计的必然选择。若上诉机构有望在 ICSID 成立并确立类似一国最高法院或 WTO 上诉机构的法律地位，裁判法理体系化的法律层级条件可得满足。原裁决中相关法律规则、概念若引起争议，将通过上诉程序提交上诉机构解决。上诉机构作出的裁决一般被认为是优良裁决，对处理相关争议的仲裁庭有拘束力，此乃裁判法理发展的前瞻性选择。

在国际投资仲裁领域，设立上诉机制是确立优良裁决法律效力的制度保证。通过设立上诉机制，一系列优良裁决将大力推动裁判法理的体系化，以制度设计保障"去粗取精"的过程不断进行，后续裁决的质量将会大幅提高。不仅如此，若有上诉机制保证，仲裁员在裁决过程中会更加谨慎，以免作出的裁决被推翻，由是，设立上诉机制对仲裁员的职业监督具有积极作用。

（二）设立上诉机制对中国未来的影响

自 1982 年与瑞典签订第一项双边投资条约至 2013 年底，中国已签订并生效的双边投资条约有 108 项，签订尚未生效的双边投资条约有 22 项，双边投资条约总量仅次于德国，位居全球第二位。[1] 早期签订的双边投资条约，大多将提交国际投资仲裁的范围限定在"与国有化补偿数额有关的争议"。由于受国际投资自由化思潮和中国政府鼓励本国企业对外投资政策的影响，自 1998 年中国—巴巴多斯双边投资条约开始，中国近年签订的投资条约几乎全面接受 ICSID 管辖权，据以仲裁的事项包括"与投资有关的所有争议"，例如中国与俄罗斯、韩国、南非、芬兰、德国和澳大利亚等国签订的双边投资条约。[2]

中国国际投资仲裁"第一案"，是 2007 年中国公民"谢业深诉秘鲁政府案"。[3] 2011 年 5 月 24 日，马来西亚"Ekran 公司诉中华人民共和国"案被 IC-SID 受理的事实，标志着中国政府第一次成为 ICSID 登记在册的、有关投资仲裁

---

〔1〕　UNCTAD, "China – Bilateral Investment Treaties (BITs)", http：//investmentpolicyhub. unctad. org/IIA/CountryBits/42#, 2015 – 03 – 01.

〔2〕　梁咏：《中国投资者海外投资法律保障与风险防范》，法律出版社 2010 年版，第 310 页。

〔3〕　Señor Tza Yap Shum v. Republic of Peru, ICSID Case No. ARB/07/6, Decision on Jurisdiction and Competence of 19 June 2009.

案件的被告。截至 2013 年 3 月，该案双方仍就争议处于协商之中。[1] ICSID 在 2012 年 9 月 19 日登记受理的"中国平安人寿保险有限公司诉比利时案"，是目前中国企业在海外投资中，遭遇不公平待遇后首次提请裁决的国际投资仲裁案件。[2] 另外，ICSID 于 2014 年 11 月 4 日受理了韩国 Ansung Housing 公司控告中国政府的投资仲裁案件，[3] 该案系马来西亚 Ekran Berhad 诉中国政府一案后，第二起外国投资者根据《ICSID 公约》提起的投资争议仲裁。2014 年 12 月 3 日，ICSID 受理了北京城建集团向也门共和国提起的投资争议仲裁。本案是继平安保险公司诉比利时一案后，第二起中国投资者根据双边投资条约向 ICSID 缔约国在 ICSID 正式提起的仲裁案件……上述事实足以表明：一些中国企业已经意识到国际投资条约框架下存在投资仲裁的法律救济途径。但是，无论中国政府抑或投资者，面对争端首选的策略仍然是争取与对方进行协商或调解，一味回避采取制度化的争端解决方式。事实上，这种被动处理问题的方式在国际投资争端解决的过程中，对我方非常不利，尤其在中国目前已与 120 多个国家缔结双边投资协定的情况下，更是如此。

在 ICSID 框架内构建世界范围内适用广泛、机构单一的上诉机制，符合经济效益的要求，其开放、合理的制度体系将为投资争端的解决提供公平、公正的平台。上诉机制提供的二次审查监督，将有利于实现东道国和投资者之间的利益平衡。近年来，中国政府将海外投资作为重要的国家战略，积极鼓励中国企业开展海外投资。我国目前不仅是资本输入大国，同时，也是资本输出大国。[4] 总体上看，建立 ICSID 上诉机制乃主流发展趋势，在 ICSID 中设立上诉机制对中国利大于弊。因此，中国应当积极制定有利于未来发展的前瞻性应对策略。应当看到，如果裁判法理得以发展并进一步确立，中国应当更加积极、主动地推动上诉机制的建立。

在现有条件不尽成熟的情况下，中国应审慎关注 ICSID 上诉机制的构建。即使未来 ICSID 建立该上诉机制，也不宜全盘接受，而应采取分步骤、有区别的接受方式。例如，根据《维也纳条约法公约》第 41 条的规定，仅与 ICSID 缔约国

---

〔1〕 Ekran Berhad v. People's Republic of China, ICSID Case No. ARB/11/15.

〔2〕 Ping An Life Insurance Company of China, Limited and Ping An Insurance Company of China, Limited v. Kingdom of Belgium. ICSID Case No. ARB/12/29.

〔3〕 Ansung Housing Co., Ltd. v. People's Republic of China, ICSID Case No. ARB/14/25.

〔4〕 2011 年以来，中国吸收外资总量分别为 1240 亿、1211 亿以及 1280 亿美元，目前已超过美国排名全球首位。2014 年中国对外直接投资额达 1029 亿美元，首次突破千亿美元，同比增长 14.1%，继续保持世界第三位。OECD, "Global Investment Trends Monitor No. 18", http://unctad.org/en/PublicationsLibrary/webdiaeia2015d1_ en. pdf, 2015 - 01 - 29/2015 - 03 - 01.

中的目标国家就上诉协定作出修改，通过彼此接受的方式适用国际投资仲裁上诉机制。待时机成熟时，再全面接受上诉管辖条款。不仅如此，中国在与其他缔约国政府签订或修订投资条约的过程中，若对方要求订立双边投资仲裁上诉机制条款或要求设定投资争端仲裁上诉机制条款，中国也应当结合实际审慎考虑。申言之，应从实际情况出发，在对投资条约内容有充分把握的基础上，在预设的上诉机制中适当设置安全保障规则用以防范上诉机制可能存在的风险，有区别地加以接受。

本章小结

随着国际投资仲裁裁决数量的激增，在裁判法理的生成过程中，将不断出现诸多程序性或实体性的法律标准；在特定法律关系范围内涌现一系列的优良裁决；这些优良裁决本身具有的"事实上的效力"，具备逐步上升至法律效力的可能。在国际投资仲裁领域，这些法律标准化、系统化的优良裁决及其对后续案件产生的效力等均指向通过制度设计建构完整的裁判法理体系。由裁判法理生成的动态过程观之，当前，裁判法理的实现有其可能：一是援引既定裁决有利于满足公众对仲裁员独立性和公正性的合理期待；二是第三方参与有助于归纳出法律标准；三是裁决公开、透明有益于提炼优良裁决。依此发展，裁判法理体系化指日可待。

国际投资仲裁中裁判法理的体系化，需通过制度设计加以构建。裁判法理体系化的最终目标，是将优良裁决的效力由事实层面逐渐上升至法律层面，该过程不能一蹴而就：随着不断援引优良裁决情形的增多，需设立多边法律解释委员会（ICSID 法律解释委员会）归纳并解释同类型议题下裁决中的法律标准，并赋予其法律效力；法律标准下对应的优良裁决，委员会可通过编纂及发布指导性案例加以确定，至此，优良裁决仅具有"事实上的效力"；欲进一步将优良裁决的效力由事实层面上升至法律层面，须设立上诉机构确定正式效力。该过程可表述为："构建多边法律解释委员会以归纳并解释法律标准→确立指导性案例制度以提炼优良裁决→设立上诉机制使优良裁决具有法律效力"。构建多边法律解释机构、确立指导性案例制度以及设立 ICSID 上诉机制，旨在为实现裁判法理的体系化服务。

机构设置上，ICSID 法律解释委员会既是国际投资仲裁中的多边法律解释机构，又是指导性案例的编纂及发布机构。它具有两方面功能：一是归纳出法律标准并作出解释，该法律解释对仲裁庭有拘束力；二是提炼优良裁决，以此作为 ICSID 的指导性案例。故其将在国际投资仲裁中裁判法理的体系化发挥至关重要的作用。

　　推进裁判法理体系化的过程中，建立 ICSID 法律解释委员会应先行于设立 ICSID 上诉机构。按照当前国际投资仲裁的实际情况，前者有利于制度的推行，更能为缔约国所接受，可作为裁判法理生成与体系化全面实现之间过渡阶段的制度设计。通过构建 ICSID 法律委员会解释法律标准、发布优良裁决，仅赋予优良裁决 "事实上的效力"。但是，欲全面实现裁判法理的体系化，应将优良裁决的效力由事实层面上升至法律层面。ICSID 法律解释委员会作为指导性案例的发布和编纂机构，本身并不能将优良裁决 "事实上的效力" 上升为法律效力。因此，欲在法律层面确立优良裁决的效力，须设立上诉机构，此乃达成裁判法理体系化的最终目标。

尾　论

本书旨在以大量既定裁决为基础，研究国际投资仲裁中裁判法理之生成。国际投资仲裁中的既定裁决貌似繁杂，但仍可通过类型化、应然与实然相结合、宏观与微观相结合、静态与动态相结合等研究方法进行研究，以期厘清蕴含于投资裁决中裁判法理的生成过程。本书的论证结构与思路采用进程研究方法，意欲呈现以确保裁判法理的前提（仲裁员的独立性和公正性）为起点，以归纳法律标准、提炼优良裁决为目标的裁判法理生成过程。本书运用应然与实然相结合的研究方法，应然层面上，抽象出国际投资仲裁中裁判法理的生成过程；实然层面上，通过实证研究，分析不同程序性和实体性议题下裁决中蕴含的法律标准的演变。在文中，笔者的主要观点是：国际投资仲裁中裁判法理的生成，是"确保仲裁员的独立性和公正性→遵照合理裁决原则初步筛选→归纳法律标准→筛取并解释最优标准→提炼优良裁决"这一动态过程。国际投资仲裁中的裁判法理，系指正在形成并实际存在于国际投资仲裁中一以贯之的法律理性，它是正在形成并实际存在于国际投资仲裁既定裁决中的那些具有参考价值的法律依据和法律标准的集合，包括程序性和实体性裁判法理。通过一系列实证分析，在质疑仲裁员主体资格这一议题范围内总结程序性裁判法理，"合理怀疑"是最优法律标准；在根本安全例外条款这一议题范围内归纳实体性裁判法理，"单向印证"乃最优法律标准。

论文的论证逻辑可以用以下三组线索加以概括：

1. 归纳法律标准→筛取并解释最优标准→提炼优良裁决

在质疑仲裁员主体资格标准这一议题下，归纳程序性裁判法理应遵循如下步骤：首先，在质疑仲裁员主体资格范围内，从一系列围绕该议题论证的裁决中归纳出"几乎确定"、"合理怀疑"以及"客观证据"三项审查标准；其次，从归纳出的审查标准中筛取最优——"合理怀疑"标准，当后续案件中出现相同或相似问题时，"合理怀疑"标准可作为仲裁庭裁断之指引；最后，在质疑仲裁员主体资格这一议题范围内，"合理怀疑"标准项下，论证丰富、明晰的裁决可被视为优良裁决。

在根本安全例外条款这一议题下，归纳实体性裁判法理时，应遵循如下步骤：首先，在根本安全例外条款这一范围内，从一系列有关阿根廷经济危机的裁决中归纳"双向印证"和"单向印证"审查标准；其次，从两项审查标准中筛取最优——"单向印证"审查标准，当后续案件中出现相同或相似问题时，该标准可为仲裁庭提供指引；最后，在根本安全例外条款这一议题范围内，"单向印证"审查标准项下涉及的论证详尽、合理的裁决可被认为是优良裁决。

2. 确保仲裁员的独立性和公正性→遵照"合理裁决原则"初步筛选→归纳法律标准→筛取并解释最优标准→提炼优良裁决

在确保仲裁员公正性和独立性前提下，通过类比"确定性判例"的方法，以优良裁决的初步筛选——"合理裁决原则"为逻辑起点，以提炼优良裁决为目标，国际投资仲裁中裁判法理的生成过程有三个步骤：一是以专门委员会作出的撤销裁决反向推导，抽象出"合理裁决原则"，适用该原则初步筛选既定裁决，排除瑕疵裁决；二是通过类比"确定性判例"的方法，在同类型法律关系范围内，从一系列裁决中抽象归纳出法律标准并从中筛取最优；三是提炼优良裁决——即在同一类型程序性或实体性议题范围内，筛取的法律标准项下，涵盖的相关裁决可被认为是优良裁决。

3. 构建多边法律解释机构以归纳并解释法律标准→确立指导性案例制度以提炼优良裁决→设立上诉机制使优良裁决具有法律效力

国际投资仲裁中裁判法理的实现（裁判法理的体系化），需通过制度设计加以构建。裁判法理的体系化的最终理想，是将优良裁决的效力由事实层面逐渐上升至法律层面，该过程不能一蹴而就：随着不断援引优良裁决情形的增多，需设立多边法律解释机构（ICSID 法律解释委员会）归纳并解释同类型议题下裁决中的法律标准，并赋予最优标准以法律效力；法律标准下对应的优良裁决，委员会可通过编纂及发布指导性案例加以确定，至此，优良裁决仅具有"事实上的效力"；欲进一步将优良裁决的效力由事实层面上升至法律层面，须设立上诉机构确定正式效力。构建多边法律解释机构、确立指导性案例制度以及设立 ICSID 上诉机制，旨在为实现裁判法理的体系化服务。

在本书的撰写过程中，有些问题未被充分论证，值得进一步研究：

第一，从总体上看，在国际投资仲裁中裁判法理生成的过程中，随既定裁决不断公开、更多法律标准得以涌现的同时，也带来如下问题：某一具体实体性或程序性议题下的法律标准是否成立？是否得以为后续裁决所确立的新标准取代？

不同法律标准之间是否互相影响？这是国际投资仲裁中裁判法理进一步发展直至体系化的过程中必然面对的问题，必将在以后的研究中得到重点关注。

第二，在具体的程序性和实体性议题上，受篇幅所限，本书谨以质疑仲裁员主体资格以及根本安全例外作为典型议题展开分析。但事实上，在程序性议题的其他领域（如当事方的举证责任、仲裁费用计算等），仍有通过研究既定裁决总结相应法律标准的可能；在实体性议题的其他领域（如间接征收、公平公正待遇以及最惠国待遇等），已有相当数量的裁决中出现互相援引、审查标准发生演变的情形。借由质疑仲裁员主体资格以及根本安全例外的例证可"管中窥豹"，却不足"以点带面"。因此，其他程序性或实体性议题的法律标准的演变趋势，仍需进一步进行总结和整理，以推进裁判法理之生成研究。

第三，在制度设计上，若国际投资仲裁中裁判法理的体系化得以实现，必然会对现有的国际投资法律体系产生影响。若仲裁庭能动地依据法律标准分析当前案件并对既定裁决加以总结，该行为是否会与缔约国通过《ICSID 公约》对仲裁庭的授权产生冲突？如果仲裁当事方与仲裁机构主动推动裁判法理生成与发展的进程，该措施是否会影响国家间所签订的国际投资条约的有效性？

总之，在国际投资仲裁领域，在裁判法理生成与发展的过程中，尚有许多问题值得进一步探索与研究。

参考文献

一、著作

（一）中文专著

[1] 常怡主编：《比较民事诉讼法》，中国政法大学出版社 2002 年版。

[2] 陈安主编：《国际经济法学》，北京大学出版社 2013 年版。

[3] 陈安主编：《国际投资法的新发展与中国双边投资条约的新实践》，复旦大学出版社 2007 年版。

[4] 陈安主编：《国际经济法专论》，高等教育出版社 2002 年版。

[5] 贺其治：《国家责任法及案例浅析》，法律出版社 2003 年版。

[6] 李小霞：《国际投资法中的根本安全利益例外条款研究》，法律出版社 2012 年版。

[7] 梁咏：《中国投资者海外投资法律保障与风险防范》，法律出版社 2010 年版。

[8] 石慧：《投资条约仲裁机制的批判与重构》，法律出版社 2008 年版。

[9] 魏艳茹：《ICSID 仲裁撤销制度研究》，厦门大学出版社 2007 年版。

[10] 杨良宜、莫世杰、杨大明：《仲裁法：从 1996 年英国仲裁法到国际商务仲裁》，法律出版社 2006 年版。

[11] 张圣翠：《国际商事仲裁强行规则研究》，北京大学出版社 2007 年版。

[12] ［美］埃德加·博登海默：《法理学：法律哲学与法律方法》，邓正来译，中国政法大学出版社 1998 年版。

[13] ［日］谷口安平：《程序的争议与诉讼》，王亚新译，中国政法大学出版社 2005 年版。

[14] ［美］克里斯多佛·德拉奥萨、［美］理查德·奈马克主编：《国际仲裁科学探索：实证研究精选集》，陈福勇、丁建勇译，中国政法大学出版社 2009 年版。

（二）外文专著

[1] N. Blackaby, C. Partasides, *Redfern and Hunter on International Commercial Arbitration* (5), Oxford: Oxford University Press, 2009.

［2］ T. Branch, *Principia Legis Et Aeuitatis: Being an Alphabetical Collection of Maxims, Principles or Rules, Definitions, and Memorable Sayings, in Law and Equity; Interspersed With Such Law Terms, and Latin Words and Phrases as Most Frequently Occur, in the Study and Practice of the Law*, Richmond, VA: TW White, 1824.

［3］ C. Brown, *A Common Law of International Adjudication*, Oxford: Oxford University Press, 2009.

［4］ I. Brownlie, *Principles of Public International Law*, Oxford: Oxford University Press, 2003.

［5］ D. Caron, M. Caplan, M. Pellonpii, *The UNCITRAL Arbitration Rules: A Commentary*, New York: Oxford University Press, 2006.

［6］ W. Craig, W. Park, J. Paulsson ed., *International Chamber of Commerce Arbitration* (3), Oxford: Oxford University Press, 2000.

［7］ J. Crawford, *The International Law Commission's Articles on State Responsibility: Introduction, Text and Commentaries*, Cambridge: Cambridge University Press, 2002.

［8］ R. Cross, J. W. Harris, *Precedent in English Law*, Gloucestershire: Clarendon Press, 1991.

［9］ R. David, Brierly, E. C. John, *Major Legal Systems in the World Today*, London: Stevens & Sons, 1985.

［10］ R. Dolzer, C. Schreuer, *Principles of International Investment Law*, Oxford: Oxford University Press, 2008.

［11］ Z. Douglas, *The International Law of Investment Claims*, Cambridge: Cambridge University Press, 2009.

［12］ T. M. Franck, *Fairness in International Law and Institutions*, Oxford: Oxford University Press, 1995.

［13］ T. Gazzini, E. D. Brabandere, ed., *International Investment Law: The Sources of Rights and Obligations*, Leiden/Boston: Martinus Nijhoff Publishers, 2012.

［14］ S. Greenberg, C. Kee, J. R. Weeramantry, *International Commercial Arbitration: An Asia – Pacific Perspective*, Cambridge: Cambridge University Press, 2011.

［15］ H. L. A. Hart, *The Concept of Law* (2), Gloucestershire: Clarendon Press, 1997.

［16］ J. Kent, *Commentaries on American Law* (4), Clayton: ES Clayton Printer, 1840.

［17］ M. Kinnear, A. Bjorklund, J. Hannaford, *Investment Disputes Under NAFTA: An Annotated Guide to NAFTA Chapter* 11, Alphen aan den Rijn: Kluwer Law International, 2006.

［18］ H. Lauterpacht, *The Development of Law by the International Court*, Cambridge: Cambridge University Press, 2011.

［19］ D. M. Lew Julian, L. Mistelis, S. Kroll, *Comparative International Commercial Arbitration*, Alphen aan den Rijn: Kluwer Law International, 2003.

［20］ S. Luttrell, *Bias Challenges in International Arbitration: The Need for a "Real Danger" Test*, Alphen aan den Rijn: Kluwer Law International, 2009.

［21］ C. Mclachlan, et al., *International Investment Arbitration: Substantive Principles*, Oxford: Oxford University Press, 2007.

［22］ K. Meessen, *Economic Law in Globalizing Markets*, Alphen aan den Rijn: Kluwer Law International, 2004.

［23］ A. Mitschke, *The Influence of National Competition Policy on the International Competitiveness of Nations*, Gewerbestrasse: Springer, 2008.

［24］ G. Petrochios, *Procedure Law in International Arbitration*, Oxford: Oxford University Press, 2003.

［25］ C. Picker, I. Bunn, D. Arner, ed., *International Ecomonic Law: The State and Future of the Discipline*, Oxford: Hart Publishing, 2008.

［26］ J. Raz, *Practical Reason and Norms*, Oxford: Oxford University Press, 1999.

［27］ J. Raz, *The Morality of Freedom*, Gloucestershire: Clarendon Press, 1988.

［28］ A. Redfern, M. Hunter ed., *Law and Practice of International Commercial Arbitration* (3), London: Sweet & Maxwell, 1991.

［29］ P. Reuter, *Droit International Public*, Paris: Presses Universitaires de France, 1958.

［30］ S. Rosenne, *The Law and Practice of Internaiontal Court*, 1920 – 2005, *Volume III*, *Procedure*, Leiden: Brill, 2006.

［31］ M. Rubino – Sammartano, *International Arbitration Law and Practice*, Alphen aan den Rijn: Kluwer Law International, 2003.

［32］ S. Schill, *International Investment Law and Comparative Public Law*, Oxford: Oxford University Press, 2010.

［33］ C. Schreuer, et al. ed., *The ICSID Convention: A Commentary* (2), Cambridge: Cambridge University Press, 2009.

［34］ Schwartz, A. Derains, *Guide to the New ICC Rules of Arbitration*, Alphen aan den Rijn: Kluwer Law International, 1998.

［35］ M. Shahabuddeen, *Precedent in the World Court*, Cambridge: Cambridge University Press, 1996.

［36］ Y. Shany, *The Competing Jurisdictions of Internaitonal Courts and Tribunals*, Oxford: Oxford University Press, 2004.

[37] G. Van Harten, *Investment Treaty Arbitration and Public Law*, Oxford: Oxford University Press, 2007.

[38] T. Vardy, John J. Barcelo Ⅲ, Arthur T. Von. Mehren, *International Commercial Arbitration*, Eagan: West Group, 2003.

[39] M. Waibel, et al. ed., *The Backlash Against Investment Arbitration*, The Hauge: Kluwer Law International, 2010.

[40] A. Zimmermann, C. Tomuschat, K. Oellers – Frahm ed., *The Statute of the International Court of Justice: A Commentary*, Oxford: Oxford University Press, 2006.

[41] Born, Gary, *International Commercial Arbitration*, Alphen aan de Rijn: Kluwer Law International, 2009.

[42] S. Rosenne, *The Law and Practice of the International Court* 1920 – 2005, Hague: Nijhoff Publishers, 2006.

二、论文

（一）中文论文

[1] 蔡从燕："国际投资仲裁的商事化与'去商事化'"，载《现代法学》2011年第1期。

[2] 蔡从燕："不慎放权、如潮官司——阿根廷轻率对待投资争端管辖权的惨痛教训"，载《国际经济法学刊》2006年第1期。

[3] 陈辉萍："论公平正义作为国际投资条约的价值取向"，载《国际经济法学刊》2013年第4期。

[4] 陈辉萍："《多边投资协定》谈判回顾与展望"，载陈安：《国际经济法论丛（2）》，法律出版社1999年版。

[5] 丁夏："国际投资仲裁适用保护伞条款之冲突与解决"，载《西北大学学报》2014年第2期。

[6] 郭晓文："商事仲裁中仲裁员的独立性"，载陈安：《国际经济法论丛（2）》，法律出版社1999年版。

[7] 郭玉军：《论国际投资条约仲裁的正当性缺失及其矫正》，载《法学家》2011年第3期。

[8] 郭玉军、胡秀娟："美国有关仲裁员'明显不公'判定规则的新发展"，载《法律适用》2008年第6期。

[8] 刘博文："政策定向学说与国际法的跨学科研究"，载《哈尔滨金融学院学报》2013年第5期。

[9] 刘京莲："国际投资条约根本安全例外条款研究"，载《国际经济法学刊》2010

年第 1 期。

［10］刘笋："国际投资仲裁裁决的不一致性问题及其解决"，载《法商研究》2009
年第 6 期。

［11］刘笋："国际投资仲裁引发的若干危机及应对之策述评"，载《法学研究》2008
年第 6 期。

［12］马荣、葛文："指导性案例裁判要点的类型与运用研究——以《最高人民法院
公报》案例裁判摘要为原型的借鉴"，载《南京大学学报（哲社版）》2012 年
第 3 期。

［13］强之恒："浅议在国际投资仲裁中构建合理审查标准之必要性"，载《国际经济
法学刊》2012 年第 2 期。

［14］唐卓然：《ICSID 仲裁先例问题研究》，浙江大学 2014 年硕士学位论文。

［15］王衡、惠坤："国际投资法之公平公正待遇"，载《法学》2013 年第 6 期。

［16］魏艳茹："论国际投资仲裁的合法性危机及中国的对策"，载《河南社会科学》
2008 年第 4 期。

［17］徐崇利："经济全球化与国际法中社会立法的勃兴"，载《中国法学》2004 年
第 1 期。

［18］朱榄叶："WTO 争端解决机制上诉机构的发回重审权浅议"，载《国际经济法
学刊》2012 年第 1 期。

［19］［美］罗伯特·卡尔森："关于国际仲裁程序的调查"，载［美］克里斯多佛·
德拉奥萨、［美］理查德·奈马克主编：《国际仲裁科学探索：实证研究精选
集》，陈福勇、丁建勇译，中国政法大学出版社 2009 年版。

（二）英文论文

［1］A. Afilalo, "Meaning, Ambiguity and Legitimacy: Judicial (Re −) construction of
NAFTA Chapter11", *Northwestern Journal of International Law & Business*,
2005, 25.

［2］A. Afilalo, "Towards a Common Law of International Investment: How NAFTA Chapter
11 Panels Should Solve Their Legitimacy Crisis", *Georgetown International Environ-
mental Law Review*, 2004, 17.

［3］M. Algero, "The Sources of Law and the Value of Precedent: A Comparative and Em-
pirical Study of a Civil Law State in a Common Law Nation", *Louisiana Law Review*,
2005, 65 (2).

［4］J. Alvarez, T. Brink, "The Argentine Crisis and Foreign Investors", in K. P. Sauvant,
Yearbook on International Investment Law & Policy 2008 − 2009, Oxford: Oxford Uni-
versity Press, 2009.

［5］C. Baltag，"Enforcement of Arbitral Awards against States"，*The American Review of International Arbitration*，2009，19.

［6］A. J. Van De. Berg，"Report on the Challenge Procedure"，*The Arbitral Process and the Independence of Arbitrators*，ICC Publication，1991.

［7］P. Klaus Berger，"The International Arbitrators' Application of Precedents"，*Journal of International Arbitration*，1992，9（4）.

［8］C. Binder，"Changed Circumstances in Investment Law: Interfaces between the Law of Treaties and the Law of State Responsibility with a Special Focus on the Argentine Crisis"，in C. Binder，U. Kriebaum，A. Reinishch，S. Wittich，*International Investment Law for the 21st Century: Essays in Honour of Christoph Schreuer*，Oxford: Oxford University Press，2009.

［9］R. Bhala，"The Myth About Stare Decisis and International Trade Law（Part One of a Trilogy）"，*American University International Law Review*，1999，14.

［10］A. Bjorklund，S. Nappert，"Beyond Fragmentation，New Directions in International Economic Law，in Memoriam Thomas Walde"，*UC Davis Legal Studies Research Paper*，2011，243.

［11］A. Bjorklund，"Economic Security Defenses in International Investment Law"，K. P. Sauvant，*Yearbook on International Investment Law & Policy* 2008 – 2009，Oxford: Oxford University Press，2009.

［12］A. Bjorklund，"Emergency Exceptions and Safeguards: State of Necessity and Force Majeure as Circumstances Precluding Wrongfulness"，in P. Muchlinski，F. Ortino，C. Schreuer ed.，*Oxford Handbook of International Investment Law*，Oxford: Oxford University Press，2008.

［13］A. Bjorklund，"Investment Treaty Arbitral Decisions as Jurisprudence Constante"，*UC Davis Legal Studies Research Paper*，2008，158.

［14］A. Bjorklund，"Mandatory Rules in International Investment Law"，*American Review of International Arbitration*，2008，18.

［15］A. Bjorklund，"Reconciling State Sovereignty and Investor Protection in Denial of Justice Claims"，*Virginia Journal of International Law*，2005，45（4）.

［16］H. C. Black，"The Principle of Stare Decisis"，*The American Law Register*，1886，34（12）.

［17］D. Branson，"Sympathetic Party – Appointed Arbitrators: Sophisticated Strangers and Governments Demand Them"，*ICSID Review – Foreign Investment Law Journal*，2010，25（2）.

[18] C. H. Brower, "Obstacles and Pathways to Consideration of the Public Interest in Investment Treaty Disputes", in K. P. Sauvant, *Yearbook on International Investment Law & Policy 2008 – 2009*, Oxford: Oxford University Press, 2009.

[19] C. H. Brower, "Reflections on the Road Ahead: Living with Decentralization in Investment Treaty Arbitration", in Catherine A. Rogers, Roger P. Alford ed. , *The Future of Investment Arbitration*, Oxford: Oxford University Press, 2008.

[20] C. H. Brower, "Why the FTC Notes of Interpretation Constitute a Partial Amendment of Article 1105", *Virginia Journal of International Law*, 2006, 46.

[21] C. H. Brower et al, "The Coming Crisis in the Global Adjudication System", *Arbitration International*, 2003, 19 (4).

[22] C. H. Brower, "Structure, Legitimacy, and NAFTA's Investment Chapter", *Vanderbilt Journal of Transnational Law*, 2003, 36.

[23] C. N. Brower, C. B. Rosenberg, "The Death of the Two – Headed Nightingale: Why the Paulsson van der Berg Presumption that Party – Appointed Arbitrators are Untrustworthy is Wrongheaded", *Arbitration International*, 2013, 29.

[24] C. N. Brower, S. Schill, "Is Arbitration a Threat or a Boon to the Legitimacy of International Investment Law?", *Chicago Journal of International Law*, 2009, 9.

[25] T. Carbonneau, "Rendering Arbitral Awards with Reasons: the Elaboration of a Common Law of International Transactions", *Columbia Journal of Transnational Law*, 1984 – 1985, 23 (1).

[26] D. D. Caron, "The ILC Articles on State Responsibility: The Paradoxical Relationship Between Form and Authority", *American Journal of International Law*, 2002, 96.

[27] A. Carty, "Critical International Law: Recent Trends in the Theory of International Law", *European Journal of International Law*, 1991, 2.

[28] Cheng Tai – Heng, "Precedent and Control in Investment Treaty Arbitration", *Fordham International Law Journal*, 2007, 30.

[29] K. Claussen, "The Casualty of Investor Protection in Times of Crisis", *Yale Law Journal*, 2009, 118.

[30] J. Commission, "Precedent in Investment Treaty Arbitration: A Citation Analysis of a Developing Jurisprudence", *Journal of International Arbitration*, 2007, 24.

[31] J. Commission, "Precedent in Investment Treaty Arbitration: The Emprcial Backing", *Journal of International Arbitration*, 2007, 24; *Transnational Dispute Management*, 2007, 5 (2).

[32] Z. Douglas, "Can a Doctrine of Precedent Be Justified in Investment Treaty Arbitr-

tion", *ICSID Review − Foreign Investment Law Journal*, 2010, 25 (1).

[33] R. Dolzer, "Indirect Expropriations: New Developments?", *New York University Environmental Law Journal*, 2002, 11.

[34] P. Duprey, "Do Arbitral Awards Constitute Precedents?", in L. Degos, P. Pinsolle, A. Schlaepfer, *Towards a Uniform International Arbitration Law?*, Huntington, NY: JurisNet, LLC, 2005.

[35] A. El − Kosherl, "ICSID Arbitration and Developing Countries", *ICSID Review − Foreign Investment Law Journal*, 1993, 8 (1).

[36] A. Fachiri, "Interpretation of Treaties", *American Journal of International Law*, 1929, 23.

[37] G. Falkof, "'State of Necessity' Defence Accepted in LG&E v. Argentina ICSID Tribunal", *Transnational Dispute Management*, 2006, 3 (5).

[38] Ole K. Fauchald, "The Legal Reasoning of ICSID Tribunals − An Empirical Analysis", *European Journal of International Law*, 2008, 19 (2).

[39] V. Fona, F. Parisi, "Judicial Precedents in Civil Law Systems: A Dynamic Analysis", *International Review of Law and Economics*, 2006, 26 (4).

[40] Y. Fortier, S. Drymer, "Indirect Expropriation in the Law of International Investment: I Know It When I See It or Caveat Investor", *ICSID Review − Foreign Investment Law Journal*. 2004, 19 (2).

[41] S. D. Franck, "Empirically Evaluating Claims about Investment Treaty Arbitration", *North Carolina Law Review*, 2007, 86.

[42] S. D. Franck, "International Arbitrators: Civil Servants? Sub Rosa Advocates? Men of Affairs?", *ILSA Journal of International and Comparative Law*, 2006, 12 (6).

[43] S. D. Franck, "The Legitimacy Crisis in Investment Treaty Arbitration: Privatizing Public International Law through Inconsistent Decisions", *Fordham Law Review*, 2005, 73.

[44] S. D. Franck, "The Nature and Enforcement of Investor Rights Under Investment Treaties: Do Investment Treaties Have a Bright Future?", *U. C. Davis Journal of International Law & Policy*, 2005, 12.

[45] L. Fuller, "The Forms and Limits of Adjudication", *Harvard Law Review*, 1978, 92.

[46] G. Gagné, J − F. Morin, "The Evolving American Policy on Investment Protection: Evidence from Recent FTAs and the 2004 Model BIT", *Journal of International Economic Law*, 2006, 9.

[47] David A. Gantz, "The Evolution of FTA Investment Provisions: From NAFTA to the

United States – Chile Free Trade Agreement", *American University International Law Review*, 2003, 19.

[48] J. Gardner, "Judicial Precedent in the Making of International Public Law", *Journal of Comparative Legislation and International Law*, 1935, 17 (4).

[49] M. Gearing, "A Judge in His Own Cause? —Actual of Unconscious Bias of Arbitrators", *International Arbitration Law Review*, 2000, 46 (3).

[50] F. Gélinas, "Investment Tribunals and the Commercial Arbitration Mode: Mixed Procedures and Creeping Institutionalisation", in Markus W. Gehring, M. Segger eds., *Sustainable development through process in world trade law*, Alphen aan den Rijn: Kluwer Law International, 2005.

[51] J. Gill, "Is There a Special Role for Precedent in Investment Arbitration", *ICSID Review – Foreign Investment Law Journal*, 2010, 25 (1).

[52] J. Gill, "Inconsistent Decisions: An Issue to be Addressed or a Fact of Life?", F. Ortino, A. Sheppard, H. Warner ed., *Investment Treaty Law: Current Issues, Volume I*, London: British Institute of International and Comparative Law, 2006.

[53] S. Greenberg, J. R. Feris, "References to the IBA Guidelines on Conflicts of Interest in International Arbitration when Deciding on Arbitrator Independence in ICC Cases", *ICC International Court of Arbitration Bulletin*, 2009, 20 (2).

[54] S. Greenberg, "Tackling guerilla challenges against arbitrators: Institutional perspective", *Transnational Dispute Management*, 2008, 7 (2).

[55] G. Guillaume, "The Use of Precedent by International Judges and Arbitrator", *Journal of International Dispute Settlement*, 2011, 2 (1).

[56] C. Harris, "Arbitrator Challenges in International Investment Arbitration", *Transnational Dispute Management*, 2008, 5 (4).

[57] Francis J. Higgins, W. Brown, "Pitfalls in International Commercial Arbitration", *The Business Lawyer*, 1980, 35 (3).

[58] A. Hoffmann, "Counterclaims by the respondent state in investment Arbitrations", *German Arbitration Journal*, 2006, 6.

[59] R. Howse, E. Chalamish, "The Use and Abuse of WTO Law in Investor – State Arbitration: A Reply to Jürgen Kurtz", *European Journal of International Law*, 2009, 20 (3).

[60] Louis L. Jacques, "Gaps In International Legal Literature", *Chicago Journal of International Law*, 2000, 1.

[61] P. Jessup, "Diversity and Uniformity in the Law of Nations", *American Journal of In-*

ternational Law, 1964, 58.

[62] J. Kalicki, "Arbitrators and Issue Conflict: Treading a Tightrope of Legitimacy? Panel Discussion", in A. Laird, T. Weiler, *Investment Treaty Arbitration and International Law*, Huntington: Juris Publishing, 2009.

[63] M. Kantor, "The New Draft Model U. S. BIT: Noteworthy Developments", *Journal of International Arbitration*, 2004, 21.

[64] D. Kapeliuk, "The Repeat Appointment Factor: Exploring Decision Patterns of Elite Investment Arbitrators", *Cornell Law Review*, 2010, 96.

[65] G. Kaufmann – Kohler, "Annulment of ICSID Awards in Contract and Treaty Arbitrations: Are there Differences?", in Gaillard, Y. Banifatemi ed. , *Annulment of ICSID Awards*, Huntington, NY: JurisNet, LLC, 2008.

[66] G. Kaufmann – Kohler, "Arbitral Precedent: Dream, Necessity or Excuse?", *Arbitration International*, 2007, 23 (3).

[67] G. Kaufmann – Kohler, "Interpretation of Treaties: How do Arbitral Tribunals Interpret Dispute Settlement Provisions Embodied in Investment Treaties?", in L. Mistelis, L. Julian ed. , *Pervasive Problems in International Arbitration*, Alphen aan den Rijn: Kluwer Law International, 2006.

[68] A. Kemmerer, "The Crack in Everything: Sovereignty in a European Union of States, Peoples and Citizens", in H. Høibraaten, J. Hille ed. , *Northern Europe and the Future of the EU*, Berlin: BWV Berliner – Wissenschaft, 2011.

[69] C. Kessedjian, "To Give or Not to Give Precedential Value to Investment Arbitration Awards", in Catherine A. Rogers, Roger P. Alford ed. , *The Future of Investment Arbitration*, Oxford: Oxford University Press, 2009.

[70] M. Kinnear, "Treaties as Agreements to Arbitrate: International Law as the Governing Law", in A. J. Van Den Berg ed. , *International Arbitration 2006: Back to Basics? Montreal: ICCA Congress Series* No. 13, 2007, 401.

[71] J. Klabbers, "New York University Journal of International Law and Politics", in Macdonald, M. Douglas, *Towards World Constitutionalism, Issues in the Legal Ordering of the World Community*, Leiden: Brill, 2005.

[72] C. Koch, "Standards and Procedures for Disqualifying Arbitrators", *Journal of International Arbitration*, 2003, 20 (4).

[73] C. Ku, "Forging a Multilayered System of Global Governance", in Macdonald, M. Douglas, *Towards World Constitutionalism, Issues in the Legal Ordering of the World Community*, Leiden: Brill, 2005.

［74］ J. Kurtz, "The Use and Abuse of WTO Law in Investor – State Arbitration: Competition and its Discontents", *European Journal of International Law*, 2009, 20 (3).

［75］ Carlos A. López, "Practical Criteria for Selecting International Arbitrators", *Journal of International Arbitration*, 2014, 31 (6).

［76］ AM. López – rodríguez, "Towards a European Civil Code without a Common European Legal Culture? – The Link between Law, Language and Culture", *Brooklyn Journal of International Law*. 2004, 29 (3).

［77］ V. Lowe, "Precluding Wrongfulness or Responsibility: A Plea for Excuses", *European Journal of International Law*, 1999, 10.

［78］ A. Lowenfeld, "Investment Agreements and International Law", *Columbia Journal of Transnational Law*, 2003 – 2004, 42.

［79］ C. Mahoney, "Treaties as Contracts: Textualism, Contract Theory, and the Interpretation of Treaties", *Yale Law Journal*, 2007, 116.

［80］ L. Malintoppi, "Remarks on Arbitrators' Independence, Impartiality and Duty to Disclose in Investment Arbitration", *The Law and Practice of International Courts and Tribunals*, 2008, 7 (3).

［81］ L. Malintoppi, "Independence, Impartiality and Duty of Disclosure of Arbitrators", in P. Muchlinski, F. Ortino, C. Schreuer ed. , *Oxford Handbook of International Investment Law*, Oxford: Oxford University Press, 2008.

［82］ L. Markert, "Challenging Arbitrators in Investment Arbitration: The Challenging Search For Relevant Standards and Ethical Guidelines", *Contemporary Asia Arbitral Journal*, 2010, 3 (2).

［83］ C. Mclachlan, "Investment Treaties and General International Law", *International And Comparative Law Quarterly*, 2008, 57.

［84］ C. Mclachlan, "The Principle of Systemic Integration and Article 31 (3) (c) of the Vienna Convention", *International And Comparative Law Quarterly*, 2006, 54.

［85］ N. Miller, "An International Jurisprudence? The Operation of 'Precedent' Across International Tribunals", *Leiden Journal of International Law*, 2002, 15 (3).

［86］ L. Mistelis, C. Baltag, "Recognition and Enforcement of Arbitral Awards and Settlement in International Arbitration: Corporate Attitudes and Practices", *The American Review of International Arbitration*, 2009, 19.

［87］ "R. Scott Moreno v. Corkern: Of Precedent, Jurisprudence Constante, and the Relationship between Louisiana Commercial Laws and Louisiana Pledge Jurisprudence", *The Tulane Law School The Tulane European and Civil Law Forum*, 1995, 10.

［88］ G. Nicholas, C. Partasides, "LCIA Court Decisions on Challenges to Arbitrators", *Arbitration International*, 2007, 23.

［89］ F. Orrego – Vicuña, "The Role of Treaty Arbitration in Rebalancing the Development of International Law", in A. J. Van Den Berg ed. , *International Arbitration 2006: Back to Basics? Montreal: ICCA Congress Series*, No. 13, 2007.

［90］ M. Öhrström, "Decisions by the SCC Institute Regarding Challenge of Arbitrators", in S. Jarvin ed. , *Stockhom Arbitration Report* 2002, Stockholm: Stockholm Chamber of Commerce Arbitration Inst, 2002.

［91］ D. Palmeter, PC. Mavroidis, "The WTO Legal System: Sources of Law", *American Journal of International Law*, 1998, 92.

［92］ A. Parra, "Applicable Substantive Law in ICSID Arbitrations Initiated Under Investment Treaties", *ICSID Review – Foreign Investment Law Journal*, 1999, 14 (2).

［93］ W. Park, "Rectitude in International Arbitration", *Arbitration International*, 2011, 27.

［94］ J. Paulsson, "Moral Hazard in International Dispute Resolution", *ICSID Review – Foreign Investment Law Journal*, 2010, 25 (2).

［95］ J. Paulsson, "The Role of Precedent in Investment Arbitration", in K. Yannaca – Small ed. , *Arbitration under International Investment Agreements*, Oxford: Oxford University Press, 2010.

［96］ J. Paulsson, "Awards—and Awards", in A. Bjorklund, I. Laird, S. Ripinsky ed. , *BIICL Investment Treaty Law*, Current Issues Ⅲ, London: British Institute of International and Comparative Law, 2009.

［97］ J. Paulsson, "International Arbitration and the Generation of Legal Norms: Treaty Arbitration and International Law", in A. J. Van Den Berg ed. , *International Arbitration 2006: Back to Basics? Montreal: ICCA Congress Series*, No. 13, 2007.

［98］ J. Paulsson, "International Arbitration and the Generation of Legal Norms: Treaty Arbitration and International Law", *Transnational Dispute Management*, 2006, 3 (5).

［99］ J. Paulsson, Z. Douglas, "Indirect Expropriation in Investment Treaty Arbitrations", in S. Kröll, N. Horn ed. , *Arbitrating Foreign Investment Disputes: Procedural And Substantive Legal Aspects*, Alphen aan den Rijn: Kluwer Law International, 2004.

［100］ J. Paulsson, "Ethics, Elitism, Eligibility", *Journal of International Arbitration*, 1997, 14 (4).

［101］ A. Pellet, "The Case Law of the ICJ in Investment Arbitration", *ICSID Review – Foreign Investment Law Journal*. 2013, 28 (2).

[102] G. Petrochilos, S. Noury et al. , "ICSID Convention, Chapter I, Section 4, Article 14 (The required qualities of the Panel members)", in A. Mistelis Loukas ed. , *Concise International Arbitration*, Alphen aan den Rijn: Kluwer Law International, 2010.

[103] M. C. Porterfield, "An International Common Law of Investor Rights", *University of Pennsylvania Journal of International Economic Law*, 2006, 27 (1).

[104] S. R. Ratner, "Regulatory Takings in Institutional Context: Beyond the Fear of Fragmented International", *American Journal of International Law*, 2008, 102.

[105] L. Reed, "The De Facto Precedent Regime in Investment Arbitration: A Case for Proactive Case Management", *ICSID Review – Foreign Investment Law Journal*, 2010, 25 (1).

[106] A. Reinisch, "Necessity in International Investment Arbitration – an Unnecessary Split of Opinions in Recent ICSID Cases", *The Journal of World Investment & Trade*, 2007, 8.

[107] A. Reinisch, "Necessity in International Investment Arbitration—An Unnecessary Split of Opinion in Recent ICSID Cases? Comments on CMS v. Argentina and LG&E v. Argentina", *Transnational Dispute Management*, 2006, 3 (5).

[108] W. M. Reisman et al. , "The New Haven School: A Brief Introduction", *Yale Journal of International Law*, 2007, 32.

[109] W. M. Reisman, "The View from the New Haven School of International Law", *Proceedings of the Annual Meeting (American Society of International Law)*, 1992, 86.

[110] Catherine A. Rogers, "Context and Institutional Structure in Attorney Regulation: Constructing an Enforcement Regime for International Arbitration", *Stanford Journal of International Law*, 2003, 39 (1).

[111] N. Rubins, B. Lauterburg, "Independence, Impartiality and Duty of Disclosure in Investment Arbitration", in C. Knahr, C. Koller, W. Rechberger, A. Reinisch ed. , *Investment and Commercial Arbitration – Similarities and Divergences*, Hague: Eleven International Publishing, 2010.

[112] J. W. Salacuse, "Towards a Global Treaty on Foreign Investment: The Search for a Grand Bargain", in N. Horn, S. Kröll, *Arbitrating Foreign Investment Disputes*, Alphen aan den Rijn: Kluwer Law International, 2004.

[113] S. Schill, "System – Building in Investment Treaty Arbitration and Lawmaking", *German Law Journal*, 2011, 12 (5).

[114] H. Schloemann, S. Ohlhoff, " 'Constitutionalization' and Dispute Settlement in the

WTO: National Security as an Issue of Competence", *American Journal of International Law*, 1999, 93.

[115] C. Schreuer, M. Weiniger, "A Doctrine of Precedent?", in P. Muchlinski, F. Ortino, C. Schreuer ed. , *Oxford Handbook of International Investment Law*, Oxford: Oxford University Press, 2008.

[116] C. Schreuer, "Diversity and Harmonization of Treaty Interpretation in Investment Arbitration", *Transnational Dispute Management*, 2006, 3 (2).

[117] C. Schreuer, "Decisions Ex Aequo et Bono Under the ICSID Convention", *ICSID Review – Foreign Investment Law Journal*, 1996, 11.

[118] S. Schwebel, "The United States 2004 Model Bilateral Investment Treaty: An Exercise in the Regressive Development of International Law", *Transnational Dispute Management*, 2006, 3.

[119] B. Simma, "Universality of International Law from the Perspective of a Practitioner", *European Journal of International Law*, 2009, 20 (2).

[120] A. Sinclair, "The Unbrella Clause Debate", in A. Bjorklund, I. Laird, S. Ripinsky ed. , *BIICL Investment Treaty Law*, *Current Issues III*, London: British Institute of International and Comparative Law, 2009.

[121] A. Sheppard, "Arbitrator Independence in ICSID Arbitration", in C. Binder, U. Kriebaum, A. Reinishch, S. Wittich, *International Investment Law for the 21st Century: Essays in Honour of Christoph Schreuer*, Oxford: Oxford University Press, 2009.

[122] I. Shihata, A. Parra, "The Experience of the International Centre for Settlement of Investment Disputes", *ICSID Review – Foreign Investment Law Journal*, 1999, 14 (2).

[123] L. Shore, "Disclosure and Impartiality: Arbitrator's Responsibility vis – à – vis Leagal Standards", *Dispute Resolution Journal*, 2000, p. 57.

[124] F. Slaoui, "The Rising Issue of ‘Repeat Arbitrators’: A Call for Clarification", *Arbitration International*, 2009, 25 (1).

[125] M. Sornarajah, "A Coming Crisis: Expansionary Trends in Investment Treaty Arbitration", in KP. Sauvant ed. , *Appeals Mechanism in International Investment Disputes*, New York: Oxford University Press USA, 2009.

[126] Robert A. Sprecher, "The Development of the Doctrine of Stare Decisis and the Extent to which it Should Be Applied", *American Bar Association Journal*, 1945, 31.

[127] T. Steenkamp, "Cross – References in Investment Arbitration Case Law: Salient Top-

ics", in E. Gaillard, Y. Banifatemi ed. , *Precedent in International Arbitration*, Huntington, NY: JurisNet, LLC, 2008.

[128] B. Stern, "Civil Societ's Voice in the Settlement of International Economic Disputes", *ICSID Review – Foreign Investment Law Journal*, 2007, 22 (2).

[129] A. S. Sweet, "Investor – State Arbitration: Proportionality's New Frontier", *Law & Ethics of Human Rights*, 2010, 4.

[130] A. S. Sweet, J. Mathews, "Proportionality Balancing and Global Constitutionalism", *Columbia Journal of Transnational Law*, 2008, 47.

[131] A. O. Sykes, "Public v. Private Enforcement of International Economic Law: Standing and Remedy", *The Journal of Legal Studies*, 2005, 34.

[132] JR. A. Tate, "Techniques of Judicial Interpretation in Louisiana", *Louisiana Law Review*, 1962, 22 (4).

[133] R. Teitel, R. Howse, "Cross – Judging: Tribunalization in a Fragmented but Interconnected Global Order", *New York University Journal of International Law and Politics*, 2009, 41 (4).

[134] H. Thirlway, "The Sources of International Law", in D. Evans, *International Law*, Oxford: Oxford University Press, 2006.

[135] L. Trakman, "The Impartiality and Independence of Arbitrators Reconsidered", *International Arbitration Law Review*, 2007, 10 (4).

[136] M. Troper, C. Grzegorczyk, "Precedent in France", in N. Maccormick, R. Summers, A. Goodhart, *Interpreting Precedent: A Comparative Study*, Dartmouth: Dartmouth Publishing Co Ltd. , 1997.

[137] M. Tupman, "Challenge and Disqualification of Arbitrators in International Commercial Arbitration", *The International and Comparative Law Quarterly*, 1989, 38 (1).

[138] A. Van AAken, "Fragmentation of International Law: The Case of International Investment Protection", *Finnish Yearbook of International Law*, 2008, 19.

[139] G. Van Harten, "Investment Treaty Arbitration, Procedural Fairness and the Rule of Law", in S. Schill, *International Investment Law and Comparative Public Law*, Oxford: Oxford University Press, 2010.

[140] M. L. Veech, R. C. Moon, "De Minimis Non Curat Lex", *Michigan Law Review*, 1947, 45 (5).

[141] V. Veeder, "The 2001 Goff Lecture – The Lawyer's Duty to Arbitrate in Good Faith", *Arbitration International*, 2010, 26 (4).

［142］J. Waincymer, "Reconciling Conflicting Rights in International Arbitration: The right to Choice of Counsel and the Right to an Independent and Impartial Tribunal", *Arbitration International* 2010, 26 (4).

［143］T. Wälde, "Improving the Mechanisms for Treaty Negotiation and Investment Disputes: Competition and Choice as the Path to Quality and Legitimacy", in K. P. Sauvant, *Yearbook on International Investment Law & Policy* 2008 – 2009, Oxford: Oxford University Press, 2009.

［144］T. Wälde, "Interpreting Investment Treaties, Experiences and Examples", in C. Binder, U. Kriebaum, A. Reinishch, S. Wittich, *International Investment Law for the 21st Century: Essays in Honour of Christoph Schreuer*, Oxford: Oxford University Press, 2009.

［145］T. Wälde, "Investment Arbitration under the Energy Charter Treaty: An Overview of Key Issues", *Transnational Dispute Management*, 2004, 1 (2).

［146］T. Wälde, "The Specific Nature of Investment Arbitration", in P. Kahn, T. Wölde ed., *New Aspects of International Investment Law*, Hague: Martinus Nijhoff, 2004.

［147］T. Wälde, T. Weiler, "Investment Arbitration under the Energy Charter Treaty in the Light of the New NAFTA Precedents: Towards a Global Code of Conduct for Economic Regulation", *Transnational Dispute Management*, 2004, 1 (2).

［148］J. R. Weeramantry, "The Future Role of Past Awards in Investment Arbitration", *ICSID Review – Foreign Investment Law Journal*, 2010, 25 (1).

［149］Thomas H. Webster, "Review of Substantive Reasoning of International Arbitral Awards by National Courts: Ensuring One – Stop Adjudication", *Arbitration International*, 2006, 22.

三、条约及报告

(一) 国际条约

［1］Convention on the Settlement of Investment Disputes between States and Nationals of Other States, ICSID (World Bank), Opened for signature Mar. 18, 1965, 575 U. N. T. S. 159.

［2］International Centre for Settlement of Investment Disputes Convention, Regulations and Rules (Oct. 14, 1966).

［3］International Law Commission, Draft Articles on Responsibility of States for Internationally Wrongful Acts, with commentaries, U. N. GAOR, 56th Sess, Supp. No. 10, U. N. Doc. A/56/10 (Dec. 12, 2001).

[4] Statute of the International Court of Justice, U. N. T. S. No. 993 (1945).

[5] Treaty establishing the European Community (Nice consolidated version) Official Journal C 325 , 24 December 2002.

[6] U. S. – China FCN treaty, reprinted in American Journal of International Law (Supplement) 1949.

[7] UNCITRAL Arbitration Rules of 1976, adopted by the U. N. General Assembly on Dec. 15, 1976, 15 I. L. M. 701.

[8] UNCITRAL Rules on Transparency in Treaty – based Investor – State Arbitration (effective date: 1 April 2014).

[9] Vienna Convention on the Law of Treaties, May 23, 1969, 1155 U. N. T. S. 331.

（二）国际组织报告

[1] Fair and Equitable Treatment. UNCTAD, UN Doc UNCTAD/ITE/IIT/11 (Vol. III) UN Sales No E. 99. II. D. 15, 1999.

[2] Finale Report of the International Law on Foreign Investment Commitee. International Law Association, 2008.

[3] Fragmentation of International Law: Difficulties Arising from the Diversification and Expansion of International Law. Report of the Study Group of the International Law Committee, 13 April 2006, UN Doc. A/CN/4/L. 682.

[4] Most – Favoured – Nation Treatment. UNCATD, UN Doc UNCTAD/ITE/IIT/10 (Vol. III), UN Sales No E. 99. II. D. 11, 1999.

[5] Most – Favoured – Nation Treatment in International Investment Law. OECD, 2004.

[6] Report of the International Law Commission on the Work of its Fifty – third Session. UN GAOR 56th Sess. , Supp. No. 10, at 43, U. N. Doc. A/56/10 (2001).

[7] Report of the International Law Commission to the General Assembly. YILC (1966), Vol. II.

[8] Second Report on State Responsibility by James Crawford (Special Raporteur). International Law, Commission, 51st Sess. .

四、案例

（一）常设国际法院与国际法院的案件

[1] Application for Review of Judgment No. 158 of the United Nations Administrative Tribunal, I. C. J. Reports 1973.

[2] Application of the Convention on the Prevention and Punishment of the Crime of Genocide (Croatia v. Serbia), Preliminary Objections, I. C. J. Reports 2008.

[3] Arbitral Award Made by the King of Spain on 23 December 1906 (Honduras v. Nicaragua), I. C. J. Reports 1960.

[4] Arbitral Award of 31 July 1989 (Guinea – Bissau v. Senegal), I. C. J. Reports 1991.

[5] Case concerning the Gabčíkovo – Nagymaros Project (Hungary v. Slovakia), I. C. J. Reports 2004.

[6] Elettronica Sicula S. p. A. (ELSI) (United States of America v. Italy), I. C. J. Reports 1989.

[7] Land and Maritime Boundary between Cameroon and Nigeria (Cameroon v. Nigeria: Equatorial Guineu intervening), I. C. J. Reports 2002.

[8] Legal Consequences of the Construction of a Wall in the Occupied Palestinian Territory, Advisory Proceedings, Order of 30 January 2004, I. C. J. Reports 2004.

[9] Military and Paramilitary Activities in and against Nicaragua (Nicaragua v. United States of America), I. C. J. Reports 1986.

[10] Oil Platforms (Islamic Republic of Iran v. United States of America), I. C. J. Reports 2003.

[11] Russian Claim for Interest on Indemnities (Russia v. Turkey); PCA 1912.

（二）国际仲裁案件

1. ICSID

[1] Abaclat and Others v. Argentine Republic, ICSID Case No. ARB/07/5.

[2] ADC Affiliate Limited and ADC & ADMC Management Led. v. Republic of Hungary, ICSID Case No. ARB/03/16.

[3] Alpha Projectholding GmbH v. Ukraine, ICSID Case No. ARB/07/16.

[4] Amco Asia Corporation, Pan American Development Ltd. and PT Amco Indonesia v. Republic of Indonesia, ICSID Case No. ARB/81/1.

[5] Ansung Housing Co. , Ltd. v. People's Republic of China, ICSID Case No. ARB/14/25.

[6] Azurix Corp. v. Argentine Republic, ICSID Case No. ARB/01/12.

[7] Bayindir Insaat Turizm Ticaret Ve Sanayi A. S. v. Islamic Republic of Pakistan, ICSID Case No. ARB/03/29.

[8] Brandes Investment Partners, LP v. Bolivarian Republic of Venezuela, ICSID Case No. ARB/08/3.

[9] Carnegie Minerals (Gambia) Ltd. v. Republic of Gambia, ICSID Case No. ARB/09/19.

[10] CDC Group plc v. Republic of Seychelles, ICSID Case No. ARB/02/14.

［11］CEMEX Caracas Investments B. V. and CEMEX Caracas II Investments B. V. v. Bolivarian Republic of Venezuela, ICSID Case No. ARB/08/15.

［12］Churchill Mining PLC and Planet Mining Pty Ltd. v. Republic of Indonesia, ICSID Case No. ARB/12/14 and 12/40.

［13］CMS Gas Transmission Co. v. Argentine Republic, ICSID Case No. ARB/01/8.

［14］Compañiá de Aguas del Aconquija S. A. and Vivendi Universal S. A. v. Argentine Republic, ICSID Case No. ARB/97/3.

［15］Continental Casualty Company v. Argentine Republic, ICSID Case No. ARB/03/9.

［15］Duke Energy Electroquil Partners and Electroquil S. A. v. Republic of Ecuador, ICSID Case No. ARB/04/19.

［16］EDF International S. A. , SAUR International S. A. and León Participaciones Argen - tinas S. A. v. Argentine Republic, ICSID Case No. ARB/03/23.

［17］Ekran Berhad v. People's Republic of China, ICSID Case No. ARB/11/15.

［18］Fraport AG Frankfurt Airport Services Worldwide v. Republic of the Philippines, ICSID Case No. ARB/03/25.

［19］Global Trading Resource Corp. and Globex International, Inc. v. Ukraine, ICSID Case No. ARB/09/11.

［20］Hrvatska Elektroprivreda d. d. v. Republic of Slovenia, ICSID Case No. ARB/05/24.

［21］ICS Inspection and Control Services Limited（UK）v. Republic of Argentina, PCA Case No. AA359.

［22］Impregilo S. p. A. v. Argentine Republic, ICSID Case No. ARB/07/17.

［23］Joseph C. Lemire v. Ukraine, ICSID Case No. ARB/06/18.

［24］Kılıç İnçaat İthalat İhracat Sanayi ve Ticaret Anonim Şirketi v. Turkmenistan, ICSID Case No. ARB/10/1.

［25］Klöckner Industrie - Anlagen GmbH and others v. United Republic of Cameron and Société Camerounaise des Engrais, ICSID Case No. ARB/81/2.

［26］KT Asia Investment Group v. Republic of Kazakhstan, ICSID Case No. ARB/09/8.

［27］LG&E Energy Corp. , LG&E Capital Corp. and LG&E Int'l Inc. v. Argentine Republic, ICSID Case No. ARB/02/1.

［28］Libananco Holding Co. Limited v. Republic of Turkey, ICSID Case No. ARB/06/8.

［29］Loewen Group, Inc. and Raymond L. Loewen v. United States, ICSID Case No. ARB（AF）/98/3.

［30］Maritime International Nominees Establishment v. Republic of Guinea, ICSID Case No. ARB/84/4.

[31] Marvin Roy Feldman Karpa v. United Mexican States, ICSID Case No. ARB (AF) / 99/1.

[32] Metalpar S. A. and Buen Aire S. A. v. Argentine Republic, ICSID Case No. ARB/ 03/5.

[33] Metal – Tech Ltd. v. Republic of Uzbekistan, ICSID Case No. ARB/10/3.

[34] Mondev International Ltd. v. United States of America, ICSID Case No. ARB (AF) / 99/2.

[35] Mr. Franck Charles Arif v. Republic of Moldavia, ICSID Case No. ARB/11/23.

[36] Mr. Patrick Mitchell v. Democratic Republic of Congo, ICSID Case No. ARB/99/7.

[37] National Grid PLC v. Republic of Argentina, Case No. UN 7949.

[38] Nations Energy Corporation, Electric Machinery Enterprises Inc. , Jaime Jurado v. Republic of Panama, ICSID Case No. ARB/06/19.

[39] Noble Energy Inc. and Machala Power Cia. Ltd. v. Republic of Ecuador and Consejo Nacional de Electricidad, ICSID Case No. ARB/05/12.

[40] Nova Scotia Power Incorporated v. Bolivarian Republic of Venezuela, ICSID Case No. ARB (AF) /11/1.

[41] Occidental Exploration and Production Company v. Republic of Ecuador, LCIA Case No. UN3467.

[42] OPIC Karimum Corporation v. Bolivar Republic of Venezuela, ICSID Case No. ARB/ 10/14.

[43] Participaciones Inversiones Portuarias SARL v. Gabonese Republic, ICSID Case No. ARB/08/17.

[44] Ping An Life Insurance Company of China, Limited and Ping An Insurance Company of China, Limited v. Kingdom of Belgium. ICSID Case No. ARB/12/29.

[45] Rachel S. Greenberg et al. v. Grenada, ICSID Case No. ARB/10/6.

[46] Rompetrol Group N. V. v. Romania, ICSID Case No. ARB/06/3.

[47] S&T Oil Equipment and Machinery Ltd. v. Romania, ICSID Case No. ARB/07/13.

[48] Saba Fakes v. Republic of Turkey, ICSID Case No. ARB/07/20.

[49] Saipem S. P. A. v. People's Republic of Bangladesh, ICSID Case No. ARB/05/7.

[50] SAUR International S. A. v. Republic of Argentina, ICSID Case No. ARB/04/4.

[51] Sempra Energy International v. Argentine Republic, ICSID Case No. ARB/02/16.

[52] Señor Tza Yap Shum v. Republic of Peru, ICSID Case No. ARB/07/6.

[53] SGS Société Generale de Surveillance S. A. v. Islamic Republic of Pakistan, ICSID Case No. ARB/01/13.

[54] Siemens A. G. v. Argentine Republic, ICSID Case No. ARB/02/18.

[55] Suez, Sociedad General de Aguas de Barcelona S. A. and Interagua Servicios Integrales de Agua S. A. v. Argentine Republic, ICSID Case No. ARB/03/17.

[56] Suez, Sociedad General de Aguas de Barcelona S. A. and Vivendi Universal S. A. v. Argentine Republic, ICSID Case No. ARB/03/19.

[57] Tanzania Electric Supply Company Limited v. Independent Power Tanzania Limited, ICSID Case No. ARB/98/8.

[58] Técnicas Medioambientales Tecmed, S. A. v. United Mexican States, ICSID Case No. ARB (AF) /00/2.

[59] Tidewater Inc. and Others v. Bolivarian Republic of Venezuela, ICSID Case No. ARB/10/5.

[60] Togo Electricité and GDF - Suez Energie Services v. Republic of Togo, ICSID Case No. ARB/06/07.

[61] Trans - Global Petroleum Inc. v. Hashemite Kingdom of Jordan, ICSID Case No. ARB/07/25.

[62] Universal Compression v. Bolivar Republic of Venezuela, ICSID Case No. ARB/10/9.

[63] Urbaser S. A. and Consorcio de Aguas Bilbao Biskaia, Bilbao Biskaia Ur Partzuergoa v. Argentine Republic, ICSID Case No. ARB/07/26.

[64] Vanessa Ventures Ltd. v. Bolivar Republic of Venezuela, ICSID Case No. ARB (AF) /04/6.

[65] Vito G. Gallo v. The Government of Canada, UNCITRAL, PCA Case No. 55798.

[66] Waste Management Inc. v. United Mexican States, ICSID Case No. ARB (AF) /98/2.

[67] Wena Hotels Ltd. v. Arab Republic of Egypt, ICSID Case No. ARB/98/4.

[68] Zhinvali Development Limited v. Republic of Georgia, ICSID Case No. ARB/00/1.

2. UNCITRAL

[1] AWG Group Limited v. Argentine Republic, UNCITRAL.

[2] Canfor Corporation v. United States of America; Terminal Forest Products Ltd. v. United States of America, UNCITRAL.

[3] Glamis Gold Ltd. v. United States of America, UNCITRAL.

[4] Grand River Enterprises Six Nations Ltd. , et al. v. United States of America, UNCITRAL.

[5] Methanex Corporation v. United States of America, UNCITRAL.

[6] Pope & Talbot Inc. v. The Government of Canada, UNCITRAL.

［7］S. D. Myers Inc. v. The Government of Canada, UNCITRAL.

［8］Vito G. Gallo v. The Government of Canada, UNCITRAL, PCA Case No. 55798.

3. 其他

［1］Challenge Decision of 11 January 1995, Vol. XXII *YBCA* (1997), 227.

［2］Challenge Decision of 15 April 1993, Vol. XXII *YBCA* (1997), 222.

（三）其他国际法案件

［1］Islamic Republic of Iran and United States of America Claims Tribunal (Iran - United States Claims Tribunal, IUSCT).

［2］Applications Nos. 5888/79 and 8589/79, Lars Bramelid and Anne Marie Malmström v. Sweden, Report on the European Commission of Human Rights of 12 December 1983.

［3］Case Le Compte, Van Leuven and De Meyere, Report on the European Commission of Human Rights of 23 June 1981.

（四）国内案件

［1］［AUS］BHP Billiton Ltd. v. Oil Basins Ltd. , 2006 VS Ct 402.

［2］［FRA］Consorts Ury c. S. A. Galeries Lafayette ［30］.

［3］［FRA］Soc. Forges et Ateliers de Commentry Oissel v. Soc. Hydrocarbon Engineering, Cour. De Cass. (2e ch. Civ.), Feb. 20, 1974.

［4］［UK］22 VINER's ABRIDGEMENT 458 (1745).

［5］［UK］ATT & T v. Saudi Cable, (2000) 1 Lloyd's Rep. 22.

［6］［UK］Locabail (U. K.) Ltd. v. Bayfield Properties Ltd. , High Court, ［2000］Q. B. .

［7］［UK］Porter v. Magill ［2001］UKHL 67, ［2002］2 AC 357, Disqualification of Counsel Decision of 14 January 2010.

［8］［UK］R. v. Sussex Justices, ex parte McCarthy ［1924］1 K. B. 256.

［9］［UK］Re the Owners of the Steamship "Catalina" and Others and the Oweners of Motor Vessel "Norma" (1938) 61 Lloyd's Rep. 360.

［10］［UK］Y. B. 9 Henry 6, p. 66 b (I431).

［11］［US］Alcan Aluminum Corp. v. United States. 165 F. 3D 898 (United States Court of Appeals for the Federal Circuit 1999).

［12］［US］Commonwealth Coatings Corp. v. Continental Casualty Co. , 393 US 145, 149 (1968).

［13］［US］In the Matter of the Arbitration between Astoria Medical Group and Health Ins. Plan of Greater New York, 182 N. E. 2d 85, 87 – 88 (N. Y. 1962).

［14］［US］Johnson v. Jahncke Services Inc. , 147 So. 2d 247, 248 (La. Ct. App. 1962).

[15] [US] Merit Ins Co. v. Leatherby Ins. Co., 714 F 2d 673 (7th cir 1983).

[16] [US] Tembec Inc., Tembec Investments Inc. and Tembec Industries Inc. v. The U-nited States of America, District Court for the District of Columbia, No. 05 - 2345 (RMC), Undated Order of 2006.

五、其他资料

(一) 英文资料 (网络)

[1] A. Asteriti, C. J. Tams, "Transparency and Representation of the Public Interest in Investment Treaty Arbitration", http://papers.ssrn.com/sol3/papers.cfm? abstract - id = 1618843, 2010 - 06 - 01.

[2] A. Bjorklund, "Investment Arbitration Decisions as De Facto Precedent", www.law.umkc.edu/2006/bjorklund_investment.pdf, 2006 - 11 - 10.

[3] Brokdorf Judgment, Bundesverfassungsgericht [BVerfG] [Federal Constitutional Court] May 14, 1985, 69 BVerfGE 315, 352 (F. R. G.), Translated at http://www.utexas.edu/law/academics/centers/transnational/work_new/german/case.php? id = 656, 2010 - 06 - 20.

[4] Code of Ethics for Arbitrators in Commercial Disputes ('AAA/ABA Code of Ethics'), 2004, Note on neutrality, http://www.finra.org/arbitration - and - mediation/code - ethics - arbitrators - commercial - disputes, 2012 - 05 - 01.

[5] T. Cole, "Arbitrator Appointments in Investment Arbitration", http://www.iisd.org/itn/2010/09/23/arbitrator - appointments - in - investment - arbitration - why - expressed - views - on - points - of - law - should - be - challengeable -2/, 2010 - 09 - 23.

[6] A. Escobar, "The Use of ICSID Precedents by ICSID and ICSID Tribunals", http://www.biicl.org/files/917_alejandro_escobar_-_precdent.pdf, 2005 - 06 - 19.

[7] Christopher S. Gibson, Christopher R. Drahozal, "Iran - United States Claims Tribunal Precedent in Investor - State Arbitration", Journal of International Arbitration, 2006, 23 (6).

[8] K. Karadelis, "Arbitrator Resigns over Romanian Conflict Challenge", http://globalarbitrationreview.com/news/article/16021/arbitrator - resigns - romanian - conflict - challenge/, 2009 - 5 - 20.

[9] J. Kurts, "ICSID Annulment Committee Rules on the Relationship between Customary and Treaty Exceptions on Necessity in Situations of Financial Crisis", http://www.asil.org/insights071220.cfm, 2007 - 12 - 20.

[10] N. Lindström, "Challenges to Arbitrators - Decisions by the SCC Board during 2008 - 2010", http://www.xn---skiljedomsfreningen-06b.se/MYM2/file/challenges -

to – arbitrators – decisions – by – the – scc – board – during – 20081. pdf, 2012 – 01 – 30.

[11] Myres S. Mcdougal, "Perspectives for an International Law of Human Dignity", http: //digitalcommons. law. yale. edu/fss_ papers/2612, 2014 – 07 – 02.

[12] N. J. Miller, "Independence in the International Judiciary: General Overview of the Issues (draft paper prepared for the meeting of the Study Group of the ILA)", http: // www. ucl. ac. uk/laws/cict, 2002 – 02 – 01.

[13] A. Mourre, "Are Unilateral Appointments defensible? On Jan. Paulsson's Moral Hazard in International Arbitration", http: //kluwerarbitrationblog. com/blog/2010/10/ 05/are – unilateral – appointments – defensible – on – jan – paulsson% E2% 80% 99s – moral – hazard – in – international – arbitration/, 2010 – 10 – 05.

[14] A. Mourre, "Castaldi Mourre Arbitral Jurisprudence in International Commercial Arbitration: The Case For a Systematic Publication of Arbitral Awards in 10 Questions", http: //kluwerarbitrationblog. com/blog/2009/05/28/arbitral – jurisprudence, 2009 – 05 – 28.

[15] NAFTA Free Trade Commission, "Note of Interpretation of Certain Chapter 11 Provisions", http: //www. state. gov/documents/organization/38790. pdf, 2001 – 07 – 31.

[16] OECD, "Global Investment Trends Monitor No. 18", http: //unctad. org/en/PublicationsLibrary/webdiaeia2015d1_ en. pdf, 2015 – 01 – 29.

[17] S. Perry, "ICSID Panel Declines to Disqualify Counsel", http: //globalarbitrationreview. com/news/article/29757/, 2011 – 08 – 15.

[18] S. Perry, "Rusty Park: Is Arbitration in Its Autumn?", http: //globalarbitrationreview. com/news/article/28781/, 2010 – 10 – 5.

[19] L. Peterson, "One Arbitrator Disqualified, While Challenge to Another Is Rejected in UNCITRAL BIT Arbitration against Venezuela", http: //www. iareporter. com/articles/20091229_ 2, 2009 – 11 – 30.

[20] L. Peterson, "Barrister May not Appear as Counsel for a State in Arbitration Where Another Member of Chambers Sits on Tribunal", http: //www. iareporter. com/articles/20090929_ 30, 2008 – 11 – 25.

[21] L. Peterson ed. "Investment Arbitration Reporter", http: //www. iareporter. com/ Archive/IAR – 05 – 16 – 08. pdf. , 2008 – 05 – 16.

[22] A. Ross, "The London Bar Must Change, Says Hot Topics Speaker", http: //globalarbitrationreview. com/news/article/28746/, 2010 – 09 – 22.

[23] M. E. Schnabl, J. Bédard, "The Wrong Kind of 'Interesting'", http: //www.

skadden. com/sites/default/files/publications/Publications1298_ 0. pdf, 2012 – 12 – 14.

[24] S. Shetreet, "Judicial Independence in International Law, 1701 Conference: The 300th Anniversary of the Act of Settlement, 2001", http://www. courts. g ov. bc. ca/1701/ 1701%20Papers/Shetreet. htm. 2013 – 07 – 21.

[25] H. Smit, "Columbia FDI Perspectives — In More or Less Subtle Manner — To Favor the Appointing Issues, No. 33", http://www. vcc. cloumbia. edu/flies/vale/print/ Perspective_ 33_ Smit_ 0. pdf. , 2010 – 12 – 14.

[26] A. S. Sweet, G. Cananea, "Proportionality, General Principles of Law, and Investor – State Arbitration: A Response to Jose Alvarez. Yale Law School Public Law Research Paper No. 507", http://ssrn. com/abstract = 2435307, 2014 – 09 – 04.

[27] The ICSID Caseload, "Statistics (English)", http://www – wds. worldbank. org/ external/default/WDSContentServer/WDSP/IB/2014/01/15/000333037_ 201401151 55248/Rendered/PDF/839910NWP0ICSI0Box0382 124B00PUBLIC0. pdf, 2013 – 05 – 01.

[28] The Lord Chief Justice of England and Wales, "Practice Direction on the Citation of Authorities", http://www. hmcourts – service. gov. uk/cms/814. htm, 2013 – 05 – 01.

[29] "UNCITRAL Adopts Transparency Rules for Treaty – based Investor – State Arbitration and Amends the UNCITRAL Arbitration Rules", http://www. unis. unvienna. org/ unis/pressrels/2013/unisl186. html, 2013 – 07 – 12.

[30] UNCTAD, "China – Bilateral Investment Treaties (BITs)", http://investmentpol- icyhub. unctad. org/IIA/CountryBits/42#, 2015 – 03 – 01.

[31] UNCTAD, "Recent Treads in IIAs and ISDS, IIA Issue Note, No. 1 2015", http:// unctad. org/en/PublicationsLibrary/webdiaepcb2015d1_ en. pdf, 2015 – 02 – 19.

[32] M. Weiniger, "Is Past Performance a Guide to Future Performance? Precedent in Trea- ty Arbitration", http://www. biicl. org/files/1266_ weiniger. pdf, 2006 – 09 – 08.

(二) 英文资料 (其他)

[1] Analysis of Documents Concerning the Origin and the Formulation of the ICSID Conven- tion, 1970.

[2] BERNHARDT R. ed. III Encyclopedia of Public International Law, Amsterdam: Elsevier BV, 1997.

[3] A. Bryan, Garner. ed. , *Black's Law Dictionary* (8), St. Paul, Minnesota: West Pub- lishing.

[4] Documents Concerning the Origin and the Formulation of the ICSID Convention, 1968.

后　记

　　本书是在我的博士论文基础上修订而成的。回首读博路上的点点滴滴，诸多感慨中，最多的是满满的感谢与感恩。感谢我的导师徐崇利教授。在国际投资法领域，恩师作为我学术生涯的领路人，培养我对这一国际法新兴领域的兴趣，指引我一路前行。尽管担任厦门大学法学院院长期间工作繁忙，他却始终对论文坚持高标准、严要求。古语云："一日为师，终身为父。"于我而言，恩师是严父，更是慈父。每当我陷入困惑、迷茫，恩师总能拨冗指教、指点迷津。我天资愚钝，每有不足之处，恩师必循循善诱，耐心指教：在我为论题所困、不胜苦恼之际，恩师建议先从国际投资法中的公平公正待遇、国民待遇的类型化研究做起，按图索骥确定博士论文题目；2013 年夏，初次汇报论文提纲后，恩师鼓励我就国际投资仲裁中仲裁员公正性与独立性这一问题作进一步研究，推荐阅读罗伯特·埃里克森的《无需法律的秩序》，借鉴个中研究方法；2014 年春季学期伊始，在建构论文的研究框架后，我战战兢兢提交给恩师，他鼓励并肯定了我的想法和思维体系特色，增强了我的学术自信；2015 年春博士论文提交前一周，又主动联系远在加拿大麦吉尔大学进行联合培养的我，评价论文在修改后逻辑更为清晰，又为我多争取到两天的修改时间。博士论文从开题、到中期再到答辩，无不倾注了恩师的心血。他的鼓励、表扬、批评，都是鞭策我不断前进的动力。

　　感谢陈安教授、孔庆江教授、石静霞教授、高永富教授，是你们的系列讲座与课堂教学，启发了学生对国际法学的深思。感谢吴焕宁教授、余劲松教授、曾华群教授、廖益新教授、刘笋教授出席论文答辩会，并给予高屋建瓴般的指导。感谢李国安教授、陈辉萍教授、蔡从燕教授、韩秀丽教授在论文开题过程中给予的指导。感谢于飞教授、池漫郊教授、陈欣副教授在论文写作过程中提供的帮助。感谢我在厦门大学硕士阶段的两位导师徐国栋教授和刘永光副教授，传道解惑，师恩难忘。

　　感谢我在加拿大麦吉尔大学的导师 Andrea Bjorklund 教授。在我博士生涯的最后一年，她赋予我全新且开阔的学术视野。她的睿智、豁达、开明、幽默为我的学术生活增添了一抹亮色：当了解到我论文进度陷入瓶颈时，她列出相关国际法会议名单，鼓励我以开放的心态结识专业人士，以崭新的角度对待学术；她邀我与她的家人欢度圣诞，并勉励我坚持寻属于自己的学术研究方式；她为我提供了一系列锻炼机会——推荐我担任麦大法学院科研助理，参加"北美自由贸易框架下投资争端解决"项目，负责协助 2014 年度欧盟—加拿大贸易协定蒙特利尔地区研讨会筹办工作。如果不是 Bjorklund 教授从全新角度打开我的思路，我不可能做到在博士论文写作过程中坚持自己的特色。感谢厦门大学校长朱崇实教授、厦门大学研究生院常务副院长陶涛教授为我出具推荐信、同意函，使我终获国家留学基金委资助，得赴麦吉尔大学深造的宝贵机会。国外求学期间，我还得到了世界银行（华盛顿）资深法律顾问 Gonzalo Flores 先生、英国剑桥大学盖茨学者 Todd Tucker 先生、加拿大约克大学 Gus Van Harten 教授、秘鲁天主教大学的 Carlos Matheus López 教授的帮助，在此一并致谢。

感谢中国政法大学国际法文库的匿名评审专家。文库以"开放性"为宗旨、以"精品化"为内涵，建立了严格的申请和遴选制度，对申请文稿进行双向匿名评审，并以学术水平作为评审的唯一标准，若有评审专家一人认为不具有出版价值，则不予纳入文库出版。正是文库匿名评审专家的厚爱，才使得本书有机会忝列文库。感谢中国政法大学国际法学院为本书出版给予的支持与资助。

感谢中国政法大学校级科研项目"一带一路"建设的国际投资法制保障研究项目的经费资助与支持。

感谢中国政法大学出版社，作为业界最重要的出版机构之一，中国政法大学出版社出版发行了大量高水平的法学著作，正是在出版社和刘海光编辑、张阳编辑等各位编辑的共同努力下，本书才得以问世。

感谢同门师兄刘志云教授，师姐洪艳蓉副教授，感谢张美红师姐、郑丽珍师姐、李任远师兄、金隽艺博士以及加拿大麦吉尔大学法学院的同门 Lukas Vanhonnaeker 博士、Nancy Tao 博士、Madhav Mallya 博士，同窗情谊，倍值珍惜！

感谢强之恒博士、张生博士、王鹏博士，尝闻"不遇出世道友，未闻无上圆诠"，诚哉斯言。

感谢我的母亲夏雅丽教授。谁言寸草心，报得三春晖！耳濡目染，我很早就立志走学术之路。受母亲的指引与鼓励，我的信心之火始终没有熄灭。母亲敬业、勤勉、严谨、求实的精神一直以来都鞭策着我，如果不是她的言传身教，本书将难以如期完成。

    生活教会我不管何时何地，都要常怀感恩和敬畏之心。感恩之心使我谦虚谨慎、不断进步，敬畏之心让我尊重身边的人与事。我会继续怀着感恩和敬畏之心努力前行，用无愧于心的表现回报帮助过我的人。

    感激帮助过我的人/你给我情谊，是我没有血缘的亲人/给我帮助，令我的人生航船左右逢源/给我安慰，让我受挫后重拾坚强/给我温暖，心头的篝火驱走世态炎凉/心存感激，滴水之恩当涌泉相报

丁 夏 谨识

2016 年 7 月于中国政法大学